现代商务丛书

人际沟通与谈判

RENJI GOUTONG YU TANPAN

李家龙 黄瑞 李家齐 王芸孙 于敏 编著

立信会计出版社

图书在版编目(CIP)数据

人际沟通与谈判 / 李家龙等编著. —上海：立信会计
出版社,2005.1(2020.7重印)
　(现代商务丛书)
　ISBN 978 - 7 - 5429 - 1368 - 5

　Ⅰ.人…　Ⅱ.李…　Ⅲ.①人间交往 ②谈判学
Ⅳ.①C912

中国版本图书馆 CIP 数据核字(2004)第 135014 号

责任编辑　　赵志梅

人际沟通与谈判

Renji Goutong yu Tanpan

出版发行	立信会计出版社	
地　　址	上海市中山西路 2230 号	邮政编码　200235
电　　话	(021)64411389	传　　真　(021)64411325
网　　址	www.lixinaph.com	电子邮箱　lixinaph2019@126.com
网上书店	http://lixin.jd.com	http://lxkjcbs.tmall.com
经　　销	各地新华书店	
印　　刷	当纳利（上海）信息技术有限公司	
开　　本	787 毫米×960 毫米　　1/16	
印　　张	28.5	
字　　数	563 千字	
版　　次	2005 年 1 月第 1 版	
印　　次	2020 年 7 月第 7 次	
印　　数	13 101—14 100	
书　　号	ISBN 978 - 7 - 5429 - 1368 - 5/C	
定　　价	42.00 元	

序　言

　　成功，是人们向往的目标，也是人们奋斗的结果。它既体现着个人价值的实现，也包含着前辈的嘱托和自我的希望。当今，许多有抱负的年轻人都希望通过自己的努力，获得事业上的成功。然而，在现实生活中我们可能都亲身经历或看到，努力与成功并不一定完全存在正相关的关系。古诗曰："出师未捷身先死，常使英雄泪满襟"就是对这一现象的写照。为此，许多学科，许多学者都在探讨成功的秘诀，那么，究竟什么是成功的关键和秘诀呢？

　　在许多研究成果中，有一个理论颇受人们的关注，这就是有关情商的理论。1995 年，美国哈佛大学心理学教授丹尼尔·戈尔曼在他的著作《情绪智力》一书中提出了"情商"的概念。他认为"情商"是个体重要的生存能力，是一种发掘情感潜能、运用情感能力、影响生活各个层面和人生未来的关键因素。在成功的要素中，"智商决定人生的 20％，情商则主宰人生的 80％"。智商高的人不一定都能成功，而智力一般但善于控制自己情绪，并能与他人良好沟通的人却往往可以表现不俗。

　　为了系统地介绍这方面的知识，帮助广大的年轻人在人生的探索过程中少走弯路，早日成功，我的博士生李家龙与他的同事编著出版了《人际沟通与谈判》这本书。在本书中，作者以其独到的见解论述了人生的三大商数（智商、情商与财商）与成功的关系，阐释了一个人的成功并不完全取决于智力、情绪、性格的某个单项指标是否高超，而是取决于各单项素质之间的组合与匹配，即取决于智商与情商有机结合。同时告诉读者，一个人的成功离不开对时机的正确把握、不懈的努力、不断地完善自我和不停地向所选目标的奋进。除此之外，这本书还较为系统地介绍了从智商到成功之间起着重要作用的人际沟通原理、过程以及语言和非语言沟通的特征，介绍了情境沟通的策略和技巧。

　　总的看来，这本书具有下述特点：第一是论述新颖；第二是内容系统，逻辑性强；第三是内容与结构的安排独特，便于阅读、理解和查阅。例如，本书用黑体标出了正文的要点，使读者可以在最短的时间内、在粗览全书的基础上掌握本书的核心内容。如果读者有更多的时间，可以细读全文，去细细品味人生奋斗的科学观；如果读者有兴趣，还可以研读每章所载的"启示与案例"；有的读者愿意测试和了解一下自己的沟通技能和水平，可以尝试用书中的"自测与评估"题来检测自我；如有的读者喜爱深入细致地研究，那还可以阅读书中的"研读专栏"，从中可以得到更大的启示。

由于《人际沟通与谈判》一书以专著形式整合了心理学、组织行为学、管理学、沟通理论、谈判理论、人际关系理论、人力资源管理和沟通管理等学科的知识与成果，本书对于研究生、本科生、高职院校的学生、大中专生和各界人士的情商培养，以及工作和社会适应能力的培养都十分有益。本书可作为大学生情商教育和基本素质教育的教材，也可作为新员工上岗前的培训教材，还可作为提高与人交往和沟通能力的必读书籍。

作为李家龙的导师，作为一位长期从事管理教育的教师来说，一方面为学生的成果感到骄傲，向广大的读者推荐这本书；另一方面也需要告诫正在成功的道路上向前迈进或在路口徘徊的年轻人，我们需要学习、我们需要奋斗，我们更需要科学地学习、科学地奋斗，但在学习和奋斗时，我们仍需要记住这句伟人的名言："在科学的道路上，没有平坦的大道，只有不畏劳苦沿着崎岖的小路勇于攀登的人，才有希望达到光辉的顶峰。"

武汉大学商学院教授、博士生导师、常务副院长

谭力文

于武汉大学珞珈山

前　言

为使有理想、有抱负的读者事业成功、生意兴隆、心情愉快、生活和美、身体健康，作者编著了这本《人际沟通与谈判》。为使读者增进对作者的了解与沟通，增加对本书内容的结构性理解，这里分别作以下简述：

一、作者简介

本书由李家龙、黄瑞、李家齐、王芸孙、于敏共同编著。

李家龙　在香港和美国从事国际贸易和海外企业管理工作十多年，主持、参与各类课题十余项，积累了丰富的沟通、谈判和企业管理经验；近两年又专门从事沟通与谈判的教学与研究；整合其工作、研究与教学经验，除了编著本书的有关章节外，还设计了本书的大纲和结构，负责全书的校稿工作。

黄　瑞　教授，发表了三十多篇论文、十多部专著和教材；在二十多年的教学、研究与律师职业工作中，积累了丰富的沟通与谈判的经验和研究成果，除了编著本书的有关章节外，还负责全书的内容协调和校对。

李家齐　清华大学副教授，在日本获得经营工学硕士和博士学位，并在日本神奈川大学从事博士后研究，发表了论文和专著二十几篇（部），从事研究的项目和课题 200 多项；除了编著本书的有关章节外，还为本书注入了新的理念和观点。

王芸孙　职业经理，多年从事电子贸易、装饰行业的企业管理工作，积累了丰富多彩的人际沟通与交往的经验；近两年在人力资源管理、人际交往与沟通方面进行了专门的研究；除了编著本书的有关章节外，还为本书收集了大量测试与评估案例资料。

于　敏　行政经理，从事外贸行业的行政管理工作二十多年；近两年在人际交往与家庭沟通方面进行了专门的研究，并广泛地进行了与青年沟通、与家庭沟通的咨询与调查；她编著的第十四章"恋人与家庭"是在大量研究和调查的基础上奉献的。

二、本书结构与作者分工

为使读者对本书有一个清楚的概观，在此将本书内容的结构图示如下：

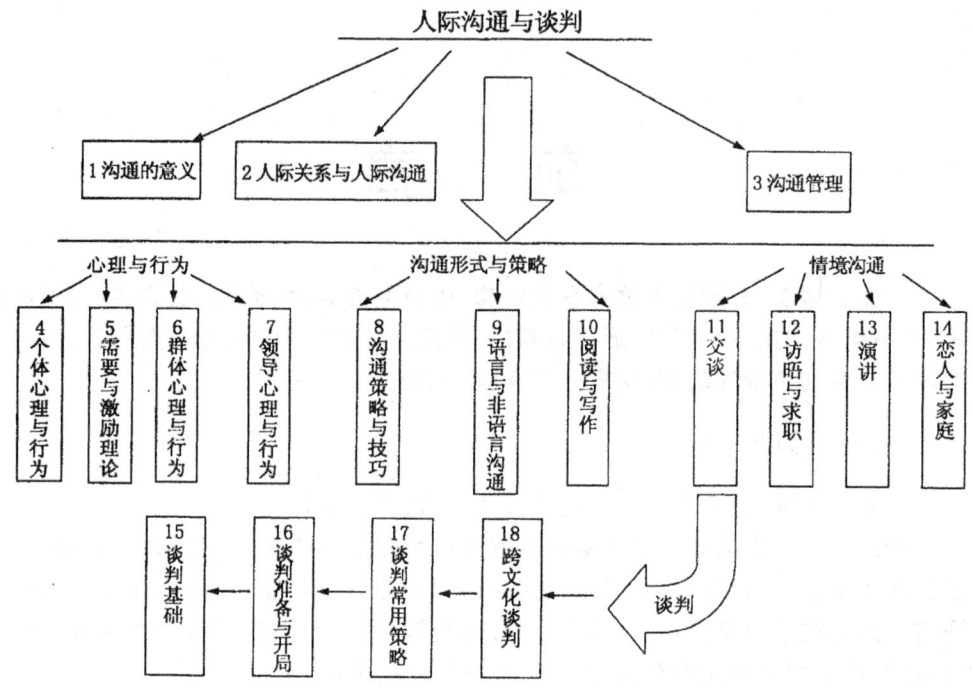

在第一篇"导论"中，第一章"沟通的意义"、第二章"人际关系与人际沟通"和第三章"沟通管理"由李家龙撰写。

在第二篇"沟通与谈判原理——心理与行为"中，第四章"个体心理与行为"、第五章"需要与激励理论"、第六章"群体心理与行为"和第七章"领导心理与行为"由李家齐、于敏撰写。

在第三篇"沟通与谈判基础——沟通形式与策略"中，第八章"沟通策略与技巧"、第九章"语言沟通与非语言沟通"和第十章"阅读与写作"由李家龙、王芸孙撰写。

在第四篇"情境沟通"中，第十一章"交谈"、第十二章"访晤与求职"由王芸孙、李家龙撰写；第十三章"演讲"由李家齐、王芸孙撰写；第十四章"恋人与家庭"由于敏撰写。

在第五篇"谈判技巧"中，第十五章"谈判基础"、第十六章"谈判准备与开局"、第十七章"谈判常用策略"和第十八章"跨文化谈判"由黄瑞撰写。

三、特别致谢

首先要感谢所列参考文献中的各位作者，他们是本书的良师。本书作者在学习、研究和引述他们的观点的基础上，加上自身的研究、创作与更新，才使本书整合而成；我们还要感谢武汉大学商学院常务副院长、博士生导师谭力文教授在百忙中为本书作序；感谢深圳职业技术学院及经济管理学院的领导和有关教师，感谢立信会计出版社，他们的支持和协助促成了本书的出版并与读者见面；最后要感谢广大读者能阅读本书。我们希望本书能给读者带来裨益。如各位读者有何建议，请发信至：JLBN@oa. szpt. net；JLBW@szpt. net；lijiaqi@sz. tsighua. edu. cn。

作　者

于深圳西丽湖

目　　录

第一篇　导　　论

第一章　沟通的意义 ………………………………………… 3

　第一节　认识沟通及人际沟通学 …………………………… 3

　　一、沟通与人际沟通 ……………………………………… 3

　　二、人际沟通的研究对象及学科特征 …………………… 4

　第二节　三大商数及沟通的作用 …………………………… 4

　　一、人生的三大商数 ……………………………………… 4

　　二、成功的要素及沟通的作用 …………………………… 9

　【自测与评估】

　　情商测试 ………………………………………………… 13

　　测验你的成功商数 ……………………………………… 15

　【启示与案例】

　　情商奇才与智商天才 …………………………………… 19

第二章　人际关系与人际沟通 …………………………… 23

　第一节　人际关系 …………………………………………… 23

　　一、人际社会关系 ………………………………………… 23

　　二、人际关系的特点 ……………………………………… 25

　　三、影响人际关系的因素 ………………………………… 25

　　四、人际关系的发展阶段 ………………………………… 27

　　五、人际关系的作用 ……………………………………… 28

　　六、人际关系的改善 ……………………………………… 29

　第二节　人际沟通的特征及影响因素 ……………………… 32

　　一、人际沟通与人际关系的区别与联系 ………………… 32

　　二、人际沟通的一般特征 ………………………………… 33

　　三、影响人际沟通的因素 ………………………………… 34

第三节　人际沟通过程及形式 …………………………………… 36
　　一、人际沟通要素及程序 ………………………………… 36
　　二、人际沟通形式 ………………………………………… 39
【自测与评估】
　　人际关系处理能力测试 …………………………………… 41
　　你的人缘心理测试 ……………………………………… 43
【启示与案例】
　　沟通不良——阿维安卡 52 航班的悲剧 ………………… 46
第三章　沟通管理 ………………………………………………… 48
第一节　沟通管理的含义及作用 ………………………………… 48
　　一、沟通管理的含义 …………………………………… 48
　　二、沟通管理的作用 …………………………………… 50
第二节　沟通的渠道与网络管理 ………………………………… 50
　　一、组织内正式沟通渠道的管理 ……………………… 50
　　二、组织内非正式沟通渠道的管理 …………………… 52
　　三、组织结构对沟通的影响 …………………………… 53
第三节　沟通障碍及其改善 ……………………………………… 53
　　一、人际沟通的主要障碍 ……………………………… 53
　　二、克服障碍，有效沟通 ……………………………… 56
第四节　沟通能力的培养 ………………………………………… 58
　　一、沟通能力 …………………………………………… 58
　　二、培养沟通能力 ……………………………………… 58
【自测与评估】
　　自我情绪认识能力的测试 ……………………………… 63
　　自我情绪调节的测试 …………………………………… 65
【启示与案例】
　　沟通中的不同角色 ……………………………………… 68
第一篇　注释 ……………………………………………………… 70

第二篇　沟通与谈判原理——心理与行为

第四章　个体心理与行为 ………………………………………… 73
第一节　感觉、知觉与思维 ……………………………………… 73
　　一、感觉、知觉、思维的含义 ………………………… 73

　　二、影响知觉的因素 ……………………………………… 74
　　三、知觉的形成过程 ……………………………………… 75
　　四、知觉的错误（偏见） ………………………………… 76
第二节　价值观、兴趣与态度 ……………………………… 77
　　一、价值观 ………………………………………………… 77
　　二、兴趣与爱好 …………………………………………… 78
　　三、态度 …………………………………………………… 79
　　四、态度的形成与改变理论 ……………………………… 80
第三节　个性与个性改造 …………………………………… 81
　　一、个性的意义及特点 …………………………………… 81
　　二、个性理论 ……………………………………………… 82
　　三、个性的改造及应用 …………………………………… 84
第四节　气质、性格与能力 ………………………………… 88
　　一、气质 …………………………………………………… 88
　　二、性格 …………………………………………………… 89
　　三、能力 …………………………………………………… 90
第五节　信念、信心与自信 ………………………………… 91
　　一、信念 …………………………………………………… 91
　　二、信心与自信 …………………………………………… 92
　　三、战胜自卑，树立自信 ………………………………… 92
【自测与评估】
　　气质测试 …………………………………………………… 95
　　自信心测试 ………………………………………………… 97
　　性格类型自测 ……………………………………………… 99
【启示与案例】
　　活在今天………………………………………………… 100
第五章　需要与激励理论………………………………… 102
第一节　需要与激励过程…………………………………… 102
　　一、动机、需要与行为…………………………………… 102
　　二、动机的机能和来源…………………………………… 103
　　三、激励的概念及作用…………………………………… 103
　　四、激励的模式及激励理论的分类……………………… 104
第二节　内容型激励理论…………………………………… 105
　　一、需要层次理论………………………………………… 105

二、ERG 理论 ……………………………………………… 107

三、成就激励理论 ………………………………………… 108

四、双因素理论 …………………………………………… 109

五、几种内容型激励理论的比较 ………………………… 109

第三节　行为改造型激励理论 ……………………………… 110

一、操作条件反射论 ……………………………………… 111

二、归因理论 ……………………………………………… 113

三、挫折理论 ……………………………………………… 113

第四节　过程型激励理论 …………………………………… 117

一、期望理论 ……………………………………………… 117

二、公平理论 ……………………………………………… 119

【自测与评估】

心理适应能力测试 ………………………………………… 120

【启示与案例】

精神与情感需要的意义 …………………………………… 122

第六章　群体心理与行为 ……………………………………… 124

第一节　群体行为的特征 …………………………………… 124

一、群体的概念 …………………………………………… 124

二、个人与群体的关系 …………………………………… 125

三、群体的类型及发展阶段 ……………………………… 126

四、群体内部行为的心理特征 …………………………… 127

第二节　影响群体行为的因素 ……………………………… 128

一、影响群体内行为的主要因素 ………………………… 128

二、影响群体间行为的主要因素 ………………………… 131

【自测与评估】

你是否善于与人合作 ……………………………………… 133

【启示与案例】

学会控制情绪 ……………………………………………… 135

第七章　领导心理与行为 ……………………………………… 138

第一节　领导者与管理者 …………………………………… 138

一、领导与领导者 ………………………………………… 138

二、权力与职权 …………………………………………… 139

三、权力的来源 …………………………………………… 140

四、领导（者）与管理（者）的区别 ………………………… 141

第二节　领导特质理论（素质论）………………………………… 141

一、三种领导理论 ……………………………………………… 141

二、有关领导者素质的理论表述 …………………………… 142

第三节　领导行为理论 ………………………………………… 144

一、X、Y 理论 ………………………………………………… 144

二、领导连续流理论 ………………………………………… 145

三、二维四分图理论 ………………………………………… 145

四、管理系统理论 …………………………………………… 146

五、管理方格论 ……………………………………………… 147

第四节　领导权变理论 ………………………………………… 149

一、权变因素 ………………………………………………… 149

二、菲德勒模型 ……………………………………………… 150

三、情境领导理论 …………………………………………… 151

四、路径——目标理论 ……………………………………… 152

第五节　关于领导的新理论 …………………………………… 153

一、领导归因论 ……………………………………………… 153

二、领袖魅力论 ……………………………………………… 153

三、领导方式的性别差异 …………………………………… 154

第六节　领导艺术与修养 ……………………………………… 155

一、领导艺术 ………………………………………………… 155

二、领导修养 ………………………………………………… 155

【自测与评估】

领导行为测试 ……………………………………………… 156

【启示与案例】

美国林肯电器公司的管理风格 …………………………… 159

第二篇　注释 …………………………………………………… 160

第三篇　沟通与谈判基础——沟通形式与策略

第八章　沟通策略与技巧 ……………………………………… 163

第一节　沟通的过程策略 ……………………………………… 163

一、信息发送与接收策略 …………………………………… 163

二、信息处理与渠道策略 …………………………………… 166

三、文化背景策略 …………………………………………… 169

第二节 说话 …………………………………………… 169
　一、分析听者与选择话题 ……………………… 169
　二、表达技巧与语言控制 ……………………… 173
第三节 倾听 …………………………………………… 177
　一、倾听是一门重要的艺术 …………………… 177
　二、倾听的形式 ………………………………… 178
　三、倾听的技巧 ………………………………… 178
　四、克服听话障碍 ……………………………… 183
【自测与评估】
　倾听能力测试 …………………………………… 186
【启示与案例】
　寻找适合听话者的方法 ………………………… 188
　了解对方才能把握怎样说 ……………………… 188
第九章 语言沟通与非语言沟通 …………………… 190
第一节 语言沟通 ……………………………………… 190
　一、语言沟通的类型 …………………………… 190
　二、语言沟通的原则 …………………………… 191
第二节 语言沟通的常用技巧 ………………………… 195
　一、与人交往 …………………………………… 195
　二、实现目标 …………………………………… 199
第三节 非语言沟通 …………………………………… 206
　一、非语言沟通的重要性 ……………………… 206
　二、非语言沟通的特点与作用 ………………… 206
　三、非语言沟通的类型 ………………………… 209
第四节 非语言沟通的主要形式及含义 ……………… 210
　一、表情与面容 ………………………………… 210
　二、目光 ………………………………………… 212
　三、手势和腿足部体态 ………………………… 213
　四、姿态和躯干体态 …………………………… 215
　五、仪表 ………………………………………… 218
　六、时间与空间 ………………………………… 218
　七、副语言或辅助语 …………………………… 221
　八、非语言沟通的注意点 ……………………… 221
【自测与评估】

　　观察能力的测试……………………………………………… 226
　【启示与案例】
　　名医劝治的失败…………………………………………… 228
　　脚语——独特的心理泄露………………………………… 229
第十章　阅读与写作……………………………………………… 230
　第一节　阅读…………………………………………………… 230
　　一、阅读目的与方法……………………………………… 230
　　二、选择读物……………………………………………… 233
　　三、阅读障碍的排除及能力的培养……………………… 236
　第二节　写作…………………………………………………… 238
　　一、确定目的,分析读者…………………………………… 238
　　二、选择论题,组织材料…………………………………… 240
　　三、文章的表述与改写…………………………………… 244
　【自测与评估】
　　你有阅读障碍吗?………………………………………… 248
　【启示与案例】
　　知己………………………………………………………… 250
　第三篇　注释…………………………………………………… 252

第四篇　情境沟通

第十一章　交谈…………………………………………………… 255
　第一节　交谈的特性…………………………………………… 255
　　一、交谈的定义及特点…………………………………… 255
　　二、交谈的类型…………………………………………… 256
　第二节　交谈前的准备………………………………………… 258
　　一、交谈的内容…………………………………………… 258
　　二、营造氛围……………………………………………… 259
　第三节　交谈中的技巧………………………………………… 260
　　一、开场白:一鸣惊人……………………………………… 260
　　二、内容陈述:切中要领…………………………………… 261
　　三、问题讨论:你来我往…………………………………… 261
　　四、论点表达:有始有终…………………………………… 263
　第四节　交谈障碍的克服……………………………………… 263

一、态度障碍及克服 …………………………………………… 263

二、表达障碍及克服 …………………………………………… 264

三、倾听障碍及克服 …………………………………………… 266

【自测与评估】

你善于交谈吗？ …………………………………………… 267

【启示与案例】

林肯写给胡格将军的说服信 ……………………………… 268

谋事在人 …………………………………………………… 269

第十二章　访晤与求职 …………………………………………… 270

第一节　访晤 ……………………………………………………… 270

一、访晤的含义及特征 ……………………………………… 270

二、访晤过程的技巧 ………………………………………… 270

第二节　求职 ……………………………………………………… 272

一、求职程序与步骤 ………………………………………… 272

二、求职访晤或面试前的准备 ……………………………… 273

三、求职访晤的问与答 ……………………………………… 273

四、求职访晤中语言和非语言沟通的运用 ………………… 275

五、求职访晤的自我训练 …………………………………… 275

【自测与评估】

认识他人情绪测试 ………………………………………… 276

【启示与案例】

奇特的考试 ………………………………………………… 278

第十三章　演讲 …………………………………………………… 280

第一节　演讲的特征 ……………………………………………… 280

一、演讲与交谈的区别 ……………………………………… 280

二、演讲的要素及特点 ……………………………………… 281

三、演讲的类型及作用 ……………………………………… 281

第二节　演讲前的准备 …………………………………………… 283

一、确定目的，分析听众 …………………………………… 283

二、选择论题，组织材料 …………………………………… 284

三、安排正文结构 …………………………………………… 285

第三节　演讲技巧 ………………………………………………… 286

一、演讲方式与结构 ………………………………………… 286

二、语言与非语言技巧的运用 ……………………………… 288

第四节　演讲能力的培养 ………………………………………………… 290
　　一、克服障碍，树立自信 ………………………………………… 290
　　二、用心演练，激发潜能 ………………………………………… 293
第五节　演讲的常用模式 ……………………………………………… 294
　　一、即席演讲 ……………………………………………………… 294
　　二、工作演讲 ……………………………………………………… 295
　　三、礼仪演讲 ……………………………………………………… 297
　　四、生活演讲 ……………………………………………………… 299
　　五、校园演讲 ……………………………………………………… 301
【自测与评估】
　　调节环境的能力测试 …………………………………………… 304
【启示与案例】
　　林肯的一次辩护性演讲 ………………………………………… 306
第十四章　恋人与家庭 ………………………………………………… 308
第一节　认识家庭 ……………………………………………………… 308
　　一、什么是家庭 …………………………………………………… 308
　　二、家庭的社会功能 ……………………………………………… 309
　　三、家庭关系的特征 ……………………………………………… 310
　　四、家庭沟通关系的种类 ………………………………………… 310
第二节　恋人沟通 ……………………………………………………… 310
　　一、对青年男女的忠告 …………………………………………… 311
　　二、恋人的沟通技巧 ……………………………………………… 311
第三节　夫妻沟通 ……………………………………………………… 316
　　一、男女对爱的不同理解和心理差异 …………………………… 317
　　二、维持婚姻稳定与幸福要则 …………………………………… 319
　　三、夫妻沟通技巧 ………………………………………………… 326
第四节　父母与子女沟通 ……………………………………………… 335
　　一、青年的心理特征 ……………………………………………… 335
　　二、子女对父母的评判及冲突形式 ……………………………… 335
　　三、子女与父母的沟通要则 ……………………………………… 336
　　四、父母与子女的沟通要点 ……………………………………… 337
　　五、继父母与孩子的关系 ………………………………………… 338
第五节　家庭中其他沟通关系 ………………………………………… 338
　　一、与老年人沟通 ………………………………………………… 338

二、婆媳沟通 …………………………………………………… 341

三、女婿与岳父母的沟通 ……………………………………… 343

【自测与评估】

伴侣类型选择测试 …………………………………………… 344

恋爱观的心理测试 …………………………………………… 346

【启示与案例】

含蓄的爱情表达四则 ………………………………………… 349

婚后的反思 …………………………………………………… 350

第四篇　注释 ………………………………………………… 352

第五篇　谈判技巧

第十五章　谈判基础 ………………………………………… 355

第一节　谈判与商务谈判 ……………………………………… 355

一、谈判的概念和特点 ………………………………………… 355

二、商务谈判的概念和特点 …………………………………… 358

第二节　谈判的类型与程序 …………………………………… 361

一、谈判的类型 ………………………………………………… 361

二、商务谈判的基本程序 ……………………………………… 363

第三节　商务谈判的基本原则 ………………………………… 366

一、平等自愿原则 ……………………………………………… 367

二、客观真诚原则 ……………………………………………… 367

三、互利互惠原则 ……………………………………………… 368

四、求同存异原则 ……………………………………………… 369

五、对事不对人原则 …………………………………………… 370

六、合法原则 …………………………………………………… 371

【启示与案例】

毛遂自荐 ……………………………………………………… 373

第十六章　谈判准备与开局 ………………………………… 375

第一节　谈判准备 ……………………………………………… 375

一、谈判前的可行性研究 ……………………………………… 376

二、知己知彼 …………………………………………………… 377

三、建立高效的谈判队伍 ……………………………………… 379

四、谈判计划的制定 …………………………………………… 381

　　五、拟订谈判议程 …………………………………… 383
　　六、谈判方针与谈判风格的选择 …………………… 385
　第二节　谈判开局策略与技巧 ……………………… 386
　　一、谈判开局的意义 ………………………………… 386
　　二、谈判开局气氛及营造 …………………………… 286
　　三、谈判开局策略及运用 …………………………… 389
　【自测与评估】
　　调节会谈气氛能力的测试 ………………………… 390
　【启示与案例】
　　诸葛亮舌战群儒 …………………………………… 392
第十七章　谈判常用策略 ……………………………… 395
　第一节　谈判实力及其对应策略 …………………… 395
　　一、平等地位的谈判策略 …………………………… 396
　　二、主动地位的谈判策略 …………………………… 397
　　三、被动地位的谈判策略 …………………………… 400
　第二节　对付谈判压力的技巧 ……………………… 405
　　一、对付谈判威胁的技巧 …………………………… 405
　　二、谈判僵局的处理 ………………………………… 406
　第三节　价格策略 …………………………………… 409
　　一、报价策略 ………………………………………… 409
　　二、讨价策略 ………………………………………… 411
　　三、还价策略 ………………………………………… 412
　【自测与评估】
　　表达能力的测试 …………………………………… 414
　【启示与案例】
　　中国电信开放的谈判 ……………………………… 416
　　幽默的魅力 ………………………………………… 417
第十八章　跨文化谈判 ………………………………… 418
　第一节　文化差异与谈判 …………………………… 418
　　一、跨文化谈判具有国内谈判的一般共性 ……… 418
　　二、跨文化谈判与国内谈判的区别 ……………… 419
　　三、文化差异对谈判的影响 ……………………… 419
　　四、跨文化谈判成功的基本要求 ………………… 420
　第二节　不同文化间谈判风格的比较 ……………… 421

一、美国人的谈判风格 …………………………………………… 421

二、英国人的谈判风格 …………………………………………… 422

三、法国人的谈判风格 …………………………………………… 423

四、德国人的谈判风格 …………………………………………… 424

五、俄罗斯人的谈判风格 ………………………………………… 426

六、日本人的谈判风格 …………………………………………… 427

【自测与评估】

　　跨文化谈判你熟悉多少 ……………………………………… 428

【启示与案例】

　　在异国招标会上 ……………………………………………… 431

第五篇　注释 ……………………………………………………… 434

参考文献 …………………………………………………………… 435

第一篇 导 论

第一章　沟通的意义

第二章　人际关系与人际沟通

第三章　沟通管理

第一章 沟通的意义

【学习目标】

通过本章的学习,应对如下内容有一定的了解:

- 沟通与人际沟通
- 人际沟通的研究对象及学科特征
- 人生三大商数及其关系
- 成功的标志及要素
- 沟通的作用

第一节 认识沟通及人际沟通学

一、沟通与人际沟通

沟通(Communication)是指在社会交往中,人们借助符号系统(语言、文字、图像、记号)、形体手势及物质环境传递、理解信息和情感的社会行为。

人际沟通(Interpersonal Communication)是人们运用语言符号系统或非语言符号系统传递、理解信息和情感的过程,它是人类沟通中最重要的沟通形式之一,其目的在于人们需要分享信息、传达思想、交流情感和表达意愿。人们通过沟通,相互认知、相互吸引,并通过沟通影响别人和调节自己的行为。

【研读专栏】 1-1

沟通的学科定义[1]

沟通,本意指开沟使两水相通。如《左传·哀公九年》中:"秋,吴城祁,沟通江淮。"后指两方能通连。信息社会又泛指信息沟通。对于沟通的学科定义,十年前,美国威斯康星大学教授 F·丹斯统计过:人们关于"沟通"的定义,已达 126 种。现在可能已有150多种。概括来说有以下几种类型：

（1）共享说：沟通是传者与受者对信息的分享。如美国著名传播学家施拉姆认为："我们在沟通的时候，是努力想同谁确立'共同'的东西，即我们努力想'共享'信息、思想或态度。"

（2）交流说：沟通是有来有往的双向的活动。如美国学者霍本认为："沟通即用言语交流思想。"

（3）影响（劝服）说：沟通是传者欲对受者（通过劝服）施加影响的行为。如美国学者露西和彼得森认为："沟通这一概念，包含人与人之间相互影响的全部过程。"

（4）符号（信息）说：沟通是符号（或信息）的流动。如美国学者贝雷尔森认为："所谓沟通，即通过大众传播和人际沟通的主要媒介……所进行的符号传送。"

二、人际沟通的研究对象及学科特征

人际沟通学：是一门研究人类沟通行为的新兴边缘性、综合应用的社会学科。人际沟通学从人类的社会交往出发，采用社会科学的研究方法，研究人类沟通心理与行为的规律性，其目的在于最大限度地挖掘人的内在潜力，提高沟通能力，发挥人们合作的社会优势，促进社会的发展。

人际沟通学的**研究对象和范围**是研究人际沟通心理与行为的规律性，人际沟通、群体沟通、领导沟通的行为特征，沟通理论与技巧在特殊情境下的应用及其有效性。

人际沟通的学科特征：

1. 边缘的多学科性。 与人际沟通相关的学科有社会学、伦理学、社会心理学、组织行为学、管理学、公共关系学、市场营销学、心理生理学、人际关系学和语言学等。

2. 综合应用性。 体现在对相关学科知识、技能和技巧的整合，并结合实际和具体情境在现实中的广泛应用。

第二节　三大商数及沟通的作用

一、人生的三大商数

（一）三大商数的含义

人生的三大商数（智商、情商与财商）与每个人的人生成功密切相关。

智商（IQ——Intelligence Quotient）是心理学智力测验术语，即智力商数。用以标示智力测验者智力发展的水平。它是依下列公式求得的：

智力年龄×100÷实足年龄＝智力商数（通常以英文 IQ 两字母代表）[2]

如某儿童智龄和实龄相等，依公式计算，智商等于 100，即表示其智力相当于中等儿童的发展水平。一般认为智商在 120 以上的称作"聪明"，在 80 以下的称作"愚蠢"；智商基本上是不变的。如果一个 6 岁儿童的智商为 80，另一个 6 岁儿童的智商为 120，在小学毕业后，他们的智商基本上仍分别为 80 和 120。

情商（EQ——Emotion Quotient）是情绪商数的简称，又称情感智能，是人们对自我情绪的认知、控制并进行自我激励，对他人情绪的理解并与他人相处、合作的能力。

"情商"大致可以概括为六个方面的内容：

（1）情绪的自我认识能力，即对自己的感知力：通过自我感觉来认识自己的情感。

（2）情绪的自我控制力：针对具体情况，恰当地控制和表达自我情绪的方式。

（3）自我激励和自我发展能力：激励和发展自我朝着树立的目标努力并去实现它。

（4）认知他人情绪的能力：认知、分享和同情他人的情感。

（5）人际交往能力：体现为人际沟通能力和人际关系的水平。

（6）挫折的承受能力：体现为对挫折的承受力和适应能力。

心理学家认为，情商水平高的人具有如下特点：社交能力强，外向而愉快，不易陷入恐惧或伤感，对事业较投入，为人正直，富于同情心，情感生活丰富但不逾矩。一个人是否具有较高的情商，和童年时期的教育培养有着密切的关系，所以，培养情商应从小开始。

专家认为，情商的水平不像智力水平那样可用测验分数较准确地表示出来，它只能根据个人的综合表现进行判断，而且多以人际沟通能力来判别个人情商水平的高低，所以，人际沟通能力是衡量一个人情商水平的重要尺度之一。

财商（WQ——Wealth Quotient）是指一个人认识、创造和运用金钱和财富的能力。它包括观念、知识、行为三个层次：

（1）观念是指对金钱和财富的认识和理解过程。

（2）知识是指投资创业或创造和运用财富必不可少的知识积累，如会计知识、法律知识等。

（3）行为是观念的表现和载体，是观念和知识在自我与环境之间的实施，它突出表现了自我突破、自我激励、自我控制的素质和能力，也体现了创造和运用财富的行为能力。

这三者互为补充，共同构成了一个动态的、发展的财商概念。

财商是一个人成功的标志。它是一个人毕生为之努力的综合目标，对它的测度标准不仅仅是金钱、提升或在事业上的成就等有形财富的拥有水平,也体现在人际关系和他人的信任等无形财富的拥有,还包括对能够实现价值的关键知识和技能的掌握以及个人的健康。因而,对财商这个综合目标的测度标准不是单一不变的,而是根据一个人所处的时代,就其本人的现在与过去,其本人与他人和社会平均水平的比较而进行动态综合衡量的。有人把健康视为有效数字,其他衡量指标视为增值数字。这里有效数字为1、2、3等,增值数字为零的个数;增值数字只有在有效数字后增加才有意义,否则,只是无效的增值,永远为零。

(二) 三大商数间的关系

过去人们往往认为,一个人能否在一生中取得成就,智力水平是第一重要的,即智商越高,取得成就的可能性就越大。

到了20世纪90年代初期,美国耶鲁大学的心理学家彼得·萨洛韦和新罕布什大学的约翰·迈耶提出了情绪智能、情绪商数概念。他们认为,一个人在社会上要获得成功,起主要作用的不是智力因素,而是情绪智能,前者占20%,后者占80%。他们还列举不少事例来证明这个观点。

1995年,美国哈佛大学心理学教授丹尼尔·戈尔曼在《情绪智力》中提出了"情商"(EQ)的概念,他认为"情商"是个体重要的生存能力,是一种发掘情感潜能、运用情感能力影响生活各个层面和人生未来的关键品质因素。戈尔曼认为,**在人成功的要素中,"智商决定人生的20%,情商则主宰人生的80%"**。在美国也流行着一句话:"智商(IQ)决定录用,情商(EQ)决定提升"。

事实上,智商高的人,并不一定都成功。而智力一般但善于控制自己情绪并能与人良好沟通的人会表现不凡。智商和情商在人的成功中都很重要。以财商为标

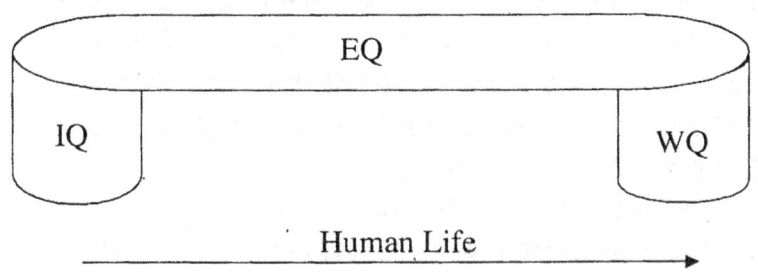

- 智商 IQ——Intelligence Quotient

- 情商 EQ——Emotion Quotient

- 财商 WQ——Wealth Quotient

图 1-1　人生三大商数的关系

志的成功既离不开智商,也离不开情商,三者的关系如图1-1所示。智商是人的行动基础,财商是人的行动目标和人生目标,要以智商为基础实现人生的成功目标——财商,必须通过情商将它们有目标导向地联系起来,而这一联系过程离不开沟通这个重要的形式。

【研读专栏】 1-2

有关智商的调查[3]

一个人的聪明与否往往通过一些心理学家编制的智力测验来证明。但是,经测定智商高的人,不一定以后进入社会就能取得令人瞩目的成就。美国心理学家曾对伊利诺州一所中学1981届的81位优秀毕业生进行过跟踪研究,这些学生的平均智商是全校之冠,他们上大学后,成绩也不错,但到近30岁时大都表现平平。中学毕业10年后,他们中间只有1/4的人在本行业中达到同年龄最高阶层,而很多人表现不如一般的同学。波士顿大学教授凯伦·阿诺针对这项研究结果指出:"面对一位毕业致词代表,你唯一知道的就是他考试成绩不错。面对一位高智商者,你所知道的也只是他在回答某些心理学家们所编制的智力测验问题时成绩不错,但我们无法对他未来的成败做出准确有效的预测。"

人们越来越认识到,只强调人脑的理性加工是不足以揭示人类千变万化内心世界的。随着对传统智力概念的内涵过于狭隘的批评,人们逐渐认识到单纯强调智商,抑制和浪费了人类的潜能,使人们除言语和数理逻辑能力以外的潜能得不到应有的重视。美国心理学教授嘉德纳(H. Gardner)认为:传统的根据智力测验所界定的智力,在概念上只适合于对书本上的知识的学习能力。

情商概念的提出[4]

1995年,美国《纽约时报》的专栏作家哈佛大学教授丹尼尔·戈尔曼(D. Golman)在他出版的《情绪智力》一书中提出了情感智商的概念。它的缩写为EQ,中文被翻译成"情商"。情商概念的提出,揭开了困扰人们的迷雾,也结束了此前持续多年的"非智力"因素的提法。

戈尔曼的情商内涵有以下五个方面:

1. 自我意识。自我意识即通过自我感觉来认识自己的情感,并从情绪中脱离出来的能力;当对待他人的情绪时,不被自己的情绪所左右,乃至产生过激的行为。积极的自我意识包含着对自身素质的清醒认识,也就是所说的有自知之明。对自身素质的有意识运用,能促进自我的发展,使行为更加有效。

2．情绪控制。情绪控制就是针对具体情况的恰当的表达方式。当情绪失去控制时，就会使人感到非常烦恼，甚至影响到你的正常活动，学会控制情绪是成功和快乐的关键所在。

3．自我激励。自我激励是树立目标并努力去实现它。人们本来就有人性的软弱，就是伟人也会有与常人一样的缺点和错误。但不同的是，他们善于战胜这种人性的软弱。

4．认知他人情绪。这是指富有同情心，并有认知和分享他人情感的能力。

5．人际沟通能力。这是指人与人之间良好、有效沟通的能力。人际沟通实际上是衡量个人情商水平高低的一个重要尺度。

对此，有的学者为其作了如下补充：

挫折的承受能力，是指人们面对挫折而产生的适应能力。挫折承受力的强弱，直接影响到一个人的情商水平的高低。

财商与财商教育在中国的兴起[5]

罗伯特·清崎的《富爸爸，穷爸爸》一书的畅销，使"财商"概念正式在中国"露面"，"富爸爸"热潮还未过去，财商教育又在中国悄然出现。"财商学校"开进了上海；北京财商教育培训中心也向全国推出财商教育课程和全民素质教育的内容。

财商教育被称为是一个转变国民理财观念的，大众参与并不断革新和完善的综合性教育项目。它紧扣全球新经济和信息时代发展特点，吸收国外财商教育的研究成果，结合中国的国情，辅以生动、通俗的沟通方式，为全体国民传递和普及最新的理财信息、投资手段，并提供相关财商训练，以期提高国民的理财素质。一种观点认为：财商是一种生产力，而财商教育正是对这种财富生产力的解放、开发、激活和培养。

有人认为：在学校里进行财商教育有好处，能提高学生的理财和赚钱技巧，学到别人赚钱的经验，使人少走弯路。也有的人认为：财商如同智商，讲究天赋。经商的意识和理财的能力是一个人与生俱来的基因遗传，有便有，没有的再到"财商学校"深造也不会成为这方面的佼佼者。

一种观点认为：市场经济需要我们学会理财。财商教育则是提高理财能力的一个途径，应成为一门学科，且应对人从小教育，才能有根本成效。另一种观点认为：财商教育虽然能传递给人一些新的观念，唤起人们潜在的信心和勇气去参与投资和创业；但财商这东西恐怕更需要用实践来培养和激活。

财商与财商教育在中国属新生事物，高低之间有怎样的标准、在实践中怎样体现、成效如何，都还没有定论。

二、成功的要素及沟通的作用

(一) 影响成功的要素

戈尔曼认为：在人成功的要素中，"智商决定人生的 20％，情商则主宰人生的 80％"。拿破仑·希尔访问了包括福特、罗斯福、洛克菲勒、爱迪生、贝尔等著名人士在内的 500 多位成功者后，研究总结得出的 17 条成功定律也大多是情商因素。

智商高的人就一定能读博士吗？情商高的人就一定人事通达，容易成功吗？现实的回答并非完全肯定。情商、智商以及下述因素的组合对于人的成功都非常重要：

1. 智商与情商的有机结合。"情商"与"智商"一样，都是只侧重了自我认识能力的一个方面，对于成功来说，其影响作用仍然是有限的。所以，针对"智商"而提出的"情商"概念，其最大的积极意义在于，把成功的要素从狭窄的智力领域扩展到自我认识领域乃至人际关系领域。

成功是与较高的自我管理能力紧密相关的。一个人的成功与否并不取决于智力、情绪或性格的某个单项指标是否高超，而是取决于各单项素质之间的组合与匹配，即取决于智商与情商的有机结合，这就需要自我管理。作为情商组成部分和自我管理的重要内容的沟通，是这种自我管理和结合的重要方法和途径。智商与情商的有机结合，也就是古人讲的"人和"，"人"是人的自身智力因素，"和"是人的情感智能和与他人的关系。成功离不开"人和"。

2. 时机的把握。人的成功也离不开时机因素。有时，虽然我们具备了主观优势，但是由于时机不成熟，则使我们无法成功。对于时机的把握，有两层意义：一是我们要有远见地规划未来，为未来早做准备，使我们从容面对和抓住机会，这就是要利用"天时"；二是当我们所处的环境不利于自己的发展时，要善于应变环境、创造条件、寻找和促成时机，这就是成功的"地利"因素。

3. 不懈地努力。一个成就，一项事业并不一定一次成功。若我们遇到挫折就退却，则永远没有成功。只有不懈地努力和不停地向目标奋进，才有最终的成功。

4. 管理和完善自我，不断改进。一般来说，一个人某些基本的自身条件是较难变动的，如纯智力因素，但认识自身的智力特点、性格特征及情绪特点并加以妥善管理和发挥却是可以经努力而做到的。一个有较高自我管理能力的人，不仅能够较合理、有效地安排各项人生任务，管理和完善自我，而且在客观理解他人、在摆正自己与他人之间的位置方面也有着天然的优势，于是他便在自身与环境、主观与客观这两大方面都实现了基本条件的最佳利用，从而大大提高了事业的成功率。

(二) 沟通的作用

英国文豪萧伯纳说过:"假如你有一个苹果,我也有一个苹果,而我们彼此交换这些苹果,那么,你我仍然是各有一个苹果;如果你有一种思想,我也有一种思想,而我们彼此交换这些思想,那么,我们每个人将各有两种思想。"这段话生动地说明了沟通的作用。

沟通是人际关系的构成条件和促成"人和"的措施。人们通过沟通与周围的社会环境相联系,而社会是由人们互相沟通所维持的关系组成的网络。沟通就像血液流经人的心血管系统一样流过社会系统,为社会这个有机整体服务。在社会网络中,沟通是一种自然而然的、必需的、无所不在的活动。

沟通贯穿于我们生活的所有领域。人的绝大多数活动都是通过沟通进行的。我们把它用于劝说、协调关系,以及分享快乐、共同谋求发展和披露信息。人们的行为也告诉我们,良好的沟通是我们的工作和相互关系取得成功的关键。多方面的调查表明,企业经理应把口头沟通和倾听列为取得工作成就的重要技能。生活要有沟通,良好的沟通就是更充分地享受生活。

沟通是人们获取知识和信息的重要途径。据专家分析,在人们所掌握的知识中,20%来源于直接学习,80%来源于社会学习。社会知识可以从与朋友、同行、老师的聊天、讨论和聚会中获得,也可以通过演讲、上课等形式获得;而这些都是沟通的重要形式。人们通过沟通可以开阔视野、互通信息、获取知识与技能。

作为**衡量个人情商水平的一个重要尺度**,沟通是**衔接智商和情商的重要手段**,是人们以智商为基础,**迈向成功的桥梁**。

总之,**沟通是人们分享信息、思想和情感的过程**。当今世界,良好的沟通能力,对于人们个体的发展,乃至整个经济和社会的发展关系重大。在个体发展中,良好、有效的沟通对于个体素质的全面提高、很好地发展人际关系、发挥自身的内在潜力和事业的成功影响甚大。据权威的《工商管理硕士就业指南》(1995年英文版)所载:经过对全球近千家企业的调查分析,在10项MBA才能指标中,最为重要的3种能力是分析判断能力、商业经营思想和良好的沟通能力。美国普林斯顿大学曾对1万份人事档案进行分析,"专业技术"和"经验"只占成功的25%,其余75%取决于良好的人际沟通;哈佛大学就业指导小组1995年调查结果显示,在500名被解职的男女中,因人际沟通不良而导致工作不称职者占82%[6]。可见,良好的沟通能力在人们的一生中具有多么重要的意义。日本企业之神,著名的松下电器公司的创始人松下幸之助有句名言:**"伟大的事业需要一颗真诚的心与人沟通。"**松下幸之助就是凭借其良好的人际沟通艺术,赢得了他人的信赖、尊重和敬仰,并使松下电器成为全球电器行业的巨星[7]。

【研读专栏】　1-3

拿破仑·希尔的 17 条成功定律[8]

拿破仑·希尔是美国历史上,也是世界历史上最伟大的励志成功大师,他创建的成功哲学和 17 条成功定律,以及他永远如火如荼的热情鼓舞了千百万人,因此被尊为"百万富翁的创造者",他的影响已经远远超出了成功学的范畴。

获得博士学位的拿破仑·希尔在整整的 20 年中,访问了包括福特、罗斯福、洛克菲勒、爱迪生、贝尔等著名人士在内的 500 多位成功者,并进行了深入的研究。1921 年,他完成了划时代意义的八卷本《成功规律》。这部书成为激励千百万人获得财富和权势的教科书。同时希尔也成为美国社会享有盛誉的学者。1937 年希尔完成了《思考致富》一书,这本名著至今已拥有 1000 多万读者。1960 年,希尔与他事业的接班人克里曼特·斯通合著出版了《人人都能成功》。此书激励人们通过纠正意识、性格和生活习惯上的缺点,获得人生的财富。它又为希尔赢得了极大的荣誉和尊敬。

希尔经过数十年的研究在他的书中归纳出最有价值的、带有规律性的 17 条定律:

(1) 积极的心态(PMA 黄金定律)。

(2) 明确的目标。

(3) 多走些路。

(4) 正确的思考方法。

(5) 高度的自制力。

(6) 培养领导才能。

(7) 建立自信心。

(8) 迷人的个性。

(9) 创新制胜。

(10) 充满热忱。

(11) 专心致志。

(12) 富有合作精神。

(13) 正确看待失败。

(14) 永葆进取心。

(15) 合理安排时间和金钱。

(16) 保持身心健康。

(17) 养成良好的习惯。

这17条定律涵盖了人类取得成功的所有主观因素,使"成功学"这种看似玄秘的学问变成了具体的、可操作的法则。这无疑为寻求成功之路的千百万人建造了到达彼岸的17个坚实的阶梯。

在美国政商两界中,金钱和权势的角逐成功者,没有谁未受到过17条定律的恩泽和影响。

美国的第26任总统西奥多·罗斯福、27任总统霍华德·塔夫脱、28任总统富兰克林·罗斯福、32任总统伍德罗·威尔逊、汽车大王亨利·福特、石油大王洛克菲勒、出版大王海福纳、柯达公司总裁伊士曼等人都是"成功十七定律"的印证者、受益者和支持者。

印度圣雄甘地与希尔博士会面并读了他的著作后,下令全国学习拿破仑·希尔的成功学,希望借此帮助印度脱离贫穷。虽然甘地这个愿望未能实现,但不知多少印度富豪,皆因此而诞生。

拿破仑·希尔曾以17条定律做实验,第一次实验的成果是,训练3000名毫无经验的推销员。不到6个月,他们都各自赚进100万美元,并付给希尔3万美元作为酬谢。

大发明家爱迪生曾经写信给希尔:"我感谢您花了这么长的时间完成'成功学'。这是一门很健全的哲学,追随您学习的人,将会获得很大的效益。"

轮船大亨罗伯特·达拉则认为:"如果我在50年前就学到这17条定律,可能只需要一半的时间就能取得目前的成就。"

风靡西方商界的《世界上最伟大的推销员》的作者奥格·曼狄诺曾经为希尔再版的著作作序,序中这样说:

"我想从我的经验谈起。多年前,由于我自己的愚昧无知和累累错误,我失去了我的一切宝贵的东西:我的家庭、我的房子和我的工作,几乎赤贫如洗,盲人瞎马。我开始到处流浪,寻找自己,寻找能使我赖以度日的种种答案……

我终于在希尔的著作中找到了我所需要的答案。"

曼狄诺是这样看待希尔对他人生的决定意义,而细心的读者不难看出,在《世界上最伟大的推销员》一书中,曼狄诺几乎再现了拿破仑·希尔17条定律的精神原形。

PMA 与 NMA[9]

成功学的始祖拿破仑·希尔说,一个人能否成功,关键在于他的心态。成功人士与失败人士的差别在于成功人士有积极的心态,即 PMA(Positive Mental Attitude)。而失败人士则习惯于用消极的心态去面对人生。消极的心态,即 NMA(Negative Mental Attitude)(在美国成功学领域 PMA 与 NMA 已成为替代积极心态与消极心态的专有名词)。

运用 PMA 支配自己人生的人,拥有积极奋发、进取、乐观的心态,他们能乐观向上地正确处理人生遇到的各种困难、矛盾和问题。他们用"我要!我能!""一定有办法"等积极的意念鼓励自己,于是便能想尽办法,不断前进,直至成功。爱迪生在几千次失败的试验面前也决不退缩,最终成功地发明了照亮世界的电灯。成功人士往往运用 PMA **黄金定律**支配自己的人生,他们始终用积极的思考、乐观的精神和辉煌的经验支配和控制自己的人生。运用 NMA 支配自己人生的人,心态悲观、消极、颓废,不敢也不去积极解决人生所面对的各种问题、矛盾和困难。失败人士往往受过去的种种失败与疑虑所引导和支配,他们空虚、悲观失望、消极颓废,最终走向了失败。

【思考与练习】

1. 简述沟通与人际沟通的定义。
2. 简述人际沟通的研究对象及学科特征。
3. 你如何理解智商、情商与财商的意义?
4. 成功的标志是什么?是金钱?是健康?还是其他?为什么?
5. 书本知识和文凭意味着什么?
6. 良好的沟通能力意味着什么?
7. 人生的目的是什么?
8. 你认为成功的要素有哪些?为什么?

【自测与评估】

情 商 测 试[10]

人成功与否,20%在于智商(IQ),80%在于情商(EQ)。

1. 与你的恋人或者爱人发生争吵后,你能在他面前掩饰你的沮丧。

a. 同意 b. 不同意

2. 当工作进行得不顺利时,你认为这是对未来的一个警告。

a. 同意 b. 不同意

3. 在您最好的朋友开口说话以前,你就能分辨出他处于何种精神状态。

a. 同意 b. 不同意

4. 当你担忧某件事时,你在夜里几小时难以入睡。

a. 同意 b. 不同意

5. 你认为大多数人必须更加努力而不要轻易放弃。

a. 同意 b. 不同意

6. 与你最好的朋友告诉您一些好消息相比,你更容易受一部浪漫影片的感染。

　　　　　　　　　　　　　　　　　　　　　　　a. 同意　b. 不同意

7. 当你的情况不妙时,你认为到了你该改变的时候了。　a. 同意　b. 不同意

8. 经常想知道别人是怎样看待你的。　　　　　　　　a. 同意　b. 不同意

9. 你对自己几乎能使每个人高兴起来而感到自豪。　　a. 同意　b. 不同意

10. 你厌烦讨价还价,尽管你知道讨价还价能使你少花 20 元钱。

　　　　　　　　　　　　　　　　　　　　　　　a. 同意　b. 不同意

11. 你十分相信直率地说话,而且认为这样能使一切事情变得更容易。

　　　　　　　　　　　　　　　　　　　　　　　a. 同意　b. 不同意

12. 尽管你知道自己是正确的,也会转移这一话题,而不愿来一场争论。

　　　　　　　　　　　　　　　　　　　　　　　a. 同意　b. 不同意

13. 你在工作中做出一个决定后,会担心它是否正确。　a. 同意　b. 不同意

14. 你不会担心环境的改变。　　　　　　　　　　　　a. 同意　b. 不同意

15. 你似乎是这样一个人:对于周末去干什么,你总是能够提出很有趣的设想。

　　　　　　　　　　　　　　　　　　　　　　　a. 同意　b. 不同意

16. 假如你有一根魔棒的话,你将挥动它来改变你的外貌和个性。

　　　　　　　　　　　　　　　　　　　　　　　a. 同意　b. 不同意

17. 不管你工作多么尽心尽力,你的老板似乎总是在催促你。

　　　　　　　　　　　　　　　　　　　　　　　a. 同意　b. 不同意

18. 你认为你的恋人或爱人对你寄以厚望。　　　　　　a. 同意　b. 不同意

19. 你认为一点小小压力不会伤害任何人。　　　　　　a. 同意　b. 不同意

20. 你会把任何事情都告诉您最好的朋友,即使是个人隐私。

　　　　　　　　　　　　　　　　　　　　　　　a. 同意　b. 不同意

评定　同意记 1 分,不同意记 0 分

总分为 20 题的分数相加。

如果总分≥16,分析:你对你的能力很是自信和放心,因此,当处于强烈情感边缘时,你不会被击垮。即使你在愤怒时,你也能进行有效的自我控制,保持彬彬有礼的君子风度。在控制你的情感方面,你是出类拔萃的,与他人相处得很融洽。但是,你太依赖社交技巧而忽视成功所需的其他重要因素,例如艰苦奋斗的作风和好的主意。

如果总分<16 并且>6,分析:你意识到自己和他人的情感,但有时忽视它们,不明白这对你的幸福是多么重要。你对下一步的提升和买一幢更漂亮的房子等诸如此类事情的关心支配着你的生活。然而,无论实际有多少物质目标已实现,你仍然感到不满足。试着去分析和理解你的情感,并且按照它去行动,你会更幸福。记

住,人们可能压抑你,使你暂时消沉,但是,你总是能够从挫折中吸取教训,重新创造你的优势。

如果总分≤6,分析:你必须多一点对别人的关心,少关照自己。你喜欢打破社会常规,并且不会担心通过疏远别人来取得自己想得到的东西。你可能在短期内就会取得一定成果,但人们不久就将开始抱怨你。控制住你易冲动的天性。不要以粗暴的方式,而要试着去通过迎合他人来得到你所想要的一切。如果你得分不高,不要沮丧。你要学会去控制你的消极情感,充分利用你的积极情感。

测验你的成功商数[11]
(拿破仑·希尔的成功学训练法)

拿破仑·希尔为了帮助你了解自己,准备了一套个人分析的问卷,这套问卷曾经帮助许多人更了解自己。你以前做过很多测验吧,例如智慧、性格、个性等等。

这一套却不同,我们叫它"成功商数分析",是根据17条成功规律的要素设计的,这些要素成就了各行各业里杰出领袖的伟大事业。它有许多用途:

引导你的思想进入期望中的轨道;

使你的思想切实可行;

指示你步上成功之路;

鼓励你决定自己的明确目标;

衡量你达到目标的机会;

指出你目前的抱负和其他特征;

激励你采取适当而必要的行动。

现在我们建议你立刻回答下面的"成功商数分析",请你尽量坦白,不要自欺欺人。只有以你自己目前的实情来回答,这个测试才有效。

一、明确的目标

1. 你有没有确定一生的主要目标?　　　　　　　　是　　否

2. 你有没有订下达到目标的时限?　　　　　　　　是　　否

3. 你有没有达到目标的特定计划?　　　　　　　　是　　否

4. 你是不是能确定自己的目标能带来哪些好处?　　是　　否

二、积极心态

1. 你了解积极心态的意义吗?　　　　　　　　　　是　　否

2. 你能控制自己的心态吗?　　　　　　　　　　　是　　否

3. 你晓得人人都能控制的唯一的东西是什么吗?　　是　　否

4. 你知道如何觉察自己和别人的消极态度吗?　　　是　　否

三、多 走 些 路

1. 你有没有经常做一些超过自己薪水以外的服务？　　　　　　　　是　　否

2. 你是否知道何时何人应该加薪？　　　　　　　　　　　　　　　是　　否

3. 你是否认识哪一行业的一个人,不必做超乎自己薪水以外的努力就能成功？

　　　　　　　　　　　　　　　　　　　　　　　　　　　　　　是　　否

4. 你是否认为一个人不必做超乎自己报酬以外的事情,就有权利期望加薪？

　　　　　　　　　　　　　　　　　　　　　　　　　　　　　　是　　否

5. 如果你是老板,你对自己目前的服务满意吗？　　　　　　　　　是　　否

四、正 确 的 思 考

1. 你是否尽量学习跟自己有关的事？　　　　　　　　　　　　　　是　　否

2. 对于不熟悉的事,你是否喜欢表示意见？　　　　　　　　　　　是　　否

3. 在用到知识时,你知道如何去找吗？　　　　　　　　　　　　　是　　否

五、高 度 的 自 制 力

1. 生气时你是不是能缄口不语？　　　　　　　　　　　　　　　　是　　否

2. 你是否不经考虑就说话？　　　　　　　　　　　　　　　　　　是　　否

3. 你很容易不耐烦吗？　　　　　　　　　　　　　　　　　　　　是　　否

4. 一般而言,你的情绪是否平静？　　　　　　　　　　　　　　　是　　否

5. 你习惯让情绪控制理智吗？　　　　　　　　　　　　　　　　　是　　否

六、培养领导才能

1. 你是否设法影响别人来帮助自己完成目标？　　　　　　　　　　是　　否

2. 你相信不需要别人帮助也可以成功吗？　　　　　　　　　　　　是　　否

3. 你相信一个受到妻子或家人反对的人,仍旧可以获得事业成就吗？是　　否

4. 如果老板和属下和谐共事,是否有许多好处？　　　　　　　　　是　　否

5. 你所属的团体如果受到称赞,你是否引以为荣？　　　　　　　　是　　否

七、建 立 自 信 心

1. 你是否信任"无限的智慧"？　　　　　　　　　　　　　　　　　是　　否

2. 你是诚实正直的人吗？　　　　　　　　　　　　　　　　　　　是　　否

3. 你对自己决定去做的事情有没有信心？　　　　　　　　　　　　是　　否

4. 你能理智地免除下面七种基本恐惧吗？　　　　　　　　　　　　是　　否

(1)贫穷的恐惧？　　　　(2)批评的恐惧？　　　　(3)健康不佳的恐惧？

(4)失去爱的恐惧？　　　(5)失去自由的恐惧？　　(6)老年的恐惧？

(7)死亡的恐惧？

八、迷 人 的 个 性

1. 你的习惯使人讨厌吗？　　　　　　　　　　　　　　　　　　　是　　否

2. 你有没有做到"己所不欲勿施于人"？ 是 否
3. 你受到同事的欢迎吗？ 是 否
4. 你使人厌烦吗？ 是 否

九、进 取 心

1. 你的工作有没有计划？ 是 否
2. 你的工作一定要别人替你计划吗？ 是 否
3. 你有没有什么杰出的特点是你的同行所没有的？ 是 否
4. 你习惯于推脱延迟吗？ 是 否
5. 你是不是尽量想出更好的办法来工作？ 是 否

十、充 满 热 忱

1. 你是不是非常热心的人？ 是 否
2. 你会不会发挥自己的热忱去执行自己的计划？ 是 否
3. 你的热忱会左右你的判断吗？ 是 否

十一、专 心 致 志

1. 你做事时专心不专心？ 是 否
2. 你是不是很容易受人影响而改变计划和决定？ 是 否
3. 当你受到反对时，会不会立刻放弃自己的目标和计划？ 是 否
4. 在遭遇不可避免的干扰时，你能不能继续工作？ 是 否

十二、富有合作精神

1. 你能不能跟别人和谐相处？ 是 否
2. 你帮助别人像要求别人帮助那样大方吗？ 是 否
3. 你经常与别人意见不合吗？ 是 否
4. 同事之间友好合作是否有好处？ 是 否
5. 你知道不知道不跟同事合作的害处？ 是 否

十三、正确对待失败

1. 挫折会不会使你半途而废？ 是 否
2. 假使受到挫折，你会继续努力吗？ 是 否
3. 一时的挫折是否就是失败？ 是 否
4. 你曾经从挫折中得到过教训吗？ 是 否
5. 你知道如何把挫折变成资产，进而完成目标吗？ 是 否

十四、创 新 制 胜

1. 你把自己的想象用在建设性的方面吗？ 是 否
2. 你的决定是自己做的吗？ 是 否
3. 唯命是从的人，是否比另外加上自己创意的人要好？ 是 否

4. 你有没有创造性？　　　　　　　　　　　　　　　　　是　　否

5. 你是否经常想出与工作有关的一些实际创见？　　　　是　　否

十五、合理安排时间和金钱

1. 你是否固定把一部分收入存起来？　　　　　　　　　是　　否

2. 你花钱是否并不考虑将来的收入？　　　　　　　　　是　　否

3. 你每天都有充足的睡眠吗？　　　　　　　　　　　　是　　否

4. 你是否经常利用空闲的时间阅读励志书籍？　　　　　是　　否

十六、保持身心的健康

1. 你知不知道健康的五个基本因素？　　　　　　　　　是　　否

2. 你晓得健康从哪里开始吗？　　　　　　　　　　　　是　　否

3. 你知道休息与健康的关系吗？　　　　　　　　　　　是　　否

4. 你知道保持健康需要哪四种重要因素吗？　　　　　　是　　否

5. 你晓得"忧郁症"和"精神病"的意思吗？　　　　　　是　　否

十七、养成良好的习惯

1. 你是否有些自己难以控制的习惯？　　　　　　　　　是　　否

2. 你最近有没有消除什么坏习惯？　　　　　　　　　　是　　否

3. 你最近有没有养成新的好习惯？　　　　　　　　　　是　　否

下面是计算得分的方法：

下面几个问题都应该回答"否"。

三3　三4　四2　五2　五3　六2　六3　八1　八4　九2　九4

十3　十一2　十一3　十二3　十三1　十四3　十五2　十七1

其余的问题都应该回答"是"。满分是 300 分，很少有人能得到这个分数。现在我们看你得多少分吧。

应该答"否"却答"是"的分数：_____×4＝_____

应该答"是"却答"否"的分数：_____×4＝_____

把这两项得分加起来，再用 300 去减，剩下的便是你的分数了。

举例说明：

应该答"否"却答"是"的分数：3×4＝12

应该答"是"却答"否"的分数：2×4＝8

答错的分数——20

完美的分数——300

减去错误答案的总分——20

你的分数——280

按照下面的标准给自己分等：

300 分——完美（很少）

275～299 分——好（一般以上）

200～275 分——尚可（普通）

100～199 分——不好（一般以下）

100 分以下——很差

你是以彻底、坦诚的态度来回答这套"成功商数分析"的吧。假定不是，以后你还会这么做。现在最重要的是要记住，这一次测验的结果并不是决定性的、不可改变的。如果你得的分数很高，只表示你能很快吸收、运用本书（是指《拿破仑·希尔——成功学全书》一书）的这些原则；假使分数不高，也不用泄气，赶紧运用PMA[12]，你仍旧可以获得成功。

【启示与案例】

情商奇才与智商天才[13]

美国《时代周刊》1997 年评出"美国最有影响十大人物"，名列第一位的是克林顿，名列第二位的是盖茨。可见，两个"比尔"都是美国乃至这个世界的重大影响者。比尔·克林顿时常会趁休假，去马尔塔斯韦内亚德度假岛拜访微软总裁比尔·盖茨这个世界上最富有的企业家。而比尔·盖茨在西雅图附近那座造价 5000 万美元的豪华别墅里举行盛大晚会时，也不会忘记邀请比尔·克林顿。过去的几年里，美国这一对最高层政客和工业巨头可谓情投意合。

情商奇才：比尔·克林顿

比尔·克林顿，1946 年 8 月 19 日生于美国阿肯色州霍普市一个小店主家庭，其父在他出生前 3 个月因车祸身亡，克林顿沿用生父的姓氏直到他 15 岁。4 岁时，他的母亲与第二个丈夫结婚。1970 年 8 月，他进入耶鲁大学攻读法学博士学位。在这里，他认识了后来成为他的妻子的同班女同学希拉里，几次不期而遇，两人心心相印，从此再也分不开来。

1973 年 8 月，他获得法学博士学位后，认为要想步入政坛，必须从家乡做起。从此，他以阿肯色州作为自己的基地，稳扎稳打地一步步求发展。1976 年，他竞选本州司法部长成功。1979 年 1 月 10 日，他就任阿肯色州第 40 任州长，时年仅 32 岁，被新闻界称为"孩子州长"。由于他政绩卓著，又于 1983 年、1985 年、1987 年、1991 年连选连任阿肯色州州长。1992 年 11 月 3 日，他在大选中以压倒性优势获胜，击败布什，当选美国第 42 任总统。

克林顿从小学起就一直是个品学兼优、情感丰富的学生。他勤奋好学，兴趣广泛,思想活跃,力求拔尖,在学习中总是处在一种争强好胜的兴奋状态之中。但比尔也不是没有缺点。他的母亲弗吉妮亚回忆说:"有一次学期结束时,比尔带回学校发的成绩单,上面记载各门功课均是 A,但是'行为'一栏里却打着 D。我随即去学校找老师问究竟。老师说:'本来没有什么问题,只是他的反应太快……每一个问题他都抢着回答,使其他同学没有机会答问。我必须就此提醒他注意,所以在行为评分方面给他一个 D,这会引起他重视。'"老师的这一招果然管用,比尔以后在这方面有所改进,但他争强好胜的个性却永远难改。克林顿本人成年后也承认,他小时候最大的毛病是话太多,喜欢表现自己。

对克林顿少年时影响最大的无疑是他的母亲。她曾经历沧桑,总是不怕挫折,乐观向上。母亲与他经常在一起阅报,讨论问题,引导他提出自己的看法。他从小就认为美国黑人学生所受的待遇不公平,对黑人民权领导人马丁·路德·金十分钦佩。1963 年,他在高中学习期间,被选为阿肯色州童子军代表赴首都华盛顿出席全国童子军代表大会。他有幸参观了白宫,并受到肯尼迪总统的接见。此行对他的人生道路的选择起了重大的转折作用。从此他决心投身政治。情商奇才比尔·克林顿从小就爱独立思考,关心社会问题。9 岁时,他在报上读到一篇关于阿肯色州的学校在全国教育评分中得分最低的报道文章,心情很不平静。他问母亲:"妈妈,阿肯色州出生的孩子的脑袋与其他州孩子的脑袋不一样吗?"这篇报道对幼小的比尔刺激很大,促使他更加发奋地学习。多年以后,克林顿当上阿肯色州州长,他下决心首先要解决阿肯色州文化教育水平落后的问题,让每一个阿肯色州的孩子都能接受良好的教育,这也是他小时候的宏愿。

在克林顿的连任竞选中,克林顿乘坐轿车穿越了 8 个工业州,沿途经常停车发表演说。在演讲间隙,他时常吹奏随身携带的萨克斯管。在圣莫尼卡海滨的洛斯饭店阳台上为选民吹奏萨克斯管时有这样一个动作:克林顿在演奏中,接过搭档保罗·贝格拉递过来的墨镜,然后顺手戴上。于是,在第二天全国各地报刊的头版上,出现了身材高大、戴着宽边墨镜、吹奏萨克斯管的总统形象,这让选民们充分领略了总统友善、迷人的一面。

虽然,情商奇才比尔·克林顿已经卸任了,但他自身的魅力,却仍在影响着人们。

智商天才:比尔·盖茨

比尔·盖茨,生于 1955 年 10 月 28 日。父亲老威廉·盖茨,西雅图律师。母亲玛丽,1994 年去世,生前为多个组织的董事会工作,由于其对西雅图的贡献,一条马路以她的名字命名。盖茨毕业于西雅图一所私立学校。后进入哈佛大学,但辍学经营了微软公司。1994 年 1 月 1 日在夏威夷与微软的产品经理美琳达结婚。

智商天才比尔·盖茨在六年级时个头很小、生性腼腆，一副十分需要保护的样子。但这个倔强的、性格、爱好都有点怪异的孩子却整日让父母发愁。比如盖茨可以整日躲在底层他的卧室不出来。母亲拿起电话问他："你在做什么？""我要思考。"比尔在电话里大喊。"你在思考？""是的，我在思考。"比尔厉声说："你从来没有试着思考过吗？"比尔·盖茨最初在升入湖畔中学时，与同伴艾伦一起迷上了一台笨拙的计算机终端机。八年级时，盖茨写出了他的第一个软件程序，目的只是为了玩三连棋。但在 16 岁上高中时已有意识地创办了名为"交通数据"的公司，那是他和艾伦花了 360 美元买来的一块 INTEL8008 芯片，并用这块小芯片启动一台机器来分析城市道路交通监视信息。但当时市政当局不愿意从两个毛头小子手中购买设备，或许认为"不可靠"而情愿采用落后许多的老方法。但在计算机方面显示才干无疑使盖茨脱胎换骨。

十年级时，他和艾伦一起建立了"湖畔编程小组"，为当地公司开发软件。这些技能可为他们带来丰厚的收入，但更吸引两位少年的是：编写软件是一场公平的游戏，逻辑的清晰与思想的锋利，决定着谁是游戏的胜方。后来，盖茨上了哈佛大学，但 20 岁那年他果断地辍学了，他和艾伦在 1975 年树起了微软的大旗。

盖茨这个神秘的"令人不可思议"的人物，其成功源于杰出的智商、坚韧不拔的追求、顽强的竞争意识和全身心的投入。盖茨加工提炼信息的能力实在惊人，也许他的思维是数字化的；没有脆弱的感情，没有含混的模拟状态，只有智能，只有数十亿的二进位脉冲，冷静地将输入转化成正确的答案。

从 1981 年微软的 MS—DOS 安装于 IBM 的 PC 机，1983 年 WORD 软件及 WINDOWS 操作系统投放市场，一直到 2000 年 2 月"WINDOWS2000"操作系统正式向全世界发行——盖茨几乎控制了电脑产业的霸权，并将主宰 21 世纪的电脑与通讯以及其他许多行业。如果说瓦特的蒸汽机拉开了工业文明时代的序幕，那么，比尔·盖茨的软件则开启了知识文明时代的大门。

如今，曾被父母送去接受心理治疗，具有超常高智商的盖茨已是稳居世界的头号富翁。他不但拥有近千亿美元的钱财，而且用《时代》周刊的话说，他已成为当今时代的爱迪生和福特，因为他是数字化时代的象征。而微软在数字化时代中，亦拥有着至关重要的垄断权力，它非常像科幻作品《星际迷航》中的一种生物borg——在宇宙中四处巡视，把其他种族控制在自己手中。

在未来的人类历史长河里，比尔·盖茨的历史地位将十分突出。因为他是历史的改写者，他所发动的知识革命改变了人类的生活方式、生产方式乃至思维方式，从而使人类的文明史得到重大发展。盖茨这个名字也许应该和牛顿、瓦特、爱因斯坦排在一起。

两个"比尔"给我们的启示：

1. 人们必须掌握广博的知识，提高自身的智商。

2. 人们必须注重发掘情感潜能，并运用情感能力与他人沟通，影响他人。

3. 人们在增强智商与情商的基础上，不断提高思维能力。克林顿思想活跃，盖茨长于思考，这都是在他们身上所体现出的优秀品质。

4. 人们必须敢闯、敢干、敢为、敢试，不断提高自身以及他人的创造与创新能力。

第二章 人际关系与人际沟通

【学习目标】

通过本章的学习,应对如下内容有一定的了解:

- 人际关系的三层含义及构成因素
- 人际关系的影响因素
- 人际关系的特点、作用和发展阶段
- 如何改善人际关系
- 人际沟通与人际关系的区别与联系
- 人际沟通的一般特征及影响因素
- 人际沟通的构成要素及过程
- 人际沟通的形式及模式

第一节 人 际 关 系

一、人际社会关系

在社会生活和实践中,人们彼此间形成的各种关系称为社会关系。人们的社会关系分为三个层次:

1. 生产关系:是人们在社会生产中形成的以物质形态为主的关系。它是其他形态关系的基础,并决定其他形态关系的性质。

2. 社会意识形态关系:是人们在生产关系基础上,在社会政治生活中形成的意识形态方面的关系,即政治、道德、法律、宗教等方面的关系。

3. 人际关系:是人们在社会交往中形成的各种心理形态和行为关系;它属于微观关系,与个体及社会行为直接联系,以感情心理为基础。

人际关系是一个较为复杂的社会现象,不同的学科对人际关系的理解也不同。社会学认为,人际关系是指在社会关系总体中人们的直接交往关系;社会心理学认为,人际关系是指人与人之间心理上的关系,表示的是心理距离的远近;行为科学认为,人际关系是人与人之间的行为关系,体现的是人们社会交往和联系的状况。

人际关系的三个构成因素:

(1)认知是人际关系的前提条件。人际关系是在人与人的交往过程中,通过彼此相互感知、识别和理解而建立起来的。人际关系总是从对人的认知开始的,彼此根本不认识、毫无所知,就不可能建立人际关系。人际关系的调节也是与认知过程分不开的。

(2)情感是人际关系的调节因素。人际关系在心理上总是以彼此满意或不满意、喜爱或厌恶等情感状态为特征的。假如没有情感因素的参与调节,其关系是不可想象的。情感因素是指与人的需要相联系,对满足需要的事物产生积极的情绪体验,对阻碍需要满足的事物则产生消极的情绪体验。调节人际关系的情感因素有不同的水平和强度,其调节作用的一般趋势,是人际关系的发展水平越高,调节作用越大。

(3)行为是人际关系的沟通手段。在人际关系中,无论是认知因素还是情感因素,都需要通过行为表现出来。行为是指言语、举止、作风、表情、手势等一切表现个性的外部动作,它是建立和发展人际关系的沟通手段。

【研读专栏】　2-1

什么是人际关系？又一个"司芬克斯之谜"[14]

什么是哲学？什么是美学？对于哲学家和美学家来说是个难题,如同"司芬克斯之谜"。有多少个哲学家就有多少种哲学的理解,有多少个美学家也就有多少种美学的定义。什么是人际关系？也同样是个"司芬克斯之谜"。有多少个人际关系研究者,也就有多少种人际关系的定义。这里仅列举部分代表性的定义:

(1)人际关系是在社会生活和实践的活动过程中,个体所形成的对其他个体的一种心理倾向及相应的行为。它是通过交往而形成的人与人之间的心理关系。

(2)人际关系是在宏观的社会关系制约下人与人之间的心理关系。

(3)人际关系是由两个或更多相互依存和相互作用于同一方式的人组成的。人际关系不等于参与其中的人。

(4)人际关系是指在共同的活动中,可以直接观察到的人与人之间的关系,或称为心理上的距离。

(5)人际关系是指个人或团体彼此寻求满足的心理状态。人际关系是人们社会关系的一种形态。

（6）在人们的物质交往与精神交往的过程中，发展和建立起来的人与人之间的关系，叫做人际关系。

（7）人际关系是一种社会心理现象。它是人们在群体交往过程中，由于相互认识和相互体验而形成的心理关系。人际关系属于社会关系的范畴。

（8）人们在劳动、工作和生活中，相互交往发生的各种联系和关系，称为人际关系。

二、人际关系的特点

人际关系不是一种静态的关系，它是一种动态的人际沟通过程，它的特点是：

1. 互动性：人际关系不是一种虚无关系，它存在于人与人之间的现实沟通中，它是人际沟通的实质，表现为人们之间的思想和行为的互动过程。

2. 渐进阶段性：人际关系的建立需要一个认识过程。人际关系的发展也需要经过一系列相当有规律的阶段或顺序。如果一种关系没有按照预料的顺序发展，就会引起当事人的惶恐不安。如果初次同某人见面，就想求爱结婚，对方显然不会作出积极的反应。同样，如果某种关系在没有出现任何征兆而突然结束时，双方都会感到震惊和莫名其妙。

3. 动态性：人际关系并不是一成不变的，它们同人类的发展过程相似。一个人从出生起，要经过少年、青年、成年等阶段。在此期间，无论是人还是人际关系都不会停滞不前；相反，人在变，他们之间的关系也随时空的变迁而变化。

4. 情意性：人际关系是含有情感和意志的沟通关系，即人际关系中包含着情感和意志等因素。

5. 社会性：人本身不能离开社会而生存。人际关系也具有社会性，它是人们在社会生活中的交往关系。

6. 复杂性：人际关系的复杂由其多面性所致，即关系各方的目的及其对关系本身的看法不尽相同，而且每个方面又都是变化的。人际关系之所以复杂还表现在它们存在于社会之中和某个特殊的背景之下，当环境和背景不同时，就会发现有前后完全不同的关系类型。比如，我们可以设法判断某种关系是公开或秘密型、困难或容易型、严肃或轻率型、愉快或苦闷型、变化或呆板型等。

三、影响人际关系的因素

1. 满足需要。人际关系的形成取决于它能满足人们生存与发展的需要。人与人之间的亲近或疏远、合作或竞争、友好或敌对，都是心理上距离远近的表现形式,具有较强的情感色彩,它反映了人们的需要是否得到满足时的情感体验。人们喜欢给自己带来奖赏的人,讨厌给自己带来处罚的人,即人们倾向于亲近奖赏性的关系,而排斥处罚性的关系。因此,在人际沟通中,沟通者只要分析了解人们的不同心理需要,掌握人们的心理需要特点,并根据这些需要特点去满足对方的心理需求,就可以建立起良好的人际关系。

2. 交际准则。 人际关系还受现存的交际准则的影响。如果说办公室的交际准则是工作时间不得谈论私事,那么你和你上司之间就只有正经的业务关系,这也许是有益的,因为这样可以免掉一些不必要的谈论和闲话。但是,这也有不足的一面,因为这样会缺乏团结友爱。然而,无论是好还是坏,这一交际准则影响着人际关系。

交际准则也支配着我们对特定人际关系的倾向性看法。例如,许多人对"男人在家做家务,女人外出挣钱"的婚姻关系感到好奇;对下级不顺从上级的关系,和父母与孩子之间完全平等的家庭关系,都觉得莫名其妙。

3. 情绪状态。 情绪状态影响着人际关系的亲善或敌对状态。如果一方表示喜欢另一方,对方往往也会报以同样的反应;如果一方表示敌视另一方,那么对方也会以牙还牙;一个满怀深情的人要和一个充满敌意的人建立关系,这几乎是不可能的。如果双方感情上合不来,那将意味着关系的终止。

4. 时间与空间。

时间:与人相处的时间愈长,关系就会变得愈深化与丰富。在初次与人结识时,你的交际行为是不多的,你可能会笑一笑,点点头,或者说声"你好"之类的话。但当关系不断得到发展时,许多语言和非语言沟通方式都会充分运用。沟通的机会越多,关系本身就变得越深化和丰富。

空间:人际关系是在某个特定的空间环境中发生的。如果你身处课堂,你就不会对你的同学随意发火。空间环境对关系的进展和变化有很大影响。

5. 控制因素。 人际关系的控制因素包括支配和服从两个方面,两者相互作用处于一种互惠的关系中。许多关系的存在是建立在一方处于支配地位、另一方居于服从地位的模式上的。例如,人们对男女之间、上下级之间的关系模式作了研究,结果证明,人际关系中的支配和服从具有互惠性。

6. "自己人"效应。 良好的人际关系或"自己人"效应通常表现为交际双方的相互认同、情感相容和行为近似。相互认同是通过知觉、表象、思维等认识活动而实现的,它是形成良好人际关系的最基本的心理成分。情感相容是以相互喜爱、同情、亲切和友好的形式表现出来的,结合性情感表现得越多,彼此之间越相容,越有"自己人"的效应。行为近似是指彼此在言谈举止、风度仪表等行为模式方面的类同性,它也是构成良好人际关系不可或缺的重要方面。

四、人际关系的发展阶段

马克·科纳蒲对于人际关系的建立和破裂都分为五个阶段进行论述[15]。

1. 人际关系建立的五个阶段：始创、试验、加强、融合、盟约。

(1) 始创。当人们从陌生到开始谈话时，就开始了始创阶段。这一阶段常常以第一印象为基础，做出是否愿意与对方发展相互关系的意向。

(2) 试验。在试验阶段，人们有意识地努力找出共同的兴趣和经历，通过表达自己的观点、态度和价值观，试探对方的反应。如果他们相互发现有共同的兴趣和价值观，都认定想进行更多的交谈，如去喝咖啡、去跳舞，互相告诉对方自己的家庭和朋友，一块儿去吃饭和看电影，则关系将会进一步发展。但是许多关系都停留在这个阶段而没有继续发展。

(3) 加强。通过交谈，如果相互之间非常喜欢，他们就会花更多的时间在一起，这是他们相互关系的加强阶段。在这个阶段相互喜欢对方的陪伴，开始相互坦白，相互透露隐私并开始分担挫折，分享喜悦。这个阶段，彼此信任，并以直呼其名或用昵称来代替尊称为显著特征。关系的加强也使参与者更容易受到情感的伤害。

(4) 融合。达到这个阶段，他们的个性开始融合。他们的友谊呈现出一种专门性，他们做事情绝大多数情况在一起。当人们形成深入、重要的相互关系时，才会达到融合阶段。达到这个阶段的人通常是最好的朋友、夫妇或者父母和孩子。

(5) 盟约。建立相互关系的最后一个阶段是盟约阶段。在这个阶段，参与者做出某种向周围人宣布相互关系的正式承诺。例如承诺订婚、结婚。无论采取什么形式，盟约都使任何一方想脱离这种关系更加困难。所以，这是在参与者对相互关系有某种长期承诺时才采取的步骤。

在上述相互依赖的五个阶段中，相互关系是否从一个阶段发展到下一个阶段取决于参与者双方；一个人想发展到下一个阶段且只有在另一个人也愿意时才有可能，因为大多数人只有有限的时间和精力去加强相互关系。

2. 人际关系破裂的五个阶段：差别、划界限、停滞、回避、终止。

为使一种相互关系继续，当事双方必须共同维系和发展。如果一方不能以对方满意的方式行事，那么这种相互关系就会破裂。人际关系的破裂与失败也经历五个步骤。

(1) 差别。随着时间的飞逝，可能出现习惯不同、价值观不同，慢慢会导致行为差异，如对看电影这样的小事会存在分歧，有的人在电影首映就要去看，而有的人等有了光碟时再看。这些矛盾使他们进入了差别阶段。

如果差别不是太大，则差别可以得到缓解；而一些较大的不容易解决的差别则可能变成争吵的焦点。差别的明显迹象是冲突；若没有冲突，则可能关系方找到了新的其他兴趣，而使双方间的交谈内容越来越少，彼此出现了情感压抑。

（2）**划界限**。当一种关系开始破裂时，交流的信息越来越少。为了避免冲突，往往避开提及易冲突的内容。这个阶段被称为划界限阶段。

例如，夫妻关系在这个时期交谈是表面的，接触的次数减少，缺乏深度。沟通受到了限制，相互关系也开始弱化。处在这个阶段的人往往试图掩盖他们相互关系中的问题，尤其是在社交场合，他们会显出相互负责的样子。

（3）**停滞**。停滞阶段是一种不活跃的时期。相互关系没有机会发展，在沟通时像陌生人谈话；有关相互关系本身的主题不再受到限制。有时他们可能会谈论这种关系的解决，而往往是为了避免冲突升级而决定放弃谈论。处在这个阶段的夫妇往往感到痛苦，但他们仍然幻想事态会好转。

（4）**回避**。这个阶段涉及空间上的分离，双方避免面对面的接触。如果在一起，会彼此感到不快。这个阶段常常以不友好、敌意和对抗为特征。对于夫妇来说，一个人可能睡在卧室，而另一个人则睡在沙发上。

（5）**终止**。这个阶段，双方找到了解决这种关系的办法。类似于"如果不这么经常见面可能会好一些"、"我不想再见到你"的陈述，使双方感到痛苦，但对双方都是一种解脱。

五、人际关系的作用

在社会生活中，一个人不可能脱离他人而独立存在，总是要与他人进行接触交往，建立一定的人际关系。戴尔·卡耐基说过：一个成功的企业家只有 15％是靠他的专业知识，而 85％是靠他的人际关系和领导能力[16]。可见，人际关系对我们每个人来说都很重要。它的作用体现在以下五个方面：

1. 了解自己。我们通过与他人建立关系来了解自己，增强良好的自我感觉。如果不通过别人的看法来证实一下自我评价，自我评价就不可靠；当自我评价得到别人的支持时，这种评价就得到了强化。当自我评价与别人对自己的评价不一样时，需要通过倾听别人的意见来了解自己。

2. 控制环境。良好的人际关系有利于人们建立良好、和谐、融洽、友爱、团结的人际环境，能够使人们在工作中互相尊重、互相关照、互相体贴、互相帮助，充满友情和温暖。在这种环境中工作，使人们感到心情舒畅，愉快，有利于身心健康；反之，在相互矛盾、猜忌、摩擦、冲突的人际关系状态中，人们相互之间疏远、敌对，感到心理不安，情绪紧张。

3. 提高效率。良好的人际关系有利于提高工作效率。与周围的人保持良好的人际关系，可以与其他人工作协调，有利于形成内部比较融洽的群体气氛，增进群体的团结合作,便于发挥群体的整体效能。这些都有利于工作效率的提高。

4. 增进身心健康。人际关系与身心健康密切相关。一个人的人际关系好,与人关系融洽,就会心情愉快,有安全感,有利于身心健康;反之,身心健康就会受损。如果一个人无论在工作中或是在家庭中,人际关系持续紧张,那么在一定的条件下可能导致身心疾病,如神经衰弱、高血压、溃疡病等。改善人际关系对身心疾病的防治有很大作用。当你与他人建立友好关系后,你对自己的良好感觉就会增强。当你发现自己处处受欢迎,甚至受到他人关心时,自我感觉会更佳。在最凄凉的日子里,由于朋友的到来,你会觉得柳暗花明。

5. 促进行为的改变。人际关系对促进人的行为改变有很大作用。人们在交往中,彼此的行为相互作用,相互模仿。人际关系好,一方的行为会对另一方起很大的暗示作用。例如,一个不守纪律的学生被调到一个人际关系良好的班级,他在这个集体中会逐步与同学结成良好的人际关系。也必然受到其他同学的影响,逐步克服不良行为,养成良好的行为习惯。

六、人际关系的改善

1. 认识人际关系的发展阶段。参看上述的"人际关系的建立和破裂的五个阶段"。

2. 认识构成良好关系的基本要素:

(1) 承担义务。承担义务,即是双方对继续相互关系的强烈愿望,以及双方对相互关系中所出现的问题承担责任的意愿。研究者指出,尽管承担义务的承诺是现在做出的,但它针对的是未来。这是一种"约束和受约束、给予和被要求的关系"。

诸如配偶、父子、友谊之间的长期相互关系通常是无条件的,但有条件的情况更常见,所有相互关系都有某种承诺来作为其基础,但有时双方对承担义务有不同的期望。如果这些期望不能得到满足,而他们想继续这种关系,就必须做出某种改变和妥协。

(2) 对话式沟通。处于良好关系的双方,必须就这种关系本身经常进行交谈或对话,必须能够寻找减少冲突和有利的沟通方法,一起讨论相互关系的期望及影响相互关系的因素。要使相互关系获得成功,讨论冲突的内容特别重要。回避冲突的话,像"住嘴"和"我不想听见你那样的谈话",对相互关系伤害很大。

3. 了解相互关系中的沟通问题:

(1) 批评。批评是指一个人对他人所做的事或采取的方式所作的消极评价。批评通常源于身份较高的人,指向身份较低的人,例如,老师批评学生,父母批评孩子。如果当事者是平等的,如朋友或夫妇,批评可以来自任何一方。

研究者发现,批评针对五种目标:外貌(身体、衣着、气味、姿势);能力(一般能力、特殊能力、智力和创造力);个性(性格、气质);处理关系的方式(如何与人相处);决断力和态度(观点和生活方式)。他们发现绝大多数批评的目标是指向能力的,接下来依次是处理关系的方式、外貌和一般个性。

批评由于批评的方式和场合不同会造成不同的反应。好的批评被认为是对方比较容易接受的批评。研究者发现,好的批评会导致积极的后果。当接受批评的人不感到威胁时,就能够认真地听取意见,并且做出改变。相反,差的批评可能会引起消极情绪,并且接收者认为是不准确的。

对于工作中的批评所进行的研究发现,工作中的苛刻和不适当的批评会破坏工作关系,增加进一步冲突的可能性,妨碍人们把工作做好。工作中好的批评和适时的批评是很重要的。

(2)抱怨。 抱怨是指对伙伴或其他人的某种行为、态度、信念或性格不满的表示。抱怨与批评的不同之处在于它不需要直接指出任何特定的人。抱怨的类型有:

1)琐碎抱怨。如"面条煮得太久了"。

2)没有明确对象的抱怨。如"为什么没有人关门呢?"

3)温和性的抱怨。声调低语气温和的抱怨。

4)严重的抱怨。可能会导致严重的冲突、愤怒和不满。

(3)回避。 回避是指拒绝涉及冲突或令人痛苦的话题。如保持沉默、在对方试图讨论易冲突的问题时改变话题。

(4)攻击。 攻击是指身体或口头力量的显示。有些人在处理相互关系时会愤怒,他们借助于身体攻击对方,除非双方能够得到专业帮助,否则相互关系通常会遭到厄运。口头攻击是一种危险的策略,因为一旦说了伤人的话,再恢复信任是困难的。企图使用口头攻击的人应该明白,这样的行为可以毁掉特定关系。

除了比较明显的攻击外,还有一种更微妙的攻击,我们通常称为间接的攻击或被动的攻击。使用这种沟通行为的人,通常觉得没有权力,并通过做某些事阻挠权力者的反应行为。例如,不愿上学的孩子通过考试不及格来实现间接攻击。

有时,间接攻击不是故意的,但却伤害了对方。如有的人已经很努力了,但有些课程成绩考试不及格而伤害了父母。

(5)防御性沟通。 当一方针对另一方的言论或行为设法保护自己时,往往采取防御性沟通。例如,老师说学生:"你这篇论文是我见到学生中的论文最差的一篇。"这个学生可能嘴上不说,心中却想:"你是我见到过的最差的老师。"显然这种沟通不会有好的结果。

防御性沟通往往使我们忙于保护自己以致不能倾听对方在说什么。保护自己只是在埋头处理过去的行为,它使我们没有机会思考当前问题的解决办法。

4. 学会解决问题和冲突的技巧:

(1) **情感移入式倾听。** 情感移入式倾听,也就是通常所说的换位思考,即倾听中伴随他人体味其观点和情感。这种倾听需抛开自己的观点,设法听取他人所说的真正含义,最主要的是不要试图评价他人的情感。

(2) **"你"、"我"的信息表达。** 如果用"你"的谈话方式使对方感觉到需要防御,不妨采取"我"的信息,这样引起的反应就很小。例如,"你怎么不把乒乓球台早点准备好,人家来了措手不及。"如果把它改成"我"的信息结果就不一样:"我们应该早点把乒乓球台准备好,不至于人家来时,措手不及。"这样引起防御性反应可能就小得多。

(3) **直言表达。** 直言就是以直接、清楚的方式表达需要、思想和情感的方式。

5. 编织人际关系网:

(1) **建立"内部圈"的稳固关系。** 良好的人际关系能拓宽你的生活视野,让你了解周围所发生的一切。强有力的 10 人左右的内部圈,对你的职业关系有着重要的意义。良好、稳固、有力的人际关系核心由 10 个左右你认为靠得住的人组成。这首选的 10 个人可以包括你的朋友、家庭成员和那些在你职业生涯中彼此联系紧密的人,他们构成你的影响力内部圈,因为他们能让你发挥所长,而且彼此都希望对方成功。另外,应该至少挑选 15 个人作为你"强有力 10 人内部圈"的后备军,定期和他们联系,无论是通过电话、传真、聚会、电子邮件或信件,这种联系对于你的生活和工作是有意义的。

(2) **得体地回答问题,创造沟通机会。** 在回答问题时不要平淡如水,要为沟通创造机会,这对于试图与他人建立关系是完全必要的。当人问你是做什么的,如果只是一句"我是一位教师",那就失去了与问者交流的机会。比较得体的回答是:"我在某某大学教授心理学。对于足球和乒乓球很感兴趣。"对方若同样感兴趣,相互关系的建立就自然的开始了。

(3) **保持联系。** 保持联系是成功建立关系网络的另一关键。《纽约时报》记者采访美国前总统克林顿时,问他是如何保持自己的政治关系网的。克林顿回答:"每天晚上睡觉前,我会在一张卡片上列出我当天联系过的每一个人,注明重要细节、时间、会晤地点和其他一些相关信息,然后添加到秘书为我建立的关系网数据库中。这些年来朋友们帮了我不少。"

为保持积极联系,可以创造性地运用你的日程表:记下那些你的关系成员的特别重要的日子,比如生日或周年庆祝等。打电话给他们,至少给他们寄张贺卡让他们知道你心里有他们。你的朋友遇到麻烦时,立即与他通话,主动问候或提供帮助。共进午餐或晚餐也是一种增进友情的做法。这些做法的回报是你的朋友也同样会想着和关心着你,关键的时刻会义不容辞地帮你。

（4）**用信息丰富你的关系网**。要时刻关注对网络成员有用的信息,应定期交流并与他们分享。这对于巩固关系网是不可缺少的。

第二节　人际沟通的特征及影响因素

一、人际沟通与人际关系的区别与联系

人际沟通是人们运用语言符号系统或非语言符号系统传递和理解信息的过程。人际沟通与人际关系既有一定的区别,又有密切的关系。

1. 人际沟通研究的是人与人之间联系的形式和程序;人际关系则重点研究人与人在沟通基础上形成的心理关系。

2. 人际沟通是人际交往的起点,是人际关系建立和发展的前提和基础,是人际关系形成的根本途径;人际关系是在人际沟通的过程中形成和发展起来的,离开了人际间的沟通行为,人际关系就不能建立和发展。所以,人际关系又是人际沟通发展的结果。

3. 人际关系的状况是由人际沟通的状况决定的。如果人们在思想感情上存在着广泛而持久的沟通联系,就标志着他们之间已经建立起了较为密切的人际关系。如果两个人在感情上对立,行为上疏远,平时缺乏沟通,则表明他们之间心理不相容,彼此间的关系紧张或一般。

4. 人际关系一旦建立,又会影响和制约着人际沟通的频率,发展和沟通态度。所以,人际沟通又是人际关系在行为上的反映。

【研读专栏】　2-2

沟通行为与反应模式[17]

一方的沟通行为会引起对方相应的行为反应。例如你对别人热情,别人会对你友好;你对别人冷淡,别人就会对你疏远等。沟通行为与行为反应往往会使人际关系向截然不同的方向发展:一种有助于关系的发展;另一种则会引起关系的恶化。由于人际关系具有一定的稳定性,因此沟通行为也具有一定的稳定性,一定的人际关系会表现出一定的沟通行为反应模式。

通过对许多不同类型的人际关系进行研究,人们总结出了八种沟通行为反应模式:

1. 由管理、指导、教育等行为,导致对方尊敬和服从等反应;
2. 由帮助、支持、同情等行为,导致对方信任和接受等反应;
3. 由赞同、合作、友谊等行为,导致对方协助和友好等反应;
4. 由尊敬、赞扬、求助等行为,导致对方劝导和帮助等反应;
5. 由怯懦、礼貌、求助等行为,导致对方骄傲和控制等反应;
6. 由反抗、怀疑、厌倦、服从等行为,导致对方惩罚和拒绝等反应;
7. 由攻击、惩罚、责骂等行为,导致对方仇恨和反抗等反应;
8. 由夸张、拒绝、自炫等行为,导致对方不信任和自卑等反应。

如果熟悉和掌握上述沟通行为反应基本模式,就能在与他人的沟通中预测他人的反应,并采取相应的措施,改善相互间的人际关系。当然,沟通行为也受许多情境因素的影响和制约。如具有良好人际关系的双方也难免出现不友好的行为;具有不良人际关系的双方,由于某种特殊需要,有时也可能表现出密切的沟通行为;另外,每个人的性格、态度等个性差异也会使沟通行为反应不同。因此,掌握人际关系状态对沟通行为的影响,必须结合具体的人或事作分析。

二、人际沟通的一般特征

1. 双向互动性。沟通是双向、互动、互为主客体的反馈和理解过程。人际沟通的双向互动性与沟通参与者的双重角色密切相关。在一个完整的沟通过程中,沟通参与者几乎在同时充当着信息发送者和接收者的双重角色。而且,沟通的意义不在于达成一致意见,而在于对于沟通信息的准确理解。

2. 统一符号。沟通是信息的传递,需使用统一或相同的符号;如果沟通符号不统一,就不能构成有效的沟通。

3. 双重手段。沟通具有双重手段。它既是信息的沟通,又是观念、思想和情感的交流。

4. 对动态情境的相同理解。沟通的情境具有动态性并需沟通双方的相同理解。人际沟通是在一定场合中的信息沟通,特定的时间、地点、参与者、话题等因素构成了沟通的情境。人际沟通要受情境的制约,人们往往根据时间、空间、双方关系等不同的情境来选择不同的话题,进行适当的沟通。

5. 社会普遍性。沟通具有社会普遍性,沟通存在于我们的日常生活和工作中,我们的所有活动几乎都与沟通有关。如打电话、看电视和收听广播,听说、交谈等。通常,一个人除去睡觉之外,必须花费70%的时间在人际沟通方面;在这些沟通时间中,书写方式占9%,阅读方式占16%,口头沟通占30%,其余45%的时间花费在倾听上。

三、影响人际沟通的因素

(一) 主观因素

人的心理动力构成了沟通的源泉；心理结构和心理过程演绎出沟通的特点不同和效果的差异性。**心理结构**又是由心理动力和心理特征构成的。

1. 心理动力(又称心理倾向性)包括：需要、动机、兴趣、信念、理想、价值观、态度、信任程度和情绪等都会影响沟通，并可能对沟通过程中的信息进行过滤，操纵和选择性感知。

需要是一种内部心理状态，对某种结果表现出的兴趣。

动机是指经过努力(行为)以达到某一目标的意愿。人们产生沟通的**需要**和**动机**有如下六个方面：

(1) 为了人们的乐趣。

(2) 向喜欢的人表示爱。

(3) 满足被接纳的归属感。

(4) 调节要做的工作。

(5) 紧张工作之余的解脱和放松。

(6) 控制自己与控制他人。

兴趣是一个人对某种客体的积极态度和认识倾向。它是人的个性倾向的一种具体表现形式，是一种心理活动。沟通和人际关系的建立都是以兴趣的共同性或相似性为基础的。也即具有相同或相似兴趣的人更容易沟通并建立持久和谐的人际关系。

信念是人对现在或将来的某事件有把握的一种心理感觉。它是个性的内在心理倾向。信念可以分为政治信念、道德信念、科学信念和一般信念。由于信念不同，人们对沟通的方式和目标的追求也不同。

理想是对未来可能实现的奋斗目标的向往和追求。它由职业理想、政治理想与道德理想所组成。职业理想是将来的生活道路和将要从事的工作，政治理想是为实现什么样的政治目标而奋斗，道德理想说明要做一个具有什么样品质的人。

价值观又称人生价值观，是指一个人对周围的客观事物(人、物、事)的意义和重要性的总评价和总看法，也即人们对人生意义的看法和衡量人生价值的标准。理想和价值观会影响人际沟通的内容和价值取向。

态度是个体对人或事物所持有的一种持久而一致的心理和行为倾向。沟通的**态度**不同，会出现对信息的过滤、操纵、控制和歪曲。沟通者出于某种态度或目的使传递的信息有所保留，或接收者不愿接收或理解某种信息。

信任程度是人际沟通的重要因素。它有利于一方说服另一方。对同一问题，人们对来自自己信任的人的信息的信任程度,时常超过通过其他渠道得到的信息。

决定信任程度的因素:

(1)威信:指对对方工作能力和资格的认定。不同的领域有不同的权威性,自然科学和社会科学问题的权威来自各学科的专家。

(2)信誉:指对对方的信赖程度。只有权威性而没有信誉也会使信任程度打折扣。

(3)目的一致性:指对对方目的和价值观与自己一致性的估计。目的一致性可增加彼此的信任。

(4)领导才华:指沟通者感受到的出众的领导才能,特别是应付意外、突发事件的能力。

(5)活力与魅力:主要指感受到的那种语言和非语言的魅力。

情绪是一个人外显的情感状态。在沟通时,双方或一方处于情绪不佳、发怒、焦虑或兴奋状态,这对沟通都有一定的影响。

2. 心理特征包括:气质、性格与能力等。这些因素影响着信息的解释。

气质是人们常说的"脾气"、"性情",它是稳定的个性心理特征,是人的心理活动的动力。

性格是一个人比较稳定的对现实的态度和习惯化了的行为方式。

能力是顺利完成某种活动的心理特征和本领。如表现为掌握知识和技能的快慢、深浅、难易及巩固程度的差异。能力还包括经验水平、智力因素、知识结构和理解能力等。如果双方的知识水平和使用语言不同以及对事物的理解不同就难以沟通,往往会产生对语言或信号系统的误解。

3. 心理过程(又称心理行为,或个性行为)包括:感觉、知觉、思维等。这些因素影响着沟通的速度、反馈和效果。

感觉是人脑对客观事物个别属性的反映。

知觉是人的重要心理因素和心理活动过程,是个体对周围环境赋予意义而组织和解释感觉印象的过程。

思维是人脑通过概念、判断、推理等过程概括地反映客观事物的最高形式的心理活动。在感知方面,传送者和接收者由于各自经历的不同和理解方式的差异,对同一词语在不同环境中有着不同的看法,当双方就词语的意义发生巨大分歧时,沟通就可能无法进行。

(二)客观因素

1. 生理因素:主要是指人的生理特征和生理需要对沟通的影响。生理特征(包括:肤色、性别、年龄、身材、相貌、健康状况和精神状态)决定着人的需要的强度和倾向性。人的生理需要(诸如:对食物、水分、氧气、住所、医疗、性和睡眠的需要)

又是沟通的直接动因。人的不同强度和倾向的需要以及生理需要,使沟通具有不同的内容、特性和形式。例如,人对性的需要驱使人们去恋爱和结婚。由于生理特征不同和对相貌和身高的不同要求,又选择了不同的人作为恋爱和结婚的对象。

2. 物理与环境因素。

(1) 物理因素:如有噪音、光线不足或环境杂乱、缺乏隐私条件、空间距离和接触机会等。

(2) 周围环境:周围有其他人或缺乏能帮助沟通的条件(如模型、画册等),因而无法进行有效沟通。

(3) 信息传导和表达方式:在选择口头、书面或形体方式时,传送者选择了错误的渠道和方式就容易导致沟通失效。比方说,传送一个私人的信息,打个电话或登门造访就比书面的方式更恰当、更有效、更通情达理。另外,传送者说话太快、太慢或滥用术语,也同样会导致沟通失效。

(4) 信息传送环节:环节越多,误解的可能性就越大。一传十、十传百,简单的信息也可能变得面目全非。机构的大小及组织结构影响到沟通的效率和准确性。

(5) 信息传递的方向:方向不同(上下:领导与群众;下上:群众与领导;水平:同事及朋友)导致沟通的控制程度不同,如下级对上级的畏惧影响信息的理解。

3. 社会因素:如种族差异、文化背景、职业和社会阶层的不同等都对信息沟通产生影响,会对语言、词汇有不同理解,甚至产生误解。

第三节　人际沟通过程及形式

一、人际沟通要素及程序

(一) 沟通要素

沟通要素包括:信息、发送者、编码、渠道、解码、接收者、反馈和噪音。

其中:信息、发送者、渠道(媒介)和接收者,被认为是沟通模型的四个主要因素。

(1) 信息:是沟通方进行交流的思想和情感的内容。它是由发送者与接收者分享的思想和情感组成的。所有的沟通信息都由语言和非语言两种符号组成,思想和情感只有在表现为符号时才得以沟通。

语言中每一个词都表示某一种特定事物或思想的语言符号。例如:我们说“桌子”,这样桌子就是一个代表某种物品的具体符号、

非语言符号是我们不用词语进行沟通的方式。如面部表情、手势、姿势、语调和外表等。像语言符号一样,我们都给非语言符号赋予特定的含义。打哈欠意味

着厌烦或疲倦；皱眉表明疑虑；不看别人的眼睛可能是隐瞒着什么东西等。像语言符号一样，非语言符号也有理解差异和民族、文化间的区别。

（2）发送者：是信息的发送方，是沟通过程的主要因素之一，其主要任务是信息的收集、加工、传递和对反馈的反应。

（3）编码：是指将要传递的信息、想法或概念转变成适当的传递符号，例如：言语、文字、图片、模型、身体姿势、表情动作等。人际沟通的主要编码是语言编码。由于编码是发送者把头脑中的概念转变为传递符号，因而在编码中出现编码错误，会影响沟通的效率。

（4）渠道：是指信息传递和反馈的媒介物或通道。如在面对面的沟通中，主要以空气和光为渠道。一个具体的信息可以通过不同的渠道发送，不同的信息渠道适用于传递不同的信息，渠道的选择要视具体情况由信息发送者决定。

（5）解码：是指信息接收者的思维过程，包含了对已编码的信息的解释。要理解信息一定要解码，把传递的符号译成接收者可以理解的形式。在这一过程中，传导的信息被转化、精简、阐述、储存、发现和使用。

（6）接收者：是接收并解释信息的个人。由于受接收者自身的技能、态度、知识及社会文化系统的限制，同一信息，不同接收者会有不同的理解，即使是同一个接收者，由于接收信息时的情绪状态或场合不同，他会对信息作出不同的解释和反馈。在人际沟通中，接收者的主要任务是接收发送者的思想和情感，并及时把自己的思想和情感反馈给对方。

（7）反馈：是接收者接受发送者所发出的信息，通过消化吸收后，再把自己相应的思想和情感传达给发送者的过程。在沟通中反馈是非常重要的一环，因为反馈让沟通者知道思想和感情是否按他们的计划方式沟通和分享。

（8）噪音：是沟通过程中的干扰因素，是阻止理解和准确解释信息的障碍。噪音发生在发送者和接收者之间，并有三种形式：外部噪音、内部噪音和语义噪音。

外部噪音来自环境，它阻碍听到或理解信息。另外，外部噪音不一定全部来自声音，如你在阳光下站着与人讲话，阳光的照射使你感到不舒服会分散你们的沟通注意力。

内部噪音发生在发送者与接收者的头脑中，影响正确的沟通。例如，来源于信念和偏见的干扰可能会成为沟通的噪音。

语义噪音是由人们对词语在情感上的反应而引起的，它会干扰全部或部分信息。例如，一些人不愿听冒犯自我尊严的词语。

（二）沟通程序

沟通一般包括六个步骤或程序。

（1）概念形成。发送者形成想要传递的概念或思想。对于一个有效的沟通过程来说，这是最为重要的。因为，如果没有形成有价值的信息，其他步骤则毫无意义。

（2）**编码**。发送者把已形成的概念编译成适当的传输符号，如言语、文字、图片、身体姿势、表情动作等。这时，发送者要决定信息传送的方式或手段，以便组织好恰当的传输符号。

（3）**传输**。通过适当的渠道和方式进行传输。信息发送者一方面要把握沟通的时机；另一方面要设法保持传输渠道畅通，免遭干扰或梗阻，以便信息能有充分机会送达接收者。

（4）**接收**。传送的信息应由接收者接收。如果发送者传输的信息没人接收，或接收者不能尽职，信息就会丢失。所以，要千方百计地引起接收者的注意。

（5）**解码**。发送者要求接收者按照他的本意准确地理解信息。事实上这是很困难的。在绝大多数情况下，只要做到足够接近符合发送者的本意就算是成功的沟通。

（6）**利用**。信息接收者对接收的信息进行利用。通常，接收者要根据得到的信息有所反应和行动。

以上的步骤充分显示，良好的信息沟通与信息的采集、传输和接收过程的工作质量相关，也与信息沟通过程中参与人的素质密切相关。

【研读专栏】　2-3

两种沟通模式：拉斯韦尔与施拉姆[18]

拉斯韦尔沟通模式（语意交流模式）：是一种直接的沟通模式，即以空气和光为渠道，接收者通过语言或形体语言媒介，面对面以自身的感官与发送者进行语意信息交流。

施拉姆沟通模式（广义信息交流模式）：是一种包括各种形式的沟通模式，即除了空气和光以外，还以纸张、网络和磁波为渠道，接收者借助各种媒介（除了语言或形体语言外，也包括信件、设备、报刊、书籍、广告、广播、电影电视等）与发送者进行信息交流。

拉斯韦尔沟通模式（5W模式）：

WHO	SAYS WHAT	IN WHICH CHANNEL	TO WHOM	WITH WHAT EFFECTS
谁 （发送者）	说了什么 （信息）	什么渠道 （媒介）	对谁 （接收者）	什么效果 （效果）

施拉姆沟通模式：

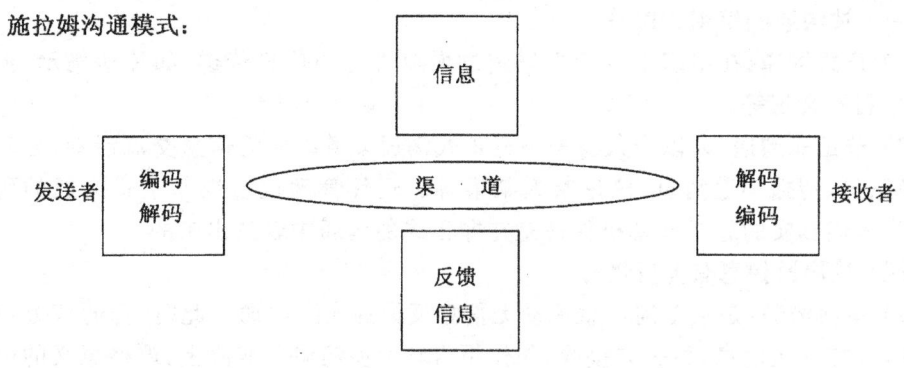

<hr />

二、人际沟通形式

沟通形式指的是信息传递的方式，即用什么样的信息媒介将信息内容传递出去并使接收者理解。对于沟通的分类，有自我沟通、人际沟通、组织沟通和公众媒体沟通。这里主要是就人际沟通所采用的不同媒介，对于沟通形式作了如下区分：

（一）按照是否面对面分

（1）直接沟通：是以语言和形体语言为媒介的面对面的沟通。如谈话、演讲、上课等。它是人际沟通的主要形式。

（2）间接沟通：以语言、文字或符号与信件、电子媒介（电话、电视、互联网）等构成的复合媒介进行的非面对面的沟通。

（二）按照语言的运用形式分

（1）语言沟通：是指以语言符号形式为媒介的沟通行为。语言有口语和文字两种形式；于是，语言沟通又分为有声的语言沟通或称口头沟通（以口头讲话方式进行沟通，如谈话、演讲、打电话等）和无声的语言沟通或称书面沟通（以书面语言方式传播，如写信、发通知、讲课中的板书等）。

（2）非语言沟通：主要是指以形体语言或非语言符号为媒介的沟通行为，如以表情、身体动作、衣着、外形、气质等作为工具进行沟通。声音是非言语沟通的一个重要方面，它能反映沟通者内在的感受。在求职面谈中，一个人可能会表示他对这个职务很感兴趣，他将勤奋工作等等，但是如果他的声调呆板，面部毫无表情，你就可以凭直觉感受到求职人是言不由衷的。很少有人明确地了解自己的声音给他人的感觉。

非言语沟通的特点是往往会泄露人们难以掩饰的内心世界。另外，非言语沟通往往只是在面对面的范围内使用。

（三）按沟通的组织程度分

（1）正式沟通：在组织中按明文规定的渠道进行的信息传递，如传达指示、汇报工作、召开会议等。

（2）非正式沟通：人以个人身份进行正式沟通渠道以外的信息交流活动，如私下交换意见、传播小道消息、议论某人某事等。现代管理很重视非正式沟通的研究，因为人们真实的思想和动机往往是在非正式的沟通中表露出来的。

（四）按沟通信息有无反馈分

（1）单向沟通：是指单向信息流动无信息反馈的人际沟通。此时，沟通双方地位不变，一方发送信息，另一方接收，如作报告和大型演讲。实际上，严格意义的单向沟通是罕见的，接收者或多或少地有信息反馈。

（2）双向沟通：指双向信息流动有信息反馈的人际沟通。信息发送者与接收者地位不断变换，沟通的信息反馈往复多次，如交谈、协商、谈判等。双向沟通较之于单向沟通，对促进人际关系和加强双方紧密合作方面有更重要的作用。

（五）按传递信息的方式分

（1）书面沟通：是指采用书面文字形式进行的沟通。它的特点是比较正式，可以长时间保存，信息准确，但是传递速度较慢，它又分为：

- 正式的书面沟通：备忘录、报告、通知、信函等。
- 非正式的书面沟通：工作记录、便条等。

（2）口头沟通：是指用口头语言进行信息传递的沟通。口头沟通的优点是比较灵活、速度快，不受时间、地点和场合的限制，双方可以自由交换意见；可以运用一定的体语、手势、表情和语气来增加沟通的效果。它的缺点是有一定的时效性，言过即逝；欠缺准确性，信息容易失真；当一级一级传达信息时，结果可能"面目全非"。口头沟通又区分为：

- 正式的口头沟通：如会议、正式的一对一讨论、演说等。
- 非正式的口头沟通：如面谈、非正式的传闻或小道消息的传播。

有的心理学家曾对口头沟通和书面沟通的效果进行研究，结果表明：口头与书面混合方式的沟通效果最好。单独使用口头方式次之，单独使用书面沟通方式效果最差。

【思考与练习】

1. 举例说明人际沟通与人际关系之间的区别与关系。
2. 人际关系的特征及人际关系的建立和破裂各有哪五个阶段？
3. 简述人际关系的作用，如何改善我们的人际关系？
4. 简述人际沟通过程中的要素，沟通程序及沟通的影响因素是什么？

5. 人际沟通有哪些形式?

6. 阅读《圣经·箴言》第 3 章第 13 节,你有何感想?

寻求智慧,

掌握理解的人是幸福的。

善于理解的人,

卖掉的是银子,

得到比金子还珍贵的东西。

理解比宝石还要宝贵,

你所渴望的任何东西都无法与她媲美。

她的左手是财富和荣誉,

她的右手是长寿,

那条路上撒满着和平的鲜花。

理解使追求她的人生命之树长青,

拥有她的人是幸福的。

上帝用智慧构成了大地的基础,

以理解奠定天柱。

【自测与评估】

人际关系处理能力测试[19]

说明:请根据你的实际情况,认真考虑以下问题,从所给备选答案中找出最适合你的答案。

测试题:

1. 你感到上个月的工作做得不错,可是发奖金时,只发给你三等奖,你的一位知心朋友告诉你,这是因为李某在头儿那里说了你的坏话。你听了以后( )。

A. 很生气,要找经理讲清楚

B. 首先对自己上个月工作静心反思,必要时澄清一下

C. 生闷气,借酒消愁

2. 你是一个有妻室(或丈夫)的正派人,由于工作需要经常和某女士(或男士)来往、接触,你耳闻有人对你们捕风捉影、妄加议论,这时你( )。

A. 发誓要找出造谣者并跟他算账

B. 不理那一套,该怎么干就怎么干

C. 感到委屈,为了不使人议论想辞掉那份工作

3. 你和同事外出办事,因缺少某方面知识而办了一件尴尬事。回来后,同事

拿你这件事当众寻开心,出你的洋相。你会(　　)。

　　A. 面红耳赤下不了台

　　B. 和同事们一块儿大笑,事后说明原因

　　C. 揭对方老底儿寻开心

4. 你因工作有成绩而晋升一级工资,同事们要你请客,这时你会(　　)。

　　A. 认为没有必要而加以拒绝

　　B. 感谢同事们关照,必要时有个表示

　　C. 只找几个要好的朋友到餐厅吃一顿

5. 你因工作中一时失误,受到上司批评、处罚,原来和你不错的人不但不安慰你反而躲得远远的,你的反应是(　　)。

　　A. 在别的朋友面前骂他是白眼狼、势利眼、没良心

　　B. 认为是人际关系中的弊病,毫不介意

　　C. 随他的便,地球照转

6. 你的一位很要好的朋友因工作变动离开你到另一个单位去,这时你的反应是(　　)。

　　A. 为他饯行,祝他如意

　　B. 不冷不热,听其便

　　C. 陈说利害,设法不让他离开你

7. 你们公司从外地购来苹果出售,掌秤的人给别人都秤得不错,但轮到你时却大小不一,还有烂的,这时你(　　)。

　　A. 认为这是偶然发生的,并不是有意与你为难,高兴付钱

　　B. 心里不说,认为他不公平,还是付了钱

　　C. 认为他是故意的,倒掉不要

8. 市场上某种食品涨价了,而这种食品又是你平日喜欢吃的,你会(　　)。

　　A. 少买些,但把菜谱适当调整一下

　　B. 它涨它的,照买不误

　　C. 大发牢骚,但还是买了

9. 你有一个远亲患病,从外地来投奔你,请你帮助联系医院或请名医治疗,而你工作忙不说,住宿就是大问题,这时你会(　　)。

　　A. 尽管有困难,也热情接待,想法满足他的要求,劝他多住些日子治疗

　　B. 热情接待,但告诉他爱莫能助,请他谅解

　　C. 厌烦之情溢于言表,借故推脱了事

10. 你的朋友、同事、邻居中有人结婚、办丧事、过生日、迁居等要破费一点表示表示,这时你(　　)。

A. 尽管要花点钱,还是挑选点特色的小礼品来表示心意

B. 假装不知道或借故离开

C. 对一般人不屑一顾,但对体面的人送一份重礼

11. 朋友借了你一笔钱,可过了很久仍不还你,你不了解他是一时无力还,还是忘在脑后,而你近期又急用这笔钱,你会( )。

A. 只好等一等再看

B. 找到他讨要

C. 请一位你与他都要好的朋友提醒一下

12. 你孩子买了一件刚上市的服装,回家一试小得不能穿。你找到商店,但售货员拒绝退货。这时你( )。

A. 心里有气,回到家里把衣服丢在一边

B. 和售货员大吵大闹,引来众人围观

C. 找到经理室说明情况,表示歉意,商量一下双方都能接受的方案

计分标准:

计 分 表

题目	1	2	3	4	5	6	7	8	9	10	11	12
A	5	5	5	5	5	1	1	1	1	1	3	3
B	1	1	1	1	1	3	3	3	3	3	5	5
C	3	3	3	3	3	5	5	5	5	5	1	1

分析:

12~22分:具有深刻的分析力和敏感的反应能力,对人际交往出现的困难能以合乎逻辑的方法解决。

23~40分:具有一定的人际问题处理能力,但偶然会出现优柔寡断或偏激的倾向。

41~60分:对人际交往问题不善变通,较少考虑后果,往往对人际关系产生不良影响。

你的人缘心理测试

说明:请选择一个最符合你的情况的答案,填在括号里,然后根据后面的评分算出自己的得分。

测试题:

1. 最近交了一批新朋友,这是因为( )。

A. 你发现他们很有意思,令人感兴趣

B. 他们都很喜欢你

C. 这是你的需要

2. 外出度假时,你是否（　　）。

A. 很容易交上新朋友

B. 喜欢一个人独自消磨时间

C. 想交新朋友,但又感到困难

3. 你本来约好要去会见一位朋友,但此时感到很疲倦,却不能让朋友知道你这种状态,你（　　）。

A. 希望朋友会谅解你,尽管你没有去

B. 还是尽力赴约,并且试图让自己过得愉快

C. 到朋友那里去了,并且询问如果你早点回家他会有什么想法

4. 你结交朋友的时间（　　）。

A. 数年之久

B. 说不定,合得来的朋友能长期相处

C. 一般不长,经常更换

5. 一位朋友告诉你一件极有趣的私事,你（　　）。

A. 尽量为其保密而不对任何人讲

B. 根本没有考虑过将此事告诉别人

C. 这位朋友刚离开,你就马上与别人议论此事

6. 当有了问题时,你（　　）。

A. 通常靠自己去解决

B. 找自己信赖的朋友商量

C. 只有在迫不得已时才找朋友帮助

7. 当你的朋友遇到问题时（　　）。

A. 他们都喜欢求助于你

B. 只有那些和你关系密切的朋友才来找你商量

C. 一般不愿意来麻烦你

8. 你交朋友的途径通常是（　　）。

A. 通过熟人介绍

B. 在各种社交场合

C. 必须经过相当长的时间,而且不容易交上朋友

9. 你认为选择朋友最重要的是（　　）。

A. 具有使你感到幸福和快乐的能力

B. 为人可靠,值得信赖

C. 你感兴趣

10. 你给人的印象是（　　　）。

A. 经常会引人发笑

B. 经常启发人们去思考问题

C. 别人和你在一起时感到舒服

11. 例如有人邀请你参加一次活动、一次比赛或者在晚会上请你表演节目,你
（　　　）。

A. 会婉言谢绝

B. 欣然接受

C. 直截了当地拒绝

12. 对你来说,下列哪种情况是真实的?（　　　）

A. 我喜欢称赞自己的朋友

B. 我认为诚实是最重要的品质之一,所以我时常提出与朋友不同看法

C. 我对朋友的态度是:既不奉承也不批评

13. 你是否发现（　　　）。

A. 你同那些能够与你分担忧愁和快乐的朋友们相处得很好

B. 一般情况下能和任何人相处

C. 有时甚至愿意与那些和你脾气不相投的人相处得很好

14. 如果朋友和你开玩笑(恶作剧),你会（　　　）。

A. 和大家一起笑

B. 感到气恼,并且表现出来

C. 根据自己的情绪和精神状态,可能和大家一起大笑,也可能恼怒

15. 假如别人想依赖你,你的态度是（　　　）。

A. 对此不介意,但是想和朋友们保持一定的距离,保持一定的独立性

B. 觉得这样很好,我喜欢让别人依赖我

C. 要小心谨慎,尽量避免承担责任

计分标准：

计　分　表

题　目	1	2	3	4	5	6	7	8	9	10	11	12	13	14	15
A	3	3	1	3	2	1	3	2	3	2	2	3	1	3	2
B	2	2	3	2	3	2	2	3	2	1	3	1	3	1	3
C	1	1	2	1	1	3	1	1	1	3	1	2	2	2	1

分析：

总分在 36～45 分之间，说明你和朋友相处得很好，你能够从日常生活中得到许多乐趣。你在朋友中有一定的威信，他们比较信赖你。就是说，你会交朋友，你的人际关系很好。

总分在 26～35 分之间，说明你的人际关系不太好，你和朋友的关系不牢固，时好时坏。你确实想让别人喜欢你，想多交朋友。尽管你自己做了许多努力却发现别人不一定喜欢你。朋友们和你在一起时很可能不会感到轻松愉快，你只有认真检查自己的言行，真诚对待别人，学会待人接物，你的处境才会好转。

总分在 15～25 分之间，说明你很可能是一个孤僻的人，思想不活跃、不开朗，喜欢独处。但是，这一切不意味着你不会交朋友。主要原因是你对社交活动、人际交往不感兴趣。如果你愿意，只要你努力，你就能交上许多朋友。

【启示与案例】

沟通不良——阿维安卡 52 航班的悲剧

仅仅几句话决定了生与死的命运！

1990 年 1 月 25 日，由于阿维安卡 52 航班飞行员与纽约肯尼迪机场航空交通管理员之间的沟通障碍，导致了一场空难事故，机上 73 名人员全部遇难。

1 月 25 日晚 7 点 40 分，阿维安卡 52 航班飞行在南新泽西海岸上空 11 277.7 米的高空。机上的油量可以维持近 2 个小时的航程，在正常情况下飞机降落至纽约肯尼迪机场需不到半小时，这一时间缓冲措施是十分安全的。然而，此后发生了一系列耽搁。首先，晚 8 点整，肯尼迪机场管理人员通知阿维安卡 52 航班由于严重的交通问题他们必须在机场上空盘旋待命。晚 8 点 45 分，阿维安卡 52 航班的副驾驶员向肯尼迪机场报告："燃料快用完了"。管理员收到了这一信息，但在晚 9 点 24 分之前，没有批准飞机降落。在此期间，阿维安卡 52 航班机组成员再没有向肯尼迪机场传递情况十分危急的任何信息，但飞机座舱内的机组成员却相互紧张地通知：燃料供给出现了危机。

晚 9 点 24 分，阿维安卡 52 航班第一次试降失败。由于飞行高度太低，以及能见度太差，因而无法保证安全着陆。当肯尼迪机场指示阿维安卡 52 航班进行第二次试降时，机组成员再次提到他们的燃料将要用尽，但飞行员却告诉管理员新分配的飞行跑道"可行"。晚 9 点 32 分，飞机的两个引擎失灵。1 分钟后，另外两个也停止了工作。耗尽燃料的飞机于晚 9 点 34 分坠毁于长岛。

当调查人员考查了飞机座舱中的磁带并与当事的管理员交谈之后,他们发现导致这场悲剧的原因是沟通的障碍。为什么一个简单的信息既未被清楚地传递又未被充分地接受呢?调查人员调查分析如下:

首先,飞行员经常说他们"燃料不足",交通管理员告诉调查者这是飞行员们经常使用的一句话。当被延误时,管理员认为每架飞机都存在燃料问题。但是,如果飞行员发出"燃料十分危急"的呼声,管理员可以不顾规则程序,有义务优先为其导航,并"尽可能以最快的速度引导其降落"。遗憾的是,阿维安卡52航班的飞行员从未说过"情况紧急"。所以肯尼迪机场的管理员一直未能理解飞行员所面对的真正困境。

其次,飞行员的语调也并未传递出情况危机的信息。管理员受过专门训练,在各种情境下可以捕捉到飞行员声音中极细微的语调变化。尽管阿维安卡52航班的机组成员相互之间表现出对燃料问题的极大忧虑,但他们向肯尼迪机场传达信息的语调却是冷静而职业化的。

最后,飞行员的文化和传统以及机场的职权也使阿维安卡52航班的飞行员不愿意声明情况紧急。正式报告紧急情况之后,飞行员需写出大量的书面汇报。另外,如果发现飞行员在计算需要多少燃料上有疏忽,联邦飞行管理局会吊销其驾驶执照。这些消极强化物阻碍了飞行员发出紧急呼救[本案例选自:(美)斯蒂芬·P·罗宾斯著:《组织行为学》,中国人民大学出版社1997年版]。

第三章 沟通管理

【学习目标】

通过本章的学习,应对如下内容有一定的了解:
- 沟通管理的作用
- 正式沟通渠道与非正式沟通渠道的形式、特点和作用
- 正式沟通网络和非正式沟通网络的类型
- 沟通障碍有哪几种
- 如何管理沟通
- 如何提高自身的沟通能力

第一节　沟通管理的含义及作用

一、沟通管理的含义

沟通管理是指为了实现组织或个人目标而进行的管理信息交流的行为和过程。在沟通管理中,在认识有效沟通的基础上,通过管理,使沟通活动的目的更为明确,更有计划,渠道更加畅通。

沟通是现代管理的重要职能,要提高沟通管理能力,提高沟通效率,我们应注意以下四点**有效沟通的基础**[20]:

1. 增强信息的明确性。明确、清晰的信息是良好沟通的开端。当沟通能以接收者易于了解的语言和传递方式进行时,它便有明确性。要信息明确,信息发送者需要具备一定的沟通能力,并了解对象,如下属、同事、上司或其他相关人员的习惯性语言和非语言运用方式。

2. 提高信息的接收效率。保证信息沟通有效,是双方的责任,对信息发送者有明确、清晰的要求,对信息接收者则有接收率高的要求。由于信息流量大,而人们的注意力又有限,所以接收者应该提高自己的倾听和阅读能力,集中精力注意最有价值的信息,这样既提高了信息接收的效率,对信息发送者也是一种尊重和鼓舞。

3. 建立合理的信息传播体系。建立合理的信息传播体系对于人数众多、机构复杂、信息流量大的组织内部沟通至关重要。它可以使企业有效地控制信息流向和信息来源,使企业内部的沟通更有效。

4. 合理利用非正式沟通。在现代企业管理中,管理者应有意识地合理利用非正式沟通渠道,把一些正式渠道不好办、难办的事转移到非正式沟通渠道中处理,使"小道消息"按照管理者的意志在组织内部传播,同样能达到提高沟通效率的目标。

沟通管理的目标是:

第一,**目的更为明确**。管理沟通是围绕着特定的管理目的和管理活动进行的沟通。

第二,**渠道更加畅通**。组织内部的沟通网络虽然纵横交错,但十分正规和畅通。

第三,**活动更有计划**。因为沟通的目的明确,使沟通活动更富计划性,准备周密并趋向制度化。

【研读专栏】 3-1

有效沟通 7C 说[21]

国外的学者认为:有效的沟通应该具备如下七项特征:

1. 完整(Completeness):发送和接收的信息要完善,必要时要作适当的补充。

2. 简明(Conciseness):提供必要的信息,避免多余的词语和不必要的重复。

3. 体谅(Consideration):从接收者的利益和"你"的观点出发,以肯定和乐观的态度沟通。

4. 具体(Concreteness):以具体的数据、形象的表述和鲜明的动向与对方沟通。

5. 清楚(Clarity):选择对方熟悉、明确和清楚的词语,组合成有效的沟通句式和段落。

6. 有礼貌(Courtesy):选择恰当的体贴、感激和尊敬的词语,避免有歧视性的词语。

7. 正确(Correctness):数据、事实和词语的表述要精确,以可接受的书面方式和恰当的用语进行沟通。

二、沟通管理的作用

1. 收集信息,学习知识。 沟通者通过沟通可以获得更多的信息和知识,可以了解员工的意见倾向、价值取向、各部门之间的关系等。

2. 建立和改善人际关系。 沟通不仅可以增进彼此之间的了解,而且通过它可以表达人的感情,促进彼此之间的同情和共鸣,所以,它有助于解除人们的内心紧张、意见分歧和利害冲突,使人们心情舒畅,从而改善人与人之间的关系。

3. 影响和改变沟通者的行为。 通过沟通可以说服、激励和领导别人,以影响和改变别人的态度和行为;信息接收者与发送者的合作本身也是一种行为的改变。

第二节　沟通的渠道与网络管理

一、组织内正式沟通渠道的管理

正式的沟通渠道指的是按组织内部明文规定的途径进行信息传递和交流,它和组织的结构息息相关。如组织内部命令的发布、指示、文件,组织召开的正式会议等。正式沟通传播的信息又称"官方消息"。

正式沟通渠道是组织管理中沟通的主渠道,大量的沟通工作有赖于正式的沟通渠道。正式沟通带有强制性,井然有序,约束力强,沟通效果较好。正式沟通渠道的弱点是传播线路固定、呆板,沟通速度较慢;中间环节较多,信息对人的素质要求较高,信息易失真。在管理中根据渠道的不同特征,沟通区分为不同的类型:

(一)沟通方向

1. 纵向沟通: 是指信息沿着指挥系统在上下级之间进行的沟通。按信息的流向不同,它又分为:

(1)上行沟通: 下级通过内部管理层次,将信息逐级向上发送的沟通渠道。上行沟通的管理实例:开会交流、员工信访。

(2)下行沟通: 上级通过内部管理层次,将信息逐级向下发送的沟通渠道。要注意信息的接收层面和对象、信息的流向、流量和信息流速。下行沟通渠道是组织内部的一条重要的信息沟通渠道。通过它,各级主管对下级工作给予指导和帮助,员工从中了解上级对其的期望和要求,从而增加上下级之间的相互了解与合作。

2. 横向沟通: 是指信息在组织中的不同部门或处于同一层级的个人间进行的沟通。

3. 斜向沟通: 是指不属于同一组织层级或个人间的信息沟通。

(二)正式沟通网络类型

沟通网络是人们通过一定的沟通渠道交流信息,各沟通渠道按一定的规则组合在一起的形态。它又可分为正式沟通网络和非正式沟通网络。正式沟通网络主要有链型、Y型、轮盘型、环型(圆型)、全通道型五种(如图3-1所示,图中的圆圈代表信息的传递者,箭头表示信息的传递方向)。

1. 链型:即信息沟通网络呈链条形状,只能向上或向下进行逐级传递信息。它的组织执行能力最强,但是中间环节越多,信息沟通速度就越慢,信息被过滤的可能性就越大。因此,领导者与下级之间难以有真实意图的沟通。这种类型发生在只有直线型权力关系的组织中。

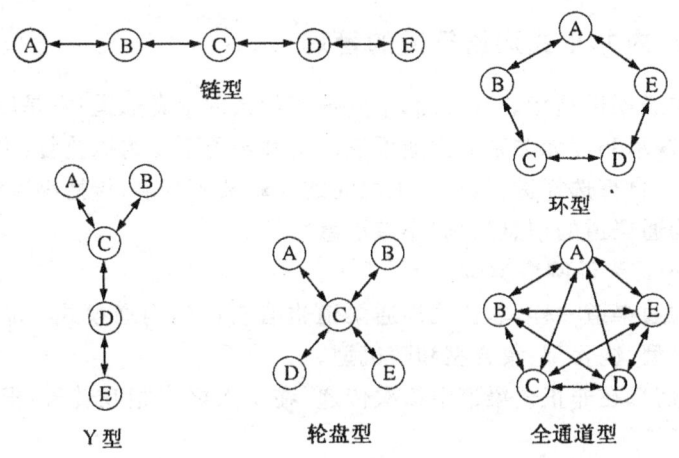

图3-1 正式沟通网络类型

2. Y型:即信息沟通网络呈现大写英文字母"Y"的形状。它是在链形沟通网络的基础上发展起来的,表示在不同层次的逐级沟通中,两位领导者通过一个人或一个部门进行沟通。它的效率特征和链型沟通网络基本相同,只是Y型沟通网络容易产生多头领导的局面,使同时面对两个上级的下级在行动中易陷入左右为难的困境。所以,组织内部的正式沟通,一般不利用Y型沟通网络来进行。

3. 轮盘型:即信息沟通网络呈现车轮形状,表示一个管理者与四个下级沟通,而四个下级之间没有相互沟通的现象。处于中心地位的领导者了解全况,并向下级发出指示,而四个下级只分别了解本部门的情况并向领导汇报。这种沟通方式距离短,信息传递快、效率高。但因信息过分集中容易使下属感到不满意,士气低下。

4. 环型(圆型):即信息沟通网络呈现圆形,成员与其相邻的成员交流,它没有一个固定的信息中心。这种状况有利于组织成员集思广益,共同参与决策,避免决策的失误,能很好地调动大家的积极性与主动性,较快地适应工作变化。但其信息传递速度较慢,决策过程较长,花费时间较多,而且没有一个中心人物,往往会产生议而不决的现象。

5. 全通道型:即允许每一个成员自由地与其他四位成员交流,交流是平等的,并无明显的中心人物。

从以上五种正式沟通网络类型看,每种正式沟通模式各有其优缺点。企业组织在具体运用这些信息沟通网络时,要根据不同的目的和要求,采用不同类型的沟通网络。如果管理者看重解决问题的速度,那么使用轮盘型和全通道型是最好的;如果看重信息传递的精确度,那么链型、Y型和轮盘型是最好的;如果看重领导者的权威,则需要用轮盘型模式。[22]

二、组织内非正式沟通渠道的管理

非正式沟通渠道是指非官方的、不受任何约束的信息通道;它是以社会关系为基础,与组织规章制度无关系的沟通渠道。这种沟通不受组织监督,也没有层次结构限制,由员工自行选择进行,如员工之间的议论某人某事,传播小道消息、流言等等。非正式沟通渠道的信息又称"小道消息"。

(一)非正式沟通网络类型

与正式沟通渠道一样,非正式沟通渠道也有自己的沟通模式。非正式沟通模式主要有单串型、饶舌型、集合型和随机型。

单串型:信息在非正式渠道中依次传递,在个人之间相互转告,把信息传播到最终的接收者。

饶舌型:信息由A传递给每个人,A是非正式渠道中的关键人物,他主动把信息传播给其他很多人。

集合型:一些人有选择地转告他人。信息由A传递到几个特定的人B、C,然后再由他们传递给一些特定的人。这种传播效率最高。

随机型:个人之间随机地相互转告。信息由A随机地传递给某些人,某些人再随机地传递给另一些人。

(二)非正式沟通渠道的特点和利用

1. 非正式沟通渠道的基本特征:

(1)信息有闲聊的特征,称之为传闻或小道消息。

(2)信息不完整、无规律,不能作为决策的依据。

(3)信息有很强的感情色彩,容易被人利用。

(4)传播速度快、形式多变、内容不定。

(5)个人兴趣、价值观倾向强,常因"趣味相投"而形成凝聚力强的工作群体和小团体。

（6）往往是正式沟通渠道信息的晴雨表。一般来讲,企业内部正式沟通渠道不畅时,非正式沟通渠道才会丰富起来,并且特别活跃。

2. 对非正式沟通渠道的利用。非正式沟通渠道客观存在于组织之中,但它并不是像一些人认为的那样总是起消极作用。作为正式沟通渠道之外的辅助通道,它具有一定的作用:可以满足员工情感方面的需要;可以弥补正式渠道传递信息的不足;可以了解员工真正的心理倾向与需要;可以减轻管理者的沟通压力;可以防止某些管理者滥用正式通道。所以,管理者在正确运用正式沟通时,要学会利用非正式沟通以实现组织的目标,为此应注意以下几点:

（1）借用非正式沟通渠道作为辅助手段了解群众反响,推进改革和创新。

（2）观察非正式沟通渠道,来判断正式沟通渠道的健全程度。

（3）利用非正式沟通渠道的关键人物,协助传播管理信息和澄清事实。

（4）非正式沟通渠道不能滥用,应以正式沟通渠道为主。

三、组织结构对沟通的影响

1. 从沟通的角度,组织结构只作两种有意义的区分:

（1）垂直型:具有一定规模的企业的内部管理层次过多或按垂直系统排列管理层次,这会使信息传递不畅,影响沟通的效果。信息由最高层经过许多中间环节,才能到达基层,这使沟通的信息容易失真。

（2）扁平型:具有一定规模的企业的内部管理层次较少,这有利于信息沟通,信息传达速度快,沟通效果好。

2. （全通道型）沟通渠道数量的计算:

公式为:$CC = N(N-1)/2$

其中:CC 代表沟通渠道数;

N 代表组织中或参与沟通的人数。

例题:当一个小型企业的职工人数由 5 人增加到 10 人,沟通渠道数增加了多少条?

计算:$CC = 10 \times (10-1) \div 2 - 5 \times (5-1) \div 2 = 35$（条）

第三节　沟通障碍及其改善

一、人际沟通的主要障碍[23]

人们在沟通过程中,常会受某些干扰因素的影响,而使沟通达不到预期的效果,这些干扰因素被称之为"沟通障碍"。就其来源来看,沟通障碍主要有人为障碍、语义障碍和物理障碍。

（一）人为障碍

人为障碍是人的精神状态、价值观念、能力水平等所造成的沟通干扰，是沟通过程中常见的障碍。下面主要从发送者和接收者两方面来介绍。

1. 信息发送者：沟通的效果很大程度上取决于发送者的人格特征，如思想与情感障碍，表达能力、信誉欠佳。

（1）**思想与情感**。沟通双方都是有思想、有感情、有心理活动的个体，如果他们的心理活动产生了一定的障碍，必然会影响沟通的效果。所以，信息发送者的思想状况会直接影响沟通效果。在对下属的信息沟通中，若管理者有自以为是、高人一等、唯我正确的思想，就很少主动与下属沟通。当下属向上级发送信息时，如果有投其所好、自我表功的私心，也不会把实情向上级反映，从而造成主管无法正确了解下属的情况。这样，就失去了有效沟通的基础。另外，组织中的地位不同引起的心理差异和心理隔阂，也阻碍了有效的沟通。

（2）**表达能力**。人的沟通能力有相当大的差别，往往影响有效的情感沟通和信息沟通。沟通能力的差别，源于个人的知识水平和个人的秉性。沟通是要借助语言来实现的；语言包括书面语和口头语。主题不突出、观点不明确、结构不合理、语言不生动、文法不通的书面语和口齿不清、语无伦次、平铺直叙、词不达意的口头语，势必使沟通效果大打折扣。

（3）**信誉欠佳**。对信息发送者的信任程度会影响沟通的效果。发送者人品差、平时言而无信，说话不能兑现，别人对他的话就会持怀疑态度，产生不信任，并且在情感上加以拒绝，沟通就无法有效地进行。"狼来了"的故事，就是典型的代表。

2. 信息接收者：沟通不良，除发送者方面的原因外，还有来自接收者方面的人为障碍，诸如：地位差别，理解能力，情感偏见。

（1）**地位差别（角色障碍）**。地位是指一个人在群体中的相对的级别。由于接收者与发送者的地位相差悬殊，接收者在沟通中会表现出担忧、恐惧等心理反应，从而影响其接收能力和沟通效果。

（2）**理解能力**。由于发送者与接收者在知识和经验水平上相差甚远，接收者在接收信息时，会发生理解上的困难和沟通障碍。如对某一问题，发送者认为简单提示即可了解，而接收者却认为该问题并不简单，不加说明无法理解，这使双方在理解上出现分歧。

（3）**情感偏见**。由于存在某种偏见或人为的观念，往往会出现接收者的**选择性感知**，即对接收到的信息进行过滤、曲解或断章取义；接收者只接受对自己有利的那部分信息，对其他部分则视而不见，充耳不闻。

（二）语义障碍

几乎所有的沟通都利用符号来表达一定的含义，这种符号多种多样，如语言文字、图像、身体语言等等。符号通常又有多种含义，如果选错其含义，就会出现语义障碍。

1. 词语引起的语义障碍。为避免词语引起的语义障碍，在沟通中我们要注意：一是词的多重含义，如（辞海）中"为"字有两种读法和15种不同的含义。二是专业术语，即行话。行话有助于快速而准确的信息交流，但若接收者不懂，发送者又不解释，简直无法沟通。三是词语的下意识联想。有时信息中的词语无意中激起接收者的联想，从而引起接收者对信息理解的偏向或误解。有一个笑话：主人请客吃饭，眼看约定的时间已过，只来了几个人，不禁焦急地说，"该来的没有来"，已到的几位客人听后扭头走了两位。主人意识到他们误解了他的话，难过地说，"不该走的走了"，结果剩下的客人也都离去了。

2. 图像引起的语义障碍。除文字之外，图像是第二种类型的沟通符号，如利用图表、模型等进行沟通，因为它具有直观性和形象化的特点。但是图像也常会"骗人"，因为存在着视觉误差，同时人们还会对图像产生各种联想与理解。

3. 身体语言引起的语义障碍。第三种沟通类型是非语言沟通。身体语言是非语言沟通的重要组成部分。所谓身体语言是人们利用人与人之间各自形体的交互影响，以沟通彼此的意向。它分为表情语言、动作语言和体姿语言三大部分。例如，拍手表示拥护、赞成，双手叉腰表示挑战、示威，等等。不同的姿态也能表达不同的语言，如交谈时，并排而坐表示气氛融洽，关系亲密；交谈时相对而坐，则表示气氛严肃，等等。因为不同的人在解释身体语言时，存在着文化差异，因而也导致沟通上的障碍。

（三）物理障碍

物理障碍也是沟通的一种干扰因素，它常常同沟通的环境有关。典型的物理障碍包括沟通渠道不畅、距离障碍和时机不当。

1. 渠道不畅。由于种种干扰，常使沟通渠道受阻或不通畅，从而影响沟通的效果。如通信工具落后就不便于随时交流和沟通。

2. 距离障碍。组织机构臃肿庞大、层次过多，会使信息传递不畅，影响沟通的效果。信息由最高层经过许多中间环节的传递，才能到达基层，信息逐级传达，就使信号逐级失真。

3. 时机不当。有些沟通产生障碍，是由于沟通时机不当造成的。沟通时机包含沟通的时间、空间两个方面。在时间方面，如果接收者由于某种原因心情不好或正在从事某项重要而又急需完成的工作时，这时一般信息不容易引起他的注意，这时与他沟通效果会很差。如某员工家中有人得了急病，上司这时与他交代什么，他可能会点头称是，但他到底记住了多少呢？要打个问号。在空间方面，选择沟通的场所不当，沟通的效果也会有很大的不同。对一个很要面子的下属来讲，上司当着大家批评他并限期改正的效果与私下与他交谈并指出缺点的效果是截然不同的。

二、克服障碍，有效沟通[24]

沟通障碍的出现是不可避免的，重要的是如何克服各种障碍，实现有效的沟通。因此，我们应从以下几个方面改善沟通：

1. 坚持及时、适量、灵活、有效的原则。

2. 掌握关注、理解、接受、行动的沟通步骤。

3. 采取双向、支持、重复、综合的沟通方式。

（一）坚持及时、适量、灵活、有效的沟通原则

1. 及时性是指沟通双方要尽可能加快信息交流的速度，使信息发生效用。它包括三个方面：及时发送、反馈和利用。及时原则，要求我们分清信息的轻重缓急，及时处理既重要又紧迫的信息，推迟处理次要信息，以保证重要信息的及时传递和利用；另外，减少不必要的沟通层次使信息在渠道中停留的时间缩短。

2. 适量性是指在沟通过程中，避免接收的信息不足或过量，否则会影响接收者对信息的正确处理。适量原则是沟通优化的客观要求。因此，在管理沟通时，一方面，限定信息发送范围，严格按照既定的信息发送范围传递信息，有选择地根据沟通的目的、内容和不同对象进行沟通；另一方面，注意信息加工，考虑接收者的承受能力，对各种信息进行必要的综合加工，以免接收者"消化不良"。

3. 灵活性是指沟通系统必须留有必要的余地，以适应各种变化。传统的组织内部的信息沟通，主要是依靠纵向的自上而下的命令式传递，而现代组织的信息沟通，更多地利用非正式沟通和横向联系的方式，如观察办公室、饭桌上的交谈等，以增加沟通的可靠性。因此，一方面要重视非正式沟通渠道，因为它作为正式沟通的必要补充，在一定程度上可弥补信息传递缓慢、层次过滤多的不足，也有助于形成组织内和谐的气氛，增加组织的内聚力，更有效地实现组织目标；另一方面也有利于保持重要沟通环节的弹性。在关键的沟通环节上，应适当增加保护"线路"，以确保沟通系统的可靠性。

4. 有效性是指在沟通过程中沟通者要把着眼点放在如何实现沟通的有效性上，而不要拘泥于某种固定的模式。要根据不同的对象、场合、内容和目的，运用灵活多变的方式，以达到最佳的沟通效果。有效的沟通要靠沟通双方的共同努力，一方面摸清沟通对象的心理状况，消除对方心理上的异常反应，这是保证有效沟通的一项重要工作；另一方面努力避免接收者处在防御性状态，特别是在消极性反馈的沟通中，管理者更应最大限度地削弱对方的消极对抗情绪。

(二) 掌握关注、理解、接受、行动的沟通步骤

1. 关注。只有当接收者排除了干扰,才能专心致志地关注所沟通的问题。吸引接收者的关注是沟通成功的第一步。例如对于特别重要的信息采用红头文件,单独发送,书面报告之外再电话传递等形式,以引起接收者的特别关注。

2. 理解。引起人们的关注保证人们对信息的确切理解,这需要沟通者与接收者之间的相互信任、信息的准确性及语言与符号的恰当运用;尽量面对面沟通,学会积极地倾听。

3. 接受。沟通的目的就是使接收者接受信息。要想让下属或对方更好地接受信息,应该努力成为对方心目中可敬或可亲的人,多表扬少批评,尽量使对方感到不拘束并以积极的态度与你沟通。

4. 行动。如果沟通过程达到了行动阶段,这个过程就将完成。但由于种种原因,信息可能达不到完成行动,所以,应采取管理措施,努力使所期望的行动完成,实现沟通目标。

(三) 采取双向性、支持性、重复性、综合性的沟通方式

1. 双向性沟通。双向沟通比单向沟通更为有效,更适应于现代组织信息内容复杂的要求,能够更加准确地传递信息,因为发送者根据接收者的反馈情况不断地调整表述方式,从而提高接收者对信息的理解,保证了信息沟通的质量。

2. 支持性沟通。支持性沟通是针对防御性沟通而言的。在支持性沟通中,接收者对发送者的行为方式表示欢迎,表现出愿意沟通的行为反应,信息沟通的效果自然提高。要进行支持性沟通,应做到:第一,在信息沟通过程中,多以合作的态度,帮助对方以解决问题的方式进行交谈,从而提高沟通质量;反之,则会引起对方的抵触情绪。第二,信息发送者应表现出真诚朴实的态度,这样信息接收者也会作出相应的反应;否则,将会导致沟通的困难。第三,换位思考,为对方着想,以增加相互理解,使沟通更为容易。第四,平等待人,信任和尊重对方,这样信息沟通会更为有效。若居高临下,指手画脚,就势必会引起对方的抵制。第五,提倡共同商量、相互讨论的行为方式,这会在双方之间出现融洽的气氛,对方更容易接受并积极参与讨论沟通的信息。

3. 重复性沟通。由于存在着大量的信息过载和外来干扰,任何信息如果仅发送一次,或许根本接收不到。重复性沟通就是一条有效的弥补措施。一是信息的重复可以吸引人们的注意,增加敏感性和警觉性。二是重复信息可加深印象和记忆。商业广告就是通过重复播出,使产品印入消费者的记忆中的。

4. 综合性沟通。为了提高沟通的有效性,可借助不同的渠道和工具,选择不同的方式来进行传送,重要的信息更应如此。所以,有效信息沟通的一个重要方法就是提供能互相加强沟通的各种渠道。如把正式沟通与非正式沟通巧妙地结合起来,可相互弥补,提高沟通的质量。有效信息沟通的另一个重要方法是用多渠道沟通方式传递信息。例如,在口头要求的同时加上书面通知,在书面报告之外再通过电话传递,等等。

第四节　沟通能力的培养

一、沟通能力

沟通从其动因和目的来看,它是职业工作的需要、社会活动的需要、个人或组织目标的需要及保证个人身心健康的需要。在沟通中,为了实现这些需要,沟通能力的大小是非常重要的。**沟通能力**是指一个人与他人进行恰当、有效地沟通信息的能力,它包含外在技巧和内在动因。其中,沟通的恰当性和有效性是判断沟通能力的基本尺度。沟通的**恰当性**,是指沟通行为符合沟通情境和彼此的关系标准或期望;沟通的**有效性**,是指沟通活动在功能上达到了预期的目标或满足了沟通者的需要。所以,良好的沟通能力是一个人提高情商的重要组成部分,它是实现个人和组织的需要和目标的重要手段,是通向成功的桥梁。

二、培养沟通能力

你想知道自己是一个怎样的人吗? 自己是像别人评价的那样吗? 你懂得如何控制和调节自己的情绪并通过沟通顺利地走向成功吗? 如要果断自信地回答这些问题,你就需要注重学习如何驾驭自己的情绪与人沟通,注重培养自我沟通能力。这种能力的培养,需关注以下几个方面:

(一) 认知自我,提高修养

认知自我是指如何看待和感受自我。它是由人们关于自己本质的所有感受和看法组成的,包括人们关于自己力量强弱的设想、成长的可能性,以及关于自己行为和体验的习惯方式的明确认识等。认知自我来自我们与他人的沟通。他人告诉我们自己怎么样,自己的长相如何,自己的长处在哪里。

"认知自我"约束和影响着个人的体验和行为。因此也影响着个人对自我的判断。认知自我包括**自我评价**(从他人那里得到有关自己的信息)、**社会比较**(用与他人的比较来衡量自己)和**自我感觉**(用自己的方式看待自己)三个部分。

要认知自我,应从以下方面着手。

1. 了解沟通中的情绪状态。在沟通中的情绪状态有:快乐、愤怒、忧虑、嫉妒、恐惧、悲伤、仇恨、希望、爱情和拒绝。

(1) 快乐。快乐是人人都容易感受到的情绪。激动、喜悦、高兴等等,都是你感受到的快乐。有一位学者说过："幸福来源于你自己而非外界。"也就是说，感受幸福和快乐是你自己内心情绪的调适。美国西奥多·德莱塞说过："如果人想一生中得到快乐，就不能只想到自己，而应为他人着想，因为快乐来自你为别人、别人为你。"

一个人要善于调节自己的情绪，在亢进的情绪和低落的情绪之间保持一种动态的平衡，是维持快乐心境的重要条件。有了这种心境，人们在面对挑战或挫折时就不会感到焦虑或意志消沉。

（2）**愤怒**。愤怒可以引起生理变化：心跳加快，喉头或胸部发紧，消化滞胀或饥饿，过敏性肠道症状，头部、胸部、心脏部位的疼痛感，体内的烦躁感等等，这些征兆让人不适。**愤怒是本能的，使我们的理智功能停止，人变得精神不正常，不可理喻或发狂。**

要避免愤怒引起的恶性循环，就要认清我们的潜在情绪是什么，并用加倍的小心和爱心去对待自己，控制引起愤怒的潜在情绪，比如焦虑、厌倦、疲劳、畏惧或烦躁。谨记：**不要拿别人的缺点折磨自己。**

（3）**忧虑**。忧虑是一种心理状态。当工作中出现重大失误或者无法控制的事态时，就会产生这种心态。忧虑的根源在于对未来的畏惧，并与压力有关。忧虑出现时常有一种压抑的感觉，胸口发闷或嗓子发干，有时胃会痉挛，腿会发抖；精神控制力降低；我们会重复去咬指甲、摆弄头发、吸烟或暴食等。忧虑存在于畏惧和兴奋两者之间，并与成功紧密相连。贴近畏惧的忧虑会使人束手无策。兴奋赋予我们充分施展身手的活力，我们应远离畏惧靠拢兴奋。对于减轻压力和忧虑的劝导是：不要拿自己和别人比较，而要拿不同时期的自己比较。

（4）**嫉妒**。嫉妒是看到别人拥有而自己没有的一种心理反应。就传统而言，嫉妒有着极坏的名声，被基督教描述为七种致命罪恶之首。学者称"嫉妒是有缺陷的坐标"。

嫉妒是一种有破坏力的情绪和让人极度痛苦的事情，常常包含有愤怒、贪婪、憎恨、孤独和抑郁等因素。受嫉妒支配的人常常觉得生活不公平，他们受到了不公平待遇。嫉妒是一种让人不舒服的情绪，我们应通过以下几种方式减轻嫉妒：一是贬低所嫉妒的事物，认为所嫉妒的事物如何不好。二是贬低自己，把批评转向自己，"是我不行，是我不好"。三是煽动别人牵扯进来让别人也感受它，也就是说，把自己的嫉妒转嫁给别人，但这往往会影响人际关系。四是把嫉妒转化为自己的动力以获得比被嫉妒者更高的成就。

（5）**恐惧**。每个人在生命过程中的每个时期，都会有恐惧。恐惧的表象包括：惊恐和恐惧感；担心和焦虑。身体对畏惧的感觉很明显，包括：剧烈的心跳、胃痉挛、头痛、战栗、盗汗和刺痛等感觉。例如，"某人吓得把尿都拉在裤子里了"。

　　畏惧是一种传染性很强的情绪。在一个空间中,一个人很快可把畏惧传播给他人。如果畏惧以这种方式传递,可以减轻传播者的痛苦。谣言、流言蜚语是十分有力的传播方式。开诚布公和诚实地与人分享畏惧,可以给他人带来解脱。

　　(6) 悲伤。悲伤是对丧失的一种自然反应,是一种将要运用想象来调理的情绪。在我们的一生中,总会丧失一些东西:容貌、青春、父母、朋友、工作、机会、爱情,最后是生命本身。一个人的悲伤出现以后,他可能看一切都觉得邪恶和可恨,对任何安慰的话都拒之不受。在此阶段,一个人总是显得失望,进而绝望。失望是对未来具体计划的放弃,绝望是人们陷入极度悲愤的境地。悲伤会随着时间的流逝逐渐淡化。对于悲伤的调控就是要超越我们为之动容的失落,在更高的层次上达到自我整合。

　　(7) 仇恨。仇恨是一种很复杂的心理反应,恨人和知道被人恨都是非常痛苦的。仇恨的破坏性表现为谋杀和灭绝;例如由仇恨所引起的虐待、迫害、战争和种族杀戮等。

　　恨除了它的外在表现,还有自恨,它往往使人感到自卑。如"我恨我为什么这么笨"。自恨能给予我们一个重新调整目标的机会,并使自己的机会最大化。

　　在心理上摆脱仇恨束缚的唯一出路是理智地承认自己的仇恨,不要试图掩盖。只有明白自己的仇恨,才有机会控制它,不向他人发泄,才会懂得它的内涵。

　　(8) 希望。三国时期,有一个"望梅止渴"的故事,曹操就是用希望之术稳定了军心。希望是一种能感受到的情绪,它包含着对未来事态的愿望和期待。在最佳状态时,希望是我们提升生活的能源,包含着机会、变化、兴奋和成就,它可以使生活带来兴奋和奇迹,成为一个巨大的动力器。在最糟糕状态时,它迅速变成失望和绝望,尤其是在希望或既定目标未能实现或未能满足我们的期待时更是如此。

　　希望常常与幻想联系在一起。有些幻想对自己情绪的好转是有好处的。

　　(9) 爱情。爱情是一种驱动力量,活动于我们的种种情绪状态中。所有的情感深处,都有一种对爱的渴望。寂寞是需要爱情的明显形式,就像爱情受挫表现为抵触一样。怕爱情丧失会产生畏惧;爱情无故被人夺走会产生仇恨。追忆爱情的丧失是伤心,无效地追求爱情是挑衅,长期寻不到爱情要愤怒,高傲之下也需爱情的关怀。所以,爱情完全处于人类活动的中心位置。

　　来自父母的爱是一种无条件和无私的爱。兄弟姐妹之爱是另一种无条件的但却是平等的爱。不同性别的互爱属于浪漫爱情。它与上述两种爱的不同在于它专注于一个人,往往伴随着对性的欲望和两性的结合;这种爱意味着承担的负荷要比应该承担的重得多。

　　(10) 拒绝。拒绝是对人说"不"。拒绝者可能无须思考,但是被拒绝者可能会极度痛苦,他会认为被隔绝、被抛弃、被闲置,因而感到失败。被拒绝一直是许多寻求自杀或陷入绝望事件的起因。被拒绝后伴随的情绪有盛怒、悲伤、沮丧、仇恨、恐惧等。这些都是消极的情绪反应。人的一生中，就像面对挫折和失败一样，也要有准备地面对被拒绝。一旦体验到被拒绝的滋味，是一种内心的锻炼和升华。被拒绝的次数多了，人们对被拒绝所造成的痛苦也就减轻了，而被拒绝后所产生的新的能量会使自己再去经历新的尝试。

2. 学会控制情绪。 在情绪控制方面，要学会：

（1）认识自己的情绪特征：生理表现、情绪体验、摆脱情绪的困扰。

（2）学会表达自我：恰当表达、不伤害别人自尊心、真诚坦率。

（3）调节与控制自我：避免情绪冲动、保持冷静和良好心境。

3. 克服心理障碍，勇于实践、积极沟通。 沟通能力不是某些人所独有的，也不是可望而不可即的。只要勇于实践、积极沟通，沟通能力就必然会提高。但是要克服从青少年时形成的由沟通缺陷引发的在心理上害怕沟通的恶性循环（如图 3 - 2 所示）。害怕沟通是心理现象，有可能是生理反应，但更重要的是由于自身缺乏沟通能力导致的；不愿意沟通是一种观念，可能是由于生活中的挫折等因素导致的，但害怕沟通是它存在的一个主要原因；很少沟通受人们不愿意沟通的观念支配，很少沟通的结果必然是沟通能力低下。因此，实践是最基本和最关键的因素，它不仅影响着人们的沟通心理和沟通认识，而且制约着人们的沟通能力。

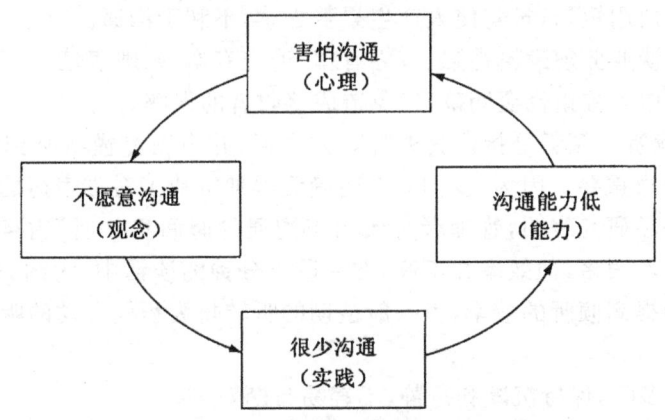

图 3 - 2 心理上害怕沟通的恶性循环

（二）认知他人，善于相处

学会认识他人的情绪：注意动作，捕捉信号，察言观色和听声。

（三）运用人际沟通的技巧[25]，克服沟通障碍

运用反馈手段、提高表达能力、积极倾听、注意非语言提示等方法克服人为因素和语义因素引起的沟通障碍。

1．运用反馈手段。很多沟通不能顺利进行就是由于反馈缺乏而产生不必要的曲解和误解。反馈是沟通的重要保证。通过反馈，管理者可从中得知信息被接收、理解的情况，并可及时调整自己的表达方式。反馈可以是语言的，也可以是非言语的，非语言的反馈有时更可靠，因为它往往是接收者潜意识的流露。

2．提高表达能力。要提高表达能力，需注意"说"与"写"的运用。经研究，经理们沟通的时间有30％花在"说"上，有9％花在"写"上，因此，要提高沟通的效率，就必须在"说"与"写"和语言文字的运用上多下工夫。

要有效地"说"，必须先明确我们要表达什么，其次要使口头表达的信息让听众感兴趣。要有效地"写"，我们应该简洁地告诉读者，我们的写作目的及要读者去做什么，想什么和感受什么。要做到正确运用语言文字，我们需要注意以下几个问题：

（1）多使用对方在感情上容易接受的语言文字，多使用陈述性语言，来表明自己的观点，避免评论性、挑战性的语言文字。

（2）语言文字的使用要准确，尽量减少歧义，切忌含糊不清、模棱两可，以免使人产生误解。

（3）语言文字要淳朴，切忌滥用词藻，使人有华而不实之感。

（4）在非专业性交谈中，尽量避免专业性术语，措辞恰当通俗易懂。

（5）尽量使用短句，长句使人产生累赘之感，不利于沟通。

（6）叙事谈业务须逻辑性强、言之有理、论之有据、条理清楚。

（7）**交谈中人称指代要明确**，以免造成接收者的误解。

3．积极倾听。倾听是指认真地听对方讲话，并力图弄懂所听到的内容，这对于沟通双方都很重要。因为，我们只有明确无误地听清了对方表达的内容，才能进行沟通。据一项研究表明，管理者每天用于沟通的时间里，"听"占45％。人们用于听的时间虽然很多，但效率并不高，在一段十分钟的谈话中，大约只有25％的效率。我们必须提高倾听的效率，由一般被动的听转化为积极主动的听，在倾听时注意以下几点：

（1）少讲多听，保持沉默和冷静，不轻易打断对方。

（2）设法使交流轻松，使对方感到舒畅，消除紧张感，充分表达自己的观点，说出自己想说的话。

（3）用动作语言表现出你对对方谈话的浓厚兴趣，如用目光接触，展现赞许性的点头和恰当的面部表情，表示你在认真听他讲。

（4）尽可能排除外界的干扰，避免使对方分心的举动或手势，如在对方讲话时不要轻易走动，干一些无关紧要的事。

（5）站在对方的立场上考虑问题，你也许会觉得他讲得有道理。

(6)不要立即与对方发生争论与妄加批评。

(7)在必要时提出一些问题,以显示你在倾听并求得了解。

尤其值得注意的是,在倾听过程中要采用"换位思考"的**移情式倾听**,即从移情的角度入手,把自己置于对方的立场来思考问题,避免先入为主,努力去理解别人要表达的含义。移情需要你暂停自己的想法与感觉,而从说话者的角度调整自己的观感,这样可以进一步保证你对所听到的信息的解释符合说话者的本意。

4. 注重非语言提示。据一项研究表明,在面对面的沟通中,有65%的信息是通过非言语形式传递的,如果我们能够准确地把握非语言信息并有意识地加以运用,则会在很大程度上跨越语言沟通本身的固有障碍,提高沟通效率。

在面对面的沟通中,要给予对方合适的表情、动作和态度等非语言提示,并使之与所要表达的信息内容相配合,如轻松的谈话应面带微笑,严肃的话题应该庄重认真,否则语言信息与非语言信息不一致,就会影响沟通的效果。

非语言信息是揭示交流双方内心世界的窗口。一个成功的沟通者在强化语言沟通的同时,必须注意"察言观色",懂得辨别非语言信息的意义,磨炼非语言沟通的技巧,并充分利用它来提高沟通效率。实际上,有许多人沟通失败就是因为非语言信息没有把握好引起的。

【思考与练习】

1. 说明沟通管理与一般沟通的区别之处,管理沟通的作用是什么?
2. 假如你是企业的经理,你在上行沟通与下行沟通中会采取哪些措施?
3. 非正式沟通有什么特点?领导者应如何认识和利用非正式沟通渠道?
4. 分析影响沟通有效性的三大障碍。
5. 作为领导者,你应如何管理沟通,克服沟通障碍?
6. 如何提高一个人的沟通能力?
7. 如何认识情绪的自我认识、自我表达和自我调节?

【自测与评估】

自我情绪认识能力的测试[26]

这一测验包括15道选择题,每题有A、B、C三个备选项目。请你在理解题意后,尽可能快地选择最符合或接近你实际情况的那个项目,填在问题的括号里。请注意,这是要求你填写自己的真实想法和做法,而不是问哪个答案最正确,备选项目也没有好坏之分。不要猜测哪个答案是"正确"的,哪个答案是错误的,以免测验结果失真。

题目：

1. 你烦躁不安时,你知道是什么事情引起的吗?(　　)

A. 很少知道　　　　　　　B. 基本知道　　　　　　　C. 有时知道

2. 当有人突然出现在你的身后时,你的反应是:(　　)

A. 受到强烈的惊吓　　　　B. 很少感受到惊吓　　　　C. 有时感受到惊吓

3. 你完成一项工作或学习任务时,你感觉到轻松吗?(　　)

A. 没有什么特别的感觉　　B. 经常有这种体验　　　　C. 有时有这种体验

4. 当你与他人发生口角或关系紧张时,你是否体验到自己的不快呢?(　　)

A. 能够　　　　　　　　　B. 不能够　　　　　　　　C. 说不清楚

5. 你专心致志地从事某项活动时,你知道这是你的兴趣所致吗?(　　)

A. 知道　　　　　　　　　B. 不知道　　　　　　　　C. 很少知道

6. 在生活中遇到过令你非常讨厌的人吗?(　　)

A. 遇到过　　　　　　　　B. 没遇到过　　　　　　　C. 说不清楚

7. 与家人或亲朋好友在一起的时候,你感到幸福和快乐吗?(　　)

A. 感觉不到　　　　　　　B. 说不清楚　　　　　　　C. 是的

8. 如果别人有意为难你,你感觉如何?(　　)

A. 没有什么感觉　　　　　B. 觉得不舒服　　　　　　C. 感到气愤

9. 假如排队买东西等了很长时间,有人插到你面前,你感觉如何?(　　)

A. 没有什么感觉　　　　　B. 觉得不舒服　　　　　　C. 感到气愤

10. 假如有人用刀子威胁你把所有的钱都交出来,你会感到害怕吗?

A. 不害怕　　　　　　　　B. 害怕　　　　　　　　　C. 也许害怕

11. 当别人赞扬你的时候,你会感到愉快吗?(　　)

A. 说不清楚　　　　　　　B. 愉快　　　　　　　　　C. 不愉快

12. 遇到过特别令你佩服和尊敬的人吗?(　　)

A. 遇到过　　　　　　　　B. 说不清楚　　　　　　　C. 没有遇到过

13. 假如你错怪了他人,事后你感到内疚吗?(　　)

A. 不知道　　　　　　　　B. 后悔　　　　　　　　　C. 不后悔

14. 假如你认识的一个人低级庸俗,但却好为人师,你是否会瞧不起他?(　　)

A. 不知道　　　　　　　　B. 是的　　　　　　　　　C. 不会

15. 假如不得不与你深爱的朋友分手,你会感到痛苦吗?(　　)

A. 不清楚　　　　　　　　B. 会　　　　　　　　　　C. 不会

计分标准：

请根据下面计分表,算出自己的选项得分:

计 分 表

题目	1	2	3	4	5	6	7	8	9	10	11	12	13	14	15
A	1	3	1	3	3	3	3	3	3	1	2	3	2	2	2
B	3	1	3	1	1	2	2	1	1	3	3	2	3	3	3
C	2	2	2	2	2	1	1	2	2	2	1	1	1	1	1

分析:你可以根据自己的分数高低,识别自己属于哪种类型:

1. 敏感型(36～45分):这一水平的特征是能够准确、细致地识别自己的情绪,并能认识到情绪发生的原因。这种类型可能会出现下面几种情况:

——悲观绝望型:虽然清晰地识别到自我情绪状态,但采取"不抵抗主义",被动地接受各种消极情绪,典型的将发展为抑郁症;

——乐天知命型:整天总是乐呵呵地对各种情绪采取轻描淡写的态度;

——沉溺型:被卷入自己情绪的狂潮中,无力自拔。

2. 适中型(26～35分):这一水平的特征是能够识别自己情绪的冲动,能够区分各种基本情绪,但不能区分一些性质相似的情绪。例如,不能区分愤怒、悲哀、嫉妒等不同的情绪。只是体验为"难受"。导致情绪区分模糊的原因有:

——体验情绪强度不够;

——不能准确地识别引发情绪产生的原因;

——掌握情绪词汇的数量太少。测验结果表明大约有60%的人处于这一水平。

3. 麻木型(15～25分):这一水平的特征是很少受到情绪冲动,对喜、怒、哀、乐等基本的情绪缺乏明确的区分。这种类型的人通常表现为冷漠无情,不能与他人进行正常的情感交流,是一种病态症状。如果你在这一测验中少于25分,建议去找心理医生咨询一下。

自我情绪调节的测试

说明:下面的测验题可以测定你调节自己情绪的能力,只要你如实地回答问题,就可以得出一个明确的结论。下面15道选择题请依据你的真实情况,把最符合或接近的选项填在题目后的括号里:

题目:

1. 如果因为在家里不顺心而带着不愉快的情绪去上班(上学),你会( )。

A. 继续不快,并显露出来

B. 把烦恼丢在一边,投入工作学习

C. 继续不快,很少流露

2. 看到电影、电视中伤心和悲痛的场面时你会（　　）。

A. 经常哭或觉得要哭

B. 有时哭或觉得要哭

C. 从不哭

3. 你正要去上班时，一个朋友打电话向你诉说烦恼，你将（　　）。

A. 耐心地听，宁可迟到

B. 在电话中禁不住埋怨道：喂，你知道我必须去上班呀

C. 向他解释上班要迟到了，不过答应中午打电话给他

4. 当与别人发生冲突时，你会（　　）。

A. 非常生气，久久不能平静

B. 很快冷静下来，认为应该谅解他人

C. 主动退让，认为多一事不如少一事

5. 你辛苦干了一天，自己很满意，不料领导却指责你，你会（　　）。

A. 不耐烦地听他埋怨，心中满是委屈，但不作声

B. 拂袖而去，认为自己不该受屈

C. 耐心地听，并在以后找适当的机会解释

6. 你在单位食堂里吃饭，饭菜做得不合口味，你会（　　）。

A. 向同桌的人发牢骚，指责食堂人员的工作

B. 默默地吃下去，然后把碗筷搞得乱七八糟

C. 平静地告诉服务员，希望他们改进工作

7. 在影剧院里，邻座的人吸烟，而你讨厌烟味，你会（　　）。

A. 很反感，希望其他人向这个人提意见

B. 大叫吸烟是令人讨厌的习惯，并声言要叫服务员来干涉

C. 问此人是否知道影剧院里不准抽烟

8. 一位售货员向你热情地介绍商品，但你都不满意。你会（　　）。

A. 买一件并不想买的东西

B. 说一声谢谢，然后离去

C. 直率地说这些产品不好

9. 当敬爱的人去世时，你很悲伤，你会（　　）。

A. 长时间地想念他，难以自拔，以致影响工作和学习

B. 虽然想念他，但一段时间后能恢复平静

C. 能很快从悲伤中解脱出来，投入正常的工作

10. 当你考试或工作失败时，你会（　　）。

A. 灰心丧气，长时间打不起精神

B. 冷静地从失败中吸取教训，争取今后提高

C. 认为失败是常有的事，不必认真对待

11. 当你在一个漆黑的夜晚独自行走时，你会（　　　）。

A. 非常害怕，头脑一片空白

B. 有点害怕，设想如何应付突如其来的变化

C. 想象自己是个英雄，一点也不害怕

12. 当一位同事与你差不多或甚至不如你，但却得到领导的赏识，你会（　　　）。

A. 感到不公平，找别人说理

B. 加倍努力，争取更多的机会

C. 认为这件事不公平，但很少表露

13. 当你做出一件能够引以自豪的成就时（　　　）。

A. 总想找机会向别人一吐为快

B. 尽管很激动，但不向别人透露

C. 只告诉家人和知心朋友

14. 当你遇到你很讨厌的人时，你会（　　　）。

A. 面带笑容与他打招呼

B. 尽量回避与他打招呼

C. 打招呼，但语言和面部表情很难协调起来

15. 当你在工作或学习中取得成绩时，你会（　　　）。

A. 心情舒畅，认为自己的努力没有白费

B. 心情激动，并显著地表现出来

C. 尽管内心非常激动，但不表露

计分标准：

请根据自己的选择和下面的计分表，算出得分。

计　分　表

题目	1	2	3	4	5	6	7	8	9	10	11	12	13	14	15
A	1	1	2	1	2	1	2	2	1	1	1	1	1	3	3
B	3	2	1	3	1	2	1	3	2	3	3	3	2	2	1
C	2	3	3	2	3	3	3	1	3	2	2	2	3	1	2

分析：可根据分数的高低，将你的分数对照下列水平分析：

1. 主动调节型（36～45分）：能够主动调节自己的情绪，经常保持一种稳定、

快乐的心态。这种类型的人,一般具有下面几个特点:

(1) 意志坚强,敢于坚持原则;

(2) 喜欢独立思考和工作,一旦确立目标,会义无反顾地勇往直前;

(3) 具有承受意外打击的能力。

由于能够调节自己的情绪,这种人很少与他人交流感情和思想,容易给人留下冷漠、不爱交际的印象。通常认为,这是成熟人格的典型表现。随着年龄的增长,得分达到这一水平的人所占的比例逐渐增加。

2. 放任型(26～35 分):对情绪不加约束,将它们坦率、自然地表现出来,这种类型的人一般具有以下特点:

(1) 情绪易冲动,经常感情用事;

(2) 心直口快,喜欢与人交往,常给人留下直率、开朗、活泼的印象;

(3) 敢想、敢说、敢干,容易得罪人;

(4) 办事容易受情绪影响,经常忽冷忽热;

(5) 意志力不够坚强,注意对象容易转移。

在人群中,大部分人都属于这种类型,在青年人中尤其如此。

3. 压制型(15～25 分):过度调节自己的情绪,压制自己的各种亢进情绪(如兴奋、激动、愤怒等),忍受各种低落情绪(如忧虑、悲伤、痛苦等)。这种类型的人一般具有以下特点:

(1) 性格温和,不惹是生非;

(2) 人缘好,易于与别人合作;

(3) 缺乏原则性,不愿得罪人;

(4) 受到不公正待遇时,容易退缩,有点阿 Q 精神。

【启示与案例】

沟通中的不同角色[27]

英国著名的维多利亚女王,与其丈夫相亲相爱,感情和谐。但是维多利亚女王乃是一国之王,整天忙于公务,出入于社交场合,而她的丈夫阿尔伯特却和她相反,对政治不大关心,对社交活动也没有多大的兴趣,因此两人有时也闹些别扭。有一天,维多利亚女王去参加社交活动,而阿尔伯特却没有去,夜深了,女王才回到寝宫,只见房门紧闭着。女王走上前去敲门。房内,阿尔伯特问:"谁?"

女王回答:"我是女王。"门没有开,女王再次敲门。

房内的阿尔伯特问:"谁呀?"

女王回答："维多利亚。"门还是没开。女王徘徊了半晌,上前敲门。房内的阿尔伯特仍然问:"谁呀?"

女王温柔地回答:"你的妻子。"这时,门开了,丈夫阿尔伯特伸出热情的双手把女王拉了进去。

作为女王的丈夫阿尔伯特,一开始就知道敲门的人是自己的妻子,他的两次发问实是明知故问。为什么维多利亚前两次敲门都遭到了拒绝,叫不开门,而最后一次丈夫开了门并热情有加呢?这是由于她的语言没有随场合的变化而变化,女王的心理状态没有随着沟通的环境对象的变化而加以调整,她的话语和她此时所扮演的角色发生了严重的冲突而造成失误。第一次女王回答"我是女王",这种自称,应该在宫殿上运用才适合,这表明沟通双方的关系是君臣关系。而现在是在寝宫之中,面对的是丈夫,所以她这样回答显得态度高傲,咄咄逼人,没有满足作为丈夫的阿尔伯特的自尊心理,因而没有开门。第二次女王回答"维多利亚",应该承认第二次回答比第一次回答语言的失调程度轻得多,但是"维多利亚"这个自称在这里是中性的,似乎冷冰冰的,对任何人都可以这样自称,态度平淡,没有感情色彩,唤不起丈夫的亲昵之感,故而也没开门。第三次女王回答"你的妻子",体现了作为"妻子"的角色意识,传达出妻子特有的温柔和浓烈的感情色彩,她的心态适应了具体的场合和对象,把沟通双方的角色作了明显的定位,极大地满足了阿尔伯特的自尊心理,于是先前的不愉快一扫而光,效果极佳,不仅敲开了房门,也敲开了阿尔伯特的心扉。

同一对象在不同的环境里往往表现为不同的角色,彼此的关系也就跟着变化,这种变化往往是通过说话表示出来,不然就会发生角色错位。同样是维多利亚,在宫殿上是女王,回到寝宫就是妻子,她的语言形式一定要符合自己转换的角色和身份。

第一篇 注 释

1 贾启艾编著：《人际沟通》，东南大学出版社 2000 年版，p.2。

2 《辞海》，上海辞书出版社 1980 年版，p.1402。

3 根据李谦编著：《现代沟通学》，经济科学出版社 2002 年版，p.11 改写。

4 根据李谦编著：《现代沟通学》，经济科学出版社 2002 年版，p.12 改写。

5 "财商学校"能激活你的财商吗？摘自《新闻晨报》2001 年 4 月 26 日。

6 李谦编著：《现代沟通学》，经济科学出版社，2002 年版，p.6～7。

7 根据贾启艾编著：《人际沟通》，东南大学出版社 2000 年版，p.36 改写。

8 田野主编：《拿破仑·希尔——成功学全书》，经济日报出版社 1997 年版，序言 p.2。

9 田野主编：《拿破仑·希尔——成功学全书》，经济日报出版社 1997 年版，序言 p.4～5。

10 唐政栋编辑：情商（EQ）测量，人民网 2003 年 6 月 19 日。

11 田野主编：《拿破仑·希尔——成功学全书》，经济日报出版社 1997 年版，序言 p.855～861。

12 编者注：PMA（积极心态）黄金定律。

13 陈光军，情商奇才与智商天才：比尔·克林顿与比尔·盖茨给领导者的启示，《成功》2000 年第 1 期。

14 周向军著：《人际关系学》，云南人民出版社 2002 年版，p.69～70。

15 李谦编著：《现代沟通学》，经济科学出版社 2002 年版，p.308～312。

16 贾启艾编著：《人际沟通》，东南大学出版社 2000 年版，p.45。

17 李谦编著：《现代沟通学》，经济科学出版社 2002 年版，p.303。

18 美国政治学家拉斯韦尔提出的 5W 模式是"描述沟通行为的一个方便的方法，回答下列 5 个问题：谁，说了什么，通过什么渠道，对谁，取得了什么效果？它尽管简单，但至今是指导人们理解直线沟通的模式（贾启艾编著：《人际沟通》，东南大学出版社 2000 年版，p.5～6）。

19 李谦编著：《现代沟通学》，经济科学出版社 2002 年版，p.322～327。

20 根据吴照云等编著：《管理学》，经济管理出版社 2000 年版，p.438～440 改写。

21 ［美］墨菲（Murphy H. A.）等著：《高效商务沟通》英文第 7 版，机械工业出版社 1998 年影印版，p.31。

22 吴照云等编著：《管理学》，经济管理出版社 2000 年版，p.433。

23 根据谭力文等编著：《管理学》，武汉大学出版社 2000 年版，p.292～297 改写。

24 根据谭力文等编著：《管理学》，武汉大学出版社 2000 年版，p.297～301 改写。

25 根据吴照云等编著：《管理学》，经济管理出版社 2000 年版，p.440～443 改写。

26 李谦编著：《现代沟通学》，经济科学出版社 2002 年版，p.249～258。

27 王磊编著：《管理沟通》，石油工业出版社 2001 年版，p.55。

第二篇 沟通与谈判原理
——心理与行为

第四章　个体心理与行为

第五章　需要与激励理论

第六章　群体心理与行为

第七章　领导心理与行为

第四章　个体心理与行为

【学习目标】

通过本章的学习,应对如下内容有一定的了解:

- 了解感觉、知觉、思维及影响知觉选择的因素和形成过程
- 价值观、兴趣与态度的分类、兴趣与爱好的关系及态度的特征
- 个性的特点、个性理论及个性改造和应用
- 气质、性格、能力的特征、类型及三者之间的关系
- 信念、信心、自信的作用与强化及三者之间的关系
- 战胜自卑、树立自信的方法

第一节　感觉、知觉与思维[1]

一、感觉、知觉、思维的含义

感觉是人脑对客观事物个别属性的反映。感觉是客观事物在人的意识中最简单的最初的反映形式,是构成知觉和思维等复杂、高级的反映形式的基础。

知觉(Perception)是人的重要心理因素和心理活动过程。是个体对周围环境赋予意义而组织和解释感觉印象的过程。

知觉是比感觉高一级的反映形式。知觉是在感觉的基础上产生的,是感觉有机整体的综合,只有感觉到的事物的个别部分属性越丰富,对事物的知觉才可能越完整和越全面。

知觉的过程包括观察、选择、组织(形成)、解释和反应(行为)等阶段。

知觉与行为的关系:行为是在主观知觉基础上对客观环境所作的反应。心理活动是通过行为来表现的,比如,今天气温比昨天下降 10 多度,人们为了适应这种天变冷的客观环境,使主观与客观保持平衡,就采取增穿衣服的行为。可见,行为是在主观知觉基础上对客观环境所作的反应。

思维是人的心理活动的最高形式,是人脑通过概念、判断、推理等过程概括地

反映客观事物的最高形式的心理活动。思维是人的感觉、知觉、表象以及判断、推理等等,它具有抽象的能力,能够借助科学的概念和范畴来概括各种感性材料。

从动态上来看,思维是在主体和客体的相互作用中,在人脑中所进行的高级的精神运动,也是理性思维的活动。从静态上来看,思维是主体反映客体过程中的精神运动的产物。因此,思维既是认识的活动又是认识的结果。

二、影响知觉的因素

(一) 客观因素

客观因素主要是指客观事物的特点,包括形状大小、强度高低、对比性强弱、动态与静态、重复次数、新奇与熟悉等。

形状的大小:在其他因素不变的情况下,客观事物的形状越大,越容易被知觉。如马路旁最高的楼房,篮球场运动员中的大个子等等。

强度的高低:在其他因素不变的情况下,强度越高的客观事物越容易被知觉。比如,信件中的挂号信就比平信容易被知觉,紧急通知比普通通知更容易被知觉。

对比性的强弱:对比性因素讲的是知觉要受到客观事物与其背景关系的影响。在其他因素不变的情况下,那些与背景不同的客观事物最容易被知觉。比如,10个学员中一个学员学习差,这个学习差的学员就容易被知觉。10个学员中9个学习差、一个学习好,这个学习好的学员就容易被知觉。

动态与静态:处于动态的事物比处于静态的事物更容易被知觉。比如,闪动的广告牌就比静止的广告牌更容易被知觉。

重复次数的多少:重复的次数越多就越容易被知觉,为了吸引更多的顾客,商品广告在电视上多次出现,就容易被人知觉。

新奇与熟悉:环境中新奇的或熟悉的事物更容易被人知觉。例如,在大街上普通着装的人群中,有一个人穿着特别新奇的衣服(如婚纱礼服等)就容易被知觉;在人群中你认识的人就比较容易知觉。

(二) 主观因素

主观因素是指观察者自身存在的那部分影响知觉选择的因素,包括态度、兴趣、需要与动机、个性与性格、期望、经验与知识等。

兴趣:人们的兴趣不同常常决定着知觉选择性上的差异。一般的情况是观察者最感兴趣的事物首先被知觉,毫无兴趣的事物则往往被排除在知觉之外。例如,两个人同去书店,爱好书法的人首先注意的是有关书法的新书,而喜欢医学的人所关注的是有关医学方面的新书。

需要和动机:人们的需要与动机的不同也决定着人们的知觉选择。凡是能够满足某些人的需要和符合其动机的事物,就能成为这些人的知觉对象和注意的中心;反之,则不能被人知觉。例如,一个面临高考的学生,他到书店购买有关高考方面的书,对其他方面的书可能视而不见。

个性:个性代表一个人的感情特点。不同的人有不同的感情,这种不同感情直接影响着知觉的差异。例如,不同气质的人知觉的深度和广度就不一样。多血质的人知觉速度快、范围广,但不细致;粘液质的人知觉速度慢、范围较窄,但比较深入细致。

经验和知识:观察者的经验和知识是否丰富也影响知觉选择。对同一工作来说,曾经做过多年这项工作的内行人要比初次从事此项工作的外行人更懂得此项工作的程序,具有某种专业知识的人对该项工作更容易知觉。

三、知觉的形成过程

感觉越丰富,对事物的知觉才越完整、越全面。知觉是比感觉高一级的反映形式。它把所感觉到的客观事物的各种个别属性联系起来,在人脑中产生对客观事物各个部分和原件的整体反映,而不是对事物个别部分的局部反映。对于人们认识客观事物的深刻程度来说,知觉比感觉更深刻。

知觉的形成过程有知觉对象与背景的配合,知觉的归类和知觉的判断。

(一)知觉对象与背景（Figure—Ground）

知觉对象与不同的背景配合,人们就可以有不同的知觉,把同一个事物放在两个完全不同的背景下,就可以有不同的知觉。比如,同一个人如果穿横条纹的衣服就会显得胖些;穿竖条纹的衣服就会显得瘦些。因此,一个人如果想要使自己显得更美些,胖人不宜穿横条纹衣服,瘦人不宜穿竖条纹衣服。对身体矮小的人来说,应带竖条纹或斜条纹的领带,穿比较窄领的浅颜色的衣服,就可以使身躯显得高些。可是,也不应忘记,你要想真正知道某些人的身体高矮和胖瘦的话,就不能根据对象与背景关系去知觉,而应当进行实际的测量;否则,就可能上错觉的当。

(二)知觉归类(Perceptual Grouping)

知觉归类是指知觉对象的组合原则,也就是按照这些原则才更容易把知觉对象组合成为一个整体反映的知觉。心理学的研究成果表明,按连续、封闭、接近和相似等原则把知觉对象组合起来,才有利于知觉这个整体反映的形成。

1. 连续原则（Continuity）。连续原则是指知觉对象在时间和空间上有连续性,容易被感知成为一个整体。比如,我们在银幕上看到演员的动作和听到乐队演奏的声音,都是有连续性的,成为优美的画面和动听的音乐,我们看、听之后,容易形成知觉。而当我们看到一张有许多演员和乐器的照片时,我们对其所演的节目和所奏的曲子这样一个整体就很难感知。

2. 封闭原则（Closure）。封闭原则是指把有一定联系的、分散的知觉对象的反映综合起来,形成一个整体。这是知觉整体对象的形式。事实证明,一组分散的知觉对象共同包围一个空间,在人们已有经验的基础上容易被感知为一个整体。

3. 接近原则（Proximity）。接近原则是指由于一组知觉对象在形状和性质上彼此相接近,容易被感知为一个整体。比如,经常在一起做相似工作的人们就可以被看作是一个单位或一个群体。

4. 相似原则（Similarity）。相似原则指的是一组对象越是彼此相象,越容易被感知为一个整体。比如,我们看到许多穿着同样衣服的人,就可能形成他们是某个相同单位的知觉。在篮球场上和足球场上,参加比赛的双方运动员的服装是不相同的,但就其中的一方来说,又必须穿同样的服装以示整体形象。

（三）知觉的判断（Pereeptual Judgment）

人们为了更全面地理解所处环境中的目标和事件,总是趋向于把各种知觉组成一个整体,特别表现在对人的判断上。比如,我们要判断某大学的刘同志究竟是个做什么工作的人,就可以去访问该校的历届毕业生,被访问的人越多,所获得对他的知觉也就越多,把各种知觉组成为一个整体后就可得出判断。

四、知觉的错误（偏见）

由于人们的需要、经验和思想方法方面的差异,造成人们的知觉经常与客观事物不一致,使知觉不能全面地反映客观事物的实际。这就叫知觉的错误或错误的知觉。

社会心理学的研究成果表明,造成错误知觉的思想方法主要有下列四种:

（一）知觉防御（Perceptual Defense）

知觉防御是指人们保护自己的一种思想倾向。它比较容易注意能满足需要的那些事物,而对那些与满足需要无关的事物视而不见、听而不闻。像在火车站附近居住的人自身产生知觉防御,听而不闻火车响一样。这是错觉,因为火车响声客观存在,对客观存在只反映一部分的这种知觉就是知觉偏见。

（二）成见（Stereotyping）

成见是一种先入为主的思想方法。要正确地观察事物,就必须注意使自己不停留在第一印象上,但同时又不忽视第一印象。我们应当消除成见,因为我们所知觉的对象是处在不断发展变化之中的。在这种变化过程中,有的由好变坏,有的由坏变好。这样,我们只有在发展变化过程中观察事物,才能全面地反映客观事物。

（三）哈罗效应（Halo Effect）

这是一种以点概面的思想方法。它以事物的某一个特性为依据,而忽视事物的其他特性就对整个事物作全面评价,结果产生了错觉。比如评价一个人,若只根据他的个别优点或缺点就给他下一个结论性的评语,那就是片面的了。

（四）投射（Projection）

投射就是以己度人的思想方法。它以自己所具有的品质为依据去判断别人的品质，认为只要自己有的品质别人也一定有。很显然，这也是一种主观主义的偏见。

人们对客观环境（人、物、事）的刺激，就是经过上述观察、选择、组织后，对它们作出解释、说明或总的评价的。如在与某一个人的接触中，经过知觉的观察、选择和组织过程，认为该人是勤奋好学、热情友好的，或是好吃懒做的。经过这样的总评价后，你就会根据这种知觉作出你的行为反应，是喜欢该人还是讨厌该人。这就是人们对客观事物进行知觉的全过程。

第二节　价值观、兴趣与态度

一、价值观

价值观是指一个人对周围的客观事物（人、物、事）的意义和重要性的总评价和总看法。它取决于人生观和世界观，具有稳定性和持久性；它随着生产水平和人们的物质生活水平的变化而不断发展变化。比如，人们对金钱、友谊、权力、自尊、工作成就等的总评价和总看法就不尽相同。有的人把金钱看得最重要，有的人却把奉献精神看得最有价值，也有的人把自尊看得最有价值等等。个人对事物的看法和评价在心目中的主次、轻重的排列次序，就是价值观体系。价值观和价值观体系是决定人的行为的心理基础。

价值观取决于人生观和世界观，一个人的价值观是从出生开始，在家庭和社会的影响下逐步形成的。一个人所处的社会环境及其所处的经济地位，对其价值观的形成有决定性的影响。

人生观和世界观具有稳定性和持久性，会随着人们的生产和物质生活水平的变化而不断发展变化。比如，对某种事物的好坏总有一个看法和评价，但是，随着人们的经济地位的改变，以及人生观和世界观的改变，这种价值观也会随之改变。这就是说价值观也是发展变化的。如"商品越经久耐用越好"的观念被"时尚、美观、一次性消费"的新的消费观念所代替。

价值观的作用在于它影响个人行为，群体行为和组织行为。

价值观的分类[2]：

格雷夫斯（F. W. Graves）将企业组织内各种人员的价值观表现形态概括为七个等级：

第一级，**反应型（Reactive）**。这类人并不意识到自己和周围的人是作为人类而存在的,他们只是对自己基本的生理需要作出反应,而不考虑其他条件,类似于婴儿或脑神经受损伤的人。这类人在企业中很少见。

第二级,**宗法式忠诚型**(Tribaliseic)。这是从父母或上级学到的价值观,其忠诚带有封建的色彩。这类人喜欢按部就班地看问题、做工作,依赖性强,喜欢有一个友好而专制的监督和家庭似的和睦集体。

第三级,**自我中心型**(Egocentric)。这类人性格粗犷,富有闯劲,为了获得自己所希望的报酬,愿做任何工作,愿意尊敬严格要求的上级领导。

第四级,**顺从型**(Conformity)。这类人具有传统的忠诚努力和尽职的性格,勤勤恳恳,谨小慎微,喜欢任务明确的工作,重视安全和公平的监督方式。

第五级,**权术型**(Manipulative)。这类人重视现实,好活动,有目标,喜欢成就和进展,喜欢玩弄权术的、使用诡诈手法的工作,乐于奉承"有奔头"的上级。常通过摆弄别人、篡改事实的手段达到个人目的。

第六级,**社交中心型**(Sociocentric)。这类人重视工作集体的和谐,喜欢友好的、相互之间的督促和人与人之间的平等关系,把善于与人相处和被人喜爱看得重于自己的发展。

第七级,**存在主义型**(Existential)。这类人喜欢自由和创造性的工作和灵活的职务,重视挑战性的工作和学习成长的机会,容忍不同意见和不同观点的人,对制度和方针的僵化、空挂的职位、权力的强制使用等直言不讳。

1974年,在美国企业的调查研究中,得出这样一种看法:就管理人员来讲,过去组织是由属于第四级和第五级价值观的管理人员经营的,虽然目前属于第六级和第七级的人数还是少数,但从发展趋势看属于这两级的管理人员正在逐步取代属于其他级价值观的管理人员。

史布兰格(E. Spranger)把人的价值观分为六类:

第一类是理性价值观,它以知识和真理为中心。

第二类是美的价值观,它以外形协调和匀称为中心。

第三类是政治性的价值观,它以权力地位为中心。

第四类是社会性的价值观,它以群体和他人为中心。

第五类是经济性价值观,它以有效和实惠为中心。

第六类是宗教性价值观,它以信仰为中心。

二、兴趣与爱好

兴趣是一种心理活动,是人对于事物的特殊认识倾向。当兴趣发展成一种长久稳定的行为倾向时,就成为爱好。

兴趣对潜能的发挥有着非常重要的作用,其表现为:

1. 兴趣的动力作用。兴趣是推动人们进行求知活动和学习的重要心理因素，它能使人集中精力，积极愉快地从事某种活动。兴趣可以在动机结构中形成优势动机，而导致行为的产生；兴趣可以在行为活动中，集中注意力排除干扰，使个体长期地坚持下去；兴趣可以促使个体创造性地分析问题和解决问题。

2. 兴趣的开发作用：兴趣是开发潜能的钥匙，一些学者曾经说过：所有智力方面的工作都要依赖于兴趣。研究表明，兴趣比智力更能促进学生努力学习，提高学习成绩和效率。强烈而稳定的兴趣是从事活动、发展才能的重要保证。实践证明，很多发明家、科学家所取得的举世瞩目的成就，都是在兴趣驱动下取得的。

三、态度

1. **态度**（Attitude）是个体对人或事物所持有的一种持久而一致的心理和行为倾向。它由三部分组成：

（1）**认知成分**（Cognitive Component）包括个人对人、工作和物的了解，这属于人的思想认识部分。例如，某人对他所从事的科研工作的重要性比较了解。

（2）**情感成分**（Affective Component）包括个人对人、工作、物的好恶、带有感情的倾向。例如，某人对他所从事的工作非常热爱。

（3）**行为成分**（Behavioral Component）包括个人对人、工作和物的实际反应或行动。例如，某人的工作表现兢兢业业。

如把三种成分组合起来就构成某人对工作的态度，就三种成分而言应该是协调一致的，即某人对工作的重要意义认识得比较清楚，在感情上非常热爱该项工作，表现在行为上是专心致志、认真负责。

2. **态度的特征**：主要表现为倾向性、对象性、一致性和持久性、压迫性。

（1）倾向性：态度不是行为的本身，只是一种心理和行为倾向。态度不可能直接观察，只能从个人所表现出来的语言动作中去推测而知。态度还有广义与狭义之分，狭义的态度是指个体内在的心理过程，比较符合心理学的原意；广义的态度除了内在的心理过程之外，还包括表现出来的外显行为，比较符合日常应用态度两字的含义。平时我们说某人对某事持反对态度，其所指包括某人的言语举动，否则无法知道他的态度是否属于反对。

（2）对象性：态度必须有其对象，态度即是对什么的态度，这个什么对象可能是人（包括个体、群体、组织、国家），可能是工作，也可能是物。

（3）一致性和持久性：如说某人对党的教育事业忠心耿耿，这就说明有一惯性和相对持久性。

（4）压迫性：态度有压力，具有压迫性。态度总是指向并倾注于某个对象，因此态度给对方造成心理压力。态度和蔼、真诚、坦荡，会使人有安全感并亲而近之；

相反,态度圆滑、缺乏诚意,会使对方有危机感并疏而远之。态度在人们心目中造成的心理压力,是群体内聚力形成或内聚力互解的内在原因。在态度的压力下,出现群体内的遵从行为。态度压力是态度变化的心理因素之一。

四、态度的形成与改变理论

后天学习可以使态度形成,也使其改变。主要有两种理论:

1. 学习理论。学习是由经验而发生的相对长久的行为倾向和改变。

社会学习是人们通过观察、听取和直接体验而获得的行为倾向、行为改变和知识。

学习理论强调条件反射(刺激—反应),即操作条件反射论。这种理论认为,行为是结果的函数。社会学习是操作条件反射的扩展,人们通过学习(感知和定义)结果而作出反应,而不是根据结果本身作出反应。人们像获得事实、概念、思想意识、思维方法和习惯一样去获得态度。与事实相连的情绪再与事实相结合,就引起了态度的发展。多次环境刺激引起情绪反应,从而形成态度。

模仿榜样(榜样的影响)是社会学习的核心,它经过四个过程:

(1)注意过程:榜样特征吸引并反复出现。

(2)保持过程:榜样的影响取决于个体对榜样特征的记忆程度,即榜样不再出现时其特征的浮现。

(3)动力复制过程:对榜样的观察、记忆而转化成行为。

(4)强化过程:积极的诱因或奖励,会激发个体从事榜样行为,并持续下去。消极的惩罚或批评,则使榜样模仿行为或令人不满的行为终止或消失。这实际是"行为塑造"(Shaping Behavior)过程,这主要包含了四种方法:积极强化、消极强化、惩罚和忽视。

2. 功能主义。人的态度是为心理功能服务的,人如何选择态度依赖于个体的利害关系,人应当选择符合特殊心理需要的态度。态度的功能有四种:

(1)工具性、调整性和功利性功能。这种功能与学习理论模式有关,人们尽力发展提供最大利益的态度。有些人之所以对下属人员的态度不好,可能是他们自己有利可图。

(2)自我防御功能。自我防御功能是与深层心理学联系最密切的功能之一。任何接受无意识思想和冲动的理论,都把我们许多态度,尤其是否定态度看作是自我防御。个体通过态度保护他们自己和自己的形象,这些态度被用来减少焦虑,并使情绪冲突转移方向。怎样对待自己,这是一个具有重要后果的问题,一种否定的自我形象能导致对几乎所有人的敌意;感到卑下的人,对待别人会持一种高高在上的态度,以支撑他的自我。

（3）价值观表现功能。态度也可能来自一种肯定的自我形象。办事公道的人满足于个人的办事公道就是对自己的奖励,他不会计较是否能从中得到什么好处。

（4）认识功能。每个人都想理解和支配自己的世界,人们从电视、报纸和网络得到的知识和偶然觉察到的许多零碎知识汇集成一个知识整体,于是这个世界就更能够理解了。

第三节　个性与个性改造

一、个性的意义及特点

个性是在生活实践中表现出来的比较稳定并带有一定倾向性的个体心理特征和品质的总和,它决定着人的行为方式。

个性的研究,具有重要的意义,因为个性普遍存在于社会中,同时,它又影响着社会的发展。个性是千差万别的(描写个性的形容词有 4000 多个),世界上没有两个完全相同的个性;个性的心理特征和品质决定着人的行为方式;了解和研究个性,可提高预测和判断个体行为的能力,充分发挥个人的潜能,实现组织的最佳目标。

（一）个性的特点

个性的特点表现为:

1. 组合性。个性不是一个孤立的心理特征,而是一组心理特征的有机组合。因此,我们描述某个人的个性,就必须说出一组心理特征才全面。比如,你能说出此人活跃、爱与别人交往、乐观开朗、热情、好强和有理想等一组心理特征之后,这样就可以判断此人是外向个性的人。

2. 独特性。个性与共性不同,它是个体之间的差异性、独特性。地球上没有两个指纹相同的人,同样,也不存在两个个性完全一样的人。每个人都与别人有所不同,每个人都具有自己独特的风格,人与人之间都存在着个别差异。正是这种在个人身上表现出来的独特的心理特征的总和,就是人的个性。

3. 稳定性。个性是人内在的比较稳定的心理特征,而外界刺激后瞬息万变或偶尔一次出现的某种心理特征,不叫个性;只有那些一贯的、经常而持久出现的心理特征,才能叫个性。对现实比较稳定的态度及其与之相适应的习惯行为,就是人的个性。当然,这种稳定性也不是绝对的,而是相对的。随着人所处的环境改变或本人主观努力,个性也是可以改变的。

4. 倾向性。个性是一个人所具有的一定的内在意识倾向性,它既体现为个人的需要、动机、信念、理想和价值观等,又体现了人与人之间的能力、气质、性格和兴趣等方面存在的个别差异。这种个别差异是由内在的倾向性引起的,而外露的各种行为特征只能作为判断内在倾向性之用。

5. 整体性。个性是以整体形式表现出来的,是一个统一的整体。人是作为整体来认识世界、改造世界的。一个人的各种心理现象和心理过程,都是有机地联系在一起的,表现在一个具体的人身上。一个完整的个性形成离不开社会实践,所以,研究个性应特别重视社会条件对其影响。

6. 心理结构的多层性(个性组成的双层性),即个性是由个性倾向性和个性心理特征两个层面构成的。

(1) 个性倾向性包括:需要、动机、态度、兴趣、信念、理想和价值观等。

(2) 个性的心理特征包括:气质、性格与能力等。

(二) 影响个性形成的因素

遗传与环境是个性形成与发展的重要因素。关于个性的形成与发展,在心理学界有的认为个性是遗传决定的,有的则认为个性是由环境决定的。但多数意见认为,个性的形成既有遗传因素,又有环境因素,遗传因素是个性形成的基础,为个性的形成和发展提供了前提和可能性。但是,后天环境因素,例如,家庭影响(父母的影响和教育)、文化传统、社会阶层等后天社会环境,对个性的发展起着决定性的作用。一个人出生后首先是受父母的影响,接着是受兄弟、姐妹、亲戚、朋友的影响;在学生时期受同学和老师的影响;进入社会后,社会制度、生产关系、人际交往、信息交流、社会变革、传统文化、崇拜者的思维模式与行为特征等都在时时刻刻地影响着人的个性形成与发展。

总之,个性是在先天遗传因素的基础上,通过后天的学习、社会实践活动逐步形成和发展起来的心理特征的总和。

二、个性理论

(一) 特质论或特性论(Trait Theory)

特质论就是从人的心理特性来研究人的个性的。这种理论的代表人物主要有阿尔波特、艾森克和卡特尔等。

1. 阿尔波特(G. W. Allport)认为,个性必须要有能够进行测定的因素,这种因素就是特性。各种特性组合起来就构成人的个性。所谓特性就是一种行为的倾向。如有谦虚特性的人,表现为对朋友和气、对父母尊敬、对工作认真等。这些特性是从一个人的行为中抽取出来的,就是从观察一个人的行为所看到的经常表露的特点。

2. 艾森克(H. G. EySenck)认为,特性表示行为的一种组织层次,超出特性的行为反应或习惯之上。他提出个性特质可以从两个独立的向度来描述:

第一,情绪稳定——神经过敏;

第二,内向——外向。

艾森克指出这种向度是代表一个连续的尺度,而不是两个极端。个人可以或多或少具有此特性,而不是非情绪稳定即神经过敏,或非内向即外向。

3. 卡特尔(R. B. Cattell)认为,个性基本结构的单元是"特质",它表现为相当持久的行为属性,也代表行为的倾向性。卡特尔还提出,特质有表面特质和根源特质之分,比如,一个学生各门功课考试所得分数就是表面特质,而其智力的好坏才是根本特质。

(二) 心理分析论或心理动力论

这种理论的主要代表人物是奥地利的精神病医学家弗洛伊德及其学生荣格和阿德勒。

弗洛伊德(S. Freud)理论,即老心理分析论。

弗洛伊德认为,人的个性是一个整体,在这个整体之内包括着彼此关联而相互作用的三个部分。这三个部分分别称为本我(Id)、自我(Ego)和超我(Sopergo)。由于这三部分的相互作用而产生内在动力,支配了个人的所有行为。

1. 本我(或无意识)。弗洛伊德认为,本我是个性结构中最原始的部分,这部分是人生来就有的,包括一些生物性或本能性的冲动(最原始的动机),这种冲动是推动个人行为的原始动力。由本我支配的行为不受社会规范道德标准的约束。

2. 自我(或潜意识)。随着个体出生后的成长,而从本我中逐渐分化出自我。在本我阶段,因为个体的原始冲动使需要得到满足,这就必须与周围的现实世界相接触、相交往,从而形成自我适应现实环境的作用。例如,因为饥饿而使本我有原始的求食动机,但何处有食物及如何取得食物等现实问题,必须靠自我与现实接触才能解决。因此,个性的自我部分受"现实原则"(Reality Principle)所支配。

3. 超我(或有意识)。超我在个性结构中居于可控制地位的最高层次,是由于个人在参与社会生活的过程中,接受社会规范道德标准、价值观判断等以后变为指导自己行动的准则而形成的。平常所说理性的文明都属于超我的范围。

弗洛伊德认为,**本我寻求满足,自我考虑到现实环境的限制,超我则按社会规范来衡量是非与善恶**。并且指出,本我、自我和超我三者不是分立的,乃是彼此相互作用而构成人的个性整体。一个正常的人,他的个性中的三部分经常是彼此平衡而和谐的,本我的冲动与欲望应该在适合现实的条件下、在社会规范所允许的范围内得到适当的满足。

(三) 社会学习论(Social Learning Theory)

社会学习论的观点与特性论相反,它强调环境对个人行为和性格起决定作用,认为个人通过学习环境中的事物会改变自己行为的模式,而个人的行为对环境也

有一定的影响。具体来说,它有以下几个观点:

1. 一个人在特定的情况和环境中的行为取决于情况和环境的特殊性,取决于个人对情况和环境的评价和对别人类似行为的观察。如果遇到的情况和环境与自己的愿望相吻合,就会经常出现同样的行为。

2. 当一个人看到别人的行为受到奖赏或遭到惩罚时,对其自己的行为起着强化作用。一个人在成长过程中,有些行为是直接学来的,而有些行为是通过观察而产生的。

3. 强调个人行为和别人的关系。例如,常和别人争吵的人容易受到别人的轻视,而这种轻视是自己的行为所引起的,一个讲礼貌的人使人感到舒适,同时别人也会以礼相待。

社会学习论的核心:该理论认为环境的变动引起人的特殊行为,这对心理诊断有很大贡献,它引导人们认识人类的行动是对特殊环境的反应。环境影响人的行为,而人又可以通过改变环境来改变自己的行为。

(四) 个性性格类型论

个性性格类型论主要以荣格的理论为代表。他把人的个性性格类型分为四种性格特点:敏感型、情感型、思考型、想象型(参见第四节"气质、性格与能力")。

荣格是心理分析论者,又是个性类型论者,他率先把个性性格分为内向和外向两种类型。内向人的特点是害羞、喜独自工作,在情绪上受到压力和内心冲突时,总是反省,自己责备自己。外向的人与此相反,他们的特点是好与人作伴、善交际、喜欢选择可以和别人直接接触和打交道的工作。

这种内外向的分法也不是绝对的。实际上典型的内向和外向的人很少,大多数是介乎两者之间的,而且人的性格又是各不相同的。正因如此,荣格经过多年研究,其理论又有新的发展,把人在生活中特别在与人交往中的性格特点分为敏感型、感情型、思考型和想象型四类。虽然一个人可能同时具有两种或两种以上的性格类型特点,但其所具有的主要特征总是属于某一类型的。

三、个性的改造及应用

(一) 完善(成熟)的个性品质特征

1. 意志坚定。在任何时代,意志坚定都是个性成熟的首要品质。它使个性顶住种种压力,永远立于不败之地。

2. 想象丰富。想象力最终把生活和事业引领到"美丽"境界,即美丽人生。再加上积极心态,你就会对人生充满希望。想象力是驱使你向前的动力,即使你处于生活的低潮,依旧不会迷失方向,不会备感无力而听天由命。

3. 认知自我。认识自我在品质中表现为自我意识和自知之明两个方面。个性的品质应该从认知自我开始,人能够突破环境,就是基于自我意识和自知之明的双重思虑而产生出的自我动力。

4. 宽容。宽容的个性表现出同情他人的优秀品质。而具备完善智慧的个性却表现为宽容与合作的态度。

5. 勇敢。勇敢是人类推崇的个性境界,勇敢的个性表现为大度和从容,因心无畏惧,就能够表现为大度和从容;大度使人能够冷静地对待问题,能够体贴别人。勇敢必须建立在高度的自信上,血气之勇不是勇敢。勇敢的个性能够面对宏图大业的种种不利因素,能将各种压力转化为成就事业的动力。

6. 富有创造力。没有创造力的个性是轻浮的,不可能在生活和事业中站住脚,一阵风足够摧毁它。

7. 超越自我。在个性世界中,超越自我是对自己的挑战,一个成熟的个性是能够有意识地寻找知识和力量来克服自我,从而有效地解脱自身的束缚。真正的自由就是能够超越自我的人独享的特别乐趣。

8. 忠诚。忠诚和勇敢一样是成熟个性成分中最富有表现力的品质。忠诚是对事业的忠诚,对感情的忠诚,对自己的忠诚。忠诚者是因为洞察了全部的因果关系而坦然处之的勇敢者。

9. 无私付出。具有优良个性品质的人,一个非常重要的美德是"无私付出",在看到受过他帮助过的人的进步和发展是一种心理上的满足.可以体会到自己对社会、对他人的价值。

10. 正视错误。在人生道路上,没有几个人能够做到完美。正视错误和面对他人承认错误,不但会解除自己的思想负担,还会使对方解除武装,把冲突降到最低的程度。有时对方还会因为这种谅解和承认错误的态度而表示致谢。

(二) 个性理论的应用

实践证明,个性对于人的工作成就、健康状况和管理水平都有重大的影响作用。我们应当正确地运用个性理论,来提高我们的工作成就、健康水平和管理水平。

1. 运用个性理论提高工作成就。我们应根据不同人的个性特点配备不同的工作岗位,使人尽其才,提高人们的工作成就。美国心理学家特尔曼对 800 个男性被试者中成就最大的 20％与成就最小的 20％进行了比较研究,发现这两组人在智力方面没什么差别,而最明显的差别在于他们的个性心理上的差异。成就最大的这一组人的个性心理特征是:有理想、谨慎、有进取心、自信和不屈不挠,在最后完成任务的坚持性等方面,也都明显地高于成就最小的那一组人。

总之,为了在工作中取得更大的成就,我们应注意个性理论的应用,在实践中不断培养和改造自己的个性,人尽其才,取得更好的工作效果。

2. 运用个性理论提高健康水平。 我们应当培育好的个性, 促进身体健康。美国约翰霍普金斯医学院研究所贝兹和托马斯作过这样一个实验, 在 1948 年, 他们将 45 名学生按不同的性格分为三组: 第一组学生的性格为谨慎、含蓄、安静、知足; 第二组学生的性格为自觉、积极、开朗; 第三组学生的性格为情绪易波动、急躁、易怒、不太知足, 或不想知足。30 年后(1978 年)他们又对这 45 名学生健康状况进行了检查, 发现第三组学生中患癌症、高血压、心脏病和精神混乱症的占 77.3%; 而第一组中仅占 25%; 第二组中也只为 26.7%。

国外科学家从动物实验中还得出这样的结论, 即心理紧张、抑郁、烦恼会促使癌症的发生。紧张情绪是如何导致癌症的?

他们经过探索发现, 处于紧张状态的动物, 血液里所含激素和因焦急分泌的其他化学物质的量都有增加; 而使抵抗疾病的白血球数目却大大减少。另一个重要发现是, 处于紧张状态的动物身上的免疫系统极为重要的器官——如胸腺、脾和淋巴结的重量显然减轻。这就是说, 情绪紧张会使全身的防御能力降低, 容易得病, 在某种情况下引起癌症。

正因为如此, 一个人的个性应该开朗乐观, 对生活充满希望, 沉着, 善于摆脱烦恼和忧虑。这已被认为是保持身体健康、抗拒衰老的有效方法。

3. 运用个性理论提高管理水平。 领导者了解职工的不同个性, 并根据这些不同个性安排每个职工的工作岗位, 做到用其所长、避其所短、量才录用; 安排合理的领导结构如知识结构、专业结构和采取不同的管理方式方法, 就能最充分地调动每个职工的积极性、主动性和创造性, 就能不断提高我们的管理水平和社会经济效益。

在管理中应用个性理论应注重**个性与工作的匹配**。因为, 个性存在本质差异, 工作又有不同类型, 只有工作环境与个性类型协调一致, 才会产生更高的满意度和更少的离职可能性(请参阅【研读专栏】4 - 2)[3]。

【研读专栏】　4 - 1

迷 人 的 个 性

拿破仑·希尔认为, 真正迷人的个性必须具备以下几个要素:

1. 养成使自己对别人产生兴趣的习惯, 而且你要从他们身上找出美德, 对他们加以赞扬。

2. 培养说话能力, 使你说的话有分量、有说服力。你可以把这种能力同时应用在日常谈话及公开演讲上。

3. 为你自己创造出一种独特的风格,使它适合你的外在条件和你所从事的工作。

4. 发展出一种积极的品格。

5. 学习如何握手,使你能够经由这种寒暄的方式,表达出温柔与热情。

6. 把其他人吸引到你身边,但你首先要使自己"被吸引"到他们的身边。

7. 记住:在合理的范围之中,你唯一的限制就是你在自己的头脑中设定的自我限制。

【研读专栏】　4-2

个性与职业匹配

美国心理学家约翰·霍兰德根据个性特征与职业选择的关系,把个性划分为六种类型,这六种个性的人在选择职业上有明显的差异。

现实型。这种人不重视社交,而重视物质的实际利益。他们顺从并遵守规则、喜欢安定、感情不丰富、害羞、真诚持久、缺乏洞察力。在职业选择上,他们希望从事有明确要求、需要一定的技能技巧、能按一定程序进行操作的工作,如汽车修理工、装配工、电工、机械师、农场主等。

研究型。这种人有强烈的好奇心、重分析、好内省、比较慎重。他们喜欢从事有观察和思考、有科学分析的创造性活动和需要钻研精神的职业,如科学研究员、经济学家、数学家、新闻记者等。

社会型。这种人乐于助人、善于社交、易合作、重视友谊、责任感强等。他们希望从事那些直接为他人服务、为他人谋福利或与他人建立和发展各种关系的职业,如社会工作者、教师、医疗工作者等。

传统型(或常规型)。这种人易顺从、能自我控制、想象力较差、缺乏灵活性,但效率高,喜欢稳定和有秩序的环境。在职业选择上他们愿意从事那些需要按照既定要求工作的、比较简单而又比较刻板的职业。如办公室事务员、会计、银行出纳员、仓库管理员、非技术操作工等。

企业型。这种人喜欢支持别人,偏好能影响他人和获得全力的活动,有冒险精神,自信而精力旺盛,好发表自己的见解。他们愿意从事那些为直接获得经济效益而活动的职业,如法官、房地产经纪人、公共关系专家、经营管理和产供销等方面的职业。

艺术型。这种人想象力非常丰富、有理想、易冲动、好独创;他们喜欢从事非系统的、自由的、要求有一定艺术素养的职业,即音乐、美术、影视、文学等与美感直接或间接有关的职业,如画家、音乐家、作家和装饰设计师等。

第四节　气质、性格与能力

气质、性格与能力是个性心理特征的反映。

一、气质

气质是人们常说的"脾气"、"性情",它是稳定的个性心理特征,是人的心理活动的动力。心理活动动力是指心理活动过程的速度、稳定性、强度和指向特点。

气质的特点:气质的产生由遗传决定,受个性生物组织制约,但不受活动的内容、目的和动机的约束,所以它很早就表现在儿童的行为中。不同的环境对气质的形成和改变有一定影响。所以,气质是婴儿出生时先天遗传所固有的稳定的心理特征,决定人的心理活动动力的自然属性,它决定心理活动进行的速度、强度、指向性等特征。它是个性的组成部分之一。

(一)气质分类理论——"体液优势论"

该理论将人的气质分为四种类型:

1. 多血质。多血质又称活泼型,生来活泼好动、反应敏捷、迅速,喜欢与人交往,脾气急躁、兴趣广泛、接受新事物快,但兴趣易变、情绪不太稳定。

2. 粘液质。粘液质又称安静型,沉着安静、谨慎细心,但反应缓慢,善于忍耐;克制自己,注意力难以转移,工作具有稳定性,这种人不容易发动,但一旦发动起来就能够完成那些要求坚持不懈地努力和需要埋头苦干精神的工作。

3. 胆汁质。胆汁质又称为兴奋型,直率热情,精力旺盛;脾气倔强,性情急躁,易于激动,情绪反应快而强烈,情绪不稳定,是个自由主义者,性情交替比较剧烈。

4. 抑郁质。抑郁质又称抑郁型,行为孤僻,反应迟缓,体验深刻,感情较脆弱,情绪不易外露,善于观察到别人不易察觉的表现细微的东西;容易激动也容易消沉,敏感而多心,呆板而羞涩。这种类型的人人际关系往往处理不好,同事之间关系紧张,缺乏果断和自信。

(二)气质与职业匹配

1. 多血质人。由于多血质的人精力充沛、意志坚强、不达目的不罢休,而且是一个充满自信的人,他们有活动能力,而且会越来越强,种种体验和锻炼都会成为有益的东西。所以多血质的人对所有的职业都有适应性;重大局、不贪小利、不感情用事等等,这都是多血质人在气质方面的长处。他们具有较突出的外向性格,适合于社交性强的工作,如政治家、外交家、律师等。

2. 抑郁质人。由于抑郁质的人属于内向型的人,所以无论对待什么职业都能一丝不苟。他们的责任心强，干什么都会加倍努力，他们在事业上往往是中坚分子，担任一些可靠的角色。抑郁质的人内心很孤独，很不擅长与人共事，因此，他们比较适合于学者、教育家、研究人员、技术员、医师等比较内向的职业领域。由于他们积极认真、努力向上、毫不懈怠，也适合于公务员、研究人员、会计等工作。

3. 胆汁质人。胆汁质人的最大气质特征是外向型，行动的直觉性。胆汁质人有一种自然地培养自己的实力的特点，具有脱离社会生活的生命力。胆汁质人冷静地注视一切现实，对自己身边发生的事情，也是以旁观者的态度来对待。与其他气质的人相比，胆汁质人比较自由，往往凭借自己所掌握的知识和技能经常调换工作，不断更换单位，因此，自由职业者较多。

胆汁质人一旦找到自己合适的工作，就会努力去做，就能把工作做得很好，做出引人注目的成绩。胆汁质人不拘于眼前的胜负，而专注于行动，热情地向自己的极限挑战，这也是他们的特征，因此，在政治家、商家、作家、设计师、实业家、护士等外向的职业里有比较好的适应性，在体育界也比较活泼。

4. 粘液质人。粘液质人大多数都能很好地利用协调性、积极性、社会性及感情稳定性表现自己的才能，发挥出卓越的能力。而且不论职位高低，都能在各自的行业中占有重要的位置。粘液质人能力不凡。他们不仅能从事学术、教育、研究、技术、医师等内向型职业，而且可以活跃在政治、外交、商业、法律等外向型职业领域。他们之中一些有独特才能的人，在漫画及其他艺术、服装设计、广告宣传、新闻报道领域中都能做出比较好的成绩。

二、性格

性格是一个人比较稳定的对现实的态度和习惯化了的行为方式。

性格的形成是由先天遗传决定的，但后天的环境因素对性格又有很大影响。个人的性格是在个体发展中逐步形成的。父母对孩子性格的形成有一定遗传因素的影响，这些遗传的特征构成了一个人的独特的心理基础。但是，一个人的性格特征还来自外部环境的影响，这个影响首先来自家庭。家庭对子女的教育，除了按社会的要求，使其发展成为适应社会需求可供选择的人外，父母个性潜移默化地影响孩子的性格形成。当孩子进入社会后，又受到学校、同学、老师的影响；工作以后，又受到同事、朋友、领导以及自己崇拜的对象影响。由于孩子的教育程度不断提高，又受到传统文化和现代文化、西方文化的影响，对一些重大问题的价值观念、人生观、人与人的关系、对自然的看法、行为模式、解决问题的途径以及解决冲突的方法等对自己的性格的形成都有很大的影响。

(一) 性格与个性和气质的比较

个性（Personality）是指人在社会中所扮演的角色，性格（Character）是指这个角色的特征。性格是个性的重要组成部分,是个性的核心内容。气质和性格也不是等同和并立的。气质是性格的基点,性格是气质的部分外向特征和风格。

(二)性格的分类及特征

1. 性格一般分为三类:

(1)理智、意志和情绪。

(2)内向、外向。

(3)顺从型、独立型。

2. 组织行为学家将性格分为四类:

(1)手工业型:专心注意自己的专长和工作质量。过分关心细节,缺乏全局性。

(2)莽撞型:有闯劲,只求成功,不计代价,对阻碍他达到目标的人公开攻击。

(3)守业型:非常保守,不惜代价维持公司和个人的现状,不敢担风险。这类人往往由于丧失时机,使企业长远利益蒙受损失。

(4)开拓型:愿意承担责任,敢冒风险,有取胜的聪明才干,在权衡风险与安全中能取得平衡。

3. 心理学家荣格将性格分为四类,其特征为:

(1)**敏感型**——精神饱满,好动不好静,办事速战速决。但其行为常带有盲目性。他们在与人交往中,往往会拿出全部的热情,但受挫折时,又容易消沉失望。现实中这类人占40%。

(2)**情感型**——感情丰富,喜怒哀乐溢于言表,别人很容易了解其经历和所受的困苦,不喜欢单调的生活,爱刺激、爱感情用事,讲话写信热情洋溢。在生活中喜欢鲜明的色彩,对事物很有兴趣,在与人交往中容易冲动、易反复无常、傲慢无理,所以与其他类型的人有时不易相处,这类人占25%。

(3)**思考型**——善于思考,逻辑思维发达,有成熟的观点;一切以事实为依据,而且一经做出决定,能够持之以恒;生活、工作有规律,爱整洁,时间观念强,重视调查研究和精确性。这类人有时思想僵化、教条,喜欢纠缠细节,办事缺乏灵活性。这类人占25%。

(4)**想象型**——想象力丰富,憧憬未来,喜欢思考问题,在生活中不太注重小节。对那些不能立即了解其想法和价值的人往往很不耐烦;有时行为刻板,不合群,难以相处。这类人不多,大约占10%。

三、能力

能力是顺利完成某种活动的心理特征和本领。如表现为掌握知识和技能的快慢、深浅、难易及巩固程度的差异。

能力分为一般能力和特殊能力两类：

一般能力是指在多种基本活动中所表现的能力，如智力、心理运动、记忆能力、观察能力、分析问题的能力、语言表达能力、沟通能力、协调能力等。

特殊能力是指在某种特殊活动中所表现的能力，如音乐感觉、数学能力、体操、绘画等。

气质、性格与能力三者的关系为：

三者是个性的重要组成部分。三者有不同和区别，但又相互制约，彼此统一，密不可分。气质体现为神经系统的基本特征，是自然属性，是性格的基础；性格又在一定程度上掩盖或改造气质；能力的发展可以促使某种性格特点的形成，而性格特点又能补偿能力的某些弱点。

第五节　信念、信心与自信

一、信念

信念是人对于现在或将来的某件事有把握的一种心理感觉。它是个性的内在心理倾向。比如当你相信自己很聪明，自己很吸引人，这时说起话来口气便十分有力量："我认为我很聪明"。

念头是信念的最初形式。每个人在日常生活中，都有许多念头，但对这些念头不一定都是深信不疑的。例如，"我很吸引人"这可能是突发的念头，如果以你的外表、你的气质、你的性格、你的才气作为"依据"，这些依据使你非常自信"我确实很吸引人"，那么你的念头就有了上述的支撑，由此就转化成信念。也就是说，**念头只有在深信不移的情况下才能转化为信念。**

1. 信念的作用主要表现在三个方面：

（1）**信念支配人的行为倾向和方向，具有指挥和导向作用。**信念的指挥作用体现在：它是一种指导人们心理和行为活动的原则，让我们明了人生的意义和方向；信念人人都可以支取，并且取之不尽，用之不竭；信念就像脑子的指挥中枢，指挥我们的脑子、照着所相信的目标去努力。一位学者说过：一个有信念的人，所迸发出来的力量，不亚于 99 位心存兴趣的人的力量总和。

（2）**信念可以激发潜能，也可毁灭潜能。**这要看你是从哪种角度去认知它。人类对于生活中的遭遇会很主观地赋予某种意义，乐观的信念可使人的能力超常发挥，积极的信念可以使人跌倒了重新爬起来继续往前迈进，而消极的信念很可能就此毁掉人的一生。

（3）**信念对于期望的成败至关重要，坚定的信念是成功的动力。**强烈的信念可以使一个人持久不懈地努力。想在人生有一番成就,有效的办法就是把信念提升到强烈的地步——变为行动的动力,促使我们拿出行动,扫除面前的一切障碍。所以,信念可帮助你度过人生事业旅途中的任何艰难险阻,步向成功。

2. 强化信念的三个步骤:

(1) 树立信念,吸收强化信念的有力依据。

(2) 设定目标,反证目标不实现的代价,使信念深信不疑。

(3) 付诸行动,在行动中强化和坚定信念。

二、信心与自信

信心是以主观意识为根本特征的积极心理态度。它是一个人对自己的能力、价值和缺点积极地感知和认识,也是自尊、自爱与自强的总和。

自信是相信自己的能力、价值和智慧而得出的正面、积极的描述。一个人没有自信,就不会发现自己的价值。

信念、信心与自信三者的关系:

信念是成功的内在原动力,决定了信心和自信的努力方向和倾向,信心和自信分别在心理状态和行为能力方面演绎和补充了信念。所以,对于既定的目标,我们要有坚定的信念,拥有自己的信心,找到自己的自信,从而使自己的信心更有力量、自己的信念更充实、成功更有把握。

三、战胜自卑,树立自信

自卑是一种消极的自我评价或自我意识,即个体认为自己在能力或品质等方面不如他人而产生的消极情感。

人都有自卑感,只是程度不同而已。因为人类的需要是无止境的,人类欲求也是无止境的。但人类不可能超越宇宙的博大与永恒,也无法挣脱自然法则的制约,因此也就形成了人类的自卑感。自卑的形成受到个体的生理状况、能力、性格、价值取向、思维方式及生活经历等因素的影响。

(一)自卑的五个特征

1. 孤僻怯懦型:由于深感自己处处不如别人,处处"谨小慎微"。他们不愿意参加任何竞争,不肯冒半点风险。即使是遭到侵犯也听之任之,逆来顺受,随遇而安,或是在绝望中过着离群索居的生活。

2. 咄咄逼人型:当一个人的自卑感在最强烈的时候,采用屈从怯懦的方式不能减轻其自卑之苦,则转化为好争好斗方式:脾气暴躁,即使是为一件微不足道的小事也会寻求各种借口挑衅闹事。

3. 滑稽幽默型:扮演滑稽幽默的角色,用笑声来掩盖自己内心的自卑,这也是常见的一种自卑的表现形式。如有的人相貌丑陋,感到孤独自卑,于是运用笑声,尤其是开怀大笑,以掩饰自己内心的自卑。

4. 否定现实型:自己不想看到,也不愿意思考自卑情绪产生的根源,而采取否认现实的行为来摆脱自卑,如借酒消愁,以求得精神的暂时解脱等办法。

5. 随波逐流型:由于自卑而丧失信心,因此竭尽全力使自己和他人保持一致,唯恐与众人有不同之处。害怕表明自己的观点,放弃自己的见解和信念,努力寻求他人认可,始终表现一种随大流的状态。

上述各种自卑心理表现的特征,都是对自卑的消极适应方法,但值得注意的是并非所有劣势和挫折都会给人带来沉重的心理压力,而导致自卑。成功者能克服自卑、超越自卑,其重要原因是他们善于运用调控方法提高心理承受力,使之在心理上阻断消极因素的相互作用。

(二) 自卑的调控方法

自卑的五个调控方法是:认知法、转移法、领悟法(心理分析法)、作业法和补偿法。

1. 认知法。认知法就是通过全面、辩证地看待自身情况和外部评价的方法。人不可能十全十美,也不会全知全能。人的价值追求,主要体现在通过自身智力,努力达到力所能及的目标,而不是片面地追求完美无缺。对自己的弱点或遇到的挫折,持理智的态度,以积极的方式应付现实,这样便会有效地消除自卑。

2. 转移法。转移法是将注意力移到自己感兴趣,也最能体现自己价值的活动中去的方法,可通过致力于书法、绘画、写作、制作、收藏等活动,从而淡化和缩小弱项在心理上的自卑阴影,缓解心理压力和紧张。

3. 领悟法。领悟法也叫心理分析法,一般由心理医生帮助实施。其具体方法是通过早期经历的回忆,分析找出导致自卑心态的深层原因,使自卑症结经过心理分析返回意识层,让求助者领悟到:有自卑感并不意味自己的实际情况很糟,而是潜藏于意识深处的症结而造成的。让过去的阴影来影响目前的心理状态是没有道理的,从而使人有"领悟感",从自卑的情绪中摆脱出来。

4. 作业法。一个人自信心的丧失往往是在持续失败的挫折下产生的。作业法是先寻找某件比较容易也很有把握完成的事情去做,成功后便会收获一份喜悦,然后再找一个目标;在一个时期内尽量避免失败和挫折,以后随着自信心得以恢复和巩固,自信心的恢复和自卑感的消除也得以一连串小小的成功开始,每一次成功都是对自信心的强化。自信恢复一分,自卑的消极体验就减少一分。

5. 补偿法。补偿法即通过努力奋斗,以某一方面的突出成就来补偿生理上的缺陷或心理上的自卑感的方法。有自卑感就是意识到自己的弱点,就要设法予以补偿。强烈的自卑感,往往会促使人们在其他方面有超常的发展,这就是心理学上"代偿作用",即通过补偿的方式扬长避短,把自卑感转化为自强不息的推动力量。

（三）培养自信

以下是培养自信心的七个步骤，如果你能照着去做，你就会增加自信去面对生活中每一项挑战。

1. 确定可实现的目标。当制定好目标以后，一定要拥有自信，要树立全神贯注的信念。只有专注于自己的工作，并切实去做才能实现目标。很多经验证明，**充满自信和希望的一天是迈向成功的第一步。**

2. 做好准备。凡事做好准备是做好工作的重要因素。因为准备的充分，你就会信心十足，这是获得成功的最佳秘诀。

3. 扬长避短。有成就的人，知道把精力放在最擅长的地方。当你在做表现最好的事情时，你会觉得信心十足。

4. 树立信心。要总结和整理自己成功的经验，当你想到自己已完成的事，你就对能做的事更有信心。只有自卑者才会把注意力放在失败上。

5. 吸取教训。有些错误确实会造成严重影响，但是没有失败、没有挫折，就无法成就伟业。聪明的人会从失败中吸取教训；而愚蠢者是一再失败，却不能从中获得任何教训。

6. 放弃逃避的念头，解决难题。缺乏信心的人终日与恐怖结伴为邻，自我肯定的机会也就渺茫。大多数人在遇到困难时，大都考虑事物本身的困难程度，从而产生了恐怖感。但是一旦着手解决时，就会发现其实比想象中的要容易且顺利得多。

7. 永远进取。自我信赖是你已经开始坦然面对自己的实证，此时信心当然也会跟着而来，随着时间的推移，信心根深蒂固地成为你的勇气与力量。所以，自信来自持续的永远进取。

【思考与练习】

1. 什么是价值观？价值观有哪几种类型？为什么说人的价值观不但影响个体行为，还影响组织行为？举例说明。

2. 为什么说兴趣与爱好是积极性的来源？谈谈兴趣与爱好对职业的影响。

3. 态度的定义是什么？

4. 为什么说要想成功，就必须要有坚定的信念？

5. 在人的生存与发展过程中，为什么要树立自信？谈谈自信与自卑对人行为的影响。

6. 评价一下你周围的同事、同学、亲朋好友，他们属于哪种气质、性格的人？对照自己的气质和性格判断你适合从事什么样的职业？

7. 对照你的个性，想想应该如何改进？

8. 为什么说知觉了的东西才能感觉到它的存在？谈谈感觉、知觉和思维的关系。

【自测与评估】

气 质 测 试[4]

说明：通过下面60题的测试可大致确定人的气质类型。在回答的时候，若与自己的情况"很符合"计2分，"较符合"计1分，"一般"计0分，"较不符合"计－1分，"很不符合"计－2分。

题目：

1. 做事力求稳妥，一般不做无把握的事。（　　）
2. 遇到可气的事就怒不可遏，把心里话全部说出才痛快。（　　）
3. 宁可一个人干事，不愿很多人在一起。（　　）
4. 到一个新环境很快就适应。（　　）
5. 厌恶那些强烈的刺激，如尖叫、噪音、危急镜头等。（　　）
6. 和人争吵时，总是先发制人，喜欢挑衅别人。（　　）
7. 喜欢安静的环境。（　　）
8. 善于和人交往。（　　）
9. 羡慕那些善于克制自己感情的人。（　　）
10. 生活有规律，很少违反作息制度。（　　）
11. 在多数情况下情绪是乐观的。（　　）
12. 碰到陌生人觉得很拘束。（　　）
13. 遇到令人气愤的事，能很好地自我控制。（　　）
14. 做事总是有旺盛的精力。（　　）
15. 遇到问题总是举棋不定，优柔寡断。（　　）
16. 在人群中从不觉得过分拘束。（　　）
17. 情绪高昂时，觉得都有趣；情绪低落时，又觉得什么都没有意思。（　　）
18. 当注意力集中于一事物时，别的事很难使我分心。（　　）
19. 理解问题总比别人快。（　　）
20. 碰到危险情境，常有一种极度恐惧感。（　　）
21. 对学习、工作怀有很高的热情。（　　）
22. 能够长时间做枯燥、单调的工作。（　　）
23. 感兴趣的事情，干起来劲头十足，否则就不想干。（　　）
24. 一点小事就能引起情绪波动。（　　）
25. 讨厌做那些需要耐心、细致的工作。（　　）
26. 与人交往不卑不亢。（　　）

27. 喜欢参加热闹的活动。（　　　）

28. 爱看感情细腻、描写人物内心活动的文艺作品。（　　　）

29. 工作、学习时间长了，常感到厌倦。（　　　）

30. 不喜欢长时间讨论一个问题，愿意实际动手干。（　　　）

31. 宁愿侃侃而谈，不愿窃窃私语。（　　　）

32. 别人总是说我闷闷不乐。（　　　）

33. 理解问题常比别人慢。（　　　）

34. 厌倦时只要短暂的休息就能精神抖擞，重新投入工作。（　　　）

35. 心里有话不愿说出来。（　　　）

36. 认准一个目标就希望尽快实现，不达目的誓不罢休。（　　　）

37. 学习、工作一段时间后，常比别人更疲倦。（　　　）

38. 做事有些莽撞，常常不考虑后果。（　　　）

39. 总是希望老师在讲授新知识、新技术时，讲得慢一些，多重复几遍。（　　　）

40. 能够很快地忘记那些不愉快的事情。（　　　）

41. 做作业或完成一件工作总比别人花的时间多。（　　　）

42. 喜欢运动量大的剧烈体育活动或参加各种文艺活动。（　　　）

43. 不能很快地把注意力从一件事转移到另一件事上。（　　　）

44. 接受一个任务后，就希望把它迅速解决。（　　　）

45. 认为墨守成规比冒险强些。（　　　）

46. 能够同时注意几件事物。（　　　）

47. 当我烦闷的时候，别人很难使我高兴起来。（　　　）

48. 爱看情节起伏跌宕、激动人心的小说。（　　　）

49. 对工作抱认真严谨、始终一贯的态度。（　　　）

50. 和周围人的关系总是相处不好。（　　　）

51. 喜欢复习学过的知识，重复做熟练的工作。（　　　）

52. 希望做变化大、花样多的工作。（　　　）

53. 小时候会背的诗歌，我似乎比别人记得清楚。（　　　）

54. 别人说我"出语伤人"，可我并不觉得这样。（　　　）

55. 在体育活动中，常因反应慢而落后。（　　　）

56. 反应敏捷，头脑机智。（　　　）

57. 喜欢有条理而不甚麻烦的工作。（　　　）

58. 兴奋的事常使我失眠。（　　　）

59. 老师讲新概念，常常听不懂，但是弄懂了以后很难忘记。（　　　）

60. 工作枯燥无味，马上就会情绪低落。（　　　）

计分方法:(不同气质包含的题目号)

多血质:4、8、11、16、19、23、25、29、34、40、44、46、52、56、60

胆汁质:2、6、9、14、17、21、27、31、36、38、42、48、50、54、58

粘液质:1、7、10、13、18、22、26、30、33、39、43、45、49、55、57

抑郁质:3、5、12、15、20、24、28、32、35、37、41、47、51、53、59

A. 如果某一项或两项以上得分超过20分,则为典型的该气质。如果胆汁质超过20分,则为典型胆汁质;粘液质和抑郁质得分都超过20分,则为典型的粘液质—抑郁质混合型。

B. 如果某一项或两项以上得分在20分以下,10分以上,其他各项得分较低,则为该项一般气质。如一般多血质、一般胆汁质、多血质混合型。

C.若各项得分均在10分以上,但某项或几项得分较其余项为高(差5分以上),则略倾向于该项气质(或几项的混合)。如略偏粘液质型、多血质—胆汁质混合型,其余类推。一般来说,分值越高,表明该项气质特征越明显;反之,分值越低,表明越不具备该项特征。

自 信 心 测 试[5]

说明:你有安全感吗?你谦虚吗?你对自己有信心吗?你骄傲吗?下面40道题目会给你答案。每个题目你都要实事求是地答是或否。

1. 一旦你下了决心,即使没有人赞同,你仍会坚持做到吗?(　　　)

2. 参加晚宴时,即使很想上洗手间,你也会忍着直到宴会结束吗?(　　　)

3. 如果想买性感内衣,你尽量邮购,而不亲自到店里去吗?(　　　)

4. 你认为你是个成功的人吗?(　　　)

5. 如果店员的服务态度不好,你会告诉他们经理吗?(　　　)

6. 你不常欣赏自己的照片吗?(　　　)

7. 别人批评你,你觉得很难过吗?(　　　)

8. 你很少对人说出你的真正意见吗?(　　　)

9. 对别人的赞美,你持怀疑态度吗?(　　　)

10. 你总是觉得自己比别人差吗?(　　　)

11. 你对自己的外表满意吗?(　　　)

12. 你认为自己的能力比别人强吗?(　　　)

13. 在聚会上,只有你一个人穿得不正式,你会感到不自在吗?(　　　)

14. 你是一个受欢迎的人吗?(　　　)

15. 你认为自己很有魅力吗?(　　　)

16. 你有幽默感吗?(　　　)

17. 目前的工作是你的专长吗?（　　）

18. 你懂得搭配衣服吗?（　　）

19. 危急时,你冷静吗?（　　）

20. 你与别人合作无间吗?（　　）

21. 你认为自己只是个寻常人吗?（　　）

22. 你经常希望自己容貌像某某人吗?（　　）

23. 你经常羡慕别人的成就吗?（　　）

24. 你为不使他人难过,而放弃自己喜欢做的事吗?（　　）

25. 你会为了讨好别人而打扮吗?（　　）

26. 你勉强自己做许多不愿意做的事吗?（　　）

27. 你仍由他人来支配你的生活吗?（　　）

28. 你认为你的优点比缺点多吗?（　　）

29. 你经常跟人说抱歉吗? 即使在不是你的过错的情况下?（　　）

30. 如果在非故意的情况下伤了别人的心,你会难过吗?（　　）

31. 你希望自己具有更多的才能和天赋吗?（　　）

32. 你经常听取别人的意见吗?（　　）

33. 在聚会上,你经常等别人先跟你打招呼吗?（　　）

34. 你每天照镜子超过三次吗?（　　）

35. 你的个性强吗?（　　）

36. 你是个优秀的领导吗?（　　）

37. 你的记忆力好吗?（　　）

38. 你对异性有吸引力吗?（　　）

39. 你懂得理财吗?（　　）

40. 买衣服前,你通常先听取别人的意见吗?（　　）

计分标准:

依下表计算你的分数:

计 分 表

序　号	是	否	序　号	是	否
1	1	0	21	0	1
2	0	1	22	0	1
3	0	1	23	0	1
4	1	0	24	0	1
5	1	0	25	0	1

（续表）

6	0	1	26	0	1
7	0	1	27	0	1
8	0	1	28	0	1
9	0	1	29	0	1
10	0	1	30	0	1
11	1	0	31	0	1
12	1	0	32	0	1
13	0	1	33	0	1
14	1	0	34	1	0
15	1	0	35	1	0
16	1	0	36	1	0
17	1	0	37	1	0
18	1	0	38	1	0
19	1	0	39	1	0
20	1	0	40	0	1

分析：

1. 强自信心型(25～40分)：说明你对自己信心十足,明白自己的优点,同时也清楚自己的缺点。不过,在此警告你一声:如果你得的分数将近40分;别人可能会认为你很自大狂傲,甚至气焰太盛,你不妨在别人面前谦虚一点,这样人缘才会好。

2. 中度自信心型(12～24分)：说明你对自己颇有自信。但是你仍或多或少缺乏安全感,对自己产生怀疑。你不妨提醒自己,在优点和长处各方面并不输人,特别强调自己的才能和成就。

3. 弱自信心型(11分以下)：说明你对自己显然不太有信心,你过于谦虚和自我压抑,因此经常受人支配。从现在起,尽量不要去想自己的弱点,多往好的方面去想:先学会看重自己,别人才会真正看重你。

性格类型自测

说明：下面这份测试题可以帮助你判断自己属于哪一种性格类型。每个附有四种选择,在最符合你的情况的那一项中填入4,其次填入3,再次填入2,最不合适的那一项填入1。

题目：

1. 你给别人留下的深刻印象可能是(　　　)。

A. 经验丰富　　　　B. 热情　　　　　C. 灵敏　　　　　　D. 知识丰富

2. 当你按计划工作时,你希望这个计划能够(　　)。

A. 取得预期效果　　　　　　　　B. 有趣,并能和有关人一起进行

C. 计划性强　　　　　　　　　　D. 能产生有价值的新成果

3. 你的时间很宝贵,所以总是首先确定要做的事情(　　)。

A. 有无价值　　　　　　　　　　B. 能否使别人感到有趣

C. 是否安排得当,按计划进行　　D. 是否考虑好了下一步计划

4. 对你来说,最满意的情况是(　　)。

A. 比原计划做得多　　　　　　　B. 对别人有帮助

C. 通过思考解决了一个问题　　　D. 把一个想法和另一个想法联系起来

5. 你喜欢别人把自己看成是一个(　　)。

A. 能完成工作任务的人　　　　　B. 充满热情和活力的人

C. 办事胸有成竹的人　　　　　　D. 有远见卓识的人

6. 当别人对你无礼时,你往往(　　)。

A. 立即表示出不快　　　　　　　B. 心情不快,但能很快消除

C. 谴责对方　　　　　　　　　　D. 不理他

评分方法:

将上述 6 个测试题中 A、B、C、D 各项的分数相加,就可以得出 4 项总分数。

A 项总分为——　　　　　　　B 项总分为——

C 项总分为——　　　　　　　D 项总分为——

分数最高的一项,就是你的性格的基本类型:

A 为敏感型;B 为情感型;C 为思考型;D 为想象型。

【启示与案例】

活在今天[6]

对待今天,不同人有不同的回答,这里简录部分"活在今天"的计划书,供读者参考。

(1) 今天我要很开心。因为林肯说过:"多半的人都可以决定自己要有多快乐。"快乐源于人的内心。它并非外来之物。

(2) 今天我要调适自己,而非调整世界来配合我。我要让自己配合我的家庭、失业与机遇。

(3) 今天我要照顾自己的身体。我要运动,关心它,滋养它,不滥用它,不忽略它,使它成为我心灵的殿堂。

(4) 今天我要强化我的心灵。我要学习,不让心灵闲置,我将阅读需要专注、思想和努力的读物。

(5) 今天我要三方面操演我的心灵:我要默默地为某人做一件好事;起码做两件我不想做的事;照威廉·詹姆士所说的只是为了让心灵演练,不敢怠惰。

(6) 今天我要使自己宜人。我要使自己看来愉悦,穿着合宜,轻声慢语,举止恰当,多予赞赏,少做批评,不找任何事的毛病,也不想任何事的缺点。

(7) 今天我要全心全意只活这一天,不去想我整个的人生。一天工作 24 小时固然很好,如果想一辈子都如此,可能会先吓坏我自己。

(8) 今天我要制定计划,计划每小时要做的事。可能不能完全遵行,但我还是要计划,为的是避免仓促及犹豫不决。

(9) 今天我要给自己保留半小时轻松时间。我要用这半小时祈祷,想想我人生的远景。

(10) 今天我将无所畏惧,特别是我不怕更快乐,更享受人生的美好;也不怕更去爱别人,相信我爱的人亦爱我。

第五章　需要与激励理论

【学习目标】

通过本章的学习,应对如下内容有一定的了解:
- 动机、需要与行为的概念及作用
- 激励的过程和激励理论的分类
- 内容型激励理论以及它们之间的比较和应用
- 行为改造型激励理论及应用
- 挫折的特性、行为表现、产生原因和克服方法
- 过程型激励理论及应用

第一节　需要与激励过程

激励是组织行为学的核心问题。每个人都需要激励,需要得到来自同事、群体、领导和组织方面的激励;同事之间的相互激励也是不可缺少的;作为一个群体、领导者和组织,为了实现既定目标,就更加需要激励全体成员。所以,激励不仅是个体心理与行为研究中的一个重要内容,也是群体心理与行为、领导心理与行为和沟通心理与行为研究中的重要内容之一。

一、动机、需要与行为

需要是产生动机的内在原因,有时外部条件即外部刺激也会引起动机的产生。例如:一个人渴了想喝水,就会产生寻找饮料的行为,行为指向一定的目标,直到找到饮料为止。根据心理学原理,产生行为的直接原因是动机,渴了是个体缺乏某种东西——水,想喝水是需要,需要产生找水的动机,动机引起个体找水行为,并维持该行为,将行为导向直至找到水这一目标的过程。

当外部条件不变时,内在需要是一个人产生动机的根本原因。需要使一个人产生欲望和驱动力,这种驱动力就是动机,它是推动人们从事某种活动的动力,它导致行为的产生。需要会引发动机,动机产生行为,行为导向目标;当目标完成以

后,又出现了新的需要、动机、行为、目标,不断地周而复始,使人类不断地在生存中发展。

动机(Motivation):是指一种高水平的努力(行为),以达到某一(组织)目标的意愿,它是由人的需要引起的,受到满足个人需要的能力的制约。这个定义包括三个关键要素:努力(行为)、(组织的)目标、需要。

需要(Need):是一种内部状态,对某种结果表现出的兴趣。

努力(行为)(Behavior):是人的行动,它是强度指标。行为是由动机推动的,动机是人产生行为的原因。它有方向和目标性,所以**行为**可看作为消除由需要而产生的紧张和不舒服而达到目的的一种手段。**需要引发动机,动机产生行为,行为导向目标**。由需要引起的动机是使主体趋向一定目标采取行为的内在动力。

二、动机的机能和来源

1. 动机的机能:根据心理学分析,动机有三种机能:一是始发机能,即动机是人类行为的直接原因,驱使人们产生某种行动。二是选择和导向机能,即动机又是人们评价事物和进行学习的基础,能指导人们做出相应的选择,从而使行动朝着特定的方向、预期的目标进行。三是强化机能,即行为的结果对动机具有反作用。动机会因为良好的结果而加强,使该行为重复出现;也会使坏的结果削弱以致消失,从而使该行为不再出现。

2. 动机的来源:动机有两个主要来源。

(1) 内在原因:即人自身未被满足的需要。这种需要包括衣、食、住、行等生理上的需要,以及得到社会承认、友谊、赞扬等心理上的需要。

(2) 外在原因:即作用于人的身心引起内在需要的外在刺激。如食物的香味,服装的款式和色彩,以及电视广告等。这些外在刺激能否起到激发人的动机,还要看它能否引起人的内在需要。因为外因是变化的条件,内因是变化的根据,外因通过内因而起作用。如果一个人已经吃得很饱了,送来的食物香味多大也不可能引起他想吃的需要。总之,产生动机的根本原因是人自身的生理和心理的需要。

三、激励的概念及作用

激励(Motivate):是指激发人的动机,使人有一股内在动力,朝所期望的目标前进的心理活动过程。

激励的作用在于当某人被激励时,他会勤奋和努力地工作。对于一个组织来说,激励的作用有:

(1) 把有才能的、组织所需要的人吸引过来,并长期为该组织工作。从世界范围看,美国特别重视这一点,它从世界各国吸引了很多有才能的专家、学者,这也是美国所以在许多科学技术领域保持领先地位的重要原因之一。

（2）充分发挥员工的技术才能和工作热情，变消极为积极，从而保持工作的有效性和高效率。美国哈佛大学的心理学家威廉·詹姆士（William Jamells）在对职工的激励研究中发现，按时计酬的职工仅能发挥其能力的 20%～30%。而如果受到充分激励的职工其能力可发挥至 80%～90%。这就是说，同样一个人在通过充分激励后所发挥的作用相当于激励前的 3～4 倍。

（3）激发员工的创造性和创新精神，从而大大提高了工作绩效。例如，日本丰田汽车公司，采取合理化建议奖（包括物质奖和荣誉奖）的办法鼓励职工提建议。不管这些建议是否被采纳，均会受到奖励和尊重。如果建议被采纳，并取得经济效益，那么得的奖更多更重。结果该公司的职工仅 1983 年就提出 165 万条建设性建议，平均每人提 31 条，它所带来的利润为 900 亿日元，相当于该公司全年利润的 18%，因而，进一步激发职工的创造性和革新精神就显得越来越重要了。

四、激励的模式及激励理论的分类

1. 激励的基本模式：（刺激→）需要（愿望或期望）→动机→行为→目标（→两种结果），如图 5-1 所示。

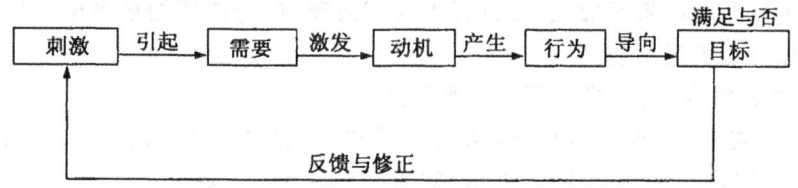

图 5-1　激励模式图

产生的两种结果：a. 满足→产生新的需要和更积极的行为；b. 未满足（挫折）→积极或消极行为。

这里，未被满足的需要是激励的起点；终点是目标的实现。一般有两种结果：一是需要得到满足；二是需要未被满足而受到挫折。无论是得到满足还是受到挫折，又都会产生两类行为：积极行为和消极行为。为促使积极行为，采取何种激励方式，则是各种激励理论探索的重点。

2. 激励理论的分类：

第一类：内容型激励理论（Content Theory），这是研究需要激励的基础理论，它着重对激励的原因与起激励作用的因素的具体内容进行研究，其中，最有名的是马斯洛（A. Maslow）的"需要层次理论"、奥德费（Alderfer）的"ERG 理论"、麦克莱兰（P. C. Meclleland）的"成就激励理论"和赫茨伯格（F. Herzberg）的"双因素理论"等。

第二类：行为改造型激励理论（Behavior Modification Theory），这是着重研究激励目的理论，激励的目的正是为了改造和修正行为。这种理论主要有"挫折论"、"操作条件反射论"和"归因论"等。

第三类：过程型激励理论（Process Theory），这是着重研究动机的形成和行为目标的选择，即激励过程的理论，其中最有影响的是"期望效价论"和"公平理论"。

第二节　内容型激励理论[7]

内容型激励理论是研究激励需要的基础理论。它着重研究需要的内容和结构以及它们推动人们行为的理论。最有名的是亚伯拉罕·马斯洛的"需要层次理论"、奥德费的"ERG 理论"、麦克莱兰的"成就激励理论"和赫茨伯格"双因素理论"这四种。

一、需要层次理论

（一）需要层次理论（Hierarchy of Needs Theory）的五个层次

马斯洛在 1943 年出版的《调动人的积极性的理论》中初次提出"需要层次理论"，并把人的需要分为五个层次，如图 5-2 所示。

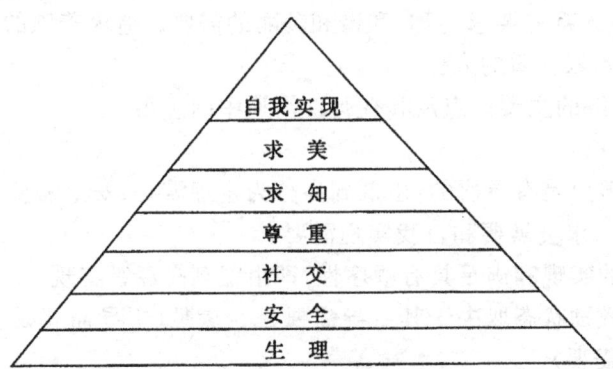

| 自我实现 |
| 求　美 |
| 求　知 |
| 尊　重 |
| 社　交 |
| 安　全 |
| 生　理 |

图 5-2　需要层次示意图

1. **生理需要**（Physiological Needs）：这是所有动物共同的特性，是要满足生命的动力，如：水、住房、食物以及其他方面的需要。生理需要是人最基本的需要。一旦这些生理的需要得到相对满足，人们的注意力就会集中到高一层次的需要上。

2. **安全需要**（Safety Needs）：当生理需要获得满足后，人首先关心的是安全需要，它包括保护自己免受身体和情感伤害的需要。缺乏安全感会影响一个人对人生的整个看法。这些需要往往通过企业采用安全设备、医疗保险和退休福利等措施来满足。

3. 社交需要（Social Needs）：社交需要包括友爱、归属以及接纳方面的需要。每个人都渴望有朋友、恋人、家庭，渴望被爱和被团体的接纳。因此工作单位和地点就不仅仅是一个工作场所，而且还是为人们进行社交活动、建立友谊和归属的场所。

4. 尊重需要（Esteem Needs）：尊重需要和性格一样，是一种多重的需要。这种需要主要表现为两类：一是渴望自由和独立，并有力量、能力和自信的需要；二是渴望名誉权威。这是对地位、支配和获得他人尊重的需要。满足尊重的需要是使人感觉到自己活着有价值并被人重视。在工作上满足尊重的需要的方法主要有提高员工对完成工作的认识，提高其在同事中的社会地位，以及提升其职位等。

5. 自我实现需要（Self-actualization Needs）：当所有上述的需要均基本上得到满足时，自我实现的需要就变得突出（有时也可以用自我满足、自我发展、创造性等词来代替自我实现的提法）。这对个人来说是最好的一种愿望。当人们的需要进入到这个层次时，都想实现他们全部的内在潜力，来满足他们这种自我实现的需要。

1954 年马斯洛在他的《激励与个性》中又将需要分为七个层次，增加了求知需要和求美需要，将自我实现列为第七个需要。

求知需要：我们都有想了解周围环境的基本需求。我们对于未知的、神秘的世界总是充满了好奇心，有一探究竟的渴望，这也是人的基本行为。

求美需要：人都有要求匀称、和谐和美丽的需要。追求美感的愿望最强烈的人被称为具有艺术家气质的人。

（二）马斯洛的主要论点及其在管理沟通中的应用

1. 主要论点：

（1）人的需要是有层次的，由低到高分为生理需要、安全需要、社交需要、尊重需要、求知需要、求美需要和自我实现需要。

（2）需要的实现和满足具有顺序性，即由低到高逐级实现。

（3）人的激励状态取决于其主导需要是否满足（主导需要是指在各种需要中占统治地位的需要）。

（4）不同的人，各层次需要的强烈程度不一样。

2. 在沟通管理中的应用：

（1）满足不同层次的需要。既然五个层次和七个层次的需要是客观存在的，管理者的任务就在于找出相应的激励因素，采取相应的激励措施，来满足不同层次的需要，以引导和控制人的行为，实现组织目标。要满足不同层次的需要应找出一般激励因素和采用相应的组织措施。比如，为了满足职工的生理需要，就应采用适当增加薪水、改善劳动条件、创办各种福利事业等激励措施，以保证职工的基本生活条件，使他们的吃、穿、住和婚姻等问题有个基本解决。

（2）满足不同人的需要。实际上每个人的需要并不都是严格地按照上述的顺序由低到高地发展的。对主管人员来说，了解这种情况十分重要，因为，有些人对社交的需要比尊重的需要更为重要；有些人对某些生理需要也许要求多些，金钱仅仅是激励他们的一种东西而已。马斯洛的研究成果对主管人员来说是很重要的。因为它表明当某层次需要基本上得到满足时，激励作用就不能再保持下去，为了要激励个人就必须转移到满足其另一个层次的需要。

二、ERG 理论

（一）ERG 理论的内容

美国耶鲁大学的克雷顿·奥德费把马斯洛的五个需要层次压缩为三种需要：

1. 生存需要（Existence）：生存的需要类似于"需要层次论"的生理和某些安全需要。它包括多种形式的生理的和物质的欲望，如饥、渴和住处。在组织环境中，工资、津贴和物质工作条件的需要也包括在内。

2. 关系需要（Relatedness）：这种需要类似"需要层次论"中的社交和尊重的需要。它包括所有在工作场所中与他人之间的人际关系。个人的这种需要依靠与别人分享和交流感情的过程中得到满足。

3. 成长需要（Growth）：这种需要类似马斯洛"需要层次论"中的某些自尊需要和自我实现需要。它包括个人在工作上创造性的或个人成长的努力。成长需要的满足，产生于个人所从事的工作，他不仅需要发挥他的才能，而且还需要培养新的才能。

（二）奥德费的主要论点

1. 各个层次的需要得到的满足越少，则这种需要越为人们所渴望。比如，满足生存需要的工资越低，人们渴望得到越多的工资。

2. 较低层的需要越是能够得到较多的满足，对较高层的需要就越渴望。比如，工人的生存需要越是得到满足，对人和人关系的需要和工作成就的需要就越强。

3. 较高层的需要越是满足得少，则对较低层的需要的渴求也越多。比如，成长的需要得到的满足越少，则对人与人关系的需要渴求就越大。

（三）与马斯洛的"需要层次论"的区别

1. 马斯洛的"需要层次论"是建立在满足——上升的基础上的，也就是说，一旦较低层需要已经得到满足，人们将进到更高一级的需要上。"ERG 理论"不仅体现满足——上升的方面，而且也提出了遇挫折——倒退这一方面。挫折——倒退说明较高的需要未满足或受到挫折后，人会把更强烈的欲望放在一个较低层的需要上，比如，成长需要受到挫折，就会对人与人关系的需要产生更高的希望。

2. "需要层次论"认为，每一个时期只有一种突出的需要。而"ERG 理论"指出,在任何一个时间内可以有一个或一个以上的需要发生作用。

3."需要层次论"认为,人的需要严格按由低到高逐级上升,不存在越级,也不存在由高到低的下降;而"ERG 理论"则提出,人的需要并不一定严格按由低到高发展的顺序,而是可以越级的。比如,有的人在生存需要得到满足后,就可以直接上升到成长发展的需要。一旦遇到挫折也存在由高到低的下降。如一个人得不到好的相处关系,就可以下降到只多得几块钱就算了。

4."需要层次论"认为,人类有五种或七种需要,它们是生来就有的,是内在的;而"ERG 理论"则认为,只有三种需要,其中有生以来就有的,也有经过后天学习得来的,比如,成就的需要就是后天学习得来的。

三、成就激励理论

(一)成就激励理论的内容

麦克莱兰的"成就激励理论"(有的称其为"**三种需要理论**"Three Needs Theory)认为个体在工作环境中有三种主要的动机或需要:

"成就激励理论"不讨论人的基本生理需要,主要研究在人的生理需要基本得到满足的前提条件下,人还有哪些需要。麦克莱兰认为:人还有权力需要、友谊需要和成就需要三种。

1. 权力需要(Power Need)。影响和控制他人且不受他人控制的欲望。个人的权力在不同阶段的表现不同,它有一个发展过程。一般的变化是从依赖别人→相信自己→控制别人→自我隐退。权力有个人权力和社会权力之分。

2. 归属需要(Need for Affiliation)或称友谊需要(Need for Friendship)。建立友好亲密的人际关系的愿望。负有全局责任的管理者把友谊看得比权力更为重要。

3. 成就需要(Need for Achievement)。达到标准、追求卓越、争取成功的需要。具有挑战性的成就会引发人的快感,激起其奋斗的精神,对行为起主要影响作用。

(二)麦克莱兰的主要论点

1. 不同的人对这三种基本需要的排列层次和所占比重是不同的,个人行为主要取决于被环境激活的那些需要。

2. 具有高成就需要的人的特点是:事业心强,比较实际,敢冒一定风险;这种人把个人成就看得比金钱更重要,从成就中得到鼓励超过物质鼓励的作用,把报酬看作是衡量成就大小的工具。

3. 具有高成就需要的人对企业和国家有重要作用。一个公司拥有这种人越多,它的发展越快,获利越多;一个国家拥有这种人越多,就会越兴旺发达。

4. 通过教育和培训可以造就出具有高成就需要的人才,可举办训练班,宣传高成就需要人物的形象,交流经验等。

四、双因素理论

(一)双因素理论的内容

弗雷德里克·赫茨伯格的"双因素理论"也被称作"激励—保健理论"(Motiva-tion-hygiene Theory),他把马斯洛的五个或七个需要层次概括为两类因素:

1. 保健因素:(工作条件、工资、同事关系、安全、个人生活和福利保障等)只能安抚员工,不能激励员工。

2. 激励因素(Motivators):(成就、承认、工作本身、责任、晋升和成长等)可增加员工的满意感,起到激励作用。

(二)在管理上的应用

把赫茨伯格的理论用到经营管理工作中,我们可以取得在管理人力资源方面的两种重要激励思想:

1. 对某些人来说,赫茨伯格列入保健因素的东西可能是他们的激励因素。因此,重要的是应当区分不同人的激励因素和保健因素。就企业的政策来说,有些政策是保健因素,如职工退休政策,有些政策是激励因素,如企业经济承包责任制。

2. 赫茨伯格提出的双因素论是很有意义的,它可以促使人们更多地注意与工作本身有关的因素,即通过做具有挑战性的工作来激励自己。这是一种内激励,它可激发人自觉地工作,而减弱对工资、奖金等物质条件的需要,把原来属于保健因素的转化为激励因素。

五、几种内容型激励理论的比较

心理和行为发展的一般规律:人都会产生各种需要和满足这些需要的欲望,满足这种需要是调动人的积极性的动力,而且这种需要的层次是由低级向高级的发展趋势。

1. 需要是调动人的积极性的原动力。心理学上所说的需要的含义,是指维持个体生存、延续种族和参加社会生活的客观条件在人脑中的反映,以及由此而产生的欲求状态。以上几种需要理论都把未满足的需要作为调动人的积极性的起点,认为这种未满足的需要会引起人的生理和心理的紧张情绪,牵动人的情感,这种紧张的程度与需要的迫切性成正比关系。这种紧张的情绪状态构成了一种内驱力,这种内驱力指向一定的能满足他需要的目标,为了达到目标所作的努力就是行为。所以,未满足的需要是激励人的最根本的原动力。为了调动员工的积极性,管理者应当认真地研究员工的需要,并应相应地采取一定措施,使员工的各种正当的需要得到适当的满足。

2. 需要的多样性、多层次性和发展趋势为管理者采取相应的激励措施提供了依据。需要理论指出,人的需要是多种多样的,有生理需要和心理需要,有物质需要和精神需要;还存在一个由生理需要向心理需要、由物质需要向精神需要这种从低到高的发展趋势。从这里我们可以看出,各级领导者在研究员工的需要时,还必须注意这种需要的多样性和从低到高的发展趋势。以便使采取的措施更有针对性和有效性。

几种内容型激励理论的比较如图 5-3 所示。

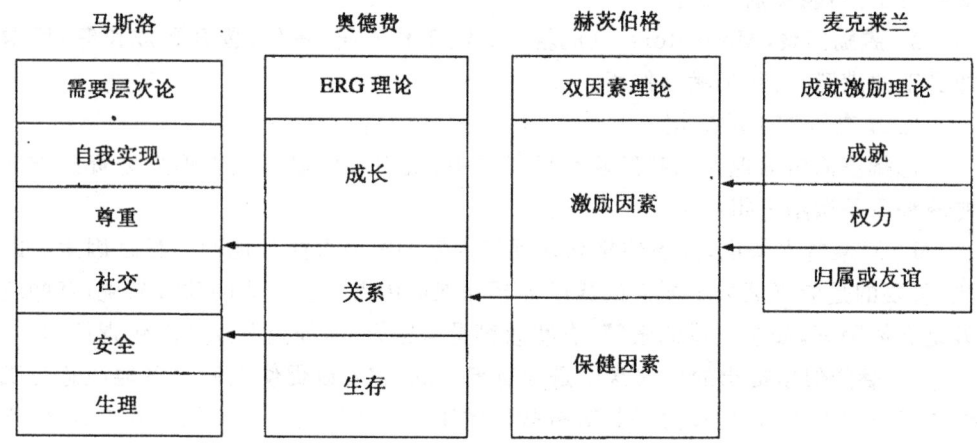

图 5-3　几种需要理论的对比

第三节　行为改造型激励理论[8]

内容型激励理论重点研究行为产生的原因,即激励的起点和基础,分析人们的内在需要和动机是如何推动行为的;行为改造型激励理论的激励目的是把消极行为改造(转化)为积极行为,以达到(组织)预定目标,取得更好绩效。

行为改造型激励理论(Behavior Modification Theory):是重点研究如何改造和转化人的行为,变消极为积极的一种理论。对于如何改造人的行为,主要有三种观点及代表理论:

(1)改变外部环境刺激。"操作条件反射论"或称"强化论"的观点是:人的行为是对外部环境刺激作出的反应,只要通过改变外部环境刺激,就可达到改变行为的目的。

(2)改变人的思想认识。"归因论"的观点是:人的内在思想认识指导和推动人的行为,通过改变人的思想认识就可以达到改变人的行为。

(3) 外部环境刺激与人的思想认识相结合。"挫折论"的观点是:人的行为是环境刺激和内部的思想认识相互作用的结果,因此只有两者相结合才能达到改变人的行为的目的。

一、操作条件反射论

(一) 操作条件反射论的主要特征

该理论重视环境对行为的影响作用,认为行为是结果的函数,人的行为只是对外部环境刺激所作的反应,只要创造和改变外部的操作条件,人的行为就会随之改变。总之,人的行为是受外部环境刺激所调节的,因而也受外部环境刺激所控制,改变刺激即能改变行为。对于管理者来说,这种理论的意义在于用改造环境(包括改变目标和完成工作任务后的奖惩)的办法来保持和发挥积极行为,减少或消除消极行为,把消极行为转化为积极行为。

该理论与"内容型激励理论"比较,有四个主要特征:

1. 激励模式。

内容型激励理论:由需要引起动机,动机产生行为,达到目标绩效给予报酬,最后满足需要;

操作条件反射论:由前因目标通过刺激引发行为,取得绩效,给予报酬。

2. 着重点。

内容型激励理论:人的内在需要和动机是推动行为的动力。

操作条件反射论:注重行为及决定行为的外部条件。几乎不考虑人的心理活动,只看人的行为与客观条件的相互关系。它注意的中心是行为本身。

3. 研究的起点和终点。

内容型激励理论:(需要引起的)行为→结果(给予一定报酬,需要得到满足);始终点都是"需要"。

操作条件反射论:根据行为结果和取得报酬(奖或惩)来决定以后行为的保持、增加或消失。始终点是目标或结果

4. 行为控制。

内容型激励理论:研究如何激发人的内在需要和动机。

操作条件反射论:只是控制刺激行为的外部环境(目标刺激、绩效奖惩或不奖不惩)。

(二)"强化理论"的强化类型

"操作条件反射论"的核心是"强化理论"(Reinforcement Theory),它是研究改变影响行为的环境刺激以达到增强、减弱或消失某种行为的过程。要改变一个

人的行为,对管理者来说有如下四种强化类型可供采用:

1. 积极强化(Positive Reinforcement):在积极行为发生以后,立即用物质或精神的鼓励来肯定这种行为。在这种刺激作用下,使个体感到对他很有利,从而增强以后的行为反应的频率,这就叫做积极强化。这种强化通常称为奖酬,如表扬、赞赏、增加工资,发给奖金和奖品,分配有意义的工作等。

2. 惩罚(Punishment):在消极行为发生之后,给予某些令人不喜欢的对待,或取消某些为人所喜爱的东西,从而减少消极行为,或消除消极行为,这就叫惩罚。

3. 消极强化或逃避性学习(Avoidance):管理者使用这一强化方法,是为了加强他们所希望的行为。当一个特定的强化能够防止产生个人所不希望的刺激,就叫做消极强化。消极强化与积极强化是有区别的。对于积极强化来说,工人努力工作从组织获得奖酬,这种奖酬是来自他的良好工作绩效;而对消极强化来说,工人努力工作是为了逃避不希望得到的惩罚,不挨管理者的批评等。

4. 衰减(Extinction):积极强化和消极强化用来加强所希望的个人行为,惩罚和衰减是为了减少或消除不希望发生的行为。衰减就是撤销对原来可以接受的行为的强化,由于一定时期内连续不强化,这种行为将逐步降低反应频率,以致最终消失。

各种强化类型的比较如表 5-1 所示。

强化类型比较

强化类型	刺激	反应	结果或报酬
积极强化 增加所希望的积极行为的可能性	高绩效在组织中得到奖励	个人在高水平上完成任务 (所希望的行为)	增加工资、承认、表扬
惩罚 减少所不希望的消极行为重复出现的可能性	每天给一个小时吃午饭	个人连续用一个半小时吃午饭 (不希望的行为)	受到管理者的训斥和批评
消极强化 由于知道其结果增加所希望行为的可能性	看到别人用一个半小时吃午饭受到管理者的训斥	改为个人用一小时吃午饭	不受训斥
衰减 撤销积极强化,从而衰减所不希望的行为	1. 根据订货数量给销售人员的奖金 2. 撤销因每一份新顾客订货而给的奖金	销售人员努力去获得新订货 销售人员用极小的努力去获得新订货	奖金 没有奖金

二、归因理论

它是说明和推论人们活动的因果关系的理论。人们用它理解、预测和控制环境，以及随这种环境出现的行为。该理论又称**认知理论**，即通过改变人的自我感觉和思想认识来达到改变人的行为。该理论认为：不同的归因会直接影响人的工作态度和积极性，影响随后的行为和工作绩效。对过去成功或失败的归因，会影响将来的期望和坚持努力的行为。

1. 归因论研究的三个基本问题：

（1）人们心理活动与行为的因果关系，包括内因行为和外因行为。内因行为是指个体认为在自己控制范围之内的行为；外因行为是指有外部原因引起使个体采取的被迫行为。

（2）推论问题：根据行为和结果对行为者的心理特征、素质和个性差异作出推论。

（3）期望与预测：从过去的行为和结果预测在某种情况下会产生什么行为。

一般人可作出四种归因：努力程度；能力大小；任务难度；运气与机会。

2. 归因论的应用：坚持是成就行为的主要特征，对于前一段行为的因果关系的分析推论，直接影响和决定着以后的行为，成就的获得有赖于对过去工作是成功或失败的不同归因。在这方面心理学家们在实验的基础上得出了如下几种看法：

（1）如果学习的人把失败归于自己脑子笨和能力低这样一类稳定的内因，则不能增强学习者坚持今后努力的行为。

（2）假如把失败归因于自己学习不够努力这个相对稳定的内因，则可能增强学习者更加倍努力去学习和坚持性的行为。

（3）如果把失败归于不稳定的偶然的外因（比如在考试复习阶段把笔记本丢了，或发烧一周），则学习者不一定会降低学习的积极性，而且能够坚持努力行为。

（4）假如把失败原因归于学习任务太重、太难等稳定性的外因，则就很可能会降低学习者的自信心、成就动机和行为的坚持性。

总之，运用归因论原理来增强人们的坚持性，对取得成就行为有一定作用，特别是对科研人员的作用更为显著。这实际上说明通过改变人的思想认识可以达到改变行为的目的。

三、挫折理论

挫折是指个体从事有目的的活动时遇到环境的障碍或干扰，使需要和动机不能满足而产生的情绪状态。这种动机受挫，又称心理挫折或欲求不满。

（一）挫折的特性

（1）主观性：心理挫折是一种主观的心理反应和感受。

（2）普遍性：它普遍存在，没有一帆风顺的人生。

（3）两重性：一方面挫折是坏事，使人失望、痛苦；使某些人消极、颓废，或引起消极对抗行为，导致矛盾激化，还可能使某些意志薄弱者因此失去对生活的希望；另一方面挫折又是好事，能给人以教益，使人们变得比较聪明起来，使犯错误者认识错误、接受教训，使之成熟、坚强，它还能激励人发奋努力，从逆境中奋起。

（二）受挫后的行为表现

1. 攻击：是一种常见的对挫折所采取的公开对抗的行为。这种攻击行为又可分为直接攻击和转向攻击两类：**直接攻击**是指把攻击行为直接指向阻碍达到目标的人或物。如一个受到领导不符合事实的批评，他可能会立即跟领导争辩；**转向攻击**是指当不能直接攻击阻碍自己达到目标的人或物时，对替身或自我责备，这种转向攻击又分为两种情况：一种情况是自己在工作单位受到领导批评，回到家里骂老婆，打孩子，有的人把气发泄在亲属身上；另一种情况是自己受到领导批评后，因他对自己缺乏信心，悲观失望，所以是责备自己，悲观失望。

2. 冷漠：当个人受到挫折后压力过大，无法攻击或攻击无效，或因攻击而招致更大的痛苦时，便将愤怒的情绪压抑下来，采取冷漠行为。从表面上看来，似乎对挫折漠不关心，表示冷淡退让，但是，实际上内心痛苦之极。严重者将变成忧郁型精神病人。

3. 幻想：是人受挫折后的另一种退缩式的反应，这种人受挫折后退缩脱离挫折的情况，他把自己置于一种想象的境界，也就是企图以梦似的幻想来寻求满足需要，即白日做梦。

4. 退化：是指人遇到挫折时表现出与自己年龄不相称的行为，人们随着社会生活的影响由儿童时代的任意发泄，逐步学会如何控制，如何在适当的时机作出适当情绪反应。但是，一个人在遇到挫折时也会失去控制力，像小孩子一样哭闹、不起床、幼稚退化、返老还童。

5. 忧虑：是指一个人连续遭到挫折失败，便失去了自尊心和自信心，不知所措，形成一种由紧张、不安、焦急、恐惧等感受交织而成的复杂情绪状态。忧虑严重者在生理上还会出现忧虑性疾病如头发昏、心发慌、冒冷汗、脸色苍白等反应。

6. 固执：一个人在生活环境中遇到挫折时，需要有一种随机应变的能力，才能顺利解决所遇到的问题。但在某种情况下，如个体一再遇到同样的挫折，他可能会采取一种一成不变的反应，即使以后情况发生改变，而这种已有的刻板性反应方式仍会盲目继续出现。这种现象就叫固执。心理学家的实验证明，来自领导上严厉的或长期的惩罚，来自管理者方面的僵化管理模式，都是导致固执行为的重要原因。因此，惩罚必须谨慎，管理方法须灵活多样。

7. 妥协：是指人遇到挫折后所采取的减轻情绪上的紧张状态的缓冲性行为，

这种在心理上的妥协有保护受挫人的防御性作用。

(三) 挫折产生的原因和影响因素

挫折的各种表现形式都是客观存在的。我们不仅要承认挫折的存在,更重要的是找出产生挫折的原因,并针对这些原因找出妥善处理的方法。形成挫折的原因归结起来有两类:即客观原因和主观原因。

1. 客观原因:由客观原因所引起的挫折也叫做**外因性挫折**。它是由外界因素阻碍人们达不到目标而产生的挫折。这些外界因素主要包括自然环境(生老病死、自然限制、人难胜天)和社会环境(人为的)限制。有了这些限制,个人的需要和动机常常是无法完全满足的,个人的目标也不可能完全达到,因此产生挫折感。社会环境限制不但阻碍个人的行动使人达不到目标,而且使人因失败感到愧疚。如政治的、经济的、种族的、宗教的、家庭的及风俗习惯等等各方面,几乎无时无刻不对个人的行为加以限制。比如,因人们之间的关系紧张,在工作岗位上不能发挥人的才能,教育方法不当、管理方式不妥等社会环境都会引起挫折。

2. 主观原因:由主观原因引起的挫折也叫做个人**内因性挫折**。个人内因又包括两个方面:一方面是个人所具备的条件,比如因个人体力、智力和能力等条件不佳,个人经验不足,思想意识不端正,思想方法片面等,致使个人目标无法实现;另一方面是动机的冲突,比如因事实所迫,个人所追求的几个目标,只能在取舍抉择中保留一个,其余的目标不得不忍痛放弃。

3. 影响挫折程度的因素:

(1) **个人志气**(也叫抱负水平):是指一个人对自己所要达到的目标规定的标准。规定的标准高表明志气高;反之,则表明志气低。比如,两个学生经过认真准备后参加数学竞赛,其中乙给自己定了争取得第 2 名,甲给自己定了得第 1 名的标准,竞赛结果两个人都得第 2 名,这样乙感到满意,而甲却受到了挫折。

(2) **容忍力**:个人对挫折的容忍力也是有差别的,即对生活上的挫折和对自尊上的挫折因人不同。不同的人对挫折的容忍力不一样,有的人经得住挫折,有的人就经受不起挫折。对同一个人来说,对不同挫折的容忍力也不同,有的人能容忍生活上的挫折,却不能容忍自尊心上的挫折,而有的人恰恰相反,由于每个人的经历不同,生理和心理的条件不同,对挫折的判断能力也各有不同,所以对挫折程度的感受也有差别。

(四) 消除与克服心理挫折的方法

1. 自我安慰:当自己的欲求得不到满足时,不再说自己所求得的是什么东西,不再强调它有什么好处,而是百般强调自己已经得到的好处,就像有人没有考上研究生,就说:有大学学历就不错了,借此减轻和消除内心的失望和痛苦。

2. 自我宣泄:是指挫折所产生的能量通过自身一些活动,及时地发泄出来,促使心理得到平衡、情绪得到稳定的方法。它包括如下几种方式：

自慰：当出现挫折以后，心情非常紧张的时候，首先要宽松自己的心情，自己安慰自己。

倾诉：倾诉是用语言向他人表述宣泄的方法。遇到失败和挫折以后，找自己的好朋友尽情诉说来调整自己的心理。这对于促使心理平衡有较好的作用。

投射：通过娱乐进行宣泄。例如看电影、唱卡拉 OK、看戏、看小说、听音乐、看画展等，使得紧张的情绪得以减缓。

写信：是要把受挫折的情感通过写信加以宣泄。林肯就是这样做的，当他对他的部下不满时，就写信来发泄自己的不满，但是从来不把信寄出去以免伤害别人。一般来讲，当愤怒时，把一切都写在信里，第二天就好受多了。

活动：借助其他活动把聚集在体内的能量释放出来。通过一些比较剧烈的活动来调整心理上的不平衡，如当遇到挫折后，打篮球、乒乓球、羽毛球或跑步等，把体内激发出来的能量转移到运动中。

痛哭：如果一些情绪聚集很深，通过大哭一场，不但可以减轻情绪上的压力，还能够减轻身体上的压力。

3. 积极转移：忘记苦恼，珍惜生命，认真快乐、充实地过好每一天。如用双倍于别人的效率利用时间，把今天应做的事情，在半天内完成；把明天要做的事，提前到今天完成。这样，所有的烦恼就不会再打扰你。

4. 灵活权变：在完成目标的过程中，由于各方面的原因，原来的目标可能逐渐不适合自己的兴趣和理想，社会大环境或你的工作小环境发生改变以后，你仍按原计划施行，势必要受到环境的限制和阻碍，这时候就要灵活转变，重新制定自己的目标。

5. 心理丰富：人们在生存和发展过程中，存在大量的心理贫困现象。例如，一些人不知道自己要做什么；想做点什么又不知道从哪里做起，没有信心，不能够把梦想、期望化为强烈的欲望和动力，这类人称为心理贫困的人。还有一类心理苍白的人，他们对什么都无所谓、无欲望、无追求，但却感到挫折。

心理的丰富来自对自卑的超越。人的潜能很大，只要相信自己不断努力，你的内在潜力就一定能够挖掘出来。人总是要遭受挫折和失败的，与其被动地和措手不及地应变，不如积极主动地和有计划地采取措施加以避免。例如，平时要注意有目标地积累知识和培养能力，培养信念和毅力，做自己力所能及的事情。总之，在人的生存和发展过程中，挫折是不可避免的，关键在于如何去正确地对待它。聪明的人会在挫折中获得经验，不断总结自己，为以后的发展寻找新的亮点，激励自己增加动力把事情做得更好；糊涂的人不是把挫折视为过去、振奋自己，而是怨天怨地怨命运，只有很好地认识挫折，提高对挫折的承受力，你才能一步一个脚印地走向成功。

第四节　过程型激励理论[9]

　　内容型激励理论研究行为产生的原因:需要和动机是如何推动行为的,以及需要的组成。行为改造型激励理论研究如何控制、改造人的行为。过程型激励理论(Process Theories)则说明行为是怎样产生的,怎样向一定方向发展,如何使行为坚持下去,怎样结束行为发生的整个过程。

　　下面介绍"期望理论"和"公平理论"。

一、期望理论

(一) 期望理论的主要内容

　　"期望理论"(Expectancy Theory)通过考察人的行为与所获奖酬之间的因果关系,发现当人们预期某一行为将带来一个特定结果,且这种结果具有吸引力时,一个人就会采取这一特定行为。

　　激励水平＝期望值×效价($M=E\times V$)

　　(M——Motivation; E——Expectancy; V——Valence)

　　激励(M)是指激励水平的高低。它表明动机的强烈程度,被激发的工作动机的大小,即为达到高绩效而做的努力程度。这种激励又被分为外在性激励和内在性激励两类。

　　期望值(E)是指人们对自己的行为能否达到所想得到的工作绩效和目标(奖酬)的主观概率,即主观上估计达到的目标,得到奖酬的可能性。这种主观概率要受每个人的个性、情感、认识水平、动机等的影响,因而人们对这种可能性的估计也不一样,有人趋于保守,有人趋向冒险。比如,两个很想报考研究生的人,甲估计他考取的可能性为40%,概率为0.4;乙估计他考取的可能性为90%,概率为0.9。

　　效价(V)是指人们对某一目标(奖酬)的重视程度与评价高低,即人们在主观上认为这奖酬的价值大小。比如,前面所讲的两个想考研究生的人,他们两人对能否考取的重视程度,也不相同,甲采取无所谓的态度,他不愿意继续上学,想早点工作,所以考研究生的效价比例低。如果以十个量级表来表示效价的高低,效价最高为 10 分,效价最低为 0 分,甲的态度可算 4 分;乙很重视,渴望能考上,这叫效价高,可算 10 分。

　　按上述简化公式计算两个人对考研究生的激励水平就不相同。

　　考研对甲的激励水平:$M=0.4\times 4=1.6$

低　低　低

考研对乙的激励水平:$M=0.9\times10=9$

　　　　　高　　高　　高

以上这个例子比较简单,但实际上却存在期望值和效价相结合的多种多样的**情况**,一般有下列五种情况:

$$M=E\times V$$

　　(1)低　　低　　低
　　(2)低　　高　　低
　　(3)低　　低　　高
　　(4)中　　中　　中
　　(5)高　　高　　高

以上我们只是从影响激励的期望值和效价这两个因素分析的,其实影响激励水平的因素还有关联性(工作绩效与所得报酬之间的联系)、结果、绩效和报酬、能力和选择等。但在实际工作中,管理人员应主要抓住三项工作:一要明确做什么工作给什么奖酬;二要使员工认识到这种奖酬与工作绩效有联系;三要使员工相信只要努力工作,绩效就能提高。

(二) 激励的影响因素

影响激励,除了期望值和效价两个因素外,还有三种联系:

(1)努力与绩效的联系。个体感觉到通过一定程度的努力而达到工作绩效的可能性。

(2)绩效与奖赏的联系。个体对于达到一定工作绩效后即可获得理想的奖赏结果的信任程度。

(3)绩效与个人目标的联系(吸引力)。工作完成后,个体所能获得潜在结果或奖赏对个体的吸引程度,这与个人的目标和需要有关。

上述三种联系可用图5-4的简化期望模式表示。

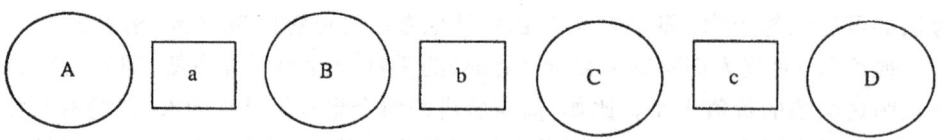

　　A. 个人努力　B. 个人绩效　C. 组织奖赏　D. 个人目标
　　　a. 努力与绩效的联系　b. 绩效与奖赏的联系
　　　c. 奖赏与个人目标的联系(吸引力)

图5-4　简化的期望模式

(三) 期望理论在管理中的应用

(1)人们可以自觉地评价自己努力的结果(绩效)和自己绩效的结果(报酬)。

（2）管理人员可以通过指点、指导和各种技术训练的办法，提高下级对努力到实现绩效的期望。

（3）报酬必须紧密、明确地与对组织有重要意义的行为相联系。组织中的奖励制度和奖励又必须随个人的绩效而定。

（4）人们对从工作中得到的报酬的评价（效价）是不同的，有的人重视薪金，有的则更重视挑战性工作。因此，管理人员应重视使组织的特定报酬同职工的愿望相符合。

二、公平理论

（一）公平理论的主要内容

"公平理论"（Equity Theory）是在社会比较中探讨个人付出与所得之间如何平衡的一种理论。它侧重研究工资报酬的合理性和公平性对员工积极性的影响。所以它又称社会比较理论。它是将员工自己的工作投入——成果比率与其他员工相应比率进行比较，然后纠正任何不公平的理论。

比较的三个参照对象（Referents）和三种结果：自我、他人、制度（系统）；不公平（报酬过低——消极行为）、公平、不公平（报酬过高——积极行为）。

公平理论是美国的斯达西·亚当斯（J. S. Adams）于 1956 年提出来的。他认为，当一个人察觉到他投入于工作的努力（投入）对由此工作所得到的报酬（结果）的比，与其他人的投入对结果的比相等时就公平，否则就不公平。总之，这种公平与否是在社会比较中得来的。也正因如此，公平就能激励人，不公平就不能激励人。人们能否得到激励，不仅由他们得到了什么报酬而定，更重要的是他们看到别人或以别人所得到的报酬与自己所得报酬比较是否公平而定。激发动机的过程，也是人与人进行比较的过程。

（二）不公平感的缩小和消除

缩小和消除不公平的方法主要有下列两种：

（1）如果不公平是由当事人的结果/投入比率较低（报酬不足）而引起的，可增加结果，或减少投入，以消除不公平。

（2）如果不公平是由当事人的结果/投入比率大于参照人时（报酬过多），这个人将受到激励，通过减少结果或增加投入，以消除不公平。

（三）公平理论在管理中的应用

（1）要强调对员工给予公平的报酬，因为如果人们认为他们没有得到公平的报酬，就会影响某种士气和劳动生产率的提高。

（2）判断公平与否应进行社会比较，应与组织内外其他职工进行比较。

（3）管理人员对个人不公平的反应可以采取上述消除或缩小不公平的形式解决。

公平理论的比较结果如图5-5所示。

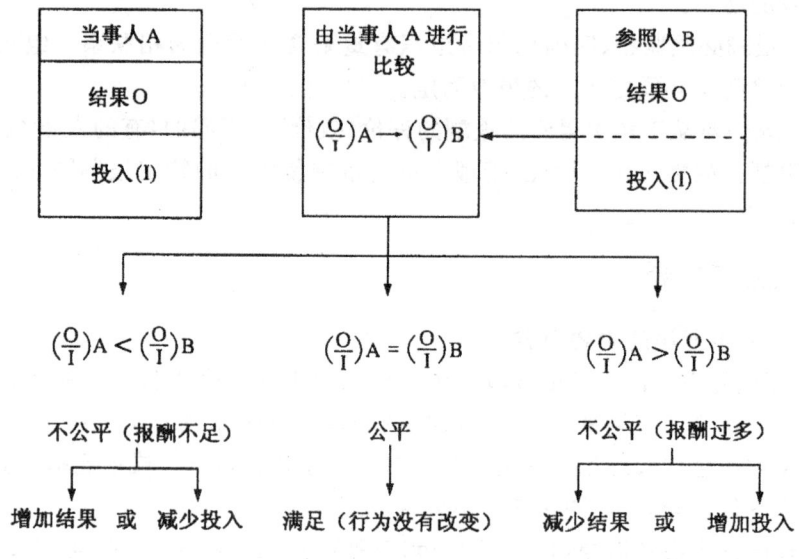

图5-5　公平理论图示

【思考与练习】

1. 为什么说需要是人类积极性的原动力？请把你在生活、工作实践中遇到、听到的有关这方面的故事讲给大家听。

2. 谈谈人的动机结构、优势动机对行为的影响。

3. 描述马斯洛需要层次论,对照你的生活、工作和学习的一些事例,谈谈你的感受。

4. 在你的生命历程中,你认为你最大的失败与挫折是什么？为什么？

5. 就个人财富而言,今天的你与昨天的你有什么不同？你如何评价自己的价值与财富？

6. 你与身边的人的关系怎么样？在你遭遇挫折和失败时,是更愿意自己独自承受这份苦恼还是愿意与他们"分享"？

7. 在许多方面都比你强的人面前,你自卑吗？你是否可加以克服？是如何做的？

【自测与评估】

心理适应能力测试[10]

说明:本卷包括20个题目,每题有5种答案。请在阅读每题后,从答案中选择符合你的实际情况的一种填在括号里,再根据后面的计分标准算出自己的得分。

题目:

1. 假如把自己考试的试卷拿到一个安静、无监考的房间去做,我的成绩一定会好些。( )

    A. 很对   B. 对   C. 无所谓   D. 不对   E. 很不对

2. 走夜路时,我能比别人看得更清楚些。( )

    A. 是   B. 好像是   C. 不知道   D. 好像不是   E. 不是

3. 每次离开家到一个新地方,我总是爱闹点毛病,如拉肚子、失眠、皮肤过敏等。( )

    A. 完全对   B. 有些对   C. 不知道   D. 不太对   E. 不对

4. 我在正式运动会取得的成绩比体育课或平时练习成绩好些。( )

    A. 是   B. 似乎是   C. 吃不准   D. 似乎不是   E. 正相反

5. 我每次明明已经把课文背得滚瓜烂熟了,可是在课堂上背的时候却总要出点差错。( )

    A. 经常如此 B. 有时如此 C. 吃不准   D. 很少这样   E. 没有这样

6. 开会轮到我发言时,我似乎比别人更镇定,发言也显得很自然。( )

    A. 对   B. 有些对   C. 不知道   D. 不太对   E. 正相反

7. 我冬天比别人更怕冷,夏天比别人更怕热。( )

    A. 是   B. 好像是   C. 不知道   D. 不太对   E. 不是

8. 在嘈杂、混乱的环境里,我仍然能集中精力学习、工作,效率并无降低。( )

    A. 对   B. 有些对   C. 吃不准   D. 有些不对 E. 正相反

9. 每次检查身体,医生都说我"心跳过速",其实我平时脉搏很正常。( )

    A. 是   B. 有时是   C. 时有时无 D. 很少有   E. 根本没有

10. 如果需要的话,我可以熬一个通宵,精力充沛地学习和工作。( )

    A. 完全同意 B. 有些同意 C. 无所谓   D. 有些不同意E. 不同意

11. 当父母或兄弟姐妹的朋友来家做客时,我尽量回避他们。( )

    A. 是   B. 有时是   C. 时有时无 D. 很少是   E. 完全不是

12. 出门在外,虽然吃饭、睡觉、环境等变化很大,可是我很快能习惯。( )

    A. 是   B. 有时是   C. 不确定   D. 很少是   E. 完全不是

13. 参加各种比赛时,赛场上越激烈,观众越加油,我的成绩反而越上不去。( )

    A. 是   B. 有时是   C. 不确定   D. 很少是   E. 不是

14. 上课回答问题或开会发言时,我能镇定自若地把事先想好的一切都完整

地说出来。（　　）

　　A. 对　　　　　B. 有些对　　C. 不确定　　D. 有些不对　E. 不对

　　15. 我觉得一个人做事比大家一起干时效率高些,所以我愿意一个人做事。（　　）

　　A. 是　　　　　B. 好像是　　C. 不确定　　D. 好像不是　E. 不是

　　16. 为了求得和睦相处,我经常放弃自己的意见,附和大家。（　　）

　　A. 是　　　　　B. 有时是　　C. 不确定　　D. 很少　　　E. 根本不是

　　17. 当着众人和生人的面,我感到窘迫。（　　）

　　A. 是　　　　　B. 有时是　　C. 不确定　　D. 有些不对　E. 不对

　　18. 在一个新的工作单位,和陌生人很快就能熟悉起来。（　　）

　　A. 是　　　　　B. 有时是　　C. 不确定　　D. 很少是　　E. 不是

　　19. 和别人争吵起来时,我经常哑口无言,事后才想起该怎样反驳对方,可是已经晚了。（　　）

　　A. 是　　　　　B. 有时是　　C. 不确定　　D. 很少是　　E. 不是

　　20. 我每次参加正式考试或考核的成绩,常常比平时的成绩更好些。（　　）

　　A. 是　　　　　B. 有时是　　C. 不确定　　D. 很少是　　E. 不是

　　计分标准:

　　凡单号题（1、3、5、…）从 A 到 E 中回答依次记 1、2、3、4、5 分。凡双号题则反之,从 A 到 E 中依次记 5、4、3、2、1 分。

　　分析:

　　81～100 分适应性很强;61～80 分适应性较强;41～60 分适应性一般;21～40 分适应性较差;0～20 分适应性很差。

【启示与案例】

精神与情感需要的意义

　　一对老夫妻,在古玩店里发现了一只他们十分喜欢的古玩钟表。他们决定只要价格不超过 500 元就买下它。但是当他们看清上面的标价时,却感到丧气了,因为上面的标价是 750 元。"这么贵",妻子首先犹豫了,"我们说好了 500 元就买,可是它的价格是 750 元,超过了我们的预计,不买了吧。""等等,我们已经寻找了很长的时间了,让我们试一试,便宜一点他们卖不卖。"

　　俩人经过协商,决定由丈夫出面进行讨价还价,尽管他们认为这种可能性是微乎其微的。

老人鼓起勇气对售货员说:"我看到你们有一个小钟表要卖,我看了上面的定价,我也看到价签上有很多尘土,这使那个钟表看起来有点像古董。"他停了一下接着说:"我告诉你我想干什么吧,我想给你的钟出个价,只出一个价。我肯定这会使你感到震惊,你准备好了吗?"他故意卖了一个关子。"我给你 250 元。"

他以为他会遭到拒绝,但是售货员连眼都没眨一下就说:"好啦,卖给你了。"

这对老夫妻的反应如何? 他们高兴了吗? 没有。"我真傻,也许这个钟本来就不值几个钱,或者是里面的零件少了,否则它为什么那么轻呢?"丈夫越想越懊恼。后来,尽管他还是把这只钟摆到了自家的客厅里,尽管这只钟看起来美丽极了,同时它走得也很准,但是老两口总是觉得不放心。他们有时一个晚上要起来好几次,原因就是他们觉得没有听到钟的走动声。结果两人的身体很快就垮了。而这一切的原因就是那个售货员居然以那样低的价格把他们想要的钟卖给了他们。

由此可见,在一些情况下,满足人们的精神、情感的需要比满足物质的需要更重要。人是有感情的动物,人生活在世界上,不但需要满足自己的物质需要,而且也要满足自己的精神需要。有时,这种精神需要的满足要比物质需要的满足还要重要。

第六章　群体心理与行为

【学习目标】

通过本章的学习,应对如下内容有一定的了解:
- 群体的概念,个人与群体的关系
- 群体的类型及发展阶段
- 群体内部行为的心理特征
- 影响群体内行为及群体间行为的主要因素

第一节　群体行为的特征

一、群体的概念

赫雷季尔(O. Hellrigel)1983 年在《组织行为学》中定义群体为"在一定的时间内能够互相交往沟通的一群人,其中每一个人都能够与这一群人中的任何一个人进行面对面的交往沟通,而不是通过其他人来进行间接的交往沟通"。该定义认为群体有三个特点:

(1) 成员间能互相见面接触。

(2) 成员间能进行双向的个人交往。

(3) 没有像军队里的那种指挥系统和悬殊的等级差异。

西拉季(A. D. Szilagyi)1983 年在《组织行为与绩效》中定义群体为"两个或更多的个人为了实现共同的工作目标而形成的相互依赖和相互作用的集合体"。该定义强调这些人具有共同的目的和目标。

总之,群体是指两个或两个以上互相影响、互相依赖的人为完成特定的目标而结合在一起的集合体,群体生活是人类生活最基本的方式。群体是个体的集合,但不是一定数量个体简单偶然的集合。那些萍水相逢、偶然聚合的电影观众、街头围观者等,都不能称之为群体。

群体是由相互关系、活动和思想情绪三个要素组成的。相互关系是指个体间的互动,相互联系、相互作用和相互依赖;活动是指群体成员干什么,有什么样的群体目标;思想情绪是指群体成员积极热情地参与群体活动。所以,群体的特征表现为群体成员之间有:共同的目标;共同的情感;共同的价值规范;一定的组织机构。

二、个人与群体的关系[11]

1. 个人是社会组成的一部分(Social Component of Individuals)。个人通过群体关系获得许多技巧,体现价值并培养行为习惯。例如,美国黑人女低音歌唱家玛丽·安德森,她表述了群体在个人取得成就方面的重要性。有人问她为什么她总是用“我们做了”来代替“我做了”这种说法时,她回答说:“可能一个人活得越长,他就会越感到没有什么特定的事是由他一个人单独干成的。在完成我们所做的工作时,其实有很多人都出了力,如作曲家所作的曲子,钢琴家的伴奏等。即使你的嗓子再好,如没有这些人的支持,你也不可能唱得这么好。因此,归根到底我在这里面只是起了微不足道的一小部分作用。”由此可见,个人通过群体关系获得许多技巧、体现价值观和培养了行为习惯。

2. 群体的地位和作用。社会是有组织的,组织是由群体构成的,而群体又是由个体组成的。在这个社会体系中,群体起着中介作用。其作用表现在以下几个方面:

(1)**群体是社会的重要组成部分。**它是社会生活的中心,为个人理解社会价值观和社会规范的倾向性提供了条件。

(2)**群体是个人与组织和个人与社会之间的重要桥梁。**一个人只有通过加入群体,作为群体的成员,才能满足个人对安全、社会地位、自尊、友谊与归属、权力和个人目标实现的需要。

(3)**群体是组织的重要组成部分。**由于对群体的研究、考察、实验不像对整个组织的研究、考察、实验那样复杂,所以,许多学者住往首先研究群体,待取得经验后,再扩大到对整个组织的研究、考察和试验。

(4)**群体行为和工作绩效是保证达到组织目标的重要手段。**

3. 个体与群体的相互关系。两者相互作用、相互影响、相互依赖。人们加入群体是要完成某项任务或是要满足自己的社会需要。具体说来,人们加入群体的目的是要获得如下需要和满足:安全、地位、自尊、归属、权力和实现目标。群体可以使人免去孤独感,获得安全感。个人可以取得群体成员之间的相互理解、相互信任、相互支持、相互帮助和友谊等,加入到一个被别人认为很重要的群体中,个体能够体会到被别人承认的满足感。个人经过同群体成员的相互交流,得出一致的结论,可以增强自信心和自尊心;群体可以使其成员感到活得有价值,有归属感。个人对权力的需要只有在群体话动中才能实现,所以,只有群体才能提供权力的需求;只有更多的人组成群体,通过共同努力才能使个人和群体目标得以实现。

三、群体的类型及发展阶段[12]

(一)群体的类型

1. 按目标划分:

(1)**职能群体**:成员由组织结构规定建立,如财务部门由经理、会计、出纳组成。

(2)**工作任务群体**:成员由工作任务建立,如计划项目工作组。

(3)**兴趣友谊群体**:成员由于年龄、兴趣等建立,如工会,俱乐部。

2. 按形成方式分:

(1)**正式的群体**:正式群体是经政府部门确认而组成的,有明确的组织结构和工作任务的群体。正式群体是由组织建立的,它往往有公开的名称和特定的目标与需要。其特点是:通过成员的相互作用,促使组织目标的实现。在组织管理中,正式群体又可以分为指挥群体、任务群体和团队。

(2)**非正式的群体**:非正式群体是非经政府部门确认,基于社会交往的需要自发形成的,无正式结构,并非由组织决定的各种松散联盟。非正式群体建立在共同喜好、彼此相似和友谊的基础上。其特点是:成员间的关系比较松散,成员的相互影响是自发的;没有一致的组织目标,没有确切的名称。在组织管理中,非正式群体又可以分为利益群体和联谊群体。

3. 其他群体类型:

(1)因利害一致而形成的**利益型群体**。这类群体是以共同的利益为目的而组成的群体,例如一部分人结合起来找领导要求提高福利,实现他们共同的利益。

(2)通过社交、友谊、感情而形成的**情感型群体**。例如:各种联谊会。

(3)由同乡、同学、战友及亲朋好友而组成的**亲缘型群体**。例如,同乡会。

(4)通过共同的兴趣和爱好而形成的**爱好型群体**。例如:乒乓球协会、书法协会等等。

(5)以理想、信仰、观点相同为基础而结合的**信仰型群体**。例如:民间慈善组织、各种教会。

(二)群体的发展阶段

一个群体从形成到成熟,一般经过6个阶段。

1. **定向性阶段**。它以谁主管群体成员的问题为特征,群体成员们经常愿意从正式的和非正式的领导那里取得有关工作目标和如何继续工作的指导和指挥。成员之间开始相互交往,彼此了解对方的知识和能力,讨论群体的目标,制定今后相互作用和活动的计划。

2. 冲突和挑战性阶段。 由于人与人发生冲突和矛盾的可能性增加了,因为个人把没有解决的种种问题带进了群体,而且这些问题又是跟他们对职权和领导结构等不同看法联系在一起的,所以,这就发生抵制和反对领导和指挥的行为,群体成员也试图找出并建立他们将如何适应群体的权力结构。

3. 内聚性阶段。 它是在解决了冲突和挑战之后群体成员同意或接受群体的权力和职权结构时产生的。这时群体成员对他作为群体的一分子感到满意,对完成目标所达到的绩效也感到满意,有共同的见解和行动。

4. 失望与迷惑阶段。 它是群体成员自己对要解决的人与人关系问题感到失望,而打算维持这种有伤害的局面。

5. 醒悟阶段。 它包括群体逐渐认识到他们的潜力还没有发挥出来,有些群体成员想通过讨论群体内部的优缺点而广泛沟通;而其他成员却认为没有必要,于是就抵制和躲避这种沟通。这样就分裂为若干小群体,减少了他们对群体的赞助。成员一旦再次在很大程度上依赖领导,就意味着小群体的失败和群体全体成员的醒悟。

6. 承认阶段。 承认阶段即成熟阶段,它包括群体成员彼此有共同的看法,从而导致群体和群体成员的期望互相理解,群体的结构变得更具有弹性,群体内部的影响转移到依靠处理工作任务所需要的专门知识和技术方面来。

四、群体内部行为的心理特征

1. 亲情、友爱与互助。 父子爱、夫妻和、兄弟姐妹相助,是共有的心理特点和行为方式。当一个家庭遇到危机时,成员之间互相支持、保护亲人渡过难关等等。在班级间的竞赛上,同一班级的成员对班级的成就与失败有共同的观念。

2. 协同一致性。 一个球队只有在队员们一起进行训练或者比赛的时候,才会表现出对比赛的求胜心理、对比赛成败的关心和热情,如不参与他们的活动,则不会有队员那种感情和追求。这说明群体心理只有在群体活动中才能形成,在活动中,相互联系、互相制约,体现了群体行为的协同一致性。

3. 群体规范性。 群体规范与纪律形成群体压力,约束人们的行为。所谓规范,是指人们共同遵守的行为方式的总和,包括社会制度、法律、纪律、道德、风俗和信仰等。它是一个社会里多数成员共有的行为模式,不遵循规范就要受到谴责或惩罚。无论是正式群体还是非正式群体中都存在着规范,一旦形成规范,就形成了一种无形的压力,这种压力约束着人们的行为,如驾车行驶在大街上,遇到红灯,就会自动地把车停在停车线以内,这些现象都是规范在约束着人们的行为。

非正式群体的规范并没有明文规定,是无形的约定形成的。它是每个成员行为的准则;它的形成是由于群体成员在相互作用下,发生的一种被个体采纳、接受,变为自己的观念,得到实际发挥并转化为社会行为的内化过程,这是由于群体成员相互模仿,受到暗示,在顺从的基础上形成规范。这种规范所形成的压力,可能不被意识到。如果群体成员对这种群体压力承受不住,就可能向其他群体逃避,或者采取偏离行为。

多数成员对群体规范的评价,决定群体规范的约束力。由于评价不同,对他感受到的压力大小也不同。这就是说,群体规范一经形成,是一种公认的社会力量,而这种社会力量只有在变为人们的心理尺度时才能起作用。

4. 从众现象和行为。从众行为是一种缺乏独立性、缺乏个性的行为,它实际上就是群体成员的行为跟从群体的倾向。从众是对多数人的盲从,不随从就会觉得是一种压力,有一种孤独感。我们经常遇到或者亲自作过这样的事:当在商店看到别人排队时,自己也跟着排队,排上队之后,才问为什么排队,是买何种商品,这种现象就是所说的从众现象和从众行为。

当群体中的个体发现自己的意见与团体不一致时,会感到一种心理紧张,群体压力促使他趋向一致,这种与群体大多数成员相一致的现象就是从众现象或行为。从众行为的产生,是由于大多数个体不愿意标新立异所致。

5. 群体凝聚力。群体凝聚力是群体存在的重要条件之一,它直接影响群体效果。**群体凝聚力**是指群体成员之间心理结合力、向心力的总体。既是表现群体团结的力量(对成员的吸引力),又是表现个人的心理反应即对群体力量的感受性。群体凝聚力表现在两个方面:一方面是群体成员对群体所感受到的吸引力,从而自愿参与群体活动;另一方面是群体对其成员所具有的吸引力的程度,从而把群体成员组织到群体活动中。

从个人水平上看,群体凝聚力还取决于:群体成员对群体吸引力的感受性,群体成员的心理感受能力、素质和成员结构等。

总之,群体凝聚力是群体素质、群体水平和群体成员素质、成员水平的综合表现,群体有没有凝聚力、凝聚力的大小都直接影响群体的效果。

第二节　影响群体行为的因素

一、影响群体内行为的主要因素[13]

一个群体的工作成果包括一定的任务和目标的实现,以及群体成员情绪上的心情舒畅(比较满意)等。如电子制造商的工作群体的主要工作成果是物质任务的完成和目的实现,即生产出符合社会需要的电子元件;同时使群体成员在情绪上也比较满意。

影响群体行为和工作成果的主要因素如图 6-1 所示。

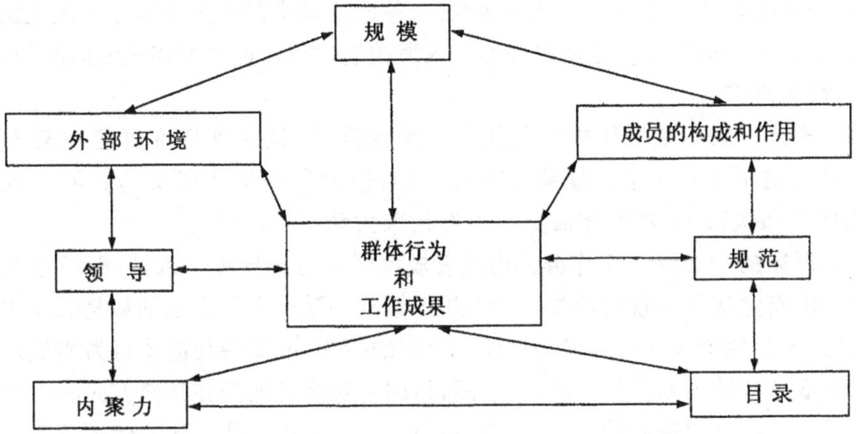

```
                        ┌──────────┐
                        │  规  模   │
                        └──────────┘
    ┌──────────────┐              ┌──────────────────┐
    │  外 部 环 境   │              │  成员的构成和作用  │
    └──────────────┘              └──────────────────┘
                    ┌──────────┐
    ┌────────┐      │ 群体行为  │        ┌──────────┐
    │ 领  导  │      │   和     │        │  规  范   │
    └────────┘      │ 工作成果  │        └──────────┘
                    └──────────┘
    ┌──────────┐                        ┌──────────┐
    │  内 聚 力 │                        │  目  录   │
    └──────────┘                        └──────────┘
```

图 6-1　影响群体内行为的主要因素

1. 群体规模。为了有效地控制和引导行为,提高工作成果,在群体规模的选择上要求做到有利于成员之间的相互交往和相互作用,团结一致,充分发挥他们的积极性。因为规模过大,成员过多,彼此就难以了解,相互交往和相互作用的机会少,容易造成意见分歧。如规模过小,成员太少,则难以完成任务。研究成果表明,群体规模可以是 3～16 个人。16 个人也许是群体每个成员与其他成员同时作用和相互作用的上限了。由 16 个成员所组成的董事会将不同于由 7 个成员所组成的董事会。因为在这种 16 个人的大董事会中,往往会再形成 5～7 人所组成的专门决策的分小群体,它将比董事会全体成员同时参加开会更能深入地研究和有效地解决问题。

2. 成员的构成与作用。群体成员的构成变化和每个成员所发挥的作用是否相同也是影响群体的组合过程和工作成果的因素之一。群体成员的角色可以分为任务型、关系型和自我型。

(1) 任务型角色:任务型角色的成员可促进问题的解决。还可以进一步把这个任务型角色再分为下列几种小角色:创始人、信息的收集人、信息的提供人、协调人和评价人。

(2) 关系型角色:这种角色建立在群体活动和群体观点的基础上。这种角色还可再划分为如下几种小角色:鼓励人、协调人、当家人、确定标准的人、尾随人等。

(3) 自我型角色:自我型角色仅仅集中在群体成员个人的需要上。也可以把它再划分为以下的小角色:障碍的设置人、探索的人、统治者和回避的人。

能够有效地解决问题的群体往往都是任务型和关系型的群体成员所组成的。

很明显每个人可以同时扮演两个或更多的角色。既能扮演任务型又能扮演关系型角色的人，一般在群体内部有比较高的地位（这种地位只是在群体内部与其他人比较的相对地位）。一个群体如果是由自我型的人所控制，那么，这个群体是低效能的。

3．行为规范。

（1）规范。规范是群体成员共同的行为标准，而且这种标准可能在某人参加到某群体之前早就存在了。规范虽有成文的，但大量的是非成文的。可是成员们又必须接受和执行，它对群体成员行为有约束力和指导的效力。

（2）群体的一致性。工作群体内随着规范的压力会导致一致性，即被迫顺从一致和真正的自觉接受一致这两类。所谓**被迫顺从一致**是由于真正的或是想象中存在群体压力，因此使个人的行为成为群体所希望的行为，或保持与群体行为相似。人们之所以采取这种被迫顺从的一致，一方面，是因为对满足他们在其他方面所喜欢的和愿意接受的需要是很重要的；另一方面，是因为个人被迫顺从一致的代价还比不顺从的代价要低。**自觉接受一致**是指人们的行为和态度或信念是符合群体规范或愿望的，它比被迫顺从的一致要强得多。如果没有规范和对规范的一致性，那么群体将会处于一片混乱之中，只能完成很少的任务。但是，过分的和机械的一致也会威胁到成员的个人要求，以及降低群体对付变化、不确定性和复杂性的能力。

4．目标。

（1）目标与群体规范的关系：群体目标与群体规范之间存在着相一致的联系。群体接受了规范会有助于实现他们的目标。

（2）群体目标与个人目标的关系：群体的目标是作为整体的群体所希望达到的目标和状态。它不一定正好就是群体中每个成员所希望达到的目标，是群体作为一个系统和所希望的系统状态的目标，而并不仅是个别成员目标的简单相加。

（3）目标的普遍性：目标的概念对理解个人、群体和组织是十分重要的。个人、群体和组织这三个系统中的每一个系统都有各自的目标，而且这些目标在一定程度上又组成为一个目标体系。要决定影响群体行为和工作成果的变量，就必须不断地评价群体的目标。当然，个人的目标和组织目标都会影响群体目标的类型，影响群体的实际行为和工作成果。

5．内聚力。内聚力就是群体成员愿意在群体内活动和他们对群体活动赞助的强烈程度。这种强烈程度具有"团结一致"的含义。如果全体成员均愿意留在该群体内，并且每个人都愿意接受该群体的目标，那么这样的群体就是有较强的内聚力的群体。

在一定条件下，群体意识会妨碍群体制定决策的有效性。领导人应该没有偏见，能够鼓励先进、批评落后，并能提出新的想法。一个好的群体就应该鼓励人们把不同的可供选择的看法表达出来

6. 领导。领导是影响一个群体或组织实现目标的过程。

多头领导：人们一般认为群体的领导是单个的一个人的职权。但是如前面曾提到的，任务群体往往至少有两类主要目标，即关系型和任务型目标。因而一个群体很可能就有两个领导人，一个领导人主要管关系型目标，另一个领导人主要管任务型目标。要实现这两类目标就要求具有不同的个人技巧，因此很难做到这两种技巧要求在一个人身上兼而有之。

有效的群体领导：往往被看作群体与它的外部环境关系中的关键角色。这种人实际可能影响新群体成员的选择和群体一般的活动过程，甚至当任务群体的新成员由他们参与选择时，群体领导人一般筛选有潜力的成员。

7. 外部环境。影响群体的最后一个因素是外部环境。这种外部环境实际上是任务群体所无法控制的。外部环境的组成包括技术、物质条件、管理的实际做法、规章制度、正式领导的监工以及组织奖惩等。这些都是影响群体工作成果和行为的因素，均集中在群体内部特征和动态关系上。比如，管理当局想要引进一种新技术（如自动化设备）到一个任务群体。这个任务群体也许把这种新技术看作为一种外部影响力，但是任务群体统一行动也能影响所引进的条件。这种外部环境与任务群体之间的关系，与其说只是外部环境对群体的影响，倒不如说是双方的互相影响。

二、影响群体间行为的主要因素[14]

影响群体间行为与工作成果的主要因素如图 6-2 所示。

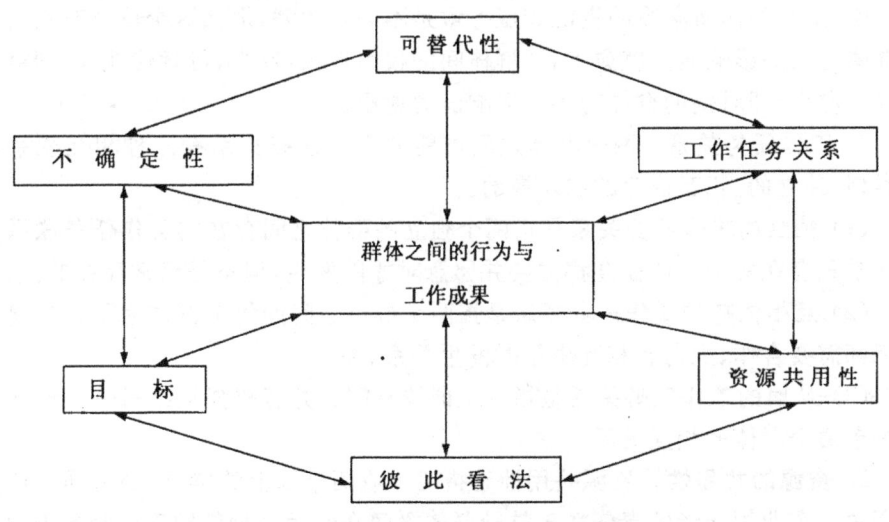

图 6-2　影响群体间行为的主要因素

1. 目标。各群体的目标会对他们之间的行为产生很大的影响。每个群体都

要实现他们的目标。但是,各群体的目标并不是完全一致或相互补充的,群体间的目标主要有下列几种情况:

(1) **目标冲突**。目标冲突是指一个群体目标的实现会妨碍另一个或几个群体目标的实现,或影响他们目标的实现程度。

(2) **混合的目标冲突**。各群体目标之间的冲突常常是混合的,比如,一个大公司的生产部门的目标同销售部门的目标,在某一点上可能不一致,但在其他点上又可能是一致的。

(3) **群体之间的竞争**。这种竞争是目标冲突的一种运用形式,研究成果表明,在两个互相竞争的群体之间,会产生一些非常突出的变化:例如在竞争的条件下,每个群体可能变得更加团结;在竞争群体之间可能会敌视对方,减少相互交往;竞争获胜的一方可能会出现松劲情绪;竞争失败的一方可能会否认或歪曲失败的真正原因甚至发生争吵或相互埋怨。企业领导者的责任正是在于使目标的设计有利于引导出好的群体行为和工作成果;限制和消除那些不良的群体行为和工作成果。

2. 不确定性。不确定性是指已了解到的情况和为正确决策还需要了解的情况之间的差距。作为企业领导者应当十分重视情况了解程度的重要性,并以此为基础认真考虑哪些群体或个人应该有权作出那些影响其他群体或个人的决定,认识这些权力上的差别则是引起群体之间冲突的重要因素。

3. 可替代性。可替代性是指一个群体能从另一个或更多群体中取得所必需的资源和服务的可能程度。这种可替代性和群体间的影响力是一个反比关系,也就是说,某个群体所必需的资源和服务愈是不易被代替,那么这个群体对它所供应的群体行为的影响能力就愈大,即群体间的权力愈大;反之,可替代性大,则群体间的权力愈小,即对别的群体行为的影响能力愈小。

4. 工作任务关系。两个群体之间可能的工作任务关系有三种相互联系的基本类型,独立的、相互依存的和从属的。

(1) **独立的工作任务关系**是指两个独立的群体之间存在的工作任务联系。这种联系只有在两个群体彼此都需要并愿意时才能发生,但不是经常存在的。

(2) **互相依存的工作任务关系**是指两个群体之间的每个群体为了达到自己的目标都需要合作、配合和相互决策时发生关系。

(3) **从属的工作任务关系**是指一个群体有能力并有权强加给另一个群体或单方决定两个群体的相互关系。

5. 资源的共用性。资源共用性是指两个或两个以上的群体,必须同时使用一种资源。企业领导者的责任在于鼓励群体之间在使用一种较缺乏的资源方面尽力合作,并尽可能减少和避免不必要的竞争以及破坏性的冲突。

6. 彼此看法。彼此看法是两个或两个以上群体相互间的思想和感情的表现。

一个群体的成员对另一个群体持有的总看法有:信任与不信任、友好与敌视、满意与不满意等等。总而言之,彼此看法的重要性在于它能够影响群体之间的行为和工作成果的本质。无论是合作的还是冲突的,都能对两个群体是否能够和愿意为达到组织的目标而一起工作产生很大的影响。如果两个群体是相互依存的,很可能冲突的相互看法会降低达到目标的程度,因为一个群体力图压倒另一个群体,需消耗很多的时间和精力。

【思考与练习】

1. 群体的概念是什么?

2. 个人与群体的关系是什么?

3. 正式群体与非正式群体有什么不同? 研究和了解非正式群体的特征有何意义?

4. 群体有哪些类型及发展阶段?

5. 群体内部行为的心理特征是什么?

6. 影响群体内行为及群体间行为的主要因素有哪些?

7. 群体规范所形成的压力对群体成员有什么不同的影响? 怎样才能使群体规范受到多数人的认可?

8. 群体行为对人际沟通有什么影响?

【自测与评估】

你是否善于与人合作[15]

说明:请使用下列标准来评估以下的陈述是否符合你的特质或你对其陈述是否同意。

5=非常符合或同意;4=相当符合或同意;3=难以确定;2=相当不符合或不同意;1=非常不符合或不同意。

题目:

1. 阻碍自己的人终会付出代价。(　　　)

2. 强迫是让别人做事的最佳途径。(　　　)

3. 对别人实施报复不是什么大不了的事。(　　　)

4. 不大相信别人。(　　　)

5. 仁慈待人是很重要的。(　　　)

6. 追求成功的过程中准会受到伤害,但并不重要。(　　　)

7. 团体合作确实比谁是赢家来得重要。(　　　)

8. 渴望成功,纵然是踩着别人的头过去都行。(　　　)

9. 绝不给别人第二次机会。（　　）

10. 任何比赛总是全力以赴。（　　）

11. 比队友更尽力。（　　）

12. 情场如战场。（　　）

13. 好人终会获胜。（　　）

14. 胜者为王,败者为寇。（　　）

15. 团体作战使自己的冲劲下降。（　　）

16. 人需要学着平等待人。（　　）

17. 自己的做事方法才是最好的。（　　）

18. 人不为己,天诛地灭。（　　）

19. 为求胜利,会不择手段。（　　）

20. 求胜是比赛中最重要的一项。（　　）

21. 在众多事项中,国家应该致力于和平。（　　）

22. 乐于帮助别人。（　　）

23. 别人的损失就是自己的获得。（　　）

24. 打败众多竞争者而成功的人士应该作为所有年轻人的典范。（　　）

25. 赢得愈多,愈觉得大权在握。（　　）

26. 喜欢看到全班同学在考试上都能取得好成绩。（　　）

27. 尽量避免对人说话不客气。（　　）

28. 不喜欢以力服人。（　　）

计分方法:

以下各题请反向计分,你应用 6 减去原有的分数,剩下来的数字才是本题的真正得分。反向计分之后,请将此测验中所有项目的分数相加。反向计分的题目为5、7、16、21、22、26、27、28。

分析:

测试结果对照表

分　　数		百分比(%)
男　人	女　人	
53	46	15
60	54	30
68	63	50
76	72	70
83	80	85

一个人究竟是具有竞争性好呢？还是合作性好？一个极端好胜的人，是不会希望自己去学得更乐于与人合作的；同样，一个特别具有合作性格的人也不会期望自己变得更好胜些。

位于评分表两端的人都有相当的优点，而且我们更认为有个极端的分数，不管是那一端，都比处于中间的好。事实上竞争性的人和合作性的人均能在社会上占有一席之地。假使你想成立一家新公司，或是成为超市营业员，如果你得分是竞争较高的话，成功的几率应会较大。相反的要是你计划成为企业的管理者，如果你的得分是合作性较高的话，可能担任管理职务比较得心应手一些。

【启示与案例】

学会控制情绪[16]

奥格·曼狄诺写的《世界上最伟大的推销员》一书被称为商业"圣经"，其中的第六卷主要论述了人们应该如何调控自己的情绪。现将部分名句名段摘录如下，供读者赏阅。

今天我要学习控制情绪。

潮起潮落，冬去春来，夏末秋至，日出日落，月圆月缺，雁来雁往，花开花谢，草长瓜熟，自然界万物都在循环往复的变化中，我也不例外，情绪时好时坏。

今天我要学会控制情绪。

这是大自然的玩笑，很少有人窥破天机。每天我醒来时，不再有旧日的心情。昨日的快乐变成今日的哀愁，今日的悲伤又转为明日的喜悦。我心中像一只轮子不停地转着，由乐而悲伤又转为明日的喜悦，由悲而喜，由喜而忧。这就好比花儿的变化，今天绽开的喜悦也会变成凋谢时的绝望。但是我要记住，正如今天枯败的花儿蕴藏着明天新生的种子，今天的悲伤也预示着明天的欢乐。

今天要学会控制情绪。

我怎样才能控制情绪，以使每天卓有成效呢？除非我心平气和，否则迎来的又将是失败的一天。花草树木，随着气候的变化而生长，但是我为顾客带来风雨、忧郁、黑暗和悲观，那么他们也会报之以风雨、忧郁、黑暗和悲观，而他们什么也不会买。相反的，如果我为顾客献上欢乐、喜悦、光明和笑声，我能获得销售上的丰收；赚取成仓的金币。

今天要学会控制情绪。

　　我怎样才能控制情绪,让每天充满幸福和欢乐? 我要学会这个千古秘诀:弱者任思绪控制行为,强者让行为控制思绪。每天醒来当我被悲伤、自怜、失败的情绪包围时,我就这样与之对抗:

　　　　　　沮丧时,我引吭高歌。

　　　　　　悲伤时,我开怀大笑。

　　　　　　病痛时,我加倍工作。

　　　　　　恐惧时,我勇往直前。

　　　　　　自卑时,我换上新装。

　　　　　　不安时,我提高嗓音。

　　　　　　穷困潦倒时,我想想未来的财富。

　　　　　　力不从心时,我回想过去的成功。

　　　　　　自轻自贱时,我想想自己的目标。

　　总之,今天要学会控制自己的情绪。

　　从今往后,我明白了,只有低能者才会江郎才尽,我并非低能者,我必须不断地对抗那些企图摧垮我的力量,失望和悲伤一眼就会被识破,而其他许多敌人是不易察觉的。它们往往面带微笑,招手而来,却随时可能将我摧毁。对他们,我永远不能放松警惕。

　　　　　　自高自大时,我要追寻失败的记忆。

　　　　　　纵情享受时,我要记得挨饿的日子。

　　　　　　洋洋得意时,不要忘了那忍辱的时刻。

　　　　　　自以为是时,看看自己是否能让风止步。

　　　　　　腰缠万贯时,想想那些食不果腹的人。

　　　　　　骄傲自满时,要想到自己怯懦的时候。

　　　　　　不可一世时,让我抬头,仰望群星。

　　今天我要学会控制情绪。

　　有了这项本领,我也能体察别人的情绪变化。我宽容怒气冲冲的人,因为他尚未懂得控制自己的情绪。我可以忍受他的指责与责骂,因为我知道明天他会改变,重新变得随和。我不再只凭一面之交来判断一个人,也不再因一时的怨恨与人绝交,今天不肯花一分钱购买金篷马车的人,明天也许会用全部家当去换树苗。知道了这个秘密,我可以获得极大的财富。

　　今天我要学会控制自己的情绪。

　　我从此领悟了人类情绪变化的奥秘。对于自己千变万化的情绪,我不再听之任之。我知道,只有积极主动地控制情绪,才能掌握自己的命运。

　　我控制自己的命运,而我的命运就是成为世界上最伟大的推销员!

　　我成为自己的主人。

　　我由此而变得伟大。

　　如果你能够有意识地按照那些警示之语去做的话,就会有效地提高调节自己情绪的能力,在身心健康、精神愉快、事业成功、家庭和睦等方面得到意外的收获。

第七章　领导心理与行为

【学习目标】

通过本章的学习,应对如下内容有一定的了解:
- 领导与领导者,权力与职权的概念及权力的来源
- 领导者与管理者的区别
- 领导者的素质及其用人之道
- 领导行为理论包括的内容
- 领导权变理论的几种形式
- 领导归因论,领袖魅力论及领导方式的性别差异

第一节　领导者与管理者

一、领导与领导者

1. 领导(Leading):领导就是指引和影响个体、群体或组织实现所期望目标的各种活动过程。它有三层含义:

(1) 领导的实质是人与人的关系,包括领导者与被领导者。

(2) 领导本身是一个动态的过程,这个过程是由领导者、被领导者和所处环境之间相互作用构成的。

(3) 领导的目的是指引和影响个体、群体或组织实现所期望目标的各种活动过程。

2. 领导者(Leader):领导者是指担任某项职务、扮演某种领导角色,并实现领导过程的个人或集团,或者说领导者是指有能力(影响力)或权力而影响或指挥他人的人。

3. 领导的特点:领导是指有能力影响和指引一个组织或群体实现目标的过程,它既是一种影响力,又是一种影响过程。作为动态的过程领导有以下特点:

(1) 领导体现了人与人之间的关系。领导者通过领导与被领导、控制与被控

制、指挥与被指挥的关系实现领导。

（2）领导是一种"投入"和"产出"的结合。领导过程是一种影响力和能量的输出。所谓"投入"是指领导能力和领导者的威信，而它的"产出"却表现为被领导者的行为，包括领导者领导下的组织和群体的行为。领导效率的高低和领导工作的成功与否并不反映在领导行为的本身，而主要应该从被领导者的行为效率来评定。领导者的行为无时不在影响着被领导者的行为。

（3）领导是领导者、被领导者及环境的函数。任何一个组织都处在特定的环境中，环境对领导行为和被领导者都有很大影响。领导的行为不仅在于改变环境，同时还要适应环境的要求。

领导 = f（领导者，被领导者，环境）

这个公式的含义是领导者、被领导者和环境作为变量决定着领导过程和领导行为的结果。

（4）在领导过程中存在着领导者与被领导者的互惠影响，即"互惠效应"。

4.领导工作的实质：领导工作的实质就是领导者通过自己的行动影响一个群体尽其所能地实现目标，有的观点认为领导工作的实质是决策。在领导工作中，管理艺术得到了充分发挥。可以说，领导工作使科学、技巧、艺术和人的个性在实现组织目标过程中有机地结合了起来。

领导工作是管理工作的一项重要职能，是一个有效管理者的重要工作之一。主管人员通过行使计划、组织和控制职能，是可以取得一定成果的。但是，如果主管人员在工作中能够进行有效领导的话，则他们取得的成果将会更好。

5.构成领导的要素：领导者的领导艺术可以说至少是由四个主要部分组成的综合才能，即：

（1）有效的并以负责的态度运用权力的能力。

（2）在不同的时间背景下能运用不同的激励因素的能力。

（3）鼓舞人们的能力。

（4）以某种活动方式来形成人们响应激励的能力。

二、权力与职权

1.权力（Power）：是指影响决策和他人行为的能力和各种手段。它是影响力的基础。权力又可以分为正式权力和非正式权力。

（1）正式权力。正式权力是组织职位所赋予的权力，它包括合法权力（法定权）、强制权力（惩罚权）和奖赏权力三个方面。构成正式权力的主要因素有三个方面：

传统因素：传统因素表现为人们对领导者的一种传统观念。

职位因素：职位因素是指个人在组织中的职务和地位。

资历因素：资历是指一个人的资格和经历。

正式权力是外界赋予的。这种影响力是通过正式渠道发挥作用的，它对下级的影响带有强制性和不可抗拒性，但它对人的心理和行为的激励作用是有限的。

（2）非正式权力。非正式权力属于自然性影响力，是靠领导者自身的威信和行为来影响他人的。构成非正式权力的因素主要有：

品德因素：高尚的品德会给领导者带来巨大的影响力。

才能因素：领导者的才干、能力是其影响力大小的主要因素。

知识因素：知识就是力量，影响力取决于知识水平。

感情因素：融洽的人际关系，有助于加强影响力。

非正式权力是领导者由自身的素质与行为造成的，这种影响力是巨大和持久的。要想成为一个有效的领导者必须同时拥有和善用正式和非正式两种权力。

2. 职权（Authority）：又称权威或合法权力，是管理职务所赋予的命令和指挥他人并要求执行的内在权力。

3. 权力与职权的区别：权力是三维性的，即纵向职位的高低、横向职能的大小和距权力中心的距离（中心性）；**职权是两维性的，即横向职能的大小和纵向职位的高低；职权是权力的一个子集。职权是由一个人在组织中纵向职位的高低决定的，权力则同时由一个人的纵向职位和他的中心性决定。**

三、权力的来源

1. 强制权力（Coercive Power）：命令和强制执行的权力。它来自下级恐惧感，即下级感到领导者有能力惩罚他，使他产生痛苦而不能满足某些需求。

2. 奖赏权力（Reward Power）：可以给予人奖赏的命令。它来自下级追求满足的欲望，即下级感到领导者有能力奖赏他，使他觉得愉快或能满足某些需求。

3. 合法权力（Legitimate Power）（又称法定权）：占据某一职位所得到的相应权力。它来自下级传统的习惯观念，即认为领导者处于组织机构中的特定地位，而具有合法的权力影响他，他必须接受领导者的影响。

4. 专家权力（Expert Power）（又称专长权）：专长、特殊技能和知识所具备的一种影响力。它来自下级的尊敬，即下级感到领导者具有某种专门的知识、技能和专长，能帮助他，为他指明方向，排除障碍，达到组织目标和个人目标。

5. 感召权力（Referent Power）（又称模范权）：与个人的品质、魅力、经历、背景等相关的权力。这种权力来自下级对上级的信任，即下级相信领导者具有必备的智慧和品质，具有与他相同的愿望和利益，从而对他钦佩，愿意模仿和跟从他。

权力的两重性作用：美国学者麦克莱兰认为权力有两个方面：一方面是消极

的,它建立在个人主义的基础上,表现为统治和屈从。被领导者被看成是没有原动力的人,处在完全被动的地位,潜力得不到充分的发挥;另一方面是积极的,建立在社会化基础上的权力。它表现为关心集体的利益和目标,帮助人们设置目标、沟通信息、找出实现目标的途径,同时鼓励和帮助成员达到这个目标。麦克米兰建议要对领导者实施权力两重性教育,发扬第二种权力,避免第一种权力。

四、领导(者)与管理(者)的区别

(一)领导与管理的区别

1. 范围:从一般意义上说,管理的范围要大一些,而领导的范围相对要小一些。

2. 作用:管理是为组织活动选择方法、建立秩序、维持运转等活动,而领导在组织中的作用表现在为组织活动指出方向、设置目标,创造态势、开拓局面等。

3. 对应的层面:领导具有战略性、较强的综合性,贯穿在管理的各个阶段。而管理则是在整个管理过程中的战术运用和具体实施。领导集中表现为独立的职能,而管理则是在不同的管理阶段,即为了实现组织目标,使计划得以实施而进行的计划、组织、执行和控制。

4. 功能:管理的主要功能是解决组织运行的效率,而领导的主要功能是解决组织活动的效果。效率涉及活动的方式,而效果涉及的是活动的结果。

(二)领导者与管理者的区别[17]

1. 管理者是在组织中指挥其他人活动的人。管理者往往是被任命的,拥有合法的权力进行奖赏和处罚,其影响力来自其所在职位赋予的正式权力。领导者可以是被任命的,也可以从群体中产生出来,他可以不用正式权力来影响他人的活动。

2. 在理想情况下,所有管理者都应是领导者,但并不是所有领导者必须具备管理潜能,所以不是所有领导者都处于管理岗位。一个人能影响别人,不表明他能够计划、组织和控制。

第二节　领导特质理论(素质论)

一、三种领导理论

1. **素质论**:认为有一组能用来识别有效领导者的个人素质与特征。他们是指领导者的个人品德、能力、知识、修养和领导艺术等。

2. **行为论**:认为领导者最重要的方面不是个人素质,而是在各种不同环境中领导者做什么(即行为)。

3. **环境论**:认为有效的领导者不仅取决于他们的行为方式,而且还取决于领

导所处的环境如何。这种环境包括：领导者的特征、下属的特征、工作的性质、群体组织结构和强化方式等。

三者的关系：三者应是相结合和综合的，环境论是前两者的重叠和演变。

二、有关领导者素质的理论表述

(一) 六类素质论

这是由西拉季和华莱士提出的。他们认为领导者的素质可分为六类：

1. 体质特性：包括年龄、体重、高度、外貌。

2. 社会背景：包括教育、灵活性、社会地位、工作。

3. 智力：包括判断力、果断性、说话流利。

4. 性格：包括独立性、自信、支配欲、依赖性、进取心、急慢性。

5. 与工作相关的特性：包括成就感的需要、创造性、坚持、责任的需要、对人的关心、对成果的关心、安全的需要。

6. 社会特性：包括领导能力、合作精神、与人共事的技巧、正直诚实、权力的需要。

(二) 十大条件论

这是美国普林斯顿大学教授鲍莫尔(W. J. Bonma1)提出的，他认为企业领导人应具有下列十大条件：

1. 合作精神。愿意与他人共事，能赢得别人的合作，对人不用压服，而用说服和感服。

2. 决策才能。能根据客观实际情况而不凭主观想象作出决策，具有高瞻远瞩的能力。

3. 组织能力。善于发掘下级才智，善于组织人力、物力和财力。

4. 恰当地授权。能把握方向，抓住大事，把小事分散给下级去处理。

5. 善于应变。能随机应变，不墨守成规。

6. 勇于负责。对国家、对职工、对消费者以及整个社会，都有高度的责任心。

7. 敢于创新。对新事物、新环境、新技术，新观念都有敏锐的感受力。

8. 敢冒风险。有雄心，对企业发展不利的风险敢于承担，能创造新局面。

9. 尊重他人。能听取别人的意见，并能吸取合理的意见，不狂妄自大，能器重下级。

10. 品德超人。品德为社会和企业内的人们所敬仰。

(三)《新闻与世界报道》对领导素质的评价

1. 全球战略家。21 世纪的领导者必须懂得如何在国际环境中开展业务。

2. 技术的主人公。要不断创新，要利用新技术生产更佳的产品。

3. 杰出的政治家。公司越大，在全球范围的业务量就越多，公司的主要领导应是一位优秀的政治家。未来是属于巨型公司、几十亿美元财团的全球联盟,其领导人要善于处理大型企业经济利益与地区利益的关系。

4. 鼓动家。领导者要学会赞扬别人,要有双倍的胆略和超人的能力,应为"教练",能鼓动大家风雨同舟、同甘共苦。

(四) 区分领导者与非领导者的六项特质[18]

1. 进取心:领导者表现出高努力水平和有较高的成就渴望。他们进取心强,精力充沛,对自己从事的活动坚持不懈。

2. 领导愿望:领导者有强烈的愿望去影响和领导别人,并表现为乐于承担责任。

3. 诚实与正直:领导者通过真诚和言行一致,而与下属建立相互信赖的关系。

4. 自信:领导者为使下属相信目标和决策的正确性和可以实现,必须表现出高度的自信。

5. 智慧:领导者需具备足够的智慧来收集、整理和解释大量的信息,并能够确立目标、解决问题和作出正确的决策。

6. 工作相关知识:有效的领导者对于公司运营、行业前景和技术事项拥有较高的知识水平。广博的知识能够使他们作出富有远见的决策,并能理解这种决策的意义。

小结:具备恰当的特质只能使个体更有可能成为有效的领导者,但还应考虑情境因素和个体采取的正确活动。在一种情况下正确的活动,在另一种情境下却未必正确。

【研读专栏】　7-1

美国管理协会的调查[19]

美国管理协会对在事业取得成功的1 800名管理人员进行了调查,发现成功的管理人员一般具有以下20项能力:

1. 工作效率高。

2. 有主动进取精神。

3. 逻辑思维能力强。

4. 有概括能力。

5. 有很强的判断能力。

6. 有自信心。

7. 能帮助别人提高工作能力。

8. 能以自己的行为影响别人。

9. 善于用权。

10. 善于调动别人的积极性。

11. 善于利用谈心做工作。

12. 热情关心别人。

13. 能使别人积极而又乐观地工作。

14. 能实行集体领导。

15. 能自我克制。

16. 能自行做出决策。

17. 能客观地听取各方面的意见。

18. 对自己有正确估价,能以他人之长补自己之短。

19. 勤俭。

20. 管理人员还必须具有技术和管理方面的知识。

第三节　领导行为理论

领导行为理论是一种着重研究领导者如何以自己的不同行为和作风来影响被领导者,以及分析判断领导是否有效的理论。这种理论主要包括 X、Y 理论,三种领导方式理论,领导连续流理论等等。

一、X、Y 理论

它是按照领导人对被领导人的不同看法而采取的不同领导方式和领导行为的理论。道格拉斯·麦克雷戈(Douglas McGregor)在他所著的《企业人的问题》一书中,把领导人分为两类:

X 理论经理:人是不愿意和躲避工作的,所以对被管理者必须严格控制和监督,人愿意被指挥和监督。

Y 理论经理:人是愿意工作的,视工作为自然活动如娱乐与休息一样,所以对被管理者不必严格控制和监督,人愿意追求一定的目标和责任。

Y 理论是以人为中心的理论,它重视人的潜力,人的主观能动性,强调启发内因,强调员工个人的目标应与组织的目标相互吻合,强调对员工信赖,并以权威的力量作为指挥和控制的手段。Y 理论对人的认识有了新的突破,但也有的学者批评这种理论太理想化,在实施管理中很难奏效。

在人力资源管理中,多数人认为 Y 理论比 X 理论更有效,但也不能一概而论,要视工作性质、人员素质和所处环境而定。

二、领导连续流理论

该理论是由谭宁包姆(Tannenbaum)和施密特(Schmidt)于1958年提出来的。这一理论认为,领导方式不是在两种方法(独裁或民主)中任选其一,而是一系列的连续变量,从"独裁式"的领导方式到极度民主化的"放任式"领导方式之间存在着多种领导方式,不能抽象地讲某一种领导方式好,而另一种不好。好与不好只是相对而言,具体要取决于各种客观的因素。这一理论列举出了七种有代表性的领导模式,如图7-1所示。

(1)经理作出决策并宣布。

(2)经理说服下级接受决策。

(3)经理提出计划,但征求意见。

(4)经理提出初步的决策方案,同下级交换意见。

(5)经理提出问题,征求意见,然后作出决策。

(6)经理规定界限,请小组作决策。

(7)经理允许下级在上级规定的界限内行使职权。

上述这些模式不能简单抽象地认准哪一种模式好或不好,而应根据具体情况来选用。[20]

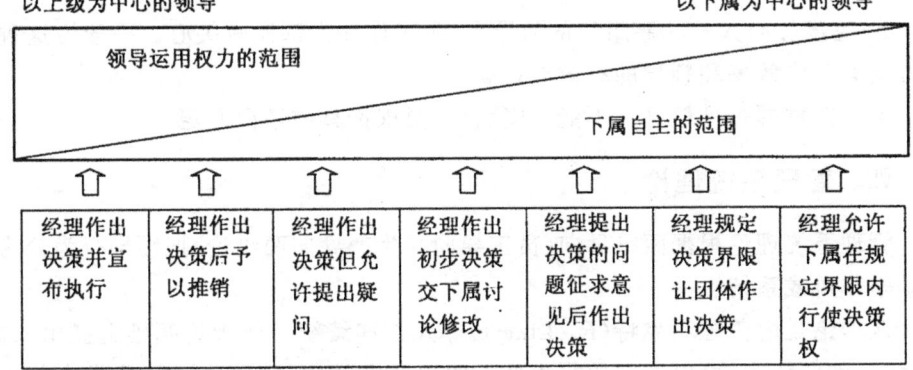

图7-1 领导行为的连续流图

三、二维四分图理论

俄亥俄州立大学的二维四分图理论从两个维度研究领导的行为:①定规维度(Initiating Structure):关心组织目标与结构;②关怀维度(Consideration):关心员工。

领导行为的两大类是"关心组织"和"关心人"。"关心组织"是以工作作为中心,领导者为组织设计、明确职责和关系、沟通途径、确定工作目标而进行的工作。

"关心人"以人际关系为中心,领导者在建立他与所领导的员工之间的互相尊重、互相信任、倾听下级意见和关心下级方面所表现出来的行为。领导行为是以上两类行为的具体结合。领导行为可以用两维空间的"四分图"来表示,以鉴别领导,评定领导类型,如图 7-2 所示。

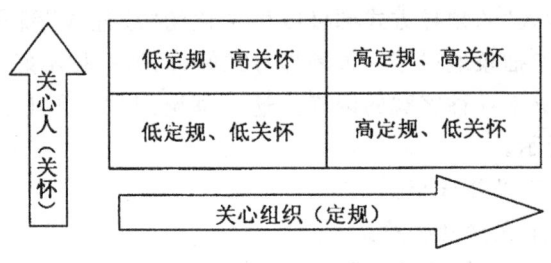

图 7-2　二维四分图

用这种方法可以得出四个结果:

1. 低度关心人——高组织的领导人:最关心的是工作任务。

2. 高度关心人——低组织的领导人:大多数较为关心领导者与下级之间的合作,重视互相信任和相互尊重的气氛;较为关心合作、互相信任和相互尊重的气氛。

3. 低度关心人——低组织的领导人:对组织对人都不关心,这种领导方式效果差。

4. 高度关心人——高组织的领导人:对工作和人都比较关心。一般说这种领导方式其工作效率和领导的有效性较高。

但这四种哪一种最好? 不能一概而论,要根据具体情况而定。

四、管理系统理论

管理系统理论根据两维导向(员工导向与生产导向两维论)把领导行为分为四种基本作风或系统。

该理论是由美国利克特(R. Likert)等人在连续统一体理论基础上提出来的。实际上,他们认为,可以把领导行为分为四种基本的作风或系统,从非常专制独裁的领导作风到非常民主的领导作风,如图 7-3 所示。

系统一:**极端专制式**。权力集中于最高一级,下级无任何发言权,下级完不成任务就要受到惩罚。在这种方式中上下级之间缺少交往和相互信任。下级对上级心存戒惧。组织中如果有非正式团体,则对正式组织的目标通常持反对态度。

系统二:**仁慈专制式**。权力控制在最高一级,但授予中下层部分权力。领导者对下属采取父母对子女的方式。一般决策由高层管理人员制定,但下级也可作出一定限度的决策。交往是在上级屈就和下级畏缩的气氛下进行。下级也有恐惧警

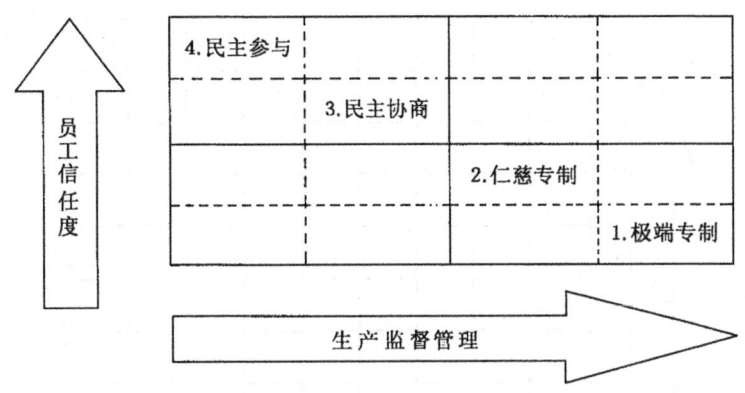

图 7 - 3 利克特的四种领导方式图

戒心理。组织中的非正式团体对组织的目标可能反对也可能不反对。

系统三:**民主协商式**。领导者对下属有一定程度的信任,但重要任务的决定权仍在最高一级。中下层有权制定较低层次的决策。上下级之间具有双向的信息沟通。组织中的非正式团体有时对正式组织的目标表示支持,有时也有对抗。

系统四:**民主参与式**。上下级彼此信任、平等,让下属参与管理,有问题互相协商讨论,共同制定目标。对工作的进展、组织的报酬,下级有评估的权力。

这四种管理系统的分类是用一定的领导变量来表示的。注意:当人们从第一系统移向第四系统时,领导者与下属之间的相互作用也就显著地增加了。选择恰当的领导作风是很重要的。根据有关研究领导的成果,我们知道,较多的人愿意接纳第三系统和第四系统的领导者,此外,人们似乎在第三系统和第四系统条件下工作得更好。

利克特还认为,一个组织的领导类型具有八项特征,它们是:领导过程、激励过程、交流沟通过程、相互作用过程、决策过程、目标设置过程、控制过程和绩效目标。

五、管理方格论

布莱克和莫顿(Black & Mouton)在研究了二维观点和四分图论的基础上,于1964年提出管理方格论。为区别各种领导形态,该理论用两种因素的不同程度组合来表示领导者的行为。这两种因素分别是对生产的关心度和对人的关心度。将这两种因素用二维坐标来表示,作图后就形成了管理方格图。这张方格图有81种领导形式,其中最具代表性的有五种,如图7-4所示。

(1)1.1型,**贫乏式领导**。这种领导方式对生产和人的关心度都很小,领导仅仅扮演一个"信使"的角色,即把上级的信息单纯地传达给下级;这种领导是一个饱

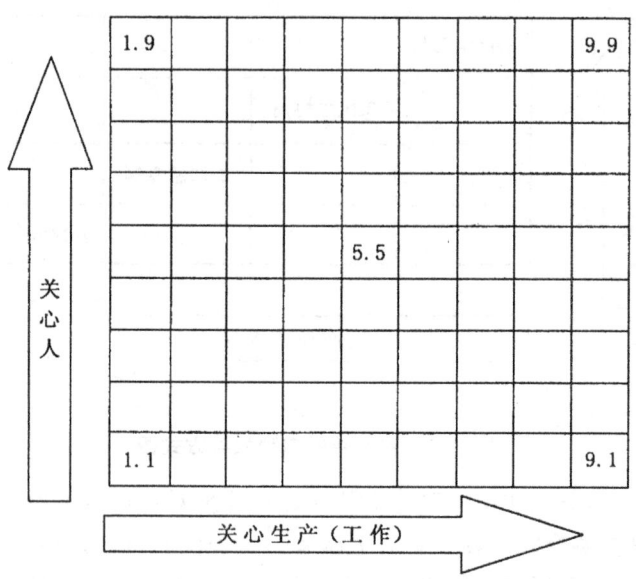

图 7-4　管理方格图

食终日、无所用心的人。

（2）9.1型，**任务式领导**。这种领导方式对生产和工作的完成情况很关心，但是很少注意下属的士气、情绪和发展状况，即只抓工作，不关心员工。

（3）1.9型，**逍遥式领导**。有的学者称其为"乡村俱乐部型"。这种领导方式只注重去创造一种良好的人际关系环境，让组织中的每一个人都感到轻松、友好和快乐，使人感到满意，很少去关心其工作和任务的完成情况及存在的问题。

（4）5.5型，**中间式领导**。有的学者称其为"中庸之道型"。这种领导方式对人和生产都有中等程度的关心，其目的是追求正常的生产效率和说得过去的士气；这是一般化的领导，对员工的关心和工作任务只求过得去。

（5）9.9型，**协作式领导**。有的学者称其为"团队型"。这种领导方式无论对于员工还是生产都表现出最大可能的关心，通过协调、综合等活动来提高生产和士气。布莱克和莫顿认为，只有这种领导才是真正的"集体的主管者"，他们能够把企业的生产需要同个人的需要紧密地结合起来。这种领导者关心人和工作做得都很好，员工的关系协调，士气旺盛，任务完成得很出色。

有关行为理论的总结：领导行为理论从关心人和关心工作两个维度，研究和解释了领导行为。但是对于确定领导行为类型与成功绩效的一致性关系上，还有欠缺。往往不同的环境导致不同的结果，而行为理论缺乏对于影响成功与失败的情境因素的考虑。

第四节　领导权变理论

领导权变理论的研究结果表明:领导有效与否不仅与领导者的素质和行为有关,而且与领导者所处的环境的关系更大。权变理论正是着重研究领导者行为在一定环境下成为有效的那些环境变量的理论,它指明有效的领导依环境变化而异。在权变理论中,影响较大的主要有菲德勒模型、情境领导论和路径——目标理论。

一、权变因素

权变理论因其重视情境对领导行为有效性的影响,又被称为情境理论。该理论强调领导无固定模式,领导效果因领导者、被领导者和工作环境的不同而不同。领导权变理论考虑的权变因素主要包括:

1. 领导的自身特点和风格。

(1)个性的各个方面,如领导人有没有进取心,是否具备应有的领导智力等。

(2)需要与动机,如领导人受哪些特定的需要才能激励,其激励因素和保健因素是什么。

(3)过去的经验,如领导者是否曾在类似的环境下有过经验。

(4)强化因素,如领导者在过去采用某种领导行为后是否尝到过甜头或苦头等。

2. 下级的特点。

(1)个性的各个方面:如下级的个性会影响领导人做出如何的反应行为,对民主化需求很强的下级,就不会满意地接受那种坚持强化控制的领导人的领导行为。

(2)需要与动机:如在下级的激励系统中,有哪些需要正在起作用。现在的处境能否使下级的高层需要得到满足,又有哪些能使下级从完成任务中体验到内心的满足。

(3)过去的经验和强化因素:如过去有哪些领导行为使下级成功地完成了任务。

3. 群体特点。

(1)群体结构:如这个群体是团结一致的,还是松散的?群体内有无大小群体?正式群体内有无非正式群体?群体成员之间相处得如何?

(2)群体任务:如完成这项任务是否要求全体成员通力合作?这个群体能制定哪些决策?

(3)群体规范:如该群体有无特殊规范?每个成员对规范的拥护和遵守程度如何等等。

4. 组织结构及规范。

(1)职位层次:如领导者的权力基础是什么?他能掌握哪些奖励手段?

（2）规章制度：如用正式书面规章明确规定出哪些行为可以接受？哪些行为不能容忍？

（3）技术的胜任程度：如受过高度训练的人在工作中可能更多地依靠自己的专长性能，而不太依靠领导人的指示，这就限制了领导者对他们的影响能力。

二、菲德勒模型

菲德勒（Fred Fiedler）经过 15 年的研究，1967 年提出了"有效领导的权变模式"，也称菲德勒模型。确定领导有效性的三种权变因素（领导行为、环境因素、领导有效性标准，组合成八种情境类型），如图 7－5 所示。

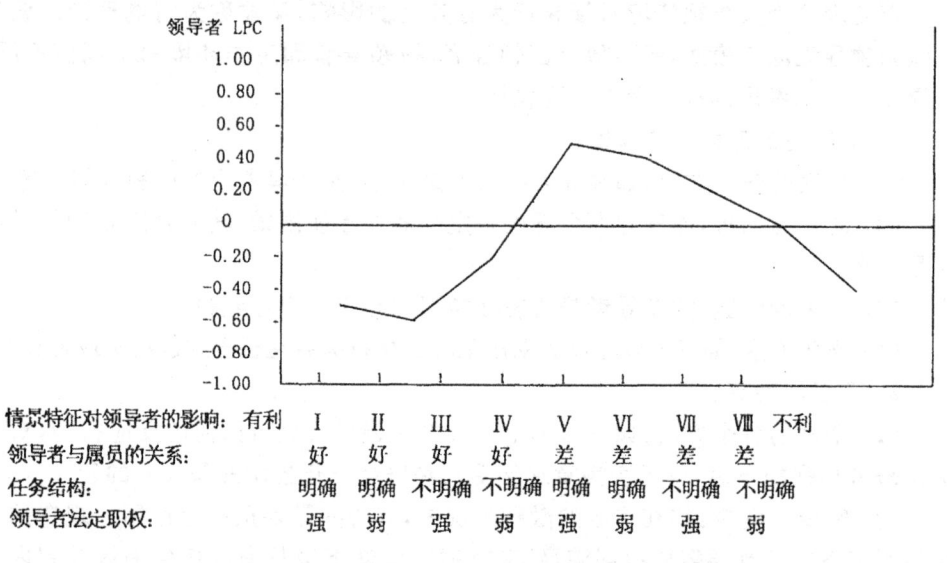

图 7－5　菲德勒模型

菲德勒模型的主要观点：菲德勒认为，领导是否有效，要视环境而定。不同的环境需要有与之相适应的领导者和领导方式。因此，采取什么领导方式较为有效，要视环境不同而采取相适应的领导方式，同时又出于领导者的性格爱好不同，有的人习惯以关心人为主的领导方式，有的人则习惯于以关心工作为主的领导方式，所以应根据不同的环境条件配备能采用相适应领导作风的领导者。

菲德勒认为，决定领导效果好坏的环境因素有三个：一是上下级关系，即领导与被领导的关系；二是任务结构；三是职位权力，即领导人所处地位的固有权力和取得各方面支持的程度。同时，领导又有两种风格：关系取向型和任务取向型。对领导效果来说，这三个环境因素都是好的，那就是最有利的条件；反之，三个环境因素都不好，就是最不利的条件。就每个条件来说，又都有好坏之分：上下关系有好与差；工作任务有明确与不明确；地位权力有强与弱。要提高领导的有效性，就要改变领导方式或环境条件。在环境因素最好或最差的条件下,应选择以关心工作任务为中心的领导方式或领导者;反之,在较好或较坏的条件下,应选择以关心人为中心的领导方式或领导者。

菲德勒模型的要点如下:

(1)有效的群体绩效取决于上下级的相互作用、领导者的风格、情景以及下属状况对领导者的影响程度间的合理选择。

(2)在菲德勒模型中,影响领导成功的关键因素之一是领导者的领导风格。

(3)为了检测领导者的基本领导风格,菲德勒设计的 LPC(最难共事者)问卷:如果回答者大多用敌意的词句评价自己的领导,则趋向任务型领导方式(低 LPC型);如果评价多用善意的词句,则趋向于关系型领导方式(高 LPC 型)。

(4)根据菲德勒的观点,领导行为与领导者的个性是相联系的,所以领导者的风格是稳定不变的。

(5)提高领导者有效性的方式有两条途径:第一,替换领导者以适应新环境;第二,改变环境以适应领导者。

(6)菲德勒根据三种情景因素的不同组合,形成八种不同的类型环境。

三、情境领导理论

情境领导理论(Situational Leadership Theory)[21]是由保罗·赫塞(Paul Hersey)和肯尼思·布兰 (Kenneth Blanchard)提出的。该理论认为领导者不能用一成不变的方法,而要随着情况和环境的改变及依据员工的成熟度(工作成熟度和心理成熟度)分为 M1(最不成熟)至 M4(最成熟)而改变其领导和管理方式。若领导依据下属的成熟度(工作成熟度和心理成熟度)选择领导风格,容易取得成功。

员工的成熟度有四个阶段:M1(最不成熟)、M2(较不成熟)、M3(较成熟)、M4(最成熟),如图 7-6 所示。

M1(最不成熟)阶段:下属对于工作和执行任务既无能力又不愿意。

M2(较不成熟)阶段:下属愿意工作和执行任务,但无能力。

M3(较成熟)阶段:下属有能力工作和执行任务,但不愿意。

M4(最成熟)阶段:下属既愿意工作和执行任务,又有能力。

情境领导模式由两个维度(任务行为和关系行为)组成四种具体的领导风格:

1. 指示型(高任务—低关系):适用于 M1(最不成熟)阶段。

2. 推销型(高任务—高关系):适用于 M2(较不成熟)阶段。

3. 参与型(低任务—高关系):适用于 M3(较成熟)阶段。

4. 授权型(低任务—低关系):适用于 M4(最成熟)阶段。

该理论认为,领导的成功取决于下属的成熟程度以及由此确定的领导风格。

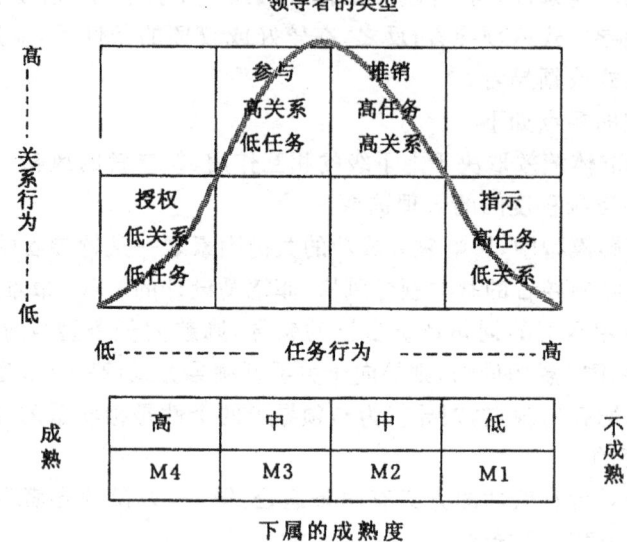

图7-6　情境领导关系

随着下属成熟度的提高,领导者可以不断减少对其下属活动的控制,还可以不断减少关系行为。

四、路径——目标理论

该理论是由罗伯特·豪斯(Robert House)开发的一种领导权变模型。它是在俄亥俄州立大学的二维四分图理论、期望理论和弗洛姆的激励理论的基础上发展的,它认为四种领导行为取决于环境的权变因素和下属的权变因素。

该理论认为:领导人必须选择一种最适于某一特定处境的领导方式;领导人的责任和作用就在于改善下级的心理状态,激励他们去完成工作任务或对工作感到满意,帮助下级达到目标。为此就要向下级讲清工作任务;承认并满足下级对奖励的要求;奖励达到目的的成就;支持他们为实现目标而作的努力,为共同完成任务消除障碍;增加下级获得个人满意感的机会等。领导人的这种作用越大,对下级的激励程度越高,就越能帮助下级达到目标。

豪斯认为同一个领导者在不同环境下可依据下级的特点和任务的性质来选择四种不同的领导方式:

1.指令型,即指令性方式。领导发布指示,决策时没有下级参与。

2.支持型,即支持性方式。领导对下级友善、关心,从各方面给予支持。

3.参与型,即参与性方式。领导在做决策时征求并采纳下级的建议。

4.成就型,即成就导向式。领导者给下级提出挑战性的目标,激励他们,并相信他们能够达到。

在这里,环境的变化是评价领导方式好坏的重要原则。支持性的领导方式能够保证从事高度常规性工作的人有较高的工作满意感。不同行业和部门的人员,对领导方式也有不同的要求。在任务变化多端的工作者面前,指令性领导方式更富有成效。基层的人员比较喜欢支持性领导方式,而中层或专业人员比较喜欢指令性领导方式。

第五节 关于领导的新理论

一、领导归因论

依照归因理论来判断领导行为的因果关系即是领导归因论。这种理论是以归因理论为基础,解释领导行为因果关系的。在领导的情境中,一般人通常会依照归因理论的架构对于领导者或领导行为进行归因,如认为领导者具有智慧、随和的个性、很强的语言表达能力、进取心、理解力和勤奋;同时,最佳和杰出的领导者被归因于面对艰难能坚持到底,以至于获得最后的成果(Robins,1996)。总之,归因理论是对行为的因果关系加以判断的概念体系,当人们观察到某种行为时,会有意去判断其内在、外在作用因子的倾向。内在归因是将特定行为归因于个人的内在作用;外在归因则是将行为归因于外在力量。归因常常考虑的因素有:①独特性(Distinctiveness):与众不同;②共识性(Consensus):相同情境反应相似;③一致性(Consistency):行为前后一致。

领导归因论有助于判断领导成功与否的作用因子。除了他人的观察并加以归因之外,领导者也常会自我归因,进而影响其领导行为,如在公司遭遇困难时的领导者若作内在自我归因,会认为自己努力不够,更应勤加学习,也许可以反败为胜;反之,可能归之于外在环境不佳,而放弃克服难关的意图。

这里列举几个归因问题:

1. 组织中的消极或积极的工作绩效归因于什么?
2. 公司总裁赢得人们好评的归因是什么?
3. 对“伟人式”的领导人如何归因?

二、领袖魅力论

它是归因理论的扩展。它是指人们把观察到的某些行为归因为伟人式的或杰出的领导能力,以区别领导者有无领袖气质。有领袖魅力的领导者的关键特点,如表7-1所示。

表 7 - 1	有领袖魅力的领导者的关键特点
1. 自信	有领袖魅力的领导者对他们自己的判断和能力有充分的信心
2. 远见	他们有理想的目标,认为未来定会比现状更美好。理想目标与现状相差越大,下属越有可能认为领导者有远见卓识
3. 清楚表述目标的能力	他们能够明确地陈述目标,以使其他人都能明白。这种清晰的表达表明了对下属需要的了解,然后,它可以成为一种激励的力量
4. 对目标的坚定信念	他们被认为具有强烈奉献精神,愿意从事高冒险性的工作,承受高代价。为了实现目标能够自我牺牲
5. 不循规蹈矩的行为	他们的行为被认为是新颖、反传统、反规范。当获得成功时,这些行为令下属们惊诧而崇敬
6. 作为变革的代言人出现	他们被认为是激进变革的代言人而不是传统现状的卫道士
7. 环境敏感性	他们能够对需要进行变革的环境约束和资源进行确切的评估

1. 极高的自信。

2. 对目标的坚定信念和全身心的投入。

3. 令人信服的远见和支配力。

4. 对其目标的超凡和清晰的表述能力。

5. 不循规蹈矩,具有反传统、反规范、令人崇敬的新颖行为。

6. 是激进变革的代言人。

7. 对环境的敏感和对自己实力的了解。

三、领导方式的性别差异

男性和女性的领导风格差异:

1. 男性和女性在语言沟通上的差异。在人们的观念中,把女性谈话风格等同于软弱型谈话风格,而男性谈话等同于强有力的谈话风格。男性谈话风格被认为是直接的、清晰的、自信的。

2. 非语言沟通中的性别差异。“男性”的非语言信息表示着权力,而“女性”的非语言信息则表示着服从。

3. 性别差异对组织沟通的影响。男性领导的团队沟通更有效率。

4. 女性和男性管理者与其下属的关系。与男性管理者相比,女性管理者更关注相互关系,更愿意倾听、参与、自我揭示和保持较好的人际关系。

对于性别与领导风格的大量研究表明:

女性倾向于民主型或参与型的风格,倾向变革型的领导方式;鼓励参与、共享权力与信息,努力提高下属的自我价值;通过包容进行领导,通过她们的领袖魅力、专业知识、人际交往技能来影响他人。

男性倾向于专制型、指导型或命令加控制型的风格，倾向事务型领导方式。

在今天的组织中，灵活性、团队工作、信任和信息共享的特点迅速取代了僵化的结构、竞争的个人主义、控制和保密的特点。这使女性的柔性管理比男性的刚性管理更出色。同时，女性的领导风格使她们在谈判方面更有利。但是须注意：领导风格的选用还取决于情境因素。

第六节　领导艺术与修养

一、领导艺术

领导艺术体现为善于用权、用人、用时间，善于处事、理事，善于影响别人、调动别人，灵活权变，民主协商，高效有序。领导艺术总体上分为两大类：

1. 履行职能的艺术：体现在用权、用人、用时间，善于处事、理事方面。具体为：

（1）领导决策的艺术：这类艺术包括三个方面：①获取、加工和利用信息的艺术；②对不同的决策问题采取不同决策方法的艺术；③尽量实现经营决策的程序化。

（2）合理用人的艺术：主要体现在：①科学用人的艺术；②有效激励人的艺术；③适度治人的艺术。

（3）正确处理人际关系的艺术：包括：①分析影响企业人际关系的因素；②调试人际关系的措施多样化。

（4）科学利用时间的艺术：包括：①科学分配时间的艺术；②合理节约时间的艺术。

2. 工作有效性的艺术：体现在善于影响别人、调动别人，灵活权变，民主协商，高效有序。在这方面，可资借鉴的领导艺术准则有：

- 与人为善。
- 尊重员工。
- 永远放弃两面派行为。
- 支持新事物。
- 善于听取意见。
- 肯定下级成绩，理解下级失败。
- 相信值得信任的人。
- 向下级通报自己的设想和计划，以取得下级的工作支持。

二、领导修养

要真正领悟领导艺术，不是短时间内能够达到的，而是要经过不断的积累和修养。只有长期不断地、自觉地进行领导修养,才能达到自由运用领导艺术的境界。就领导修养问题,这里举出一些领导者应具备的素质,以供参考。

领导者的素质是指领导者个人所具有的品德、能力、知识、修养和领导艺术等。国外学者认为有效领导者应具备以下素质和修养:

1. 品德。使命感、责任感、事业心、进取心、自信心、忠诚老实、关心信赖人、富于忍耐性、公平、热情、坚强、有勇气。

2. 能力。思维决策能力、规划能力、判断能力、创造能力、洞察能力、劝说能力、对人的理解能力、解决问题能力、培养下级能力、调动积极性能力。

3. 知识。专业技术知识、人文科学知识及管理知识。

4. 修养。虚心、自制、乐观、幽默、大度、严于律己、能承受挫折、承担责任、有风度。

【思考与练习】

1. 现代社会,为什么要搞好管理和领导工作就必须认识人的本质和了解人的行为?

2. 如何理解下面的说法,谈谈你的感受。

"海纳百川,有容乃大",领导者要有这样的胸怀。

员工是组织之本,领导是组织之魂,员工是基础,领导是关键。

没有绩效的员工是不合格的员工,没有谋略的领导只配守机床。

人管人,人用人,这里体现着谋略的技术性和艺术性。

3. 领导者的权力来自哪些方面?

4. 什么是领导的正式权力和非正式权力? 两者的关系是什么? 回忆一下你单位的领导是如何运用正式权力和非正式权力的? 你的感受是什么?

5. 领导者的素质是否是天生的? 你是否赞成领导的特质理论的观点? 为什么?

6. 根据"管理方格理论",最有效的领导方式是哪种? 如何实现?

7. 除了书中介绍的几种领导行为理论,请你再从其他资料中找出两种行为理论,并指出他们的基本观点。

8. 权变理论的基本观点是什么?

9. 对我国古代的一些"用人之道"有何感受?

10. 谈谈你对以"人"为核心的现代管理思想的理解。

【自测与评估】

领导行为测试[22]

说明:本测验的目的是评价领导行为,领导行为通常包含工作和人情两方面取向。对下面 30 个题目进行真实的选择,选项填写在括号里。

题目:

A 组:工作取向

1. 对下级清楚地表述自己的态度。(　　)
A. 经常　　　　B. 较多　　　　C. 有时　　　　D. 很少　　　　E. 从未

2. 在本单位中能实施自己的新方案。(　　)
A. 经常　　　　B. 较多　　　　C. 有时　　　　D. 很少　　　　E. 从未

3. 以极严的手段抓管理工作。(　　)
A. 经常　　　　B. 较多　　　　C. 有时　　　　D. 很少　　　　E. 从未

4. 批评那些工作中表现不好的下级。(　　)
A. 经常　　　　B. 较多　　　　C. 有时　　　　D. 很少　　　　E. 从未

5. 以不容他人质问的口气讲话。(　　)
A. 经常　　　　B. 较多　　　　C. 有时　　　　D. 很少　　　　E. 从未

6. 分配下级做规定的工作。(　　)
A. 经常　　　　B. 较多　　　　C. 有时　　　　D. 很少　　　　E. 从未

7. 坚持一定的作业标准。(　　)
A. 经常　　　　B. 较多　　　　C 有时　　　　D. 很少　　　　E. 从未

8. 做事有一定的计划性。(　　)
A. 经常　　　　B. 较多　　　　C 有时　　　　D. 很少　　　　E. 从未

9. 强调一定要在限期内完成任务。(　　)
A. 经常　　　　B. 较多　　　　C 有时　　　　D. 很少　　　　E. 从未

10. 规定工作程序。(　　)
A. 经常　　　　B. 较多　　　　C 有时　　　　D. 很少　　　　E. 从未

11. 要弄清楚是否所有的下级都了解其在团体中的地位。(　　)
A. 经常　　　　B. 较多　　　　C. 有时　　　　D. 很少　　　　E. 从未

12. 要求下级遵照标准化的规则和法令。(　　)
A. 经常　　　　B. 较多　　　　C 有时　　　　D. 很少　　　　E. 从未

13. 让下级知道领导人对他们的要求是什么。(　　)
A. 经常　　　　B. 较多　　　　C 有时　　　　D. 很少　　　　E. 从未

14. 关心和注意下级是否充分发挥其能力。(　　)
A. 经常　　　　B. 较多　　　　C. 有时　　　　D. 很少　　　　E. 从未

15. 注意下级工作是否协调。(　　)
A. 经常　　　　B. 较多　　　　C. 有时　　　　D. 很少　　　　E. 从未

B 组:人情取向

1. 给下级以私人帮助。（　　　）

A. 经常　　　　B. 较多　　　　C. 有时　　　　D. 很少　　　　E. 从未

2. 做一些使下级感到愉快的小事情。（　　　）

A. 经常　　　　B. 较多　　　　C. 有时　　　　D. 很少　　　　E. 从未

3. 容易使下级了解自己。（　　　）

A. 经常　　　　B. 较多　　　　C. 有时　　　　D. 很少　　　　E. 从未

4. 抽空听取下级的意见。（　　　）

A. 经常　　　　B. 较多　　　　C 有时　　　　D. 很少　　　　E. 从未

5. 信守诺言。（　　　）

A. 经常　　　　B. 较多　　　　C 有时　　　　D. 很少　　　　E. 从未

6. 关心下级个别人的福利。（　　　）

A. 经常　　　　B. 较多　　　　C 有时　　　　D. 很少　　　　E. 从未

7. 拒绝解释自己行为的原因。（　　　）

A. 经常　　　　B. 较多　　　　C. 有时　　　　D. 很少　　　　E. 从未

8. 与下级商量而不自行独断行动。（　　　）

A. 经常　　　　B. 较多　　　　C. 有时　　　　D. 很少　　　　E. 从未

9. 慢慢地接受新的方案。（　　　）

A. 经常　　　　B. 较多　　　　C. 有时　　　　D. 很少　　　　E. 从未

10. 以平等的态度对待每一个下级人员。（　　　）

A. 经常　　　　B. 较多　　　　C. 有时　　　　D. 很少　　　　E. 从未

11. 愿意对现状有所改变。（　　　）

A. 经常　　　　B. 较多　　　　C. 有时　　　　D. 很少　　　　E. 从未

12. 平易近人。（　　　）

A. 经常　　　　B. 较多　　　　C. 有时　　　　D. 很少　　　　E. 从未

13. 与下级谈话时，能使他们觉得轻松自然。（　　　）

A. 经常　　　　B. 较多　　　　C. 有时　　　　D. 很少　　　　E. 从未

14. 对下级提的意见付诸实施。（　　　）

A. 经常　　　　B. 较多　　　　C. 有时　　　　D. 很少　　　　E. 从未

15. 在推行重要事项之前，先取得下级的赞同。（　　　）

A. 经常　　　　B. 较多　　　　C. 有时　　　　D. 很少　　　　E. 从未

计分标准：从 A、B、C、D、E 五个选项的分值依次为 5、4、3、2、1 分，将工作取向得分加起来为 A 组得分。将人情取向得分加起来为 B 组得分。

分析：若 A 组和 B 组得分都大于 38 分：这是对人、对组织都比较关心的领导行为类型。这种组合效果最好，通常既能将生产搞好，又能得到员工的爱戴。

若 A 组得分大于 38 分,B 组得分小于 38 分:这种领导在领导过程中通常只关心组织中的生产与技术,而不关心员工的思想与感情。也许生产能搞上去,但通常员工对其存在许多埋怨。

若 A 组得分小于 38 分,B 组得分大于 38 分:这种领导更关心人,与员工之间存在着浓厚的感情,而不太注重对生产的管理,如果组织较小的话,生产能搞上去,但当组织过大时,这种领导行为方式会遇到一定的困难。

若 A 组得分小于 38 分,B 组得分小于 38 分:这种领导既不关心组织,也不关心员工,生产搞不好,员工对其还存在相当的不满,这是组合效果是最差的一种行为方式。

【启示与案例】

美国林肯电器公司的管理风格[23]

林肯电器公司管理风格的一个特点是:力求弥合总经理、高级管理人员和工人之间的鸿沟,尽可能做到彼此平等相待。如其第三任总经理曾介绍说:"当我早上七点半上班时,停车场的 3/4 已经满了,我像任何其他人一样把车停在较远的地方,因为我没有保留特别的停车位置。我一样在自助食堂自取饭菜,因为公司并没有为总经理专设餐厅"。

为了听取职工们的意见以改进工作,林肯电器公司从 1914 年起建立了一个由选举产生的职工代表咨询会议。自那时以来,一直是一个月举行两次会议。在会上,职工可以把有关的争论问题带给最高管理人员并引起他们的注意,也可以询问公司的各项政策,并提出他们的改进建议。咨询会议的全体大会由总经理担任主席,自 1914 年第一次会议以来,咨询会议未曾有过重大的改变。由此可以得出两个结论:第一,证明该公司对咨询会议是重视的;第二,咨询会议确实起到了良好的作用。

除咨询会议外,林肯电器公司还有一个由 12 名中级管理人员组成的磋商会,每月召开一次,并和总经理碰面,讨论的题目比咨询会议的问题更广泛和深刻。

林肯电器公司由于经营有方,公司业务蒸蒸日上。到 1975 年为止,在创立的 80 年中,林肯电器公司一共只有过三位总经理。

本案例主要说明了以下问题:

(1) 一个领导人首先是公司的一名普通职工。任何领导都应与职工同甘共苦,比职工付出更多。

(2) 任何企业、组织,管理应让职工参政议政,充分调动广大职工的积极性。这说明了民主管理在企业管理中的作用。

(3) 对有效的管理方法来讲,领导者的风格和行为不应随意改变。

第二篇　注　　释

1　根据孙彤编著:《组织行为学》,中国物资出版社 1988 年版,p.53～64 改写。

2　孙彤编著:《组织行为学》,中国物资出版社 1988 年版,p.68～70。

3　[美]斯蒂芬·P·罗宾斯著:《管理学》,中国人民大学出版社 1997 年版,p.356。

4　李谦编著:《现代沟通学》,经济科学出版社 2002 年版,p.79～82。

5　李谦编著:《现代沟通学》,经济科学出版社 2002 年版,p.82～85。

6　李谦编著:《现代沟通学》,经济科学出版社 2002 年版,p.259。

7　根据孙彤编著:《组织行为学》,中国物资出版社 1988 年版,p.115～135 改写。

8　根据孙彤编著:《组织行为学》,中国物资出版社 1988 年版,p.136～160 改写。

9　根据孙彤编著:《组织行为学》,中国物资出版社 1988 年版,p.161～169 改写。

10　李谦编著:《现代沟通学》,经济科学出版社 2002 年版。p.117～119。

11　根据孙彤编著:《组织行为学》,中国物资出版社 1988 年版,p.177～179 改写。

12　根据孙彤编著:《组织行为学》,中国物资出版社 1988 年版,p.179～182 改写。

13　根据孙彤编著:《组织行为学》,中国物资出版社 1988 年版,p.183～202 改写。

14　根据孙彤编著:《组织行为学》,中国物资出版社 1988 年版,p.212～220 改写。

15　李谦编著:《现代沟通学》,经济科学出版社 2002 年版,p.147～149。

16　李谦编著:《现代沟通学》,经济科学出版社 2002 年版,p.260～262。

17　[美]斯蒂芬·P·罗宾斯著:《管理学》,中国人民大学出版社 1997 年版,p.412。

18　[美]斯蒂芬·P·罗宾斯著:《管理学》,中国人民大学出版社 1997 年版,p.413。

19　李谦编著:《现代沟通学》,经济科学出版社 2002 年版,p.157。

20　孙彤编著:《组织行为学》,中国物资出版社 1988 年版,p.252。

21　根据[美]斯蒂芬·P·罗宾斯著:《管理学》,中国人民大学出版社 1997 年版,p.420 改写。

22　李谦编著:《现代沟通学》,经济科学出版社 2002 年版,p.175～177。

23　孙彤主编:《组织行为学学习指南》,中国物资出版社 1992 年版,p.209。

第三篇　沟通与谈判基础
——沟通形式与策略

第八章　沟通策略与技巧

第九章　语言沟通与非语言沟通

第十章　阅读与写作

第八章　沟通策略与技巧

【学习目标】

通过本章的学习,应对如下内容有一定的了解:
- 信息发送、接收、处理、渠道及文化背景策略
- 听者、选择话题和表达的技巧
- 倾听的形式和技巧
- 如何克服听话障碍

第一节　沟通的过程策略

沟通与传播不同,沟通不仅要求信息被传递,而且要求信息被接收和理解。因此,我们不能只把沟通简单地视为一条从发送者到接受者的直线,而应该把沟通视为一个循环过程,其中发送者、接收者、信息、渠道和文化是影响沟通的五个关键因素。有效的沟通离不开在这五个方面的策略运用。因此,在探讨听、说、读、写、交谈、演讲等各种沟通方式之前,有必要先分析与这五大因素相关的策略。

一、信息发送与接收策略

(一) 发送者策略

为使信息发送更确切、更令人信服,作为发送者(或说话者)应参考如下策略:

1. 明确目标。 发送者在沟通前确定自己的目标有两大益处。首先,如果没有明确的目的,就没有必要浪费时间去交谈或撰写,明确目的可以使沟通更有针对性,更有效率。其次,确切的目标将有助于沟通更具有效果。沟通前应考虑的目标有:

(1)总体目标。它是希望实现目标的概括性陈述。

(2)行动目标。它是指导总体目标可度量的并有时间界限的具体步骤,可陈述为:"到某一具体时间要达到的某一具体结果"。

（3）沟通目标。它以行动目标为基础,明确希望接收者对沟通所作的反应,即"沟通的结果是使读者或听众将……"

2. 选择适当的沟通形式。 一旦确定了沟通目标,就需要选择合适的沟通形式以达到目标。对于沟通,应在不同的场合,采用不同的沟通形式。就沟通形式而言,沟通和管理一样,只有满意的答案,没有标准的答案。

（1）选择写作、演讲、说话。选择写作、演讲、说话的形式,目的是要听众和读者能接收和理解你的观点、陈述、解释或劝说,所以在这三种形式下,可能会:信息丰富、不需要听他人意见或想法、自己要控制信息的内容。

（2）选择交谈、倾听、阅读。当希望与对方交流信息时,应选择交谈、倾听、阅读这三种沟通形式。在这三种形式下,可能会:信息不充分、需要听取他人想法或意见、需要接收者对沟通信息的全心投入。

3. 确定你的可信度。 你的可信度,即沟通对方对你的看法、信任程度,在很大程度上会影响沟通效果。影响可信度有五大因素:①身份、地位;②专业知识;③良好意愿;④外表形象;⑤共同价值。运用这些因素,可建立自己的初始可信度并增强后天可信度。

（1）初始可信度是指在开始沟通前,与"你是谁"、"你代表什么"以及"你过去与他们的接触程度"有关的可信度。

（2）后天可信度是指在沟通之后,对方对你形成的看法。获得后天可信度的最好办法是在整个沟通过程中表现出色。

你可以在表8-1所列的因素和技巧中选择一些增强可信度的技巧。

表8-1　　　　　　　　　影响可信度的因素和技巧

因　　素	建立于	对初始可信度的强调	对后天可信度的加强
身份地位	等级权利	强调你的地位或头衔	把你和地位很高的人联系起来(如共同署名或进行介绍)
良好意愿	个人关系,"长期记录"值得信赖	涉及关系或长期记录	通过指出听众利益来树立良好的意愿
		承认利益上的冲突,作出合理的评估	
专门技术	知识,能力	包括经历或简历	将你自己与听众认为是专家的人联系起来或引用他的话语
外表形象	吸引力,听众具有喜欢你的欲望	强调听众认为有吸引力的特质	通过认同你的听众利益来树立你的形象;运用听众认为活泼的非语言表达方式及语言
共同价值	道德,标准原则	在沟通开始就建立共同点和相似点,将信息与共同价值结合起来	

（二）根据接收者而采取的策略

根据接收者而采取的策略是指根据接收者的需求和爱好调整沟通方式的有关技巧。这一策略能使接收者更好地理解沟通内容，以发挥预期目标方面的重大作用。这一策略要解决以下四个问题：①他们是谁？②他们了解什么？③他们感觉如何？④怎样激发他们？

1. 分析接收者。分析接收者是要回答"接收者是谁"的问题，这需要分析解决以下两个问题：

（1）确定接收者。在许多场合中，沟通者可能拥有多个不同的听众（读者）群，这就需要根据对沟通目标影响最大的群体调整沟通内容。我们常常面对的接收者有：主要接收者、次要接收者、联络人（指传达信息的听众或读者）、意见领袖（有强大的、非正式的影响力的人物）和核心决策人等。假如你的沟通存在能够影响核心决策人的话，则应按照"核心决策人"的标准调整信息的内容。

（2）了解接收者。确定了接收者范畴，就应该进一步仔细分析接收者，把自己比作他们的一员，了解他们希望获取什么样的信息，这也就是换位思考。

2. 确定接收者的需求。要知晓接收者已经了解和仍需了解的是什么，要着手做三项工作：

（1）有关背景资料的需要。如果接收者对了解背景资料需求低，就不需要把时间浪费在无谓的背景资料介绍或名词解释上；如果接收者对背景资料需求较高，就需要准确地定义陌生术语，将新信息与他们已掌握的信息结合起来；如果接收者对背景资料的需求不统一时，可以利用"简单回顾"之类的开场白重温背景知识或将其列入单独的附录或讲义之中。

（2）新信息的需要。当接收者对新信息需要较高时，应提供足够的例证、统计资料和数据；当接收者并不需要了解太多新知识时，可以依赖专家意见或交给接收者作出判断；在接收者需求不一致时，可将更多的细节资料列入单独的附录或讲义中。

（3）期望和偏好。这是指在沟通风格、渠道或格式偏好方面，他们更偏向于哪一种。例如：在风格偏好上，他们是喜欢正式、直接和互动式的交流，还是非正式、婉转和非互动式的交流形式？在渠道偏好上，他们有无书面文章或电子邮件，演讲或个人交谈的偏好？在格式偏好上，有人喜欢用项目符号代替数字标号，或者偏好公文的标准格式等。

3. 分析接收者的感受。接收者的想法、情感反应和感受对沟通的影响很大。所以，发送者需要解决以下问题：

（1）了解接收者对你的信息感兴趣的程度。若接收者兴趣较高，可直奔主题，不必多花时间以唤起他们的兴趣。若接收者兴趣较低，则可考虑激发他们的积极性,要求他们加入讨论,因为,分享控制权是得到支持的最有效方法之一;最后,对于那些兴趣较低者,应及时对他们的意见作出反应,尽量提高他们的兴趣。

(2)分析接收者的意见倾向。接收者对你的意见倾向是正面的还是负面的?若他们持正面或中立态度,只需强调信息中的利益部分以加强他们的信念。若接收者倾向于反面意见,可试用以下技巧:①将要求限制到最小的可能范围内,如一个试点项目,而非整个项目。②对预期的反对意见作出回应。③先列出接收者可能同意的几个观点。若他们赞成其中二三个关键之处,那么他们接受沟通者整个构想的可能性会更大。④令他们首先同意问题确实存在,然后解决问题。若接收者反对意见强烈或更易为反对意见所左右,则可以陈述驳斥理由,向接收者"灌输"驳斥性论证。当然,如果认为不太可能遇到强烈的反对,就不必进行此类"灌输"。

(3)考虑行动的可行性,即考虑预期行动对于接收者来说完成的难易如何。首先,无论难易,一定要让接收者明白这一行动有助于他们的利益,符合他们的信念。其次,如果行动过于艰难,可以用以下方法:①将行动细分为极小的要求;②尽可能简化步骤,比如设计便于填写的问卷。③提供可供遵循的检查清单。

4. 激发接收者。通过对接收者所知和所感的分析,考虑如何去激发他们,解决"什么能打动他们"。我们可考虑以下的有效激励技巧:

(1)获益激发,即强调信息中可能使接收者获益的要点。如:具体好处、事业发展与完成任务过程中的获益、自我利益(对提高其自身价值、成就感、认同感或归属感的好处)、团体利益(对团体价值观的好处等)。

(2)可信度激发,即以应用可信度为驱动手段的技巧。共同价值观的可信度应用于驱动技巧最为有效,这就是构建与接收者的"共同出发点"。从共同点出发,即使讨论的是全不相关的话题,也能增加在沟通主题上的说服力。

(3)信息结构激发,即利用信息内容结构来激发接收者。例如,开场白、沟通内容的主体、结尾等。

开场白:①先谈接收者关心的利益问题;②先提出问题;③先设法提起接收者的兴趣;④以讨论形式开始。

沟通内容(主体):①逆向强化(从列举可能出现的反对意见入手,分析强化立论);②循序渐进(由浅入深,导入立论);③开门见山(从极端引向可接受的立论);④正反比较(对正反意见的利弊分析,自然得出立论)。

结尾:①简化结论或目标的实现步骤;②提出引发接收者深思的问题。

二、信息处理与渠道策略

(一)信息处理策略

信息处理策略的宗旨是将沟通的重点放在显著位置上。不要将重要内容"埋葬"在中央地带,要将强调的信息和沟通的重点放在显著位置上,如开头、结尾或两者兼有。在开头阐述重点称为直接切入主题;在结尾部分说明重点称为间接切入主题。

1. 直接切入主题,即在开头阐述沟通的重点。由于直接切入主题方式能更快、更容易地被接受,因此在商务中经常遇到。一般来说这种方式适合于90%左右的场合。

(1)这一方式的优点是:①增进了解。先了解结论有助于理解全文内容。对于忙碌的接收者来说,尤为重要。②指向接收者。直接切入主题强调了分析的结果,而不同于间接切入主题那样以发送者本人为中心来表述、分析、归纳和得出结论。③节省时间。接收者无需太多重复倾听或阅读就能理解中心内容,并立即决定哪些部分应该略过,哪些部分应该仔细考虑或参考。

(2)沟通者不采用直接切入主题方式的原因往往是:①习惯因素。对于某一事物,发送者往往喜欢习惯地按照自己的思路来进行描写,却不管这样做是否会增加接受者的理解难度。②学术培训。学究式的历年培训使间接表达主题的结构方式在很多沟通者的心目中根深蒂固。③制造悬念。有些发送者认为在文章结尾才列出重点将会增加悬念感,从而吸引接收者,不过事实上这样做常常会事与愿违。④努力。有些沟通者希望听众(读者)能了解和赞赏他们在沟通过程中付出的努力。实际上,这反而可能导致接收者产生不必要的疑虑而不认同。

2. 间接切入主题,即在结尾部分说明沟通的重点。它是先列举各类论证后以结论或总结收尾,常被称为"神秘故事"手法。由于这一方式对听众(读者)来说,接受理解要耗时较多,且更为困难,又因为在沟通一开始无法利用机会抓住听众(读者)的注意力,所以只有当下述条件都具备时才应采用:

(1)含有敏感内容(含主观感情成分)。

(2)听众(读者)有负面倾向。

(3)听众(读者)更注意分析过程。

(4)沟通者可信度较低。

在满足以上四个条件的场合下,间接方式能减少听众(读者)的排斥感,引发他们的兴趣,并增加他们站在公平立场考虑沟通者建议的可能性。因而,间接方式令接收者能同意部分见解或在沟通者给出结论之前发现他们必须解决的问题。

(二)渠道策略

渠道策略是指沟通者对传递信息的媒介选择方式的有关技巧。信息时代的发展,产生了许多新的沟通方式和工具,比如,传真、电话、电子邮件、语音信箱等,这些加快了信息沟通的速度,但却没有改变沟通的渠道特征,所以,渠道的选择应首先考虑书面与口头形式。

1. 书面与口头。

(1) 书面：当需要保存记录，尤其是大量细节问题，需要使用准确的用词并让接受者接收确切的信息时，应选择书面渠道。

(2) 口头：当需要丰富的表达效果，并不要求保持长久记录时，可以选择口头表达渠道。

2. 正式与非正式。

(1) 正式渠道：一般适用于法律问题的谈判，或者关键要点和事实的表达。正式渠道往往精确、逻辑性强、内容集中、条理清晰、信息量大、概括性强、着重于行动、重点突出。正式的书面渠道包括备忘录、建议书、报告等，正式的口头渠道包括演讲、讲座等。

(2) 非正式渠道：与正式渠道相反，它适用于获取新的观念和新的知识和信息的场合，非正式渠道往往迅速、交互性强、没有拘束、开放、直接、比较灵活。它包括书面的(电子邮件、通知、草稿)，对团体的口头表达(小组会、研讨会)以及对个人的口头表达(交谈、语音信箱)。

3. 个体与群体。

(1) 个体渠道：它适用于个人间的沟通，适用于要获知他人的反应，获取属于隐私和机密的信息。如果需要将信息传达至某一个人，可选择当面讨论、语音信箱、传真或电子邮件。

(2) 群体渠道：它适用于团体沟通。如果需要将信息传递至某一团体，则可选择报告会、电视会议、传统书面表达、传真及电子邮件来完成。

4. 即时反应与滞后回复。

(1) 即时反应：可运用的形式包括个人渠道(面对面谈话、打电话)或团体渠道(报告、集会、问题解答等)。

(2) 滞后回复：可运用的形式包括书面渠道(传统方式、传真、电子邮件)或语音信箱。

5. 接收者参与度。

(1) 高参与度：如一对一渠道(电话、交谈)。

(2) 低参与度：诸如书面(传统的、传真、电子邮件)，语音信箱或报告(面对面、电视会议)形式。

6. 应否私下交流：涉及隐私权因素。

(1) 注重隐私：选择书面形式(传统的、电子邮件或传真——以私人方式传送)，语音信箱。

(2) 隐私不重要：在隐私权不很重要的场合，除了电视会议，任何一种渠道都合适。

7. 接收者的地理位置。

（1）地理位置分散：选择书面（传统、传真、电邮）、声像、影像传播。

（2）地理位置相同：若听众（读者）不分散，可选择面对面的交流（报告、会议、一对一讨论）。

三、文化背景策略

文化背景策略可能由于国家、地区、性别、人种的不同而改变。文化背景除了影响沟通的时间、目标、形式和可信度等方面外，还会影响沟通中的个人风格、语言及非语言信息。

1. 风格：不同文化可能要求对个人风格进行调整，例如，书面表达中的礼貌、亲切或花哨程度，还有口头表达中的正式程度、音量及形象。

2. 语言：语言的不同不仅影响了字面意义，还影响了其中暗喻的含义。语言的不同反映了沟通双方在观察、思维过程和推理方式上的不同。这体现在对方言、口音、俚语、暗号在不同地区、团队和亚文化中有不同的特征。

3. 非语言信息：

（1）身体与副语言。不同的社会规范下身体与副语言有不同含义，例如，越南人下垂眼神以示尊敬；但这并不代表他们"狡诈多变"；西欧人说话挺快，并不意味他们"傲慢"。

（2）空间距离。不同的文化对空间距离的要求不同，例如，拉丁美洲人只需要较小的社交个人空间，英国人可能需要与人拉开一定距离。

（3）问候与好客程度。不同文化的招呼礼节与待客方式不同，例如挥手、拥抱、鞠躬等的不同含义和待客用餐之道的差异。

第二节　说　话

说话是沟通最基本的活动之一，人们通过"说话"来发送和反馈信息和感受。下面将从两个方面阐述说话的技巧。

一、分析听者与选择话题

（一）分析听话者

1. **了解听话者的需要。** 说话的对象是人，所以，应首先了解听话者的需要。在准备说话之前，需要了解：

（1）**听话者的需要层次。** 人的需要是有层次的，由低到高分为生理需要、安全需要、社交需要、尊重需要、求知需要、求美需要和自我实现需要。需要的实现和满足具有顺序性,即由低到高逐级实现。不同的人,各层次需要的强烈程度又不一样。所以,在说话前,要首先了解听话者的需要层次。

(2)**"黑箱"理论**。"黑箱"是看不见的深层动机,包括态度和要求。所以,听话者心中的想法等于就是一个"黑箱",形成听话者的倾听要素,它可分为表层和深层。要了解人的"黑箱"或内心需要,只能通过表层看得见的语言和非语言行为(目光接触、声调、表情、形体含义和非语言行为的一致性),从而来探索对方深层部分的"要求"和"态度"。

2. **了解听话者的类型**。我们在说话之前,不但要了解对方的需要,还要了解听话者的类型。听话者大体可分为四种类型。根据不同听话者的特点,可因势利导,以达到顺利沟通。

(1)**漫听型**。这种听话者其实很少在听,在别人说话的时候他们常表现得心不在焉,因为事实上,压根就没有投入注意力。漫听型的人常常还是多嘴多舌的人。

(2)**浅听形**。这类听话者流于浅表。他们只听到声音和词句,很少能顾及说话者的真正含义和弦外之音。浅听者往往停留在事情的表面,对于问题和问题的实质,他们深入不下去。

(3)**技术型**。这类听话者会很努力地去听别人说话,当把自己看作是"好"的听话者时,其实就是给自己贴上了这类听话者的标签。在这一层次上,他们需要更多的是注意力和心力,但他们仅仅是逻辑性的听众,较多时候只注意内容而较少顾及感受。

(4)**积极型**。这类听众在智力和情感两方面都作出许多努力,积极型的听话者不会断章取义,相反的,他们会着重去领会别人说话的要点。他们注重思想和感受,既听言词,也听言外之意。积极倾听要求听话者暂停自己的思想和感受,专注于说话者,并注意自己的语言和非语言的反馈。

3. **了解听话者的个性**。德国一位心理学家,以深入浅出的方式,将人的性格做了以下三种分类。我们应针对不同的性格,采用适合的说话方式。俗话说:"见什么人说什么话",就其积极意义而言,就是想要与人对话,必须先把握对方的个性,随机应变地采取不同的说话方式。

(1)**内闭型性格**的特征为:

* 体型相对细瘦型;
* 羞怯,一本正经,神经质且很胆小,向往非现实的梦境,不切实际;
* 对其周围的事物,敏感度极高,容易伤心,容易兴奋;
* 缺乏果断力。

采取的相应说话方式是:不要让他去做决定,以指导、说服的方式,但措词要谨慎,不要伤害他的自尊心,用中性的词说明问题,以免使他过分敏感。

（2）**随和型性格**的特征为：

- 体型相对丰满；
- 外向、开朗、活泼、随和、喜欢照顾他人；
- 想法较实际；
- 有决断力,但太过于自信。

采取的相应说话方式是：这类人和周围人不合的话,会令他们感到不安,所以表达我们的观点时不妨指出"大家都这样认为",并让他多发表自己的见解。

（3）**强硬型性格**的特征为：

- 体型相对较宽,有肌肉；
- 思想较偏激,欠缺协调性；
- 顽固但有正义感,信守诺言,坚持原则；
- 判断力一般。

采取的相应说话方式是：只要有正确的证据和确凿的事实支持,就能打动他,即以正攻法说话,但措辞要委婉,不要与其对抗。

（二）选择话题

在分析了听话者的需要、类型和个性之后,我们应考虑选择什么样的话题进行交谈,这也是至关重要的一个环节。选择话题要从以下几个方面进行：

1. 了解自己。当你知道了听话者关心的事情或兴奋点后,你是否有能力适应听话者的需要、类型和个性呢？你需要从三个方面了解自己：

（1）你的能力：如果有人邀请你作一个关于"全球化"的演讲,你就得考虑自己是否具备与这一报告相关的知识、经验、资料和其他能力。如果你具备的话,你就可以接受邀请并能胜任这次演讲。

（2）你的条件：你需要对自己的性格特征有一个真切的了解。例如：在与人交涉或谈判中,一个性情急躁的人,很容易使谈判陷入僵局或受到对方的摆布,造成对己不利的结果。所以,具备沉着、冷静的性格,在语言沟通中是不可小视的基本条件。你的个性在很大程度上决定了你的说话是否被对方接受。

（3）你的目标：语言作为思维的外壳,是一定思想和意图的体现。通过双方的交谈,在选择话题时要搞清楚你希望达到的目标,这对你的目标实现起着至关重要的作用。说话的目标是你的方向,你无论说什么都必须围绕这个目标进行。

2. 寻找共同点。在做到彼此了解后,就有必要寻找双方的共同点,这样你才能选择合适的话题,引起对方的兴趣。寻找共同点是说话前选择话题的重要前提。当年,诸葛亮之所以能够说服孙权决心抗曹,是由于孙权尚有抗曹的想法,只是一时还犹豫不决,拿不定主意。寻找共同点有三个条件。

（1）选择共通性较高的话题。环境改变后的谈话，以及和陌生人之间的谈话，在开始时是无法聊得很亲热、很顺利的。因此，首先得选择较容易获得赞同或者共通性较高的话题。这也是人们常常拿天气当话题的原因。每当有了共通性，彼此间的冷漠就会渐渐地消退，而逐渐亲密起来。

（2）偏重对方所关心的事。偏重大家所关心的话题或事情，你就可顺利地达到目的。至于和不熟悉的人交谈，一开始最好能举出几个对方或双方所关心的事。

（3）改变不愉快的气氛。如果气氛不愉快，应立即转移话题，以使得气氛能暂时缓和。寻找共同点也就是为了改变或促进说话气氛，达到说话的目标。

【研读专栏】　8－1

讲话"八则"与"十忌"

一、讲话"八则"：

1. 精神饱满地出现在众人面前。

2. 吐字清楚、声音洪亮。

3. 尽量不看讲稿，不时环顾听众，保持与听众的目光接触。

4. 适当运用手势、姿势、表情等身体语言。

5. 抑扬顿挫，起伏有度。

6. 注意把握讲话的速度。

7. 注意克服口头禅。

8. 简洁干脆。

二、讲话"十忌"：

1. 讲套话，绕圈子，不能开门见山讲正题。

2. 讲废话，东拉西扯，浪费时间。

3. 讲重话，翻来覆去，大同小异。

4. 讲长话，只顾自己，不顾他人感受。

5. 讲老话，讲老观念，唱老调子，不能与时俱进。

6. 讲大话，爱吹牛皮，言过其实。

7. 讲假话，口是心非，欺上瞒下，言行不一。

8. 讲空话，言之无物，纸上谈兵，夸夸其谈，满嘴大道理。

9. 讲歪话，油腔滑调，阴阳怪气。

10. 讲脏话，庸俗污秽，低级趣味。

二、表达技巧与语言控制

(一) 表达技巧

1. 注意场合。说话是在一定场合中进行，并受其影响和制约的。说话艺术的高低、效果的优劣，不仅和表达的内容有关，也与具体场合密切相关。场合不同，人们的心理和情绪也往往会随之发生改变，从而影响说话者对思想感情的表达，以及听话者对话语意义的理解。

鲁迅曾讲过这样一个故事：一户人家生了一个男孩，合家高兴透顶，满月的时候，抱出来给客人看，大概是想得到一点好兆头。一个客人说："这孩子将来要发财。"他于是得到一番感谢。另一客人说："这孩子将来要做官。"他于是得到几句恭维。第三个客人说："这孩子将来是要死的。"他于是得到一顿大家合力的痛打。前两位客人说的话毫无根据，第三个客人说的确是客观事实，但待遇不同，因为，他说话不注意场合，在人家欢庆的时候说了不吉利的话。所以，说话时话题的选择、内容的安排以及语言形式的采用，都应该根据特定场合来决定取舍，做到灵活自如。场合的注意有以下几个方面：

(1) 庄重与否。场合有庄重和随便之分。"我特地为你去买的"显得庄重；"我正好路过顺便给你买的"就有点随意了。在现实生活中，明明是顺便，偏偏要说是特地，这种现象也很普遍。

(2) 亲密与否。如果对方是家人、亲戚或较亲密的朋友，不妨可以随意一些，如果与陌生者相处，则有必要谨慎小心，以免引起别人的不快。

(3) 正式与否。在正式场合下，说话应严肃认真，事先需有所准备，不能太随意。非正式场合下说话则可以随便一点，像聊家常一样，则更能表达心意，谈得投机，气氛也更放松。

(4) 喜庆与否。说话要与场合的气氛协调，在喜庆欢乐之时，说话应有助于欢乐气氛的加浓，切忌说晦气话。

2. 注意对象。言谈举止，无论是当众自我表现，还是传递信息，都是在一定的时间和环境与特定对象单向或双向的交流过程中实现的。说话、听话的双方共处同一环境之下，构成了谈话的三要素。说话应从以下几个方面注意说话的对象：

(1) 性别。说话在性别上有分别，对男性的话未必可以对女性说。例如：一位女士长得又矮又胖，若你说她像个水桶，那结果会很惨。如果你说她丰满、富态，那结果就不同了。但是对一位男士，你怎样说他可能都无所谓。

(2) 年龄。年龄不同，会导致听者对话题的反应不同。小孩反感被指责，老人不愿听"死"、"病"字。对听话者不要一视同仁，要区分性别和年龄。

(3) 文化层次。与不同层次的听话者说话时，应考虑听话者的文化水平。一般来说,文化层次越高,越喜欢使用典雅的言辞和专业的术语。

(4)文化背景。文化背景不同,听话者对同一句话的理解也不同。例如,我国老百姓见面常说的一句问候语:"你吃了吗?"外国人则不会理解。说话时必须根据文化背景差异,选择适合的言语,让对方充分理解其中的含义。例如,1954年,周恩来总理出席日内瓦国际会谈,为了向外国人表明中国爱好和平,决定为外国嘉宾举行电影招待会,放映越剧艺术片《梁山伯与祝英台》。为此,工作人员准备了一份长达16页的说明书。周恩来看后笑道:"这样看电影岂不太累了? 我看在请柬上写上一句话就行,即:请您欣赏一部彩色歌剧电影,中国的《罗密欧与朱丽叶》"。果然一句话奏效,外国嘉宾都知道这部电影所要讲述的故事。

3. 把握时机。说话除了要注意场合和对象外,还要把握说话的时机,这需考虑以下几个因素:切入话题的时机、控制说话的时机、时机的充分利用。

(1)切入话题时机:交际场合往往会出现有的人滔滔不绝,其他人呆坐着观望、无从插嘴说话、找不到切入话题时机的状况。把握切入话题时机的技巧可以有:

• 寻找共同点:找到双方共同关心的问题。

• 提出新见解:在社交场合,如一些研讨会、学术报告会,你可以发表自己的新见解、新观点,很容易吸引别人的注意力。

• 适时切入:话题要注意适时切入。例如:在讨论会上,先讲的话在听众心中造成先入为主的印象;会议进行一段后,总结整理大家的意见,发表更为完善的观点,这时切入的话题,效果极佳,容易受到大家的关注。

(2)控制说话时机:要注意控制说话的次数、频率及时间。这对于建立人际关系有着重要的影响。例如:新领导上任会多了解情况,同每一个人有所接触,但不会与个别人频频交谈或长时间促膝谈心,否则,只会得到少数人却失去了群众基础。

要注意信息反馈,及时调整说话内容,采取相应的表达方式;不要老生常谈,要注意别出心裁,以令人耳目一新。

(3)充分利用说话时机:说话要取得好的效果,还要巧妙地利用说话时机,灵活把握时间因素。1979年1月,邓小平应美国总统卡特邀请正式访问美国。在卡特总统举行的欢迎宴上,邓小平说:"我们来到美国的时候,正是中国的春节,是中国人民自古以来作为一年复始、万象更新而欢庆的节日。此时此刻,我们同在座的美国朋友有一个共同的感觉:中美关系史上一个新的时代开始了。"邓小平巧妙地把30年来中国国家领导人第一次以建交国家领导人身份正式访美的重要历史时刻,同中国的传统佳节联系起来,利用时间上的特殊条件,表达了双方对中美关系新时代的美好愿望。

（二）语言控制

语言虽有翅膀，但不能飞到任何它想去的地方。灵活运用语言技巧，将使你的说话充满魅力。

1. 情理相融。要使听话者对你的说话内容感兴趣，并且乐意接受，要动之以情、晓之以理。以情动人和以理服人，两者有机结合、互相交融，会使说话取得良好的效果。

2. 简洁精练。哈里·杜鲁门说过，一个字能说明问题就别用两个字。说话要简洁，语言要精练。简洁精练的话语，包含着说话者高度浓缩了的思想感情、智慧和力量，给人以明快有力之感，并能留下深刻的印象。

3. 委婉含蓄，形象生动。运用修辞、含糊语等手法使语气委婉，表述生动。

4. 美化声音。声音直接表达人的喜怒哀乐，而音调则形成了最美妙和谐的乐章。得体的声音能够显示人的沉着冷静，吸引他人的注意力，让激动和生气的听众冷静下来，能赢得他人的支持，能有力地说服他人。

（三）说话的注意点

（1）要思维缜密，反应敏捷，有组织能力，口才好，交谈时应尽量避免可能引起对方抗拒或反感的语言，即所谓对症下药，寻求共同语言。

（2）说话内容要充实、生动、富幽默感，不宜说教，把精华放在开头加深对方的印象，采用迂回的方法表明自己的立场和态度，分散对方的注意力，使对方心理得以放松，达到良好的沟通效果。

（3）以诚相见关键在于获得对方的信任，在平等、轻松的气氛下，以交心的方式实现思想上的沟通。

（4）动之以情、晓之以理，使对方产生良好的倾向性，然后选择时机，分步深入使其目的更容易实现。

【研读专栏】　8-2

美化声音的八要则

（1）运用语调。语调能反映出你的说话时的内心世界，表露你的情感和态度。从你的语调中，听话者可以感受到你是一个幽默开朗的人，还是呆板保守的人；是优柔寡断，还是诚实自信的人。无任谈论什么话题，都应保持语调与谈及的内容相互配合，并恰当地表明你的观点和态度。下面是常用的四种语调运用：

• 升调适用于惊讶、反问、号召、鼓动、命令等，以加强效果，吸引听话者的注意力。

- 降调适用于自信、肯定、祈使等，以表明你的态度和情感并能促使听话者去行动。
- 弯曲调适用于感叹、讽刺、愤怒、幽默、怀疑等，以渲染丰富的感情色彩，增强话语的感染力。
- 平直调适用于说明、叙述、解释等，以示庄重，严肃。

（2）恰当发音。我们所说出的每一个字、词、句都是由一个个最基本的语音单位所组成的。将基本的语音单位加以适当的重音和语调配合，将有助于思维和提高言词效果。相反，不良的发音则有碍自己的思路和才能的展现。

（3）避免刺耳音调。人类的音域范围可塑性很大，说话时，必须善于控制自己的音量。想使自己的话题引起别人兴趣时，可提高音调；为了获得某种表达效果，又会故意降低音调。但在多数情况下，我们应该在自身音调上下限之间找到一种平衡的音域范围。

（4）避免鼻音。当你用鼻音伴随说话时，发出的声音让听话者十分难受。"姆、哼、嗯"等发音，就是鼻音。如果你想让自己所说的话更具吸引力和说服力，从现在开始就别再使用鼻音！

（5）控制音量。语言的威慑和影响力与声音的大小不是正比关系。不要以为大喊大叫就能说服和压制别人，说话声音过大只能使别人更不愿听你说话并厌倦你的声音。与音调一样，每个人说话的声音大小也应有其范围，在日常生活工作中应找到一种最适合的说话音量。

（6）充满活力与激情。响亮而且充满激情的声音给人以活力与生命力的感觉。说话时，你的情绪、表情会同你说的内容一样，将带动和感染你的听众。要使自己的声音充满活力，要注意运用重音，即根据语意和表情需要，把重要的音、句等强调出来，使说话者的思想感情表现得更加清楚。另外，说话的声音不可千篇一律，应将强调重音和感情重音通过抑扬顿挫恰到好处地表现出来。

（7）注意节奏。说话的节奏是说话时的不断发音与停顿而形成的强弱有序和周期性变化。说话中如果没有节奏变化，会导致单调乏味。对于节奏我们要学会运用：

- 语法停顿，即根据一句话的语法结构来处理的停顿。一般短句可一口气说出，长句则要在主语之后略作停顿，然后再接着往下说。
- 心理停顿，即说话者按照自己所表达的内容，需要引起对方的重视和思考时，有意识地突然停顿，使之产生心理共鸣。
- 逻辑停顿，即在一个问题或观点说完之后，在语言表达上进行停顿。这是为了突出强调而进行的停顿，一般是在语法停顿的基础上，运用语音变化进行的。这种停顿技巧有利于清楚地表达思想和突出重点。

所有这些停顿，应在说话中交叉灵活运用，不要机械地照搬。

（8）注意语速。语速的快慢，也应视具体情况而定，比如需要表达急切、愤怒、兴奋等情感时需要用较快的语速；在表达沉闷、沮丧、悲哀等情感时，就必须慢。只有快慢结合、合理使用，才是适合的语速。

第三节　倾　　听

在日常工作和生活中，人们往往注重读、写、说的沟通，而忽视了倾听。事实上，倾听花费了日常工作近 40% 的时间。

一、倾听是一门重要的艺术

1. 倾听的含义。倾听是人们通过视觉、听觉媒介接收、吸收和理解对方信息的过程。倾听是从我们听见别人讲话声音开始的。但倾听与听见又有区别，"听见"是人体感觉器官接收到的声音；或者说"听见"是人的感觉器官对声音的生理反应。倾听虽然以听见声音为前提，但更重要的是我们对声音必须有所反应。倾听是人主动参与的过程，是人在听的过程中所进行的思考、接收、理解，并作出必要的反应。所以，**倾听**是以听到声音为前提，对人接收到的口语和非语言信息，主动参与思考、接收、理解，并作出必要反应的过程。

2. 倾听的目的。倾听是我们自幼学会的与别人沟通能力的一个组成部分。它保证我们能够与周围的人保持接触、生活、休闲的可能。一般来讲，我们很少只为消遣而倾听，而是为了以下目的而倾听：①获得事实、数据或别人的想法；②理解他人的思想、情感和信仰；③对听到的进行选择；④肯定说话人的价值。

3. 倾听的重要作用。沟通首先是倾听的艺术。伏尔泰说："耳朵是通向心灵的道路。"细心倾听和会倾听的人到处都受欢迎。倾听艺术的重要作用体现在：

（1）倾听可以调动人的积极性。善于倾听的人能及时发现他人的长处，并创造条件让其积极性得以发挥作用。倾听本身也是一种鼓励方式，能提高对方的自信心和自尊心，加深彼此的感情，因而也就激发了对方的工作热情与负责精神。美国最成功的企业界人士之一的玛丽·凯·阿什是玛丽·凯化妆公司的创始人。现在她的公司已拥有 20 万名职工，但她仍要求管理者记住倾听是最优先的事，而且每个员工都可以直接向她陈述困难。她也专门抽出时间来聆听下属的讲述，并作仔细记录；对他们的意见和建议十分重视，在规定的时间内给予答复。日本、英国、美国等一些企业的管理人员常常在工作之余与下属职员一起喝杯咖啡，就是让部下有一个倾诉的机会。

（2）积极倾听可以使管理者作出正确决策，对缺乏经验的管理者来说，倾听可以减少错误。日本松下幸之助先生创业之初公司只有3人，因为注意征求意见，随时改进产品，确立发展目标，才使松下电器达到今天的规模。玛丽·凯·阿什创业之始公司只有9人，但她善于倾听各种意见，很多产品都由于销售部门听取了顾客的建议，按照顾客的需要制作的，所以无需大做广告，节省了很多的广告费用，但产品销路照样很好，企业的效益一直在同行业中居领先地位。

（3）倾听也是获得信息的重要方式之一。报刊、文献资料是了解信息的重要途径，但受到时效限制，而倾听却可以随时得到最新的信息。在交谈中，倾听可以获得很多有价值的信息。俗话说得好，"听君一席话，胜读十年书"。积极倾听可使你成为一个信息富翁，因为，在当今社会，可利用的信息也是含有价值的。

（4）注意倾听是给人留下良好印象的有效方式之一。心理观察显示，人们喜欢善听者甚于善说者。戴尔·卡耐基曾举过一例：在一个宴会上，他坐在一位植物学家的身旁，专注地听着植物学家跟他谈论各种有关植物的趣事，几乎没有说什么话，但分手时那位植物学家却对别人说，卡耐基先生是一个最有发展前途的谈话家，此人会有大的作为。学会倾听，实际上已经使你踏上了成功之路。

二、倾听的形式

1. 获取信息式倾听：识别中心思想、寻找支持性材料、联系自我经验寻找要说的内容、相似点和区别。

2. 判断式倾听：确定说话者的动机、对观点进行质疑和疑问、把事实从观点中区分出来、承认自己的偏见、最后评价信息。

3. 感情移入式倾听：识别情感、倾听叙述、让对方找到解决问题的方法。

4. 享乐式倾听：为享乐而进行倾听。

三、倾听的技巧

积极倾听的技巧包括：投入式倾听和鼓励式倾听。

（一）投入式倾听

投入式倾听的四项要求是：专注、移情、接受、对完整性负责的意愿。在倾听时，我们要注意：

1. 专注和集中精力。在许多情况下，之所以不能认真倾听，往往是由于肌体和精神的准备不够，因为倾听是包含肌体、感情、智力的综合性活动。在情绪低落和烦躁不安时，倾听的效果不会太好。良好的精神状态要求倾听者集中精力。要能够专注和集中精力，我们应：

（1）排除干扰：保持适当距离和参与的姿态、保持目光交流、避免打断说话者和做使其分心的举动或手势。

（2）关注内容的完整性、捕捉有趣的内容和要点。

2. 移情式倾听。

（1）组织信息：复述、根据说话者的表达形式（叙述、说服、征询和参与四种）理解其目的、记笔记、作比较。

（2）换位思考：了解说话者、揣摩词语、注意非语言暗示、体味言外之意、以接受的心态倾听。

3. 保持公正。 在倾听时，要保持公正，注意不要先入为主。你的价值观念、信仰、理解方法、期望和推测都会导致先入为主而成为妨碍你倾听对方讲话的"有色眼镜"。如果你的头脑中冒出这样的念头："他怎么又说了一遍！"或"你还能指望他说些什么？"，那说明你已经戴上了"有色眼镜"。此时，你应该考虑如何运用讲话人所提供的信息，而不要强求对方的说话条理、所用言辞以及举止等，此时，你的主要任务是领会说话人的观点和所提供的信息。所以，要保持公正的倾听并应注意：区别事实和观点；控制自己的情绪；避免曲解对方。

（二）鼓励式倾听

鼓励式倾听包括的行为有：启发、提问、复述与反馈和必要的沉默。

1. 启发。 用动作和表情的呼应，表示自己的理解，如微笑、皱眉、迷惑不解的表情，给讲话者提供准确的反馈信息，表示自己的感情和对谈话者的兴趣，以支持和启发讲话者。常用的技巧有：

（1）保持与说话者协同的姿态。

（2）用声音表示理解或承认：唔、啊等。

（3）用目光交流。

（4）亲近说话者。

（5）用形体语言鼓励说话者。

（6）去掉面纱：不要面无表情，应有赞许性的点头。

2. 提问。

（1）提问的重要性。在倾听过程中，恰当地提问，往往有助于相互沟通。沟通的目的是为获得信息，是为了知道彼此在想什么，要做什么，通过提问可获得有关信息，同时也从对方回答的内容、方式、态度、情绪等其他方面获得信息。提问可以使说话者知道你在听，提供了清晰度、保证了理解，也可以使说话者和听话者角色自然过渡。

（2）适时提问的作用：①促进和鼓励讲话人继续谈话并更多地提供这方面的信息；②促进双方和谐关系的建立，因为这样的提问往往有尊重对方的意味；③在不转移说话内容、主题的前提下获得更多相关的信息。

　　（3）问题选择应注意的方面：①要少而精。恰当的提问往往有助于双方的交流，但太多的问题会打断讲话的思路和情绪，改变谈话的主题。②要围绕主题。要紧紧围绕谈话内容，不应提一些随意和漫无边际的问题。不相关的问题很容易分散谈话者的注意力，导致交流的中断。③让对方有话可谈。多运用开放式问题，少用封闭式或闭合式问题。

　　（4）提问的方式可以划分为：①明确性提问。它具有明确的方向，要求讲话人给予明确的解释，如"请你把该仪器的使用方法说明一下"。②相关性提问，即对两件事物间的联系性进行提问。如"今天发生的几件事情对您的身心有何影响？"③激励性提问。提问的目的是为了激励对方或给予对方勇气。如"其他三个科室都已表示能按时完成任务，你们认为怎样？"④征求意见性提问。询问对方对自己观点的意见、建议等。如"你认为项目方案有无需要修改的地方？"⑤实证性提问。对讲话人的一些讲话内容进行有目的的提问，以证实其准确性、可靠性。

　　3. 复述与反馈。用自己的语言复述讲话人所表达的思想与感情并给讲话人以适当的反馈，可告诉他其信息已被听到并理解了，同时也可检查理解的准确性。反馈方式有三种：①逐字逐句地重复讲话人的话；②重复讲话人的话，只是把"我"改成"你"；③用自己的语言解释讲话人的意思。

　　在复述与反馈中，我们也可以以确定性的语言提问或陈述自己对信息的理解和判断，并对以后可能出现的情况作出预测。

　　4. 必要的沉默。俗话说："沉默是金"。沉默就像乐谱上的休止符，运用得当，含义无穷，真正达到以无声胜有声之效。但一定要运用得体，不可不分场合，故作高深而滥用沉默。而且，沉默一定要与语言相辅相成，不能截然分开。沉默决不意味着严肃和冷漠。只有在倾听当中适时、恰当地运用沉默，才可获得最佳的效果。

　　在倾听当中适时地运用沉默，可获得如下效果：

　　（1）沉默能松弛彼此情绪的紧张。若对方情绪化地说了些刻薄之词，事后往往会内疚、自省，但若你当场质问或反驳了，犹如火上浇油。这时若利用沉默战术，有利于平复双方情绪，也给对方自省的时间，继而改变态度，甚至聆听我们的话。

　　（2）沉默能促进思考。适时创造沉默的空间，有利于引导对方反思或进一步思考，在对方说谎时，此举尤其能引起他恐慌，促使他改变态度。此外，沉默片刻能给双方真正思考的时间和心灵沟通的机会。

　　（3）沉默可控制自我情绪。在自己心生怒火的时候，开口极容易失言，影响谈话气氛和自身形象，保持沉默可渐渐克制自己激动的情绪，保持自己的良好形象和状态。

　　（三）倾听的注意点

　　（1）倾听的态度必须诚恳，使用目光接触和恰当的面部表情，表示有倾听的意欲和兴趣,不要表现冷淡与不耐烦,尽量避免使用让对方分心的手势或举动。

（2）多听少说,避免中途打断对方讲话。

（3）在倾听过程中,对于不同意见和想法,采取换位思考的方法,开放自己的胸怀,接纳对方的意见。

（4）善于表示同情与理解,控制情绪,不要被自己的情感所左右。

（5）提出问题以显示自己在专心倾听,并将重要的内容记录下来。

【研读专栏】　8－3

开放式问题与封闭式问题

1. 开放式问题:

开放式问题是包括范围广阔、不要求有固定结构回答的问题。回答这种问题,不能用简单的"是"或"不是"来回答,回答结果一般无法预料,回答问题的人可以作许许多多同样正确的回答。这种类型的问题有助于被交谈者开启心扉,发泄情绪,并支持他们表达被抑制的情感。例如:

你好像很不愉快,你现在有些什么感觉?

请谈谈你认为将会发生什么事情?

你认为引起问题的原因是什么?

开放性问题的作用主要是被交谈者可以自己决定谈些什么,说多少,用何种方式说,交谈者可以从中获得较多的信息。这是封闭式问题所达不到的。开放式问题还是交谈者鼓励被交谈者暴露个人思想情感的主要方法和有效手段。开放式提问气氛缓和,可自由应答,可以作为谈话中的调节手段,松弛一下神经,开放式问题也可作为正式谈话的准备,如"最近怎样?"然后很快开始实质问题的交谈。但是,回答开放性问题需要更多的时间。

2. 封闭式问题(闭合式问题):

封闭式问题(闭合式问题)要求的答案是限制性的,有时问题本身就已隐含着答案。经常提问是否、是谁、什么时候等问题,其结果往往可控制,与预期结果相近,往往只要求被交谈者回答是或否。例如:

你的家中有心脏病史吗?

今天你可以下床走一会儿吗?

封闭式问题的主要优点是可以控制谈话及辩论的方向,同时可以引导和掌握对方的思路,被交谈者可以很快坦率地做出特定反应,交谈者可以很快得到回答,效率很高。此外,这类问题不需要被交谈者进行深入反省,同时又为交谈者提供了有价值的信息。封闭式问题常用于收集统计资料。但在某些情况下,封闭式问题迫使答复者必须在较少的可能性中选择"最好"的回答。这种回答不能准确地反映对方的态度、情感和思想或提供额外信息。这种回答往往掩盖了完整的信息,不能令人满意,不能保证获得最大量的信息,不利于达到目的。因此,在解决问题式交谈或说服性谈话中则较少使用,而在互通信息性交谈中较常使用。

提 问 的 技 巧

倾听中的提问不是随便的,注意和掌握必要的技巧会使你的提问事半功倍。提问的技巧包括:

1. 理解。设身处地地理解别人,是必备素质之一,以理解的态度交谈,就能认真倾听,就能诚恳而准确地提出一些双方都能接受的问题,从而更有利于双方的沟通。

2. 时机。倾听中提问的时机十分重要,交谈中遇到某种问题未能理解,应在双方充分表达的基础上再提出问题。过早提问会打断对方思路,显得不礼貌;过晚提问会被认为精神不集中或未能理解,会产生误解。

3. 提问内容。提问就是为了获得某种信息,要把讲话人的讲话引入自己需要的信息范围。

4. 提问的速度。提问时话说得太急,容易使对方感到咄咄逼人,引起负效应;说得太慢,对方心里着急,不耐烦。

5. 提问的方法。如果你希望和他人和睦相处,让他们做什么或请求他们帮助,那你必须准确地掌握"提问"的方法。这是进行交流、理解、说服和协调的得力工具。

在谈话中,开放的问题比封闭的问题好。大多数封闭的问题可以被转变成开放的问题;例如"你是坐车来的吗?"是一个封闭的问题,但"你怎么来的?"就是一个开放的问题。

提问时,还请注意下面三个常识。

(1) 对他人做了的事情,不要提问他为什么做了。人们有时对自己到底为什么要干这做那,连自己也不明白。有时,如果明白,就不允许自己干了。听到这样具有威胁口吻的提问,人们是不快的。

(2) 不要借助提问,强迫人家同意。下面的提问太过火、太生硬,对听者来说,是无视他们存在的行为。如,"我今天说的,你不认为是正确的吗?""你怎么看这个?""你同意还是不同意?"这样的提问并不是错误的,但是,应尽量为对方留下说明与你不同意见的余地。

(3) 不要提有关对方私生活和侮辱对方的问题。如,"你的体重多少呀?""看看,你的头发怎么变稀了?"

6. 重述。重述问题也是有益的("让我换种方式来问,我想是否——")。有时也应要求对方重述("你能用自己的语言把它再述一遍吗?")

7. 避免诱导性。要避免那种指明了你自己所喜欢答案的诱导性提问("我不认为你会做那种事,是吗?")。同样要避免那些超越了对方回答能力的提问(这点特别是在课堂上),那些不适当的提法或那些不合时宜的提问(如"现在你丈夫死了,你的计划是什么?")。应尽可能使你的提问更加准确,提出一些能吸引进一步探讨的问题,如"你能更进一步谈谈那种感觉吗?"

8. 不要恐吓。不要采用"如果你不回答我的提问,我就不能帮你"的方式,而应以一种让人体会到"如果你能告诉我,将有助于我澄清问题"的方式。第一种方式是询问对方,第二种则给人们以一种共享兴趣和承诺的伙伴关系。

四、克服听话障碍

1. 影响听话的环境要素。一般来说,听话者与谈话者所处的环境包括光线、颜色、空气、声音、空间等五个方面。

(1)光线。光线是沟通环境的重要因素之一,光线系统的基本设计有五种,它们包含直接光、半直接光、间接光、半间接光和直接间接光。合适的光线能使人获得舒适和放松,适合交谈和表现自我。

(2)颜色。颜色能影响人的情绪、意识及行为,有些颜色令我们感到舒适,有些则令人烦闷。当然,每个人对颜色的感觉是不同的,但总的说来黄色、橙色、红色称为暖色,使人感到温暖和愉快。蓝色、紫色、绿色称为冷色,使人感到宁静。浅黄色、灰褐色、象牙色等淡色,使人有适度的兴奋之感。

(3)空气。空气调节指注意环境中的温度及湿度。空气中的湿度会影响人的舒适与效率。在同样的温度下,潮湿的空气会令人感觉热、沉闷和疲倦,而干燥的空气又会令人觉得冷、焦虑与精神烦躁不安。可见,空气对交谈质量也至关重要。

(4)噪音。交谈需要一个安静的环境,而噪音对交谈双方的影响极大,它有可能导致信息失真,产生沟通障碍。其影响作用体现在:影响信息的发送、信息的传递、信息的接收和理解。

(5)空间位置。交谈双方之间的距离、位置也同样会影响沟通效果。这一点在第九章详述。

2. 影响听话的环境特征。环境主要从两个方面对听话效果有影响:①干扰信息传递过程、消减、歪曲信号。②影响沟通者的心境,也就是说环境不仅从客观上,而且从主观上影响听话效果。例如,在会议室里,大家都会十分认真地发言,但若在餐桌上,就大不一样,下级就可以随心所欲地谈自己的想法,即使自认为不成熟的想法也会大胆地表达出来。同时环境也影响倾听的连续性。影响听话的环境特征是:

(1)封闭性。封闭性是指谈话场所的空间大小、光照强度、有无噪音等干扰因素。封闭性决定着信息在传递过程中的损失概率。如果谈话内容属于私事或机密信息,最好在安静、封闭的谈话场所。

(2)氛围。氛围是指环境的主观性特征,它影响人的心理定势。如我们的心态是开放还是排斥,是否容易接受信息,对接受的信息如何看待和处置。

(3)对应关系。说话者与听话者在人数上存在着不同的对应关系,可分为一对一、一对多、多对一和多对多。人数对应关系的差异,会导致不同的心理角色定位、心理压力和注意力集中度。在教室里听课和与朋友聊天,是完全不同的心境。让我们看表8-2,来分析更多的场合,掌握不同场合的特征和影响谈话的主要障碍,有助于我们选择合适的交谈场合,并主动地防止可能的障碍影响。

表 8-2　　　　　　　　　　环境特征及听话障碍

环境特征	封闭性	氛围	对应关系	主要障碍
办公室	封闭	严肃	一对一 一对多	不平等造成的心理负担,紧张,他人或电话干扰
会议室	一般	严肃	一对多	对在场的其他人的顾忌
现场	开放	活跃	一对多	外界干扰,事先准备不足
谈判	封闭	严肃、紧张	多对多	对抗心理
讨论会	封闭	活跃、友好	多对多 一对多	从大量散乱信息中发现闪光点的能力不足
非正式场合	开放	轻松、舒适	一对一 一对多	随意性大

3. 克服环境障碍,创造良好的倾听环境。 倾听氛围和空间环境对倾听的质量有巨大的影响,进而影响人与人之间的交流。一项调查表明,由于各种因素的干扰,相距10米的人,每天进行谈话的可能性只有8%~9%,而相距5米的人,这一比率则达到了25%,有效倾听的管理者必须意识到这些环境因素的影响,以最大限度地消除环境对倾听的障碍。

一种观点认为良好的倾听环境应包括:

(1)适当的场所。合适的场所直接影响双方的心理感受和外在噪音的干扰。在公众场合下,应尽量避免在噪音比较大的地方交谈,应尽量安排安静、舒适的环境,以保证谈话不受打扰或干扰。

（2）安全的环境。在这种环境中,双方有一定的安全感,并有与人平等的感觉。这种环境可以选择正式的,比如谈判场所;也可以选择非正式的,如在酒吧或咖啡厅。

（3）合适的时间。选择适宜的时间,同时保证沟通谈话次数。这样的时间选择必须得到对方的认可,并提前与对方预约,让对方有充足的准备。

（4）保持一定的距离。说话者和听话者感情好,私下交谈时相互会靠得紧一些,恋人更是如此。但如果在正式场合,不论亲疏,都应保持一定的距离,过远不利于倾听,过近容易使说话者感到不悦。

4. 克服主观障碍,提高倾听效果。 听话者本人在整个交流过程中具有举足轻重的作用。听话者理解信息的能力和态度都直接影响交流的效果。因此,在适宜的环境条件下,听话者要以最好的态度和精神状态面对说话者。听话者要克服听话的主观障碍,就要信任和尊重说话者,保持公正的态度,驱除个人情绪和偏见,并祛除如下不善倾听的常见表现:

（1）爱走神。常常思绪飘忽不定,特别是在别人说话很慢时发生这种情况。这是因为人思考的速度比讲话快得多,讲话速度是每分钟 120～160 个字,可是思考的速度则是 400～600 个字。解决办法是:要有耐心,强迫自己集中注意力。对思绪不集中的人讲话时,要多用短句子,多问些问题,尽量使讲话富有吸引力。

（2）只关注视觉刺激效果。过分受视觉的影响,如面部表情、手势、服饰及姿态等,而听不进实际的信息。解决办法是:把注意力集中到语言上,暂时将其他信息忽略,和别人讲话时,应尽量保证自己的形象生动且富于专业化,还应使用形象化的语言,如说"详细描述一下"或"我明白你的意思"等等。

（3）畏惧技术。觉得所听信息太难或过于专业化而干脆不听了。解决办法是:告诫自己你可以理解信息内容,然后把注意力集中在信息上而不是老想着它有困难。

（4）只顾自己夸夸其谈。只热衷于自己说话而不顾别人是否有话要说,这是典型的不听别人讲话的人。解决办法是树立轮流说话的意识,人人都应该有讲话的机会,而且,倾听别人讲话能从中得到启发,并使自己讲得更好。

（5）专爱挑刺。怀着批判的态度听别人讲话,为的是从中挑毛病,从对方的话语中搜集信息只是为了反驳讲话。这是律师在法庭上的拿手戏,可是在其他场合,则要考验人们的耐心。解决办法是:尽量找出与别人的共同点,可以问,"您为什么这么说?"

（6）迟钝。经常找不到合适的词语表达自己的意思,而且很少能透过词句理解含义。它会被词语的表面意义所迷惑。解决办法是:提高自己的阐释能力和对文字语言的理解力。

【思考与练习】

1. 沟通对我们生活、工作有哪些重要意义？

2. 你在过去与人沟通中有哪些经验和教训？

3. 为什么在沟通中特别重视反馈这个要素？它有什么功能？

4. 说出沟通在哪些方面对我们的生活重要？

5. 为什么沟通被称为一个过程？

6. 环境如何影响沟通类型？分别举一个正式环境和非正式环境的例子。

7. 什么是倾听？什么是情感移入式倾听？在什么时候用到它？

8. 倾听方式有哪几种？当你针对某种重要事情进行沟通时，为什么了解某人的倾听方式是有帮助的？

9. 为什么说积极的倾听有助于更好地倾听、理解和沟通？

【自测与评估】

倾听能力测试

说明：本测验的目的是评价一个人的倾听能力，把下面30个题目的真实选项填写在括号里。

题目：

1. 力求听对方讲话的实质而不是它的字面意义。（　　）

A. 一贯　　　　B. 多数情况下　　　　C. 偶尔　　　　D. 几乎从来没有

2. 以全身的姿势表达你在入神地听对方说话。（　　）

A. 一贯　　　　B. 多数情况下　　　　C. 偶尔　　　　D. 几乎从来没有

3. 别人讲话时不急于插话，不打断对方的话。（　　）

A. 一贯　　　　B. 多数情况下　　　　C. 偶尔　　　　D. 几乎从来没有

4. 不会一边听对方说话一边考虑自己的事。（　　）

A. 一贯　　　　B. 多数情况下　　　　C. 偶尔　　　　D. 几乎从来没有

5. 做到听批评意见时不激动，耐心地听人家把话说完。（　　）

A. 一贯　　　　B. 多数情况下　　　　C. 偶尔　　　　D. 几乎从来没有

6. 即使对别人的话不感兴趣，也耐心地听人家把话说完。（　　）

A. 一贯　　　　B. 多数情况下　　　　C. 偶尔　　　　D. 几乎从来没有

7. 不因为对方说话有偏见而拒绝听他说话。（　　）

A. 一贯　　　　B. 多数情况下　　　　C. 偶尔　　　　D. 几乎从来没有

8. 即使对方地位低,也要对他持称赞态度,认真地听他讲话。(　　)

A. 一贯　　　　B. 多数情况下　　　　C. 偶尔　　　　D. 几乎从来没有

9. 因某事而情绪激动或心情不好时,避免把自己的情绪发泄在外。(　　)

A. 一贯　　　　B. 多数情况下　　　　C. 偶尔　　　　D. 几乎从来没有

10. 听不懂对方所说的意见时,利用有反馈式倾听的方法来核实。(　　)

A. 一贯　　　　B. 多数情况下　　　　C. 偶尔　　　　D. 几乎从来没有

11. 你经常能够正确地理解对方的思想。(　　)

A. 一贯　　　　B. 多数情况下　　　　C. 偶尔　　　　D. 几乎从来没有

12. 利用反馈式倾听的方法鼓励对方表达出他自己的思想。(　　)

A. 一贯　　　　B. 多数情况下　　　　C. 偶尔　　　　D. 几乎从来没有

13. 利用归纳法重述对方的思想,以免曲解或漏掉对方所传达的信息。(　　)

A. 一贯　　　　B. 多数情况下　　　　C. 偶尔　　　　D. 几乎从来没有

14. 避免只听你想听的地方,注意对方的全部思想。(　　)

A. 一贯　　　　B. 多数情况下　　　　C. 偶尔　　　　D. 几乎从来没有

15. 以恰当的姿势鼓励对方把心里话都说出来。(　　)

A. 一贯　　　　B. 多数情况下　　　　C. 偶尔　　　　D. 几乎从来没有

16. 与对方保持适度的目光接触。(　　)

A. 一贯　　　　B. 多数情况下　　　　C. 偶尔　　　　D. 几乎从来没有

17. 既听对方的口头信息,也注意对方所表达的情感。(　　)

A. 一贯　　　　D. 多数情况下　　　　C. 偶尔　　　　D. 几乎从来没有

18. 与人交谈时,选用最合适的位置,使对方感到舒适。(　　)

A. 一贯　　　　B. 多数情况下　　　　C. 偶尔　　　　D. 几乎从来没有

19. 能观察出对方的言语和心理是否一致。(　　)

A. 一贯　　　　B. 多数情况下　　　　C. 偶尔　　　　D. 几乎从来没有

20. 注意对方的非语言符号所表达的意思。(　　)

A. 一贯　　　　B. 多数情况下　　　　C. 偶尔　　　　D. 几乎从来没有

21. 向讲话者表达出你理解了他的感情。(　　)

A. 一贯　　　　B. 多数情况下　　　　C. 偶尔　　　　D. 几乎从来没有

22. 不匆忙下结论,不轻易判断或说批评对方的话。(　　)

A. 一贯　　　　B. 多数情况下　　　　C. 偶尔　　　　D. 几乎从来没有

23. 听话时把周围的干扰因素排除到最低限度。(　　)

A. 一贯　　　　B. 多数情况下　　　　C. 偶尔　　　　D. 几乎从来没有

24. 不向讲话者提太多的问题,以免对方产生防御反应。(　　)

A. 一贯　　　　B. 多数情况下　　　　C. 偶尔　　　　D. 几乎从来没有

25. 对方表达能力差时不急躁,积极引导对方把思想准确地表达出来。(　　)
A. 一贯　　　　B. 多数情况下　　　　C. 偶尔　　　　D. 几乎从来没有

26. 在必要时边听边做笔记。(　　)
A. 一贯　　　　B. 多数情况下　　　　C. 偶尔　　　　D. 几乎从来没有

27. 对方讲话速度慢时,抓住空隙整理出对方的主要思想。(　　)
A. 一贯　　　　B. 多数情况下　　　　C. 偶尔　　　　D. 几乎从来没有

28. 不指手画脚地替讲话者出主意,而是帮助对方确信自己有解决问题的能力。(　　)
A. 一贯　　　　B. 多数情况下　　　　C. 偶尔　　　　D. 几乎从来没有

29. 不伪装,认真听人家讲话。(　　)
A. 一贯　　　　B. 多数情况下　　　　C. 偶尔　　　　D. 几乎从来没有

30. 经常锻炼自己的倾听能力。(　　)
A. 一贯　　　　B. 多数情况下　　　　C. 偶尔　　　　D. 几乎从来没有

计分标准:

A. 4分;B. 3分;C. 2分;D. 1分。

分析:

总分在105～120分之间,说明你的倾听能力为"优";89～104分为"良";73～88分为"一般";72分以下为"劣"。

【启示与案例】

寻找适合听话者的方法

有一位记者采访一位出名的歌星,问她:"人们都觉得你长得像台湾著名影星林青霞,特别是你的黑秀的长发。对于这一点你有什么看法?"这位歌星当场怒火中烧,拿过一把剪刀,"嚓嚓"几下就把自己的头发剪下,然后盯着那位记者问道:"你现在还觉得我像林青霞吗?"弄得那位记者极其难堪。

这说明,如果我们在说话的过程中不考虑对方的性格,那么,其结果会适得其反。因此,只有找出适合听话者的说话方式,根据对方的不同性格,采取微妙的说话方式,才会提高沟通的成功几率。

了解对方才能把握怎样说

富兰克林·罗斯福刚从非洲回到美国,准备参加1912年的参议员选举。因为他是已故美国总统西奥多·罗斯福的堂弟,又是有名的律师,所以知名度很高。

一次，他参加了一个宴会，大家都认识他，但罗斯福却不认识在场的来宾。这时，他看得出虽然这些人都认识他，然而表情却显得很冷漠，似乎看不出对他有好感的样子。罗斯福想出了一个接近自己不认识的人并能同他们搭话的主意。他对坐在自己旁边的朋友路斯瓦特博士悄声说道："路斯瓦特博士，请你把坐在对面的那些客人的大概情况告诉我，好吗？"路斯瓦特博士便把每一个人的大致情况告诉了罗斯福。了解了大致情况后，罗斯福借口向那些不认识的客人提出一些简单的问题，经过交谈，罗斯福从中了解到他们的性格特点和爱好。掌握了这些之后，罗斯福就有了同他们谈话的资料，并引起了他们的兴趣，在不知不觉中，罗斯福便成了他们的新朋友。

通过这个例子，我们知道了只有在尽可能地了解对方之后，才有助于形成有效的沟通。

第九章　语言沟通与非语言沟通

【学习目标】

通过本章的学习,应对如下内容有一定的了解:

- 语言沟通的过程、类型、原则以及基本技巧
- 非语言沟通的特点和重要性
- 非语言沟通的主要形式
- 非语言沟通的禁忌

第一节　语　言　沟　通

一、语言沟通的类型

语言沟通是人类特有的以语言符号为媒介交流信息的沟通行为和沟通方式。

1. 语言沟通形式。语言有口语和文字两种形式,所以,语言沟通也可分为口头沟通和书面沟通两种形式。

口头沟通,是指人们运用口语或有声的语言进行的信息沟通。最常见的口头沟通方式就是人与人之间的交谈或谈话,此外还有演讲、开会讨论、通电话、闲谈、口头消息传播等诸多形式。

书面沟通,是指人们运用无声的书面语或以书面文字为载体进行的信息沟通。它也有写信、发通知、备忘录、信件、E-mail、传真、讲课中的板书等多种方式。

语言沟通过程包括表达和领会两个方面,所以,口头沟通包括说话、倾听和反馈三个过程,书面语沟通包括写作与阅读两个过程。

2. 语言沟通的**功能作用**。

(1) 表态功能:用判断性语言表示说话人的情感和态度。

(2) 指示功能:用命令性语言指示和影响他人行为。

(3) 诚信功能:用承诺或推测类语言表明理解或信仰。

(4) 维系功能:用慰问或挑战性语言维持某种人际关系。

（5）定规功能：用争辩或让步性语言界定沟通者行为规范。

二、语言沟通的原则

在人际沟通过程中，语言行为的选择与组合要达到理想状态，必须遵循如下基本原则：

1. 目的性原则：人与人之间之所以进行语言的沟通，总是具有这样或那样的目的：或告诉别人一件事情，或请求别人帮忙，或命令对方去行动，或打听某方面的消息，或沟通双方的心灵，或改善双方的关系，或增进双方友谊，等等。这种种目的都是通过具体的话语来表达的。因此，在语言交流中，话语不过是充当信息交流的手段。说话人通过话语来传达自己的意图，听话的则透过话语来领悟其真实意图。

2. 情境性原则：情境是由人际沟通过程中时间、空间的沟通方式等因素构成的沟通环境。它对于言语行为具有两个方面的作用：

（1）对言语行为起着制约作用。言语行为必须根据沟通情境来选择话题和组合话语，使表达内容和表达形式与情境相适应。例如，美国前总统尼克松在1972年访问我国。周总理在和尼克松见面时，言简意明地说："您从大洋彼岸伸出手来，和我握手。我们已经25年没有联系了。"既热情坦率，又机智幽默，表现出卓越政治家和外交家的风度。

（2）对言语行为的表达起着补充作用。比如："火"仅仅是一个字，但是，在《三国演义》中，赤壁之战前夕，诸葛亮和周瑜共商对策，各人仅在手掌上写一个"火"字就达成默契，言简意明地表达了火攻的策略，这就是情境对于言语表达的补充作用。

3. 正确性原则：言语行为的正确性指言语表达必须符合语言规范，也就是要符合语法。任何言语行为只有遵守语言规范，才能准确无误地传达信息，才能为听者或读者所接受；倘若违背了语言规范，就会造成沟通障碍。

4. 得体性原则：人际沟通的言语行为既在特定的人际关系中展开，又起着建立或发展人际关系的作用。如果不顾接受者和自己的关系，人际沟通就可能出现障碍。

《民间文学作品选·朱元璋的故事》载：朱元璋做了皇帝，一个从前的穷朋友跑到朝廷去拜见朱元璋。见面的时候，对朱元璋说："我主万岁！当年微臣随驾扫荡芦州府，打破罐头城，汤元帅在逃，拿住豆将军，红孩儿当关，多亏菜将军。"朱元璋听得高兴，也隐约记起他的话里包含了一些从前的事情，就立刻封他做了御林军总管。另一个当年的穷朋友得知这一消息，也跑去求见，见了面就对朱元璋说："我主万岁！还记得吗？从前，你我都替人家看牛。有一天，我们在芦花荡里，把偷来的豆子放在瓦罐里煮。还没等煮熟，大家都抢着吃，把罐子都打破了，撒下一地的豆子,汤都泼在泥地里。你只顾从地上抓豆子吃,却不小心连红草叶子也送进嘴里。叶子梗在喉咙里,苦得你哭笑不得,还是我出的主意,叫你用青菜叶子放在手上一把吞下去,才把红草叶子带下肚子里去了。"朱元璋还没听完,就命令:"推出去斩了!"

　　5. 适应性原则:在人际沟通过程中,接受者的心理状态对于信息的接收具有极大的制约性。因此,言语行为必须适应言语对象的处境和心情。

　　依据上述语言沟通的原则,人们在进行语言沟通时,应注意如下几点:

　　(1) 表达与理解力求准确。

　　(2) 语言运用要符合特定环境。

　　(3) 语言委婉,避免直接伤人。

　　(4) 要注意道德问题。

　　(5) 要有自己的语言风格。

【研读专栏】　9 - 1

语言沟通过程中的礼貌用语

　　沟通就是希望能成功地交流信息和情感并得到对方的尊重,尤其是向对方提出请求时,恰当地运用策略和技巧,能使对方愉快地接受。在语言沟通中礼貌用语显得十分重要。这里,我们列举了礼貌用语的三十种方法以供参考:

　　1. 间接法:通过间接的表达方式,以商量的口气提出请求,令人易于接受。

　　★ 好的表达:你能否尽快帮我一个忙,把这件事情处理好? 对照的表达:尽快替我把这件事办一下。

　　2. 缓言法:借助于辅助语来减缓话语的压力,避免唐突,充分维护对方的面子。

　　★ 好的表达:小王,不知您可不可以把这封信带给他? 对照的表达:小王,把这封信带给他!

　　3. 悲观法:通过流露不太相信能成功的想法把请求表达出来,给对方和自己以退路。

　　★ 好的表达:你可能不太愿意,不过我还是想麻烦你一趟。 对照的表达:你去一趟!

　　4. 缩小法:把要求说得很小,以便对方接受,从而达到满足自己的愿望和要求的目的。

　　★ 好的表达:你帮我这一步就可以了,其余的事情我自己来做。 对照的表达:

这件事就全靠你了。

5. 谦恭法：通过抬高对方、贬低自己的方法把请求表达出来，显得彬彬有礼。

★ 好的表达：您老就别推辞了，我们都在恭候您呢。对照的表达：请您出席我们的会议。

6. 知错法：表明自己知道不该提出请求，只是出于无奈。

★ 好的表达：真不该在这个时候打扰您。对照的表达：麻烦您去一趟。

7. 体谅法：先说明自己体谅对方的心情，再提出请求。

★ 好的表达：我知道你手头也不宽裕，不过实在没有办法，只好向你借一借。对照的表达：请你借一点钱给我。

8. 迟疑法：首先讲明自己本不愿打扰对方，再提出请求，缓和语气。

★ 好的表达：这件事我实在不想多提，可你一直没有帮我办。对照的表达：你怎么一直没有替我办？

9. 述因法：提出请求时把具体原因讲出来，使对方感觉很有道理，应该帮助。

★ 好的表达：隔行如隔山，我一点儿也不懂那里的规矩，你是熟悉的，能替我办吗？对照的表达：你帮我办吧！

10. 乞谅法：先请对方谅解，再提出请求，显得友好、和谐。

★ 好的表达：恕我冒昧，又来麻烦您了。对照的表达：我又来麻烦您了。

11. 被动法：通过运用被动句式，避免提对方，婉转表达请对方帮助办事的有关意图。

★ 好的表达：如果事成了，不会让你白操心的。对照的表达：如果按时完成，我就奖励你。

12. 不定法：运用不定代词代替"你"、"我"来表达相关意思，使话语平和。

★ 好的表达：谁求不着谁？任何人都会这样做的。比照的表达：我只好这样做了。

13. 复代法：用"我们"来代替"我"，来表达自己的意愿。

★ 好的表达：我们是实在没有办法了才来找您帮忙的。比照的表达：我是没法子才来找您帮助的。

14. 谦称法：用谦虚的自我称号来代替"我"，显得谦和有礼。

★ 好的表达：晚辈失礼了，这点儿小事还来打扰您。比照的表达：我失礼了，这点小事还来打扰您。

15. 远视法：用无指代词把时间、地点等视点推远，使语言婉转，减轻对方的心理压力。

★ 好的表达：那种事情费不了你多大的劲儿。比照的表达：这件事你肯定办得了。

16. 正规法:通过讲述有关规定,避免直接指向对方,减少个人发号施令的口气。

★好的表达:上头规定此事由你负责,所以我非求你不可。对照的表达:这件事由你负责。

17. 感激法:提出请求时表示自己对人家的感激之情,显得尊重人家对自己的帮助。

★好的表达:如蒙鼎力相助,我们将不胜感激。对照的表达:我们会感激你的帮助。

18. 暗示法:通过暗示语句来表达有关意思,以免直接驱使对方,而使对方感到不快。

★好的表达:我要出差了,那件事来不及办了,可没人接手不行。对照的表达:那件事你接着办吧。

19. 线索法:通过提供有关线索,间接引导对方考虑自己的请求,给对方留下余地。

★好的表达:我们公司离你家很近,几步路就到了。对照的表达:请你到我公司来谈。

20. 预设法:通过蕴涵的前提来暗示有关意思,使对方自然而然地按照自己的要求去做。

★好的表达:上周是我值的班。对照的表达:这周该你值班了。

21. 淡化法:有意用轻描淡写的语言表达有关意思,使请求更容易被对方接受。

★好的表达:请你帮助我把这间房间稍微粉刷一下。对照的表达:请把这房间彻底粉刷一下。

22. 夸大法:用夸张的语言把有关意思表达出来,求得对方的谅解。

★好的表达:我是上天无路,入地无门了。对照的表达:我只能给你添麻烦了。

23. 重言法:借助同语反复句式来表达请求,显得较为通情达理。

★好的表达:领导毕竟是领导。比照的表达:这事非你不行。

24. 矛盾法:用自相矛盾的语言来表达有关意思,在模棱两可中提出请求。

★好的表达:我本来不想跟你提这件事,可还是提了。比照的表达:请你帮我忙。

25. 反语法:用反话来密切双方的关系,表达自己的请求,显得轻松愉悦。

★好的表达:朋友说你帮人很热心的(实际上很冷淡)。比照的表达:你怎么对这事不热心?

26. 反问法：通过反问句表达有关意思，避免直接表述己见而显得缺乏涵养。

★ 好的表达：除了请你帮忙，我还能怎么办呢？比照的表达：我没办法了，只好请你帮忙。

27. 歧义法：使用多义语言来表达混夹多种意思的请求，以免与对方产生直接的分歧。

★ 好的表达：这可是一件见仁见智的事情。对照的表达：这件事是好事。

28. 笼统法：用笼统的语言来表达有关请求，避免令人反感的直接吆喝，效果会更好。

★ 好的表达：这里需要盖个章。对照的表达：请您给我盖个章。

29. 含糊其辞法：用不点名道姓的办法来表达请求意思，照顾人家的面子，对自己有益。

★ 好的表达：好像有人在为难我们。对照的表达：你在为难我。

30. 不言自明法：用说半句、留半句的方法来表达请求，点到为止。

★ 好的表达：我已在这个岗位干了八年了！对照的表达：我想换个岗位。

第二节　语言沟通的常用技巧

一、与人交往

（一）情感沟通

在日常工作和生活中，需要借助沟通的技巧，化解不同的见解与误会，建立共识。当共识产生后，事业的魅力自然会展现。良好的人际关系，并非与生俱来，需要在沟通中培养。为了与人建立情感，实现良好的人际关系，在与人进行语言沟通时，应注意以下行为法则：

1. 要有自信的态度。 成功人士的共同特征是不随波逐流，而是有自己的想法与作风，但却很少对别人吼叫、谩骂，甚至连争辩都极为罕见。他们了解自己，肯定自己，有自信。

2. 体谅他人的行为。 这包含"体谅对方"与"表达自我"两方面。"体谅对方"是指设身处地为别人着想，并体会对方的感受和需要。若要对他人体谅与关心，惟有你设身处地为对方着想。由于你的了解与尊重，对方也相对会体谅你的立场与好意，做出积极而合适的回应，因而也体现了"表达自我"。

3. 适当地提示对方。 产生矛盾与误会的原因，如果出自对方的健忘，你的提示可使对方信守承诺；反之，若是对方有意食言，提示就代表你并未忘记事情，并且希望对方信守诺言。

4. 有效直告对方。一位谈判专家说道：以"我觉得"（说出自己的感受）、"我希望"（说出自己的要求或期望）为开端，结果常会令人极为满意。其实，这种行为就是直言无讳地告诉对方我们的要求与感受，若能有效地直接告诉你的期望，将有助于建立良好的人际关系。但要切记"三不谈"：时间不恰当不谈；气氛不恰当不谈；对象不恰当不谈。

5. 善用询问与倾听。询问与倾听的行为，是用来控制自己，让自己不要为了维护权力而侵犯他人。尤其是在对方行为退缩，默不作声或欲言又止的时候，可用询问行为引出对方真正的想法，了解对方的立场以及对方的需求、愿望、意见与感受，并且运用积极倾听的方式，来诱导对方发表意见，进而对自己产生好感。一位优秀的沟通好手，绝对善于询问以及积极倾听他人的意见与感受。一个人的成功，20%靠专业知识，40%靠人际关系，另外40%需要观察力的帮助，因此为了提升我们个人的竞争力，获得成功，就必须不断地运用有效的沟通方式和技巧，随时有效地与"人"接触和沟通。

（二）赞美和表扬别人

赞美别人，仿佛用一支火把照亮了别人的生活，也照亮了自己的心田，有助于发扬被赞美者的美德和推动彼此友谊健康地发展，还可以消除人际间的怨恨。赞美是一件好事，但绝不是一件易事，有时即使你是真诚的，也会变好事为坏事。赞美别人需要审时度势，掌握一定的赞美技巧，所以，在开口前要注意：

1. 因人而异。人的素质有高低之分，年龄有长幼之别，因此，赞美和表扬要因人而异，突出个性，有特点的赞美比一般化的赞美能收到更好的效果。老年人总希望别人不忘记他"想当年"的业绩与雄风，同其交谈时，可多称赞他引为自豪的过去；对年轻人不妨语气稍为夸张地赞扬他的创造才能和开拓精神，并举出几点实例证明他的确能够前程似锦；对于经商的人，可称赞他头脑灵活，生财有道；对于有地位的干部，可称赞他为国为民，廉洁清正；对于知识分子，可称赞他知识渊博、宁静淡泊……当然这一切要依据事实，切不可虚夸。

2. 情真意切。虽然人都喜欢听赞美的话，但并非任何赞美都能使对方高兴。能引起对方好感的只能是那些基于事实、发自内心的真诚赞美。相反，你若无根无据、虚情假意地赞美别人，他不仅会感到莫名其妙，更会觉得你油嘴滑舌、诡诈虚伪。例如，当你见到一位其貌不扬的小姐，却偏要对她说："你真是美极了。"对方立刻就会认定你虚伪之至。但如果你着眼于她的服饰、谈吐、举止，发现她这些方面的出众之处并真诚地赞美，她一定会高兴地接受。真诚的赞美不但会使被赞美者产生心理上的愉悦，还可以使你经常发现别人的优点，从而使自己对人生持有乐观、欣赏的态度。

3. 详实具体。在日常生活中,人们取得非常显著成绩的时候并不多见。因此,交往中应从具体的事件入手,善于发现别人哪怕是最微小的长处,并不失时机地予以赞美。赞美用语愈详实具体,说明你对对方愈了解,对他的长处和成绩愈看重。让对方感到你的真挚、亲切和可信,你们之间的人际距离就会越来越近。如果你只是含糊其辞地赞美对方,说一些"你工作得非常出色"或者"你是一位卓越的领导"等空泛飘浮的话语,会引起对方的误解和不信任。

4. 合乎时宜。赞美的效果在于相机行事、适可而止,真正做到"美酒饮到微醉后,好花看到半开时"。当别人计划做一件有意义的事时,开头的赞扬能激励他下决心做出成绩,中间的赞扬有益于对方再接再厉,结尾的赞扬则可以肯定成绩,指出进一步的努力方向,从而达到"赞扬一个,激励一批"的效果。

5. 雪中送炭。俗话说:"患难知真情。"最需要赞美的不是那些早已功成名就的人,而是那些因被埋没而产生自卑感或身处逆境的人。他们平时很难听一声赞美的话语,一旦被人当众真诚地赞美,便有可能振作精神,大展宏图。因此,最有实效的赞美不是"锦上添花",而是"雪中送炭"。此外,赞美并不一定总用一些固定的词语,见人便说"好……"有时,投以赞许的目光、做一个夸奖的手势、送一个友好的微笑也能收到意想不到的效果。

6. 表扬的注意点。表扬是赞美的另一种表现形式。表扬和批评是人们在日常工作、生活中时时遇到的对人、对事给予肯定和否定的信息反馈,同样需要恰当运用并掌握其中的奥妙。

(1)表扬要实事求是,恰如其分,不要随意提高和夸大,这样才会对他人有鼓舞和教育意义。否则,任意拔高、夸大,非但对本人没有好处,还会引发他人的逆反心理。

(2)表扬的态度要诚恳、发自内心,注意不要冷漠无情,言不由衷。而且在表扬的过程中一定要使他人感觉到你是在和他共同分享"成功的喜悦"。

(3)表扬要着眼于人的长处,不必求全。只要别人有好的成绩、好的行为,该肯定的就要肯定,该表扬的就要表扬。不要因为他有缺点和错误就不去表扬他人。

(4)表扬要着眼于人的行为,肯定他的良好行为并能促进被表扬者认准其努力方向。

(5)表扬的语言要中肯、得体,不要过于修饰、做作,以免被表扬人怀疑你的用意和诚意。

(6)表扬要及时,时过境迁,大家的印象就会淡漠,作用也自然就会减弱。

(7)当众表扬某人,作用更大。对他人的突出成绩、好人好事,利用各种机会当众给予表扬,可大大增加对方的荣誉感,激发起他更大的热情。

(8)间接表扬,效果尤佳。间接表扬就是当事人不在场而对他进行表扬,这种表扬方式比当面表扬作用更大。

（三）批评别人

人无完人。在这个世界上，没有人不会犯错误。在错误面前，你可能要忍不住大发雷霆。狂风暴雨过后，你可能会沮丧地发现，你的"善意"并没有被对方所接受，甚至，换来的结果可能让你追悔莫及。批评对谁来说都不是一件让人愉快的事，但是如果你能够掌握适当的批评技巧和方法，相信你的交流会更容易。

你的批评是否"成功"，很大程度上取决于你采用的态度。没有人喜欢被批评，不要相信"闻过则喜"。如果你一味地指责别人或者简单说明你的看法，你将会发现，除了别人的厌恶和不满外，你将一无所获。然而，如果你能够让对方感觉到你是来解决问题、纠正错误的，而不是仅仅来发泄你的不满，你将会获得成功。这里有几点建议：

1. 批评不是联欢会。被批评可不是什么光彩的事，没有人希望在自己受到批评的时候召开一个"新闻发布会"。所以，为了被批评者的"面子"，在批评的时候，应该选择适当的时机和场合，要尽可能避免第三者在场。不要把门大开着，不要高声地叫嚷似乎要全世界的人都知道。在这种时候，你的语气越"温柔"越容易让人接受。

2. 欲取之必先予之。不要一上来就开始你的"牢骚"，先创造一个尽可能和谐的气氛。做错事的一方，一般都会本能地有种害怕被批评的情绪。如果很快地进入正题，被批评者很可能会不由自主地产生抵触情绪。即使他表面上接受，却未必表明你已经达到了目的。所以，不要只是负面批评，若先肯定和称赞对方的成绩和能力，以缓和紧张的气氛，然后再开始你的批评，对方会更容易接受。有句话说得很好——Kiss and kick（吻后再踢），这样才能达到比较好的效果。

3. 对事不对人。批评时应注意针对事情而非针对人，只强调某些事情的处理欠妥，不要针对个人。谁都会做错事，做错了事，并不代表他这个人如何不好。错的只是行为本身，而不是某个人。一定要记住：永远不要批评"人"。

4. 要找到解决问题的办法。当你批评的时候，必须要告诉对方怎么做才是正确的。这才是正确的批评方法。不要只是"指手画脚"，不要把个人的恩怨、情绪等牵涉在内，说话用词适当，不宜小题大做，更不要挖旧疮疤，在明确自己的立场和批评的原因后，表示理解对方的感受，消除敌意。一定要对方明白：你不是想追究谁的责任，只是想解决问题。而且，你有能力解决。

（四）展现自我

在人际交往中，魅力不再仅仅针对外在容貌而言，更含有生活态度、为人处世、个性品位等方面的成分。不妨让我们来看看日常生活中一些展现个人魅力的亮点。

1．神态表情自然而丰富。在人与人的互相沟通中,表情是最有品质的交流,称得上是心有灵犀的交流境界。日常的表情单调、固定化,易带给人呆板无趣之感。让表情自然生动地流露你对生活每时每刻的感受吧,即使你相貌平平,也会由此而显得感情率真、灵秀可爱,从而充满吸引力。

2．穿着简洁。服装并非一定要高档华贵,但须保持清洁,并熨烫平整,穿起来就能大方得体,显得精神焕发。整洁并不完全为了自己,更是尊重他人的需要,这是良好仪态的第一要务。

3．适度展现自我。有时候,过于迁就、盲从大流、无主见的性格反而会遭人反感或让人忽略、感觉不到你的存在。即使在公众场合,适度地展现自我也是应该的。但切忌声音尖厉、粗俗,也不要走极端,以为与周围环境反差越大就越能突出自我。要学会做水果拼盘里的那片菠萝或柠檬,既独特,又合群。

4．谈吐风趣幽默。风趣的谈吐是男性的处世法宝,也是女性的魅力因子。偶尔开一些无伤大雅的小玩笑,或侃些调皮的小笑话、恰到好处地正话反说、适当自嘲,令人乐不可支的同时,也使你充满情趣的形象更深入人心。如果你天生缺乏幽默细胞,那么也不要紧,有意无意地储备这类知识,诙谐的灵感便会适时地在你头脑里冒出来。

二、实现目标

(一) 说服别人

在生活中需要说服的对象有很多,他可能是你的父母、你的上司、你的顾客、你的朋友、你应聘的主考官等。在生活中,随时可能遇到要说服别人的情况,如果不掌握技巧,说服就难以达到理想效果。下面谈谈有关**说服他人的技巧**:

1．调节气氛,以退为进。在说服时,你首先应该想方设法调节谈话的气氛。如果你和颜悦色地用提问的方式代替命令,并给人以维护自尊和荣誉的机会,气氛的友好和谐使说服容易成功;反之,说服时不尊重他人,拿出一副盛气凌人的架势,那么说服多半是要失败的。毕竟人都是有自尊心的,谁都不希望自己被他人不费力地说服而受其支配。

2．争取同情,以弱克强。渴望同情是人的天性,如果你想说服比较强大的对手时,不妨采用这种争取同情的技巧,从而以弱克强,达到目的。

3．善意威胁,以刚制刚。很多人都知道用威胁的方法可以增强说服力,而且还不时地加以运用。善意的威胁会使对方产生恐惧感,从而达到说服目的。威胁能够增强说服力,但是,在具体运用时要注意:第一,态度要友善。第二,讲清后果,说明道理。第三,威胁程度不能过分,否则反会弄巧成拙。

4．消除防范,以情感化。一般来说,在你和要说服的对象较量时,彼此都会产生一种防范心理,尤其是在危急关头。这时候,要想使说服成功,你就要注意消除对方的防范心理。如何消除防范心理呢? 从潜意识来说,防范心理的产生是一种自卫,也就是当人们把对方当作假想敌时产生的一种自卫心理,那么消除防范心理的最有效方法就是反复暗示:自己是朋友而不是敌人。这种暗示可以采用种种方法来进行:嘘寒问暖,给予关心,表示愿给帮助等等。

5. 投其所好,以心换心。 站在他人的立场上分析问题,能给他人一种替人着想的感觉,这种投其所好的技巧常常具有极强的说服力。要做到这一点,"知己知彼"十分重要,惟先知彼,而后方能从对方立场上考虑问题。

6. 寻求一致,以短补长。 习惯于顽固拒绝他人说服的人,经常都处于"不"的心理状态,所以自然而然地会呈现僵硬的表情和姿势。对付这种人,如果一开始就提出问题,绝不能打破他"不"的心理。所以,你得努力寻找与对方一致的地方,先让对方赞同你远离主题的意见,从而使其对你的话感兴趣,而后再设法将你的主意引入话题,而最终求得对方的同意。

【研读专栏】 9-2

挖掘你的说服力

1. 说服力的来源。

• 人格的力量:发挥人格的力量就是动用你最强的最具魅力的特质去影响别人。

• 角色的力量:角色是指你拥有的职位所具有的权力。人只要有了权力,在与人交往中,就会有一种居高临下的感觉,如果你盛气凌人,则给人以权势压人的感觉。如果你表现为谦虚,平易近人,你就会受到对方的拥护,使你更具有说服力。

• 知识的力量:知识的力量来自你对某种专门技能的熟悉程度。如果你知识渊博,并有较高的知识运用能力,往往能占据交谈的主动权,这就是知识的力量。

2. 挖掘你的说服潜力。

(1) 做对方喜欢的交谈者:那种一看就让人感到诚实的人,因为他不管在行动上、态度上,都以坦率、真诚对待对方,让对方从心里接纳和认同,自然就不会抵触,容易接受其观点和思想。

(2) 语言要击中要害:想说服对方最重要的是了解被说服对象,不然就不容易成功。说服时,语言要句句击中对方"要害"。

(3) 称赞并尊重他人:人的天性是渴望赞美! 美国的著名作家马克·吐温曾说过:"一句赞美的话能当我十天的口粮。"马斯洛"需要层次论"中的尊重的需要,包括自重和希望得到尊重,这是人们的精神和心理的需要。获得荣誉和赞美是对每个人来说都是高兴的事。在交谈中真诚地赞美对方,很快就能获得对方的好感。谴责他人要"吝啬",赞美别人要慷慨。

(4)不要总是责怪他人:人是需要他人尊重的。实践证明,一味地责怪他人,并不能解决什么问题:只会使对方感到不舒服,或者产生逆反心理。

(5)要保全他人的面子:给别人保全面子,是一个非常重要的问题。所谓面子实际上就是自尊,保全他人的面子就是保全他人的自尊。每个人都是如此,当自己出现缺点和错误时,特别不愿意上级或同事当众说穿。有的人喜欢摆架子,喜欢当众挑剔、吓唬指责自己的下属或孩子,这是要不得的,如果我们遇到这种情况,多考虑考虑,讲上几句关心的话,特别是设身处地地想一想,就可以缓和许多不愉快的场面。

(6)激励他人奋发上进:成就感、荣誉感是人的一种需要,如果能发现他人哪怕是一点点成绩或是一点点进步,就加以赞扬,实际上就是肯定他人的价值,能激励他人继续进步,发挥潜力。要改变人,就要激励他人。其主要方法就是认可他们的能力,称赞他,就可以使其奋发上进,获得成功。

(7)命令和指使只能导致他人不满:在交谈中,不要以命令的口气,要他人做什么,不要他做什么。而应该让他人自觉、自愿地去做,给他一种自重感,他就会与你保持合作而不背叛。如果总是以一种师者的面孔命令或指使他人,只会导致不满的情绪。即使这种强制的命令可以达到目的,但是不会带来长久的服从。

(二)与人合作

毫无疑问,渊博的学识和不断的创新是事业成功的基础。然而,把一个概念变为成果,离开他人的合作,任何人都无法实现。与人合作得是否愉快且卓有成效,完全取决于你与人相处的能力。与人相处的要领是:

1.保持微笑。没有比那些从不对人微笑的人更需要微笑了。

2.尽可能鼓励别人。你要称赞他获得的成果——即使是很小的成功。称赞如同阳光,缺少它我们就没有生长的养分。

3.让别人保留脸面。不要让任何人感到难堪,不要贬低别人,不要纠缠别人的错误。

4.在别人背后只说好话。如果你找不到什么好话说,那就保持沉默。

5.尽可能不要批评别人。始终对事而不对人。向对方表明,真心喜欢他也愿意帮助他。永远也不要以书面形式批评别人。

6.允许别人偶尔自我感觉良好。如果你想树敌,你就处处打击别人。如果你想得到朋友,你需要宽宏大量。

7. 犯了错误的时候,要及时道歉,受到指责的时候,最好主动负荆请罪。

8. 当别人发怒的时候,要表示理解。他人的怒火常常只是为了引起你的注意,要给予别人足够的同情和关注。

9. 不要打断别人的话,即使当他说错的时候。当他心里还有事的时候,是不会耐心听你述说的。

10. 试着从别人的立场上分析事情和看待事物。印第安人说过:"首先要穿别人的鞋走上一段路。"不要忘了问自己:"他这样做是出于什么原因?"理解一切意味着宽恕一切。要问自己:他真正需要的是什么?我怎样做才会不伤害别人?

11. 不要总是有理。可以比别人聪明,但是不要告诉对方。要承认也许是自己错了,这样可以避免一切的争吵。

12. 在发生矛盾的时候,要保持镇静。首先要倾听对方的意见,努力寻找双方的一致之处,还要用批评的眼光看待自己,向对方保证考虑他的意见,并对他给予自己的启发表示谢意。

13. 尽快宽恕别人,不要记仇。

(三)处理冲突、化解矛盾

1. 冲突的处理方式。冲突的处理方式主要有五种:回避、强迫、迁就、合作和折衷,如图9-1所示。

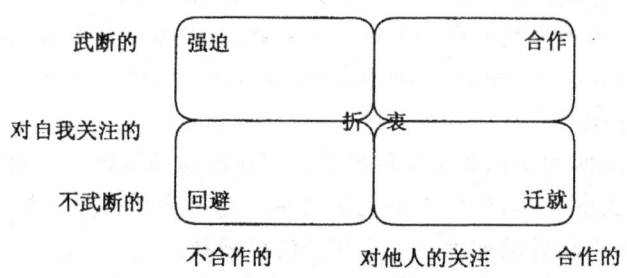

图9-1　人际冲突处理方式

(1)回避。回避方式是指不武断和不合作的行为,是解决人际冲突的输—输方法。个体运用这种方式来远离冲突、忽视争执,或者保持中立。如"这就行了。不管怎样,那都不重要,让我们不要画蛇添足了"。回避方式反映了对紧张和挫折的反感。由于忽视重要的问题会使他人感到灰心,所以总是使用回避方式会导致他人的不利评价。当尚未解决的冲突影响到目标的实现,回避方式将导致对组织的消极结果。

(2)强迫。强迫方式指的是武断和不合作的行为,是解决人际冲突的赢—输方法。一些人以强迫方式努力达到自己的目标而不考虑他人。如"在争执中我坚持自己的见解"。这一方式包括强制性权力和控制。它能帮助个体获得个人目标，但是就像回避方式一样，强迫倾向会导致他人不利的评价。

有强迫倾向的人认为冲突解决意味着非赢即输。当处理下属或部门之间的冲突时，强迫方式的管理者会威胁或实际运用降级、解雇、否定的绩效评价，或其他惩罚来获得服从。当同事之间发生冲突时，运用强迫方式的员工将通过向管理者求助来尽量按照自己的主张行事。这种方式代表了一种通过管理者来将决定强加给对方的企图。

在某些情境下强迫方式可能是必要的，如：①紧急情况需要迅速的行动；②为了组织的长期有效和生存必须采取不受欢迎的行动；③个体需要采取行动来保护自我和阻止他人利用自己的时候。

（3）迁就。迁就方式指的是合作和不武断的行为。迁就代表了一个不自私的行为、一个长期的被他人所鼓励的合作策略，或者是对其他人愿望的服从。如："如果可以使其他人高兴，我完全赞成"。运用迁就方式的个体是典型的被他人给予积极评价的人，但是他们也会被认为是软弱和顺从的。

当运用迁就方式时，个体会表现得好像冲突将最终消失。个体将通过安慰和支持来努力降低紧张和压力。这种方式表示出了对冲突的情感方面的关注，但对于实质问题则没有什么兴趣。迁就方式仅仅导致个体掩饰或掩盖个人的情感。如果它作为主要解决冲突的方式，则它基本上是无效的。

（4）合作。合作方式是指强的合作和武断性的行为。它对人际冲突的解决而言是双赢的方法。运用合作方式的个体想使共同的结果最大化。运用合作方式的个体通常被视为是有能力的，并得到他人的积极评价。有关与人合作的技巧和要领请参阅前述的"（二）与人合作"部分。

（5）折衷。折衷方式指的是中等水平的合作和武断性的行为。运用这种方法的个体进行平等交换并做出一系列的让步。折衷是一种被广泛使用和普遍接受的解决冲突的方法。如"当他人想迁就我时，我对他们也做出让步"。

一位向他人妥协折衷的个体将更可能被积极地评价。对于折衷方式的积极评价有很多解释，包括：①它基本上被视作一种合作性的"退让"；②它反映了一种实用主义的解决冲突的方法；③它有助于为未来保持良好的关系。

折衷方式不能用在早期解决冲突上，其原因在于：首先，相关的个体很可能在被宣称的争端上而不是实际的争端上折衷。所以，过早的折衷将妨碍对真正争端的全面分析或探究。第二，接受一个最初的主张比寻找一个使所有相关的个体都满意的方案要简单得多。第三，当折衷不是最好决策时，它对所有或部分的情境是不适合的。进一步的讨论会揭示一个解决冲突的更好的方法。

与合作方式相比，折衷方式没有使双方的满意最大化。折衷使每个人获得中等的,但仅仅是部分的满意。

2. 冲突解决方式的比较。对运用不同的人际冲突处理方式所做的研究表明,合作倾向于:①更成功而不是不成功的个体的特征;②高绩效而不是中等或低绩效组织的特征。人们都愿意把合作视为对冲突的建设性的利用。对合作的运用似乎导致了其他人的积极情感以及对绩效和能力的积极自我评价。

与合作相反,强迫和回避通常有着消极作用。这些方式倾向于与他人的消极感情和对绩效与能力的不利的评价相联系。

迁就与折衷的效果似乎是混合的。对迁就的运用有时导致他人的积极情感,对折衷方式一般也会得到其他人的积极评价。

3. 化解矛盾的原则。

(1)疏导的原则。对于下属的矛盾焦点,不要去堵,更不能压,要坚持又疏又导,在疏通中引导,在引导中疏通。既要广开言路、畅所欲言,又要循循善诱、说服教育,提高下属的觉悟,让其实事求是地分析和认识问题,把思想引导到正确的方向上来。

(2)发泄的原则。下属有怨气,上级要采取一定的方式尽量让他们"出气",出错了也不要紧,就是一些过火、过激的话,也要让他们讲完为止,然后再选择适当的时机和方式,进行引导和教育。这种发泄,实际上是一种"安全阀效应"。

(3)升华的原则。对于下属的某些需求(有可能是正当的、合理的),但是现在或将来都是难以解决的,要通过强有力的思想工作,使其认识到,限于某些条件,这些需求无法实现或者无法全部实现,应当用一个新的、有一定社会价值的目标来代替原来的需要,借以减轻心理痛苦,化解矛盾。

(4)转移的原则。当着下属一定要镇静、稳重,如表现得十分激动,那么任何说教都无济于事,矛盾冲突已经发生的时候,应当设法转移下属的注意力,弱化甚至减轻矛盾。

(5)自我控制的原则。在解决下属的问题和困难、化解矛盾等事情时,必须善于控制自己的情绪、语言和行为,设法避开焦点,防止正面冲突。这样才能有效地控制事态,避免冲突升级。

(四)争辩策略

辩论,就是为了探求真理、坚持真理、维护真理而相互劝说。然而,由于争论的任何一方都想推翻对方的看法,树立自己的观点,故此,它是带有"敌意"的语言行为。于是,大凡争论留给我们的印象都是不愉快的,最容易使我们良好的交际愿望落空。如果你能够在辩论之前多投入一些思考,在辩论结尾搞好"善后"工作,就能使你在辩论这种特殊交际场合,既做到个人心情舒畅,探求了真理,又不伤人际和气。

1. 避免无益的争辩。当你意识到自己的想法、意见与人相左时，当你的言行遭人非议时，你的本能大概就是奋起辩驳。许多毫无意义的事情往往就在这时发生了。为了避免无益的辩论，此时，你需对如下问题进行冷静思考：

（1）如果你能最终获胜，它有什么意义？没有什么积极意义，大可不必动用你的"唇枪舌剑"，一笑置之最妙。同样，你向别人提出"挑战"时，一定要选择有价值的，通过争论使自己和他人都受到启发和教育的问题，不必在那毫无价值的细节琐事上做文章。

（2）你的辩论欲望更多的是基于理智还是感情原因？诸如虚荣心、表现欲望或面子。如果是感情原因，大可不必辩论。

（3）对方是充满敌意的吗？他对你有深刻成见吗？如果是，那么在这种非理性的氛围中最好不要再火上浇油。同样，如果你是处于这样一种心境，绝对不要向对方提出论题辩论，因为此时你提不出理性的论点，在辩论伊始，就注定了你失败的命运。

2. 使争辩成为一种愉快的、和平的思想交流。辩论是为了明是非，求真理。只要我们的辩论出自公心，就能采取积极的态度，使用积极、文明、恰当的论辩语言去参加辩论。

（1）树立正确的辩论价值观，做到观点正确，旗帜鲜明。

（2）树立正确的辩论道德观。把辩论置于科学基础之上，以理服人，让事实说话。辩论者要有高深的涵养；不搞诡辩，不揭隐私；不搞人身攻击；不把观点的对立引申为人际的敌对；不靠嗓门压人，有理不在声高，如果你能用有节制的音调语气道出你的理，其效果不亚于如雷贯耳。

（3）用真情、善意、美感与人辩论，就能做到晓之以理、动之以情。在争辩中，"理"是争的目的和取胜的保证。然而人又是感情动物，如果你在论辩中既能做到以理制理，又能以情明理，你的辩论将会成为一种愉快的、和平的思想交流。真正是既争出了公理，又增进了人际和谐，达到了积极论辩的目的。

3. 巧妙地处理善后。经过一阵唇枪舌剑，胜负已成定局。做好辩论的善后工作，具有非常重要的意义。在生活中，观点的对立极易产生人际的隔阂。因此，既要学会辩论技巧，更要懂得如何"解怨息仇"，这是在辩论这种特殊交际场合下，社交者做到言谈有"礼"的最高境界。

（1）如果你失败了，而且败得其所，必须有敢向真理低头的胸怀。向真理低头并不等于向论辩者本人低头，你所服从的是对方所道出的真理，只能说你同他一样，对真理有了同样的认识。所以，当你败下阵来的时候，应该以坦诚的态度来表达自己在这场争辩中所受的教益，以此道出你的人格伟大。在心理上足以弥补因辩论失败所造成的遗憾。

（2）如果你在辩论中已经眼见对方哑口无言，败势已定，一是主动打住话题，结束对立场面；二是巧妙地为对方搭个台阶，让他在不失面子的前提下得以"下台"，胜负自是彼此心照不宣，何不抓住重归于和平的机会呢？

（3）如果你因辩论的需要而已经把对方打得一败涂地，切不可为了一点点虚荣把旗帜挂在脸上。人在得意时，克制更是一种美德。争论结束后，给对方端一杯茶，笑言一句，或轻松自如地转一个话题。请记住：争论是一回事，人际交情又是一回事。

在争辩时，永远要避免正面冲突，因为有一些辩论取得胜利的唯一方法就是避免辩论，即使这些辩论会得到胜利，但那胜利也是空虚的。林肯曾告诉过一位与同事发生冲突的青年军官说："打算成大事的人，决不消耗时间去同别人进行无益的争辩。从无益争辩中获得的胜利是没有意义的。无意义的争辩不仅使个人的精神、时间、身体，都蒙受损失；而最可怕的影响，却是在社会关系上，因争辩而发生不合作的现象。社会减少了合作能力，进步自然也有了限制。"

第三节　非语言沟通

一、非语言沟通的重要性

非语言沟通，是指以语言以外的体态语言和语调等为媒介的沟通行为。它是沟通的重要组成部分，是人们利用人与人之间各自形体的相互影响，以沟通彼此的意向，包括手势、面部表情、身体动作、用语气和语调对词语的强调等。非语言沟通大体上分为表情语言、动作语言和体态语言三大部分。

研究者发现：在口头交流中，真正的词汇沟通只占7％，非语言沟通占93％（其中55％的信息来自面部表情和身体姿态，38％来自语调传递）。生理学和心理学的研究结果也显示：人们获得外部信息的渠道是，80％通过视觉，20％通过听觉和其他渠道。人脑左半球负责逻辑思维，接受有声语言信号，即逻辑信号；右半球负责形象思维，接受非语言信号，即形象信号。两种信号协调作用于听觉神经和视觉神经，这样大脑的两半球同时工作，可更好地处理、理解信息，包括微妙的情感信息。

二、非语言沟通的特点与作用

（一）非语言沟通的特点

1. 文化习俗性。不同的文化习俗和文化背景产生不同的非语言沟通方式及特点。在各自的社会成长环境中，人们接纳自己所在文化群体的特性和风格。当人们第一次相遇时，中国人通过点头或是轻轻握对方的手来传递信息。美国人把目光接触看得很重，身体接触局限在有力地握手上。然而，波兰男子在第一次接触一位女子时可以吻她的手。在大多数文化中，男女非语言沟通也是有区别的。在公共场所，男人坐姿比较松散，有几个男人时，男人与男人常是分开的。女人坐姿是女性化的，两腿是并着的。若有几个女人时，是挤在一起的。

2．可信性。 非语言沟通是非常根深蒂固和无意识的，许多时候，语言信息和无意识表露的非语言信息是相互矛盾的。人的真实本意往往可用语言信息掩饰，然而在非语言沟通中却很难掩饰。

为什么非语言符号比较具有可信性呢？一方面，由于语言信息受理性意识的控制，容易作假，而形体语言大都发自内心深处，极难压抑和掩盖，因而，人们常说不光要"听其言"，还要"观其行"；另一方面，一个人的非语言行为是其整体性格的表现以及个人人格特性的反映，更多的是一种对外界刺激的直接反应，很难掩饰和压抑。正如弗洛伊德所说，没有人可以隐藏秘密，假如他的嘴唇不说话，则他会用指尖说话。因此，当语言信息与非语言信息不符或发生冲突时，我们宁愿接收非语言信息。

3．情境性。 与语言沟通一样，非语言沟通也展示于特定的语境中。情境左右着非语言符号的含义。相同的非语言符号，在不同的情境中，也会有不同的意义。同样是流眼泪，在不同的沟通情境中可以表达悲痛与幸福、生气与高兴、委曲与满足、仇恨与感激等完全对立的情感。只有联系具体的沟通情境，才能了解其确切的含义。

4．沟通性。 在一个互动环境中，非语言符号总是不停地沟通着。只要参与者双方开始进行沟通，自始至终都有非语言沟通在自觉或不自觉地传递着信息。可以这样说，参与沟通的双方一见面，他们的穿着打扮、使用器物就透露出行为者的有关信息，站着或坐下沟通的时候，距离、方位、身体动作、姿态表情和伴随言语始终在沟通着种种信息。在沟通过程中，有意识的语言在沟通，无意识的非语言行为也在连续不断地沟通着特定的信息。

5．隐喻性（或无意识性）。 弗洛伊德认为：要了解说话人的深层心理，即无意识领域，单凭语言是不可靠的，因为人类语言传达的意思大多属于理性层面，经理性加工后表达出来的语言往往不能率直地表露一个人的真正意向，这就是所谓说出来的语言并不等于存在于心中的语言。若一个人感冒或是生气了，别人就能通过他的表情判断出来。从他的声音、他的姿势或从他的脸色感觉出来。

6．组合性。 非语言沟通常以组合的方式出现。在非语言行为过程中，人们可以同时使用身体的各种器官来传情达意，因而在空间形态上具有整体性的特点。例如，一个人准备格斗时，通常两手紧握拳头，双臂交叉在胸前，两腿拉开一定的距离站立，两只眼睛狠狠地逼视着对方，全身肌肉紧张。一个非语言符号，通常与其他非语言符号相伴随,构成符号系统。此外,非语言符号与语言沟通行为也往往密切相关,互相增强和支持。因而在认识某一非语言行为时,应尽可能完整地把握相关的所有非语言信息。

(二) 非语言沟通的作用

形体语言在交际活动中的作用是丰富多彩的。非语言沟通有表达和传递信息和情感的作用,它能使有声语言表达得更生动、更形象,也更能真实地体现心理活动状态,使一个互动中的双方能有效地分享信息。

1. 信息和情感表达作用。非语言沟通的首要功能是感情和情绪的表达作用。它可表现个人很多感情,如恼怒或快乐、软弱或坚强、振奋或压抑等。

2. 调节互动作用。与情感表达一样,调节互动常体现于眼、面部及头部等体态动作。如谈话时向对方点头则表示:"说下去,说完你想说的一切"。又如,看看谈话者意味着可继续谈话,而看别处则意味着谈话该结束了。简言之,调节动作可帮助交谈者控制沟通的进行。

3. 替代语言作用。许多有声语言所不能传递的信息,身体语言却可以有效地传递。另外,形体语言作为一种特定的形象语言,它可以产生有声语言不能达到的交际效果。在日常工作中,我们也都在自觉或不自觉地使用各种形体语言来代替有声语言,进行信息的传递和交流。这样,既省去过多的"颇费言辞"的解释和介绍,又能达到"只可意会,不可言传"的效果。

采取适当的形体语言,能够达到"无声胜有声"的效果。这种效果在哑剧表演中最为突出。在表演时,完全凭借手、脚、体形、姿势、表情等形体语言,就能够准确地传递特定的剧情信息。

4. 强化作用。形体语言不仅可以在特定情况下替代有声语言、发挥信息载体的作用,而且在许多场合,还能强化有声语言信息的传递效果。例如,当列宁率领起义的工人、士兵攻占冬宫后,列宁快步登上讲台,面向台下群众发表演讲。在演讲结束时,他的身体动作表现就像一个庞大乐队的指挥:身体稍向前倾,双目眺望远方,右手掌向前果断有力地推出。这时,沸腾的冬宫立刻鸦雀无声,伟大导师列宁的声音传向世界,列宁的这个姿态,充分表现了一位伟大的无产阶级革命家一往无前的坚强意志和宏伟气势。

5. 辅助和添意作用。人们运用言语行为来沟通思想、表达情感,往往有词不达意或词难尽意的感觉,因此需要同时使用非语言行为来进行帮助,或弥补言语的局限,或对言辞的内容加以补充,使自己的意图得到更充分、更完善的表达。例如,当别人在街上向正在行走的你问路时,你一边告诉他怎么走,一边用手指点方向,帮助对方领会道路方向,达到有效的信息沟通。

6. 表露或验证真意作用。形体语言大多是人们的非自觉行为。它们所载的信息往往都是在交际主体不知不觉中显现出来的。它们一般是交际主体内心情感的自然流露,与经过人的思维进行精心构织的有声语言相比,身体语言更具有显现性。另外,身体语言在交际过程中可控性较小,它所传递的信息更具有真实性,正因为身体语言具有这个特点,因而身体语言所传递的信息常常可以印证有声语言所传递信息的真实与否。

三、非语言沟通的类型[1]

非语言沟通的类型如图9-2所示。

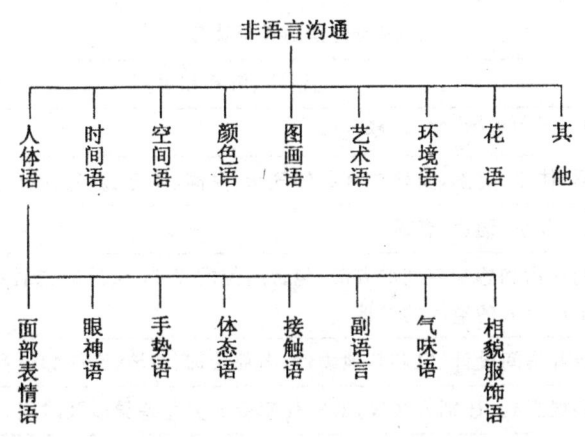

图9-2 非语言沟通的类型

1. 形体语(或称体态语、人体语):是指人们用肢体特征和体态发出的非语言信息符号。它是非语言沟通的最主要形式,是非语言中内容最丰富的一种,如眉来眼去,暗送秋波,点头示意等。形体语又细分为面部表情语、眼神语、手势语、体态语(站、立、走、蹲的姿势)、身体接触语、副语言、气味语、相貌服饰语。相貌服饰语是指人们的相貌、衣着、首饰、发式、化妆以及个人的用品发出的非语言信息。副语言主要研究的是声调的高低、强弱、快慢、停顿等。

2. 时间和空间语:用时间表达的信息符号称为时间语,它研究的是人们对准时、及时、延时、时间的早晚、长短及过去、现在、将来等的理解。用空间表达出的信息符号称为空间语,它研究的是沟通者之间的距离、位置的安排等方面的内容。

3. 颜色与图画语:用颜色表达的信息符号为颜色语。用图画表达的信息符号为图画语。

4. 艺术语:是指用音乐、舞蹈、雕塑、建筑等艺术形式表达的信息符号。音乐可以沟通人们的思想感情;音乐作为一种高度抽象化的复杂的听觉符号系统,由一系列要素如节奏、节拍、速度、力度、音区、音色、调性等组合而成的旋律作为其主要表意手段。在长期的有序化发展过程中,音乐符号的表意功能日益严格、系统,因而被人们称为"音乐语言"。

5. 环境语:用环境表达出的信息符号为环境语,如用场合、室内装饰、温度、光线等表达的信息。

6. 其他自然语:在自然界,除了人之外,很多动物都会进行沟通。动物发出的信号和声音没有复杂到人类语言的程度,但也是一种非语言语。一些动物学家为了理解这些动物群体的行为,而研究了动物的沟通方式。

有关各类非语言形态的特征比较如表9-1所示。

表9-1　　　　　　　　　　　沟通类型的特征比较

基本类型	说明、解释和举例
身体动作	手指、面部表情、眼色、感觉等
形体特征	体形、体格、姿态、身体或呼吸的气味、身高、体重、发色、肤色
语言特点	音质、音量、语速、音调
空　　间	人们使用和感知空间的方法,包含座位的安排、谈话的先后和距离,以及人们界定出个人的空间的领地
环　　境	建筑和房间设计、家和其他物件、内部装饰、清洁、光线和噪音
时　　间	早到或迟到、让别人久等等,对时代感受的文化差异以及时间、地位的关系

第四节　非语言沟通的主要形式及含义

一、表情与面容

(一) 表情的作用

表情是指凭借眼、嘴及颜面肌肉等的变化表现在面部的思想感情及信息。人们对现实环境和事物所产生的内心体验以及所采取的态度经常会有意无意地通过面部表情显示出来。

信息的总效果=7%的书面语 + 38%的音调 + 55%的面部表情。可见面部表情在人际沟通中的重要作用。它的作用具体体现在反映个人特性、情感趋同和反映心灵等。

1. 反映个人特性的作用:表情最能反映出一个人的特性,可表现出心思、情感、喜悦、愤怒、悲忧、惊恐、爱慕、憎恶、欲望、嘲笑、哭泣等各种心态,也可表现出坚强与懦弱、直爽与深沉、安静与急躁等各种性格气质,以及肯定与否定的态度,给人以某种特定的刺激。

2. 情感趋同作用:在所有非语言沟通中,人们的认识最趋一致的是面部表情,因为这是最显眼而且容易一目了然的神态。每个人都见到过诸如"暗送秋波"、"白眼看人"、"点头示意"的模样。

3. 反映心灵的作用:表情在面对面的口语沟通过程中是心灵的屏幕,能够辅助有声语言传递信息,沟通人们的心灵感受。

（二）面容的信息

罗曼·罗兰说过:"面部表情是多少个世纪培养成功的语言,比嘴里说的更加复杂千倍的语言。"我们的面部可以作出多种多样的表情,每种表情又包含了一定的信息,是说话者情绪变化的显示器。面部表情有笑、哭、怒、眉毛的变化、口唇变化、耳鼻体态、头部体态、眼神等。人们可以根据面部表情的变化和各种组合,领悟到许多信息。例如:

1. 面部表情:

哭丧着脸:很不满、失望、义愤填膺

板着面孔:不满意、不高兴

脸色变红:难为情、心理紧张

脸色苍白:悲哀、极端惊恐

脸色发青:万分愤慨

微笑的作用:可以使人际间变得友好,关系和谐

真诚的微笑:热情、富有同情心,善解人意

虚假的微笑:奉承、迎合、矫揉造作、缺乏自信

动人的微笑:内心愉快。

2. 眉毛的形状:

眉头皱起:不愉快、迷惑、讨厌,不赞成,有时表示为难、陷入困境

眉毛上扬:妒忌、不信任

单眉上扬:传统性怀疑、不理解

双眉上扬:非常欣喜、极度惊讶

紧锁眉头:沉思问题

双眉下垂:沮丧、悲忧

双眉倒立、眉角下拉:极端愤怒,异常气恼

眉毛迅速上下活动:心情愉快,内心赞同和亲切

眉毛下垂且嘴唇紧绷,头及下颚向前挺起和对方怒目相视:冲突、挑战、敌对

3. 口唇变化:

嘴角上翘:豁达、随和、容易被说服

嘴角下撇：性格固执、刻板、非常计较，不好说话

抿住嘴唇：意志坚决，不愿暴露内心想法

撅着嘴：不满意或准备攻击对方

唇角向后缩：对你说话感兴趣，在倾听

听说时咬嘴唇：自我责备、自我解嘲、自我反省

掩口而笑：性格内向

向上吐烟：比较自信，有主见，地位优越

向下吐烟：沮丧、犹豫、心情不佳、信心不足

4. 耳鼻体态：

下巴向上鼻孔朝对方：蔑视对方，瞧不起人

下巴稍抬鼻子坚挺：性格倔强，固执己见

摸着鼻子沉思：内心斗争激烈，犹豫不决

听话时摸鼻子：不相信说者，在考虑如何对付

听说时用手摸耳朵：自我欣赏或要打断对方

5. 头部体态：

点头：Y（对，赞同）

摇头：N（错，不赞同）

低头听：审慎地听对方的话、多倾向于否定

垂头：苦恼或丧气

二、目光

车尔尼雪夫斯基曾说："富有表情的眼睛是最美的"。眼神是心灵的窗户，人们从眼睛里可以认识到内在的无限的自由的心灵。当丰富的内心世界无法用语言表现时，当心情因为激动而起伏变化时，一瞬眼神就能把说不完道不尽的东西表露出来。

（一）目光的功能

人的器官在沟通中所占比重为视觉87％、听觉7％、嗅觉1％，所以，目光接触在人际沟通中极为重要。我们常说眼睛是心灵的窗户，能真实反映人们的内心世界。它的功能主要有：爱憎、威吓、补充和显示地位。

1. 表示爱憎：诚实、善良的目光可以化解矛盾、打破僵局，使沟通得以继续。深切的注视，是崇敬的表示；眉来眼去、暗送秋波是情人沟通感情的形式；横眉冷眼则是仇人相见的目光较量。

2. 表示威吓：用目光长时间地盯视对方还有一种威吓功能。警察对罪犯、父母对违反规矩的孩子，常常怒目而视，形成无声的压力。

3. 补充功能：两个人面对面地交谈，说者在表达思想内容一段时间后，将视线

转向听者面部,这是暗示等待听者的反馈意见。

4. 显示地位功能:如果职位高的人和职位低的人谈说,那么,我们可以看出,职位高的人投向职位低的人的目光要多于职位低的人投来的目光。

(二)目光的运用

黑格尔说:人们从眼睛里可以认识到内在的、无限的、自由的心灵。一个人的目光(眼神)可以传递各种不同的信息。目光的运用应配合情感和传递内容的变化,使传情达意的作用更加明显。目光的运用也可以表现自我,展现自己的内在修养和为人。

目光运用的方法有:

1. 环视:广泛观察,视线有意识地自然流转,扫视全场,这样你可以迅速地了解听众对你的说话感兴趣的程度,以便你及时进行调整或即兴发挥,做到与听众保持一致。

2. 点视或专注:即目光注视着某一部分听众,保证他们及时理解你所表达的意思。对有疑云的听众,投以引导性的目光,使其渐渐稳定;对欲言又止者,投以赞许的眼神;对交头接耳、窃窃私语者,投以制止的目光。而这些都需要我们在实际运用中灵活掌握。

3. 虚视:目中无人;目光似视而非视,好像在看什么地方、看什么听众,但实际上什么也没看。这种目光一般适用于同较多的人谈话的场合,如在台上演讲。虚视的范围一般在听众的中部或后部,虚视可以穿插于环视、点视之间,用以调整、消除环视所带来的飘忽感和专注可能带来的呆板感。"视而不见"的虚视还可以消除说话人的紧张心理,帮助说话人集中精神思考讲话的内容。

(三)眼睛中的信息

目光注视着你:满意或感兴趣你讲的话。

眼球转动眼神不定:对方思考或怀疑你的讲话。

频繁眨眼或闭眼:对你的话不感兴趣或厌烦。

眼睛看别处或盯在某处:对你的话根本不感兴趣或拒绝你的建议。

眼睛睁大:对你的话感兴趣、兴奋和喜爱。

眼睛眯小:对你的建议反感、气馁。

视线向上、水平、向下:向上表示尊敬、敬畏或撒娇;水平表示理性冷静;向下表示爱护、爱怜和宽容。

三、手势和腿足部体态

(一)手势语的作用和要求

手势语是指通过手和手指语传递的信息。手势语在日常沟通中使用频率很

高,范围也较广泛。在人际沟通中,手势可以起下列作用:

1. 代替语言行为:有时可以代替说话,如聋哑人的交谈。

2. 强调作用:在一些社会工作中,手势是一种专门的强调语言,例如,在体育比赛中,裁判员用手势向运动员发指令和报告运动情况;交通管理员用手势指挥车辆。

3. 缓解紧张情绪:手势象征着说话者的情绪状态。不同的手势可能传达一个人的焦虑、内心冲突和忧虑。为了缓解紧张情绪,小孩会吸吮大拇指以恢复信心和鼓起勇气;学生会咬指甲或咬笔以缓解对考试的担心。

对于手势的运用,我们应注意明确精练,自如和谐并体现个性。

明确精练是指在谈话时应该配合有声语言的内容,使手势成为有目的的动作。说话人挥手指点,要有内在的根据和清楚的用意,要注意用较少的手势去衬托、突出、强调关键性的话语,增强信息沟通的精确度和效率。

自如和谐是指手势同有声语言要有内在的联系,巧妙的呼应。情发于中而手动于外,既不能故意造作、无中生有,也不能死板呆滞、机械笨拙。

体现个性是指运用手势配合表达的时候,应当显示个人风格,显示个性特征。手势的活动同说话人的性格、气质是紧密相关的。爽朗敏捷的人同内向稳重的人的手势肯定是有明显差异的。

(二)手势的信息

手势,即以手的动作和态势示意,它是人体语言的一个重要方面。在人际沟通中,人们常常以手势语符号表情达意;人们也可以通过手势来理解表达信息者的寓意,例如:

手摸后脑勺:尴尬,为难,不好意思

用手挠头:困惑,麻烦,不满

握拳:愤怒,紧张,挑战,情绪激动

双拳频频捶胸:"悲痛"

以拳击掌:将发起攻击,或果断决定

并拢三指摸额头:害羞,困惑,为难

双手指尖并拢抵住下巴:充满信心,对对方讲话感兴趣

双手指尖并拢插在大腿中间:心情平静,愿意听对方讲话

双手舞动:高兴至极;得意忘形

双手相搓:为难,急躁

双手叉腰:挑战,示威,感到自豪

双手摊开:真诚,坦然,无可奈何

双手插在口袋里:内心紧张或处事冷漠,玩世不恭

手臂交叉放在胸前:胸有成竹,有思想准备,不愿与人接触

握手有力:热情,兴奋,表现欲强

握手无力:个性懦弱,缺乏气魄,傲慢,冷淡

握手时掌心出汗:兴奋,紧张

双手握住对方上下摇动:热情,真诚,有求于人

手掌向下握手:想占主动和支配地位

手掌向上握手:软弱,被动,受人支配

把手放在熟人肩上:友好,信任

把手放在生人肩上:蔑视,不尊重

交谈时用手玩身边的小东西或作小幅动作:不感兴趣,不耐烦,不赞同,紧张不安

交谈时不停地咬手指或指甲:不够成熟,比较幼稚

跷起大拇指:赞叹

伸出小拇指:"贬词",鄙视、瞧不起人

(三) 腿足部体态的信息

把腿搁在桌上:扩大势力范围,有占有欲和支配欲,待人往往傲慢无礼

张开腿部而坐:开放型动作,有自信,欲结束谈话

标准式架腿动作:封闭式动作,保护自己势力范围,拒绝对方

两人(或男女)并排架腿:两人在封闭圈内,关系密切

频频交换架腿姿势:情绪不稳定,急躁、不耐烦

自然架腿的女性:对自己的容貌及身材有自信,但动作不雅

男性足踝交叉坐式:警惕,防范,压制自己的表面情绪,紧张及恐惧情绪

女性足踝交叉坐式:女性含蓄、委婉地拒绝

女性膝盖并拢坐式:防御性心理

小幅度抖动或摇动腿部:不安,紧张,急躁

摇晃架在另一条腿上的足:心情轻松,挑逗,诱惑

用脚拍打地板或摇动足部:急躁,不安,不耐烦,摆脱紧张感

鞋底的磨损程度:性格外向,生活积极,脚尖外侧容易磨损;脚尖内侧磨损较多,性格内向

脚尖两侧都磨损:属温和平稳型

脚尖的指向:两人脚尖互指成直线,表示两人关系亲密

四、姿态和躯干体态

人体的躯干部位,包括肩、胸、腹、背、腿、脚等的动作所发出的信息,称为"体态语言"。人的姿态变化,不外乎行、立、屈、卧四种类型,不同的部位,不同的类型,不

同的动作,可以使它变得千姿百态,并从这些姿态中显示出个人的风采。

(一) 上身显神韵

姿态语言的信息发射区,主要是人的躯干部分,而上身又是姿态语言的最显著的部位。人的上身在非语言沟通中也居特殊的地位。

(1) 感情交往的桥梁。与人交谈,不等你开口,对方便可以从你的神态中领略到你的风姿,看出你的神韵,如正襟危坐,挺胸抬头,显示你的诚实;昂首挺胸,表明你的自信。相反,不时耸肩,扭动身躯,可让对方感到你的不稳重;前俯后仰、点头哈腰让人感到没有气节,更令对方产生反感。

(2) 吸引人注目的中心。与人交谈,让对方产生第一印象的部位便是你的上身。由于人都有先入为主的思维定势,所以第一次见面时给人留下的印象就显得至关重要。特别是在求职面试的过程中,你始终是主考官注视的中心,一双眼睛甚至几双眼睛盯着你,审视你。如果你能做到彬彬有礼、温文尔雅、气宇轩昂、坚强果断、和蔼可亲,真诚坦率……毫无疑问,从第一次见面你便开始用自己的身姿,为自己塑造了良好的第一形象。

(3) 审美情趣的偶像。人的姿态除了传递信息、表达感情,在与对方交谈时,它是对方审美的内容。你的一举一动,还应当符合美的规律,给人以美的享受,这就是我们平时所讲的举止美。美的举止是千姿百态的,如果仅以美的表现形态来概括,可以分成健美和优美两大类。健美的特点是庄严、威武、刚强、有力,比较容易表现男子的阳刚之气;优美的特点是柔和、文雅、活泼、可爱,比较容易表现女性的阴柔之美。

(二) 腿姿显风采

在谈话过程中,在人们不愿把内心的焦虑不安明显地表露在脸上或者身体其他部分时,便轻轻地摇动脚部或抖动腿部。所以,人的腿部往往最先表露自己的潜意识。人不论坐着交谈还是站着说话,腿部常常呈现出这三种姿势:

(1) 两腿分开。这是一种开放型姿势,显出稳定、自信,并有接受对方的倾向。

(2) 两腿并拢。这是一种保守型姿势,往往显得正经,严肃和拘谨。如立正、正襟危坐,虽然谨慎其事,却令人紧张、压抑。

(3) 两腿交叉。这是一种防御性姿势,经常显得扭捏、胆怯,或者随便散漫、不亲近、不融洽。如站立时的别腿姿势;坐着时的架腿姿势,这两种姿势都颇有不拘礼节的意味。特别是架腿姿势,会给人放肆、自大、无礼、过于随便的印象,对于女性来说,更不可取。为了在沟通中充分显示你的气质和风度,我们主张两腿分开的姿势。站立时,两腿张开,两脚平稳着地成"丁"字形或平行相对,或一前一后,躯干伸直,不要屈膝和弯腰弓背,否则显得消沉懒散,无精打采。坐宜端坐,两腿稍稍分开,间距不超过肩宽,而女性则以双膝并拢为宜,腰板轻松挺直,这样显得自然、从容、精神饱满。

（三）行走

（1）**行走姿态的特点。**每个人的走路姿势都有所不同，熟悉的朋友一眼就能认出他来。其中，有一些特征是由于身体本身的原因造成的。但是，步履、跨步的大小和姿势也会随着情绪的变化而改变。如果一个小孩很高兴，他会脚步轻快；反之，他就会双肩下垂，走起路来好像鞋里灌着铅一样。

一般说来，走路快而双臂摆动自然的人，往往有坚定的目标，并积极加以追求；习惯于行走时将双手插在口袋中，即使天气暖和也不例外的人，喜欢批评而颇具神秘感，常常显得玩世不恭。一个人在沮丧时，往往两手插在口袋中，拖着脚步，很少抬头注意自己在往何处走。

（2）**行走姿态的要求。**古人主张，人的姿态要"站如松、行如风、坐如钟"，这是对姿态美的形象概括。良好的站立姿势应该给人一种挺、直、高的感觉。人体不仅要直立，还要开阔，肩不要向前抠，胸要挺，手臂在身体的两侧自然下垂，手心向里，中指微贴裤缝。从侧面看，要像拉成一条竖直的虚线。腹部平，胸向前上方挺出，这样的站立姿态，才能给人一种挺、直、高的美感。行走的正确姿态是轻、灵、巧。行走时，要挺胸抬头以胸带动肩轴摆动，提髋、膝，迈小腿，脚跟落地，脚掌接趾推送，重心要稳。

（3）**行走姿态的信息。**

脚步轻快：心情愉快

双肩下垂步履沉重：心情沉闷

快步如风摆臂自然：目标坚定，积极追求

拖动脚步两手插袋：心情沮丧

（四）腹、腰、背部体态的信息

在人际交往中，对于人的腹、腰、背部的静态姿势也有一定要求，如良好的坐姿应该是端庄、舒适、自然、大方。人们也可以从身体的腹、腰、背部在某一场景中的姿势辨别出暗含的意义和信息，如：

凸出腹部：心理优越，自信并满足

解开上衣纽扣露出腹部：胸有成竹，开放沟通，无戒备

腹部起伏不定：兴奋，激动或愤怒

轻拍自己的腹部：得意心情，表示自己有风度和雅量

双手横叉腰间：以势压人，胸有成竹

鞠躬并弯腰：谦虚，尊敬或惧怕

驼背或低头哈腰：畏惧，自卑，有闭锁性和防卫倾向

腰板、背脊挺直站立或端坐：有训练的素养；情绪高昂，充满自信，自制力强；不

可亲近,不愿迁就;正常:后仰 20 度,左右倾斜超过 10 度,为最放松状态;前倾小于 20 度,左右倾斜小于 10 度,为不紧张不放松的适中状态

坐式笔直紧靠椅背:典型的紧张状态

深坐在椅子上:自处优势,放松状态

浅坐在椅子上:缺乏安全感,心理劣势

交谈中上身逐渐倾向说话者:对方话题有趣或要阻止对方讲话

交谈中上身逐渐远离说话者:对方话题无趣

交谈中身体转向出口处或频繁改变姿势:希望结束谈话

背向对方或转过背:拒绝,不理睬,回避或等待对方来说服

背对他人打电话:带有秘密性,不愿他人介入

同性间拍背:同感,共鸣和鼓励

异性间触摸背部:渴望接近,试探性说服但又恐拒绝

五、仪表

一个人的仪表包括相貌、身材、衣着、饰物等。相貌和身材是人生来就具有的身体特征,而衣着、打扮却是按照人们自己的审美观和标准刻意追求的外在美的显现。人的仪表本身就具有一定美的因素,护士的仪表,应是整洁、美观、大方、朴实的;教师的仪表就应做到整洁利落、庄重大方、精神振奋、充满朝气,给学生以美的感受和美的启示。仪表的意义体现在两个方面:

1. 相貌和身材:表现人的身体特征和个性。

2. 服饰与衣着:反映人的地位、个性、归属、职业、信仰和行为规范,如街上的西装革履人士可能是职业男士,又如职业服(空姐)、制服(警察)、休闲服(反映个性)、化装服(舞会)等几类。

六、时间与空间

任何人际沟通总是在一定的时间和空间内进行的,因此时间和空间也就成为沟通过程不可分割的组成部分,而且人们也总是自觉地利用时空因素来沟通有关信息。

(一) 时间

沟通时间的选择,交往间隔的长短,沟通次数的多少,以及赴约的迟早,往往显示出行为主体的品性和态度。如一个学生上课经常迟到或早退,老师会认为他学习不认真。

对于时间的控制反映了沟通对象的地位、长幼和态度。情侣约会时女方让男士略等一会,以使自己更具吸引力和有价值;上司可故意让下属等候,表示地位优

越或对下属的不满和惩罚；一般人可以运用及时答复朋友来信的方式，表示对于友谊的重视。

（二）空间

如果说时间的利用主要是传达行为主体自身方面的信息，那么空间的利用则主要显示着双方彼此间的关系。在人际沟通中，空间的利用除了作为沟通情境构成因素的环境外，还包括沟通者与接受者之间的距离和朝向。

1. 空间距离的信息。 空间距离的沟通意义在于它显示了人的地位和亲密程度。人的地位明显地体现在总经理的办公空间和班台的大小。人的亲疏程度可以用空间距离来衡量。人际交往的空间距离有四种：亲密距离、私人距离、社交距离和公众距离。亲密距离或私人距离（个人交谈）为0.5～1.2米；社交距离为1.2～3.6米；公众距离（讲者与听众的距离）为3.6米以上。空间距离为零就是身体接触，比如握手、手挽手、抚摸、拥抱、接吻，等等。一般来说，在沟通活动中，西方人比中国人有更多的身体接触，尤其是异性之间。

2. 空间距离的必要性。 一个人需要多少空间领域，情况千差万别，不能一概而论。但每一个人在心理限定上的空间感觉，必然成为自己与他人之间的一种物理距离。即使再拥挤，也需要距离。界域观念是人潜在的一种愿望，是人类出于"防卫"的潜在需要而产生的以自己的身体支配周围空间的欲望。大到国家的疆界，小到庭院的篱笆，并具体到每个人对空间领域的本能需要。例如，学生在集体宿舍中失去了各自的隐私，这是他们须承受的最大压力。惟一的缓解方法是要尊重相互对物理隐私的需要和对私人物品的保护。

3. 空间距离是沟通手段。 空间距离之所以成为一种沟通手段，就是因为不同的沟通距离，不同的空间方位不仅标志着人们不同的情感关系，而且影响着人们的情感表达。一般来说，交往双方在相当近的距离内，可以通过视觉密码、热量密码、嗅觉密码、噪音音量密码传递信息，产生情感共鸣，有助于情感的沟通。

视觉密码指面对面地直视，在目光接触中，双方能更清楚地看到对方的容貌和表情，产生一种新的视觉感受。

热量密码指双方相距甚近时，能相互感受到对方身上散发的热量，给人一种强有力的情感刺激，产生新的触觉感受。

嗅觉密码指两人靠近时，相互之间可以嗅到对方身上的气味，产生的嗅觉感受，有助于双方感情的同化。

噪音密码指两人接近，不但能听清语言而且还能听到发音时的噪音、呼吸声，产生微妙的听觉感受，有助于感受到语言的情感。

总之，在近距离内，人们相互之间能给予对方强烈的情感刺激，于是产生一种

近体效应,越是身体接近,就越能激发情感、密切关系。当然,近体效应的产生要以一定的情感关系为基础,而且需要恰当的情境及其他相关条件。

4. 空间距离的运用。美学原理告诉我们,距离能够产生美。看一幅景色,往往是近看臭水沟,远看似美景;英雄骑马上,有一种壮美;月下看美人则是朦胧美,无不强调距离的重要。人际距离是人际关系密切程度的一个尺码。人与人之间的关系与相互间在空间位置上保持的距离存在着某种联系。距离近,表示交际双方亲密;但陌生人距离太近,也会使人感到轻浮。距离稍远,则表示自尊和文雅;距离过远,也会使人有冷淡之感。交谈双方的距离可保持在 1 米左右,因为双方传递信息,不仅凭借语言,而且还靠体态语言、表情变化等。因此,与人交谈时一定要首先选择一个最佳位置和最佳距离。

(三) 零距离沟通——触摸

1. 触摸的含义和作用:**触摸是零距离沟通**,是其他沟通方式的替代和语言沟通的重要补充。相互靠得越近,越增加相互触摸的可能性。由于情境和情感基础的不同,它会产生正效应和负效应,如爱抚、男女有别、动手动脚。

触摸也是一种有效的沟通方法。在不适于用语言表示关怀的情况下可用轻轻的抚摸,它是其他沟通方式的替代和语言沟通的重要补充。抚摸可使不安的人平静下来,对听力或视力不佳者,抚摸可使对方引起注意,起加强沟通和提示的作用。

触摸可以有正效应,也可以产生负效应,影响因素有性别、社会文化背景、触摸的形式及双方的关系和东西方的不同礼仪规范等。若使用触摸不当,就会产生负效应。

2. 触摸的方式和要求:接触在见面时建立关系,又在别离时予以确认。一次握手、一个拥抱、一个亲吻(依赖于文化和关系的亲密程度)是对言语的重要补充。职业研究表明,许多人在病中或遇到麻烦时,会仅仅由于他人把手放在他身上而感到安慰和舒适些。

在职业关系中,双方间必须保持一定的社会距离,而许多职业工作者觉得接触危及这种距离。他们或者担心对方会对之产生误解,尤其当他或她是异性时,或者在接触或被接触时会感到尴尬和窘迫。最安全的接触是礼仪上的握手,最适用的黄金法则是只接触人们的手臂和肩。

3. 不同情境下的触摸行为:要把握好接触式沟通,我们应对不同情境下的触摸行为有所了解:

(1) 职业功能触摸,如保健、理疗的需要。

(2) 社交礼仪触摸,如握手、拥抱。

(3) 热情友谊触摸,如拥抱、亲吻、爱抚。

(4) 性刺激触摸,身体上相互吸引而表露的触摸。

七、副语言或辅助语

辅助语又称副语言，是指有声而无固定意义的声音符号系统。按照发声系统的各个要素，它可以分为音质、音量、音幅、音调、音色、语速、节奏等不同种类，包括语言行为中的咳嗽、呻吟、叹息、嬉笑、"口头禅"、鼓掌等功能性发声。

语言行为者利用功能性发声，主要是为了表明某种情绪或态度的状态。诸如：

唉声叹气：身心疲惫，处境不妙

朗朗笑声：心情舒畅

鼓掌击拍：心情喜悦，或表示高兴，欢迎，赞成，支持

有意咳嗽：提示，警告，引起对方注意

口头禅："这个、嗯、啊"之类：心情紧张，思路不畅

声音还是一种感情密码。发声系统表现的特点不同，反映人们的情绪情感也就不同。一定的发声特点标志着一定的情感和态度。诸如：

表示气愤的发声特点：声大、声高、音质粗哑，音调上下不规则、变化快、节奏不规则、发音清晰而短促。

表示爱慕的发声特点：音质柔和、低音、共鸣音色，慢速、均匀而微向上的音调，有规律的节奏及含糊的声音。

八、非语言沟通的注意点

非语言沟通是通过眼神、动作、表情、姿势等方式将信息传递给对方，是无声的、持续的，它有着辅助意义和强化感情的作用。要恰当地运用非语言沟通，应该从以下方面予以注意：

（一）注意察言观色

1. 洞察非语言信号：在相互沟通中，不能只凭言语领会对方的意思。有时我们需要察言观色，注意非语言信号与语言表意之间的逻辑关系，从而更准确地领悟沟通的信息。所以，在沟通中，重要的是看对方做什么而不是听他说什么。

2. 注意体态组合（姿态簇）的信息表露：这需要我们能够识别和了解非语言信号的含义，体态的单一含义及体态组合的含义，学会领悟非语言信号的技巧。姿态簇，是由各种姿势结合而成的非语言表达的群体。姿态簇可以是同时存在的多个姿势的复合体，也可以是一个接一个发生的连续动作。两臂叠抱在胸前，两手握拳，双脚交叉的动作就是一组姿态簇。研究个体姿态要从多方面作一系列相关的观察，而不能如同盲人摸象一般，只抽取其中一个姿势就轻易地下结论。有时候，单个姿势的含义可以有多种不同的解释，也可表示一种意义。如果不掌握姿态簇，单凭某个姿态就下结论，可能会误下结论，误解信息。

3. 把握真实性和一致性。这是沟通时从信息发送者和接受者两方面着眼的。在接受的语言信息与非语言信息发生矛盾时,要注意对方无意识的内心真意的表露,这种真意表露往往能从对方的潜意识的体态信号中观察到。在面对面的沟通中,发出信息时要给予对方合适的表情、动作和态度等非语言提示,并使之与所要表达的信息内容相配合,如轻松的谈话应面带微笑,严肃的话题应该庄重认真,否则语言信息与非语言信息不一致,就会影响沟通的效果。

(二)非语言沟通的运用

运用非语言暗示,即各种姿势、目光和面部表情变化,对有声语言起着重要的暗示,补充和强化作用。在进行非语言沟通时,我们应注意如下要点:

1. 明确目的。在交谈中,我们的一举一动都有其内在的根据和明确的目的,这样才能发挥出体态的语言功能和交流作用,有助于说话的最佳效果。

2. 体态优美。站着说话时,应保持身体直竖,挺胸,收腹,两臂自然下垂,形成优美的体态,使对方感觉到你的力度和潇洒。坐着说话时,上身要保持垂直,以自然、舒适、端正为原则,无论是坐姿还是站姿,在非正式场合可以随便一点,但在正式场合就应讲究一些。

3. 确切简练。我们运用体态语言的主要目的是沟通感情,补充或加强语气,帮助对方理解。因此,体态语要精练,恰到好处。否则就有可能丧失它的功效。

4. 注意得体。说话时要依所处环境和对象来合理运用各种体态语。例如,在长辈和上司面前不要用手指指点点,勾肩搭背,这是一种失礼的行为。对待同事、好友,可以随便一些,但也要掌握分寸,尤其是在女性面前说话方式和体态语需要庄重。总之,要时刻注意你的体态语与说话内容相配合,自然灵活,恰到好处。

【研读专栏】　9-3

非语言沟通的禁忌

头部:

(1)盲目的摇头晃脑。

(2)经常性地挤眉弄眼。

(3)两眼死盯住别人不放或闭眼听人讲话。

(4)用眼睛四处搜寻别人的房间。

(5)板着面孔斜眼看人。

(6)冲人龇牙咧嘴,嗤鼻瞪眼。

(7)抽鼻子,叭嗒嘴,流鼻涕,流口水。

(8) 未说话先咳嗽清嗓子,倒吸气,说话时向别人脸上溅唾沫星子。

(9) 看书报时张着嘴或沾唾沫翻书页。

(10) 冲着别人打哈欠、打喷嚏。

(11) 无论对方心情如何都对人家傻笑。

(12) 吸烟时吐烟圈或从鼻子向外喷烟。

手足:

(1) 情绪一激动就手舞足蹈,忘乎所以。

(2) 把手指掰得嗒嗒响。

(3) 数钱用手蘸唾沫,甚至用舌头舔手指。

(4) 把手放在嘴里咬指甲。

(5) 在大庭广众下伸手到裤中去搔痒。

(6) 夏天把手伸到衣服里去揩汗或搓汗泥。

(7) 随便用手剔牙。

(8) 擦完鼻子往衣服上揩拭。

(9) 握手时过分用力或者"死鱼手"(即毫不用力)。

(10) 说话时用手指点对方。

(11) 坐长椅时跷起二郎腿或把腿颤动不止。

(12) 把腿、脚摆到桌子上或伸到前边座位上去。

(13) 女性在交谈时将双腿叉开。

(14) 跟上级或长辈说话时双手叉腰或两腿叉开。

(15) 走路时东倒西歪,摇摇晃晃。

其他:

(1) 随地吐痰、擤鼻涕。

(2) 进屋用脚踹门。

(3) 到商店买东西故意挤别人或趴在别人身上看东西。

(4) 排队时"夹楔儿"。

(5) 几个人在马路上并排骑自行车,甚至挟肩搭背。

(6) 随地扔废纸、烟蒂和果皮等。

(7) 从楼上往下吐痰、倒垃圾、泼脏水。

【思考与练习】

1. 语言行为的最基本功能是什么?

2. 举例说明在与人交往和实现目标的语言沟通中,应如何运用各种技巧。

3.列举一个非语言沟通如何由文化决定的例子。

4.有时语言信息和非语言信息可能相冲突,这被称为什么?举一个例子。

5.什么是辅助语言?声音质量对它起什么作用?

6.空间和距离如何传递亲密程度和地位?

7.人们对时间的利用如何传递某人的地位?举一个例子。时间的利用在不同文化中有什么不同?

8.拷贝不走样。选择部分成语、俗语、歇后语做游戏。5或7人一组,只准一人看词语并"演示"给另一人,另一人接上次"演示",依次类推,请最后一位说出词语。

(1)整体意义,意在言外:

摇头晃脑(自以为是或自得其乐)　　　　咬牙切齿(痛恨、仇恨)

眉飞色舞(喜悦、得意、高兴)　　　　　　点头哈腰(讨好、虚伪)

目瞪口呆(惊讶、害怕)　　　　　　　　　指手画脚(得意、放肆、乱加指挥)

抓耳挠腮(焦急、欢喜)　　　　　　　　　举案齐眉(夫妻和美,相敬如宾)

手舞足蹈(高兴、得意)　　　　　　　　　打拱作揖(恭顺、卑下、求饶)

(2)体态动作和表达的意义同时出现(表义部分用括号标出):

1)前表体态,后表意义:

提手(言欢)	垂头(丧气)	翘足(而待)	束手(无策)
拍案(叫绝)	沉吟(不决)	举棋(不定)	负荆(请罪)
捧腹(大笑)	坐(享其成)	俯首(听命)	拍手(称快)
虚席(以待)	划地(为牢)	切齿(痛恨)	低头(认罪)

2)前表意义,后表体态:

(感激)涕零	(喜笑)颜开	(欣喜)若狂	(笑)逐颜开
(怒)发冲冠	(乐)不可支	(愁)眉不展	(怒)目而视
(呆)若木鸡	(愁)眉锁眼	(大惊)失色	

3)成对词语,有时歇后表意:

眉头一皱——计上心来

读书百遍——其义自见

不入虎穴——焉得虎子

项庄舞剑——意在沛公

太公钓鱼——愿者上钩

众人捧柴——火焰高

(3)描述体征:

1)描述眉眼动作的:

眉头一皱　　眉开眼笑　　眉飞色舞　　眉高眼低　　眉目传情

眉来眼去	挤眉弄眼	横眉立目	双眉紧锁	愁眉不展
喜上眉梢	目不转睛	目光炯炯	目瞪口呆	顾影自怜
怒目而视	瞠目结舌	闭目塞听	拭目以待	侧目而视
触目惊心	望眼欲穿	暗送秋波	左顾右盼	不屑一顾

2）描述头部及面部表情的：

摇头摆尾	点头哈腰	怒形于色	俯首听命	交头接耳
怒发冲冠	垂头丧气	面红耳赤	面不改色	面如死灰
面面相觑	喜笑颜开	笑容可掬	喜形于色	容光焕发
嬉皮笑脸	哑然失笑	破涕为笑	嫣然一笑	啼笑皆非
发指目裂	嗤之以鼻	掩鼻而过	掩耳盗铃	张口结舌
口干舌燥	咬牙切齿	泣不成声	垂涎三尺	摇唇鼓舌

3）描述手势动作的：

拍手称快	握手言欢	了如指掌	指手画脚	袖手旁观
手到擒来	束手无策	拱手相让	孤掌难鸣	摩拳擦掌
手不释卷	手忙脚乱	手足无措	手舞足蹈	眼疾手快
爱不释手	唾手可得	屈指可数	捉襟见肘	抓耳挠腮
拂袖而去	拍案而起	举案齐眉	举棋不定	拍案叫绝

4）描述身体姿态动作的：

五体投地	卑躬屈膝	暴跳如雷	东倒西歪	丑态百出
坐卧不安	高枕无忧	高枕而卧	昂首挺胸	坐享其成
如坐针毡	大模大样	寸步难行	头重脚轻	龙行虎步
翘足而待	顿足捶胸	装腔作势	扬扬得意	奴颜婢膝
鞠躬尽瘁	畏缩不前	抱头鼠窜	呆若木鸡	得意忘形

5）描述人际距离的：

虚席以待	比肩接踵	亲密无间	寸步不离	如胶似漆
促膝谈心	磕头碰脸	扶老携幼	相濡以沫	相依为命

9. 下面的面部表情表示怎样的情绪？

| (1) | (2) | (3) | (4) | (5) | (6) |

【自测与评估】

观察能力的测试[2]

说明:回答这些问题时,用不着思考,请立即回答,把你的选择写在括号里。

题目:

1. 进入某个机关时,你（　　　）。

A. 注意桌椅的摆放

B. 注意用具的准确位置

C. 观察墙上挂着什么

2. 与人相遇时,你（　　　）。

A. 只看他的脸

B. 悄悄地从头到脚打量他一番

C. 只注意他脸上的个别部位

3. 你从自己看过的风景中记住了（　　　）。

A. 色调

B. 天空

C. 当时浮现在你心里的感受

4. 早晨醒来后,你（　　　）。

A. 马上就想起应该做什么

B. 想起梦见了什么

C. 思考昨天都发生了什么事

5. 当你坐上公共汽车时,你（　　　）。

A. 谁也不看

B. 看看谁站在旁边

C. 只和你最近的人谈话

6. 在大街上,你（　　　）。

A. 观察来往的车辆

B. 观察房子的正面

C. 观察行人

7. 当你看橱窗时,你（　　　）。

A. 只关心可能对自己有用的东西

B. 也要看看此时不需要的东西

C. 注意观察每样东西

8. 如果在家里需要找什么东西,你（ ）。

A. 把注意力集中在这个东西可能放的地方

B. 到处寻找

C. 请别人帮忙

9. 看到你的亲戚、朋友过去的照片,你（ ）。

A. 激动

B. 觉得可笑

C. 尽量了解照片上都是谁

10. 假如有人建议你去参加你不会的赌博,你（ ）。

A. 试图学会玩并且想赢

B. 借口有时间再玩,给予拒绝

C. 直言我不玩

11. 你在公园里等一个人,于是你（ ）。

A. 仔细观察你身边的人

B. 看报纸

C. 想某事

12. 在满天繁星的夜晚,你（ ）。

A. 努力观察星座

B. 只是一味地看着天空

C. 什么都不看

13. 你放下正在读的书时,总是（ ）。

A. 用铅笔标出读到什么地方

B. 放个书签

C. 相信自己的记忆力

14. 你记住你邻居的（ ）。

A. 姓名

B. 外貌

C. 什么也没有记住

15. 你在摆好的餐桌前（ ）。

A. 赞扬它的精美处

B. 看看人们是否到齐了

C. 看看所有的椅子是否都放在合适的位置上

计　分　表

题 目	1	2	3	4	5	6	7	8	9	10	11	12	13	14	15
A	3	5	10	10	3	5	10	5	10	10	10	10	10	3	3
B	10	10	5	5	5	5	5	3	5	5	5	5	5	3	10
C	5	3	3	5	10	10	10	3	10	3	3	3	3	5	5

分析：

100～150 分,说明你是一个很有观察力的人。同时你也能分析自己和自己的行为,你能够准确地评价别人。

75～99 分,说明你有相当敏锐的观察能力。但是对别人的评价有时带有偏见。

45～74 分,说明你对别人隐藏在外貌、行为方式背后的东西不关心,尽管你在交往中不会产生多少严重的心理障碍。

45 分以下,说明你绝对不关心周围人的内心思想,你甚至连分析自己的时间都没有,更不会去分析别人。因此你是一个自我中心倾向很严重的人,而这可能会成为进行社会交往的不小障碍。

【启示与案例】

名医劝治的失败

我国古代春秋战国时期,有一位著名的医生,他叫扁鹊。有一次,扁鹊谒见蔡桓公,站了一会儿,他看看蔡桓公的脸色,然后说:"国君,你的皮肤有病,不治怕是要加重了。"蔡桓公笑着说:"我没有任何病。"扁鹊告辞后,蔡桓公对他的臣下说:"医生就喜欢给没病的人治病,以便显示自己有本事。"

过了十几天,扁鹊又前来拜见蔡桓公,他仔细看看蔡桓公的脸色说,"国君,你的病已到了皮肉之间,不治会加重的。"桓公见他尽说些不着边际的话,气得没有理他。扁鹊走后,桓公还没有消气。又过十多天后,扁鹊又来朝见桓公,神色凝重地说:"国君,你的病已入肠胃,再不治就危险了。"桓公气得叫人把他轰走了。再过十几天,蔡桓公出宫巡视,扁鹊远远地望见桓公,转身就走。桓公很奇怪,派人去追问。扁鹊叹息说:"皮肤上的病,用药物敷贴就可以治好;皮肉之间的病,用针灸可以治好;在肠胃之间,服用汤药就可以治好;但是病入骨髓,那么生命已掌握在司命之神的手里了,医生也无能为力了。如今国君的病已深入骨髓,所以我不敢再去谒见了。"蔡桓公听后仍不相信。

五天之后,桓公遍身疼痛,连忙派人去请扁鹊,这时扁鹊已经逃往秦国躲起来了。不久,蔡桓公便病死了。

应思考的问题：

（1）从沟通角度分析扁鹊的失误。应该怎样改进其沟通策略？

（2）蔡桓公为何没有把扁鹊的话当作一回事？

（3）医生治病是否应讲究沟通技巧？

脚语——独特的心理泄露[3]

英国心理学家莫里斯经过研究，发现一个有趣的现象："人体中越是远离大脑的部位，其可信度越大。"脸离大脑中枢最近而最不诚实。我们与别人相处，总是最注意他们的脸；而且我们也知道，别人也以相同方式注意我们。所以，人们都在借一怒一笑撒谎。再往下看，手位于人体的中间偏下，诚实也算中庸，人们多少都利用它说过谎。可是脚远离大脑，绝大多数人都顾不上这个部位，于是，它比脸、手诚实得多。它构成了人们独特的心理泄露——脚语。

就好像人体语言的所有其他信号一样，脚的习惯动作也有着自己的语言，我国丰富的语言词汇里，有许多描述脚语的形容词。这些形容词与其说是写脚步的轻、重、缓、急、稳、沉、乱等，不如说是描述人的内心或稳定或失衡；或恬静或急躁；或安详或失措的状态。人的心情不同，走路的姿势就不同；人的秉性各异，走起路来也有不同的风采。脚语是一种节奏，是为情绪打拍子的，如同舞场的旋律。"暴跳如雷"是自然界的快节奏和重节奏；"春风得意马蹄疾"是另一种节奏，一种快旋律的轻节奏。

脚语除反映人的情绪外，还可以反映人的性格品质。如果一个端庄秀美女子走起路来匆匆忙忙，脚步重且乱，就可断定这位姑娘一定是个性格开朗、心直口快、不留心眼的痛快人；反之，看上去五大三粗，走路却是小心翼翼的样子，这样的人一定是外粗内细的精明人，干事往往以豪放的外表来掩盖严密的章法。人的心理指向往往从脚语中泄露出来。若有人一坐下来就跷起二郎腿，表明他怀有不服输的对抗意识。若是女性大胆地跷起二郎腿，则表示她们对自己有足够的信心，也表示了她怀有想要显示自己的强烈欲望。人在站立时，脚往往朝着心中主要惦念或追求的方向或事物。譬如，有三个男人站在一起，表面看来他们在专心交谈，谁也没有理会站在一旁的漂亮姑娘，但实际上不是这么回事，每个人都有一个脚的方向对着她，也就是说每个人都在注意她，他们的专心致志只是一种假面具，而真情被隐蔽着，但他们的脚语却把各自的秘密泄露了。

人的脚步尽管因地因事而异，但每个人都有自己固定的脚语。这样我们就能解释一种现象：对于熟悉者，你不用问是谁，仅凭那或急或轻或重或稳的脚步声，就能判断出来人是谁。

第十章 阅读与写作

【学习目标】

通过本章的学习,应对如下内容有一定的了解:
- 阅读的目的,并能选择读物
- 阅读计划和阅读方式的制定
- 怎样排除阅读障碍,提高阅读能力
- 在写作时如何分析读者的意愿、目的
- 收集写作材料的方法

第一节 阅 读

　　阅读与写作是极有关系的,阅读本是资料的输入,而写作是资料的输出。阅读是写作的基础和前提,写作是阅读后思想和认识的升华;阅读多了,可以促进写;写的时候有困惑,又促进读,两者相辅相成,相互促进,不可或缺。

　　阅读,有人称之为第二生活,足见它的重要性和必要性。阅读,可以使我们经历我们所没有经历过的生活,体验到我们不曾体验到的情感,了解我们此前不曾了解的生活和情感的另一面,因而使我们变得更具同情心,思想更丰富,品格更崇高。

　　"阅读是一种从印的或写的语言符号中获得意义的心理过程"(《中国大百科全书·教育卷》中的定义)。这个过程是由作者、读者和读物三个要素构成的,在这三者中,读者是阅读的主体,读者的主观能动性是进行阅读活动的前提;读物是阅读的客体,是作者意志的物质承担者,它的存在构成了阅读活动的基础。因此,在这个"获取意义的心理过程"中,实际上也就是读者通过读物与作者进行交流与沟通的过程。

一、阅读目的与方法

(一) 阅读目的

阅读是以准确、具体获取文章有用信息为目的的思维活动。但不是所有信息

都有用,判断是否有用的标准是读者的阅读目的。读者的阅读目的主要有以下五种:

1. 探索与研究:为了寻求某种必需的资料,为了掌握文章的观点或决定是否需要进一步全面、精细阅读的一种快速阅读方法。这种阅读往往是浏览目录,检索内容提要,阅读序言、前言或出版说明,了解标题和要目等。

2. 学习并增长知识:为获取文化科学知识,而阅读教科书和有关参考书。这种阅读旨在充分理解,所以要细致地研究篇章结构、作者的观点,查阅有关资料等。

3. 工作所需:为了更好地从事本职工作,解决工作疑难,适应教学和科研的需要而进行的针对性很强的阅读。

4. 消遣与享受:以消遣为目的,而随便翻阅:这种阅读,只要求把握文章大概,允许有较大的模糊性,大量采用跳读和浏览的阅读方法。

5. 品评对比:阅读的目的在于评论其内容的正误,表达方式的优劣。

(二) 阅读方法

要掌握阅读方法,就一定要有计划地读书。常言道:"凡事预则立,不预则废。"阅读亦是如此。在阅读之前制定一个读书计划,按着计划约束自己、管理自己,会极大地激发自己读书的自觉性,提高阅读效率。阅读要循序渐进,由浅入深,就是要按照阅读的目的和计划逐步进行,而不必急于求成。阅读计划应包括阅读目的、阅读内容材料、采取的阅读方法以及效果的检查。在实践中,有计划地组织阅读有如下优点:

第一,阅读目的明确,增强自觉性,培养兴趣。有一个读书计划,可保证时间有意义地利用,监督自己的阅读活动,有目的地进行自我管理。

第二,有助于选择适合自己需要的读物,采取合理的阅读方式和阅读速度。

第三,有利于合理安排时间,处理好学习、工作、活动与阅读的关系。

第四,可以对照阅读计划总结经验教训,系统地促进自身的成长。

阅读方法有许多,正可谓读无定法。各人读书目的不同,个人的性格脾气也不同,所以要根据自己的阅读目的和自己的阅读计划,灵活选用不同的阅读方法和技巧。这里主要概括如下八种以供参考:

1. 泛读:一种浏览式的精读。鲁迅曾为这种方法取了个通俗的名字——"随便翻翻"。其特点:阅读广泛,快速博览;略观大意,不求甚解;多为务博,不必刻意求深,主要是为了开阔视野。

2. 精读或研读:熟读精思的阅读方法。精读的一般过程:

(1) 预习:了解概要,发现疑难。

(2) 复读:加深理解,解难释疑。

(3) 全面理解,创造性发挥。在精读过程中,可作些必要的圈点、批、画、摘录等。

（4）强化记忆。

精读，不仅意味着读的遍数多，还意味着将阅读效果巩固下来。它需要在读懂的基础上去回味、去记忆。

3. 速读：一目十行的快速阅读。它要求精力高度集中，随着目光快速扫视而迅速、扼要地抓住读物主要内容，了解篇章结构，掌握文章观点。

略读是速读的一种形式，它是对应于精读而言的，在精读的过程中需要运用略读技巧，在略读的时候也需要进行一定的精读。略读不要求对文章的内容进行深入的理解，只要求理解书中内容的 50％或 60％。略读速度应根据所读的材料和阅读目的而定，是一般阅读的 2 倍，每分钟达 800 字，或至少应达到 400 字。略读的技巧是：掌握主题、结构、写作风格和整体轮廓，搜索关键词语，找出中心句（关键的句子不一定就是段落的第一句，也可能在段落中间或在末尾）。

4. 朗读：一种心到、眼到、口到并发声的读书方法。通过逐字逐句地朗读，可品味出读物的内涵和情感，体现朗读的基本作用。

5. 默读：省去发声的阅读。默读能较快地由对文字的感知过渡到对内容的理解：一边看，迅速地捕捉文字符号；一边想，准确地判断符号意义，完成从眼到心读的过程。

6. 交叉阅读：车尔尼雪夫斯基说过："交换工作就等于休息"。一个人长时间地阅读同一内容的读物，大脑皮层某一部位长期兴奋，就会引起保护性抑制，容易疲劳。交叉阅读就是在阅读过程中适时更换阅读的材料，使大脑神经的兴奋、抑制活动得到合理调剂，使大脑的活动始终维持在较高水平，从而获取较好阅读效果的方法。运用的技巧有：

（1）内容的交叉。在阅读了一段时间的同一本书后，换另一本书来读，是一种休息。

（2）时间的交叉。测定自己每天的最佳阅读时间，能保持头脑清醒，提高阅读效果。

（3）环境的交叉。每个人的个性、喜好不同，我们可以选出合适自己的阅读环境及阅读空间。

7. 带题阅读：指带着谋求解决某一问题的明确目标进行阅读的方法。要运用带题阅读，需学会"筛选读物"、"速读"、"研读"，为了有效地利用所读资料，应灵活运用多种阅读方法及笔记阅读法。

8. 笔记阅读法：这是通过笔记辅助阅读的读书方法。笔记阅读，是古今中外名人学者读书的宝贵经验之一，它能加深印象和理解，增强记忆，能促成潜思索和思考，启迪创造；还可积累资料，备查待用。具体做法是：在读时或读后，随着阅读和思考,动笔在读物上圈点评画,批注点评;或编制图表、索引、卡片,摘录内容,编写提要、札记、心得,解答习题等。笔记的种类有:批注笔记、索引笔记、摘录笔记、提要笔记、札记(随笔)、心得笔记等。

二、选择读物

(一) 选择读物的意义

一个人的时间和精力与全球性的"知识爆炸"之间形成了强烈反差。有的读者终生碌碌无为,不是没有知识,也不是缺乏勤奋,而是因为没有选择好自己的学习方向。因此,选择读物自然就成了阅读活动的第一步。

首先,人的生命有限、精力有限,而书籍的海洋却是无限的。据不完全统计,目前世界上已有图书 3000 多万种,而且在以每年 70 万种的速度增加。想把这些书统统读完,显然是不可能的。知识无涯人生有涯。如何在有限的生命中迅速掌握有关前人总结的科学知识呢? 最好的办法就是有所选择地阅读——把你有限的阅读时间集中到最有价值的阅读中去,取得最经济、最有效的阅读效果。

其次,世界上的书是五花八门的,有好书也有坏书。读了好书就会使人精神振奋,增长知识,读了坏书就会使人颓废,意志消沉,这对缺乏批判能力的青少年尤其如此。英国作家菲尔丁说得对:"不好的书也像不好的朋友一样,可能会把你残害。"所以读书之前,必须有一番挑选。要选择好书,不读坏书。

最后,读书必须讲求效果,要争取以最少的时间取得最大的成效。这除了要求方法对头外,也要求会选择书籍。比如,同一本书,作者先后作过几次修改,出过几种版本,就应找最后的版本来读。如果拿着初版来读,结果发现其中很多提法有错误或过时了,有些论证不完善或不恰当了,又需再读修改后的版本,这样就浪费了时间和精力。不仅同一类读物质量有高低之分,同一作家的著作也有质量上的差异。最集中体现作者创作思想、方法和风格特点的作品,就是所谓代表作。要了解一个作家,读他的一本代表作就比读三五本非代表作的效果要好。因此,我们挑选读物也要像选购日用品一样,须选择优质名牌的产品,尽量避免时间和精力的浪费。

俄国评论家别林斯基曾说过:"阅读一本不适合自己阅读的书,比不阅读还要坏。我们必须学会这样一种本领,选择最有价值、最适合自己需要的读物"。

(二) 选择读物的原则

1. 选择能够加强知识学习的书籍。选择阅读的书籍应当加深对这些知识的理解和掌握,而不是影响或妨碍学习,这是一条基本原则。

2. 要注意由浅入深,循序渐进。大学问家朱熹言道:"读书的方法,在于循序渐进,熟读而精思。"知识具有继承性,高层次的知识总是由低层次的知识演变发展起来的,每一科学门类都有它的基础知识。人们接受知识的能力也是由简到繁,由浅到深的。基础知识很重要,有了系统的基础知识,才能博采百家,融会贯通,在学科领域中自由驰骋。

3.要根据自己的知识、能力和阅读目的,选择适当和难度适中的读物。读物过于艰深,往往会影响自己的阅读兴趣,挫伤阅读的积极性。

4.要博专结合,以利于形成合理的知识结构。在读书计划中,每类读物都要安排一个适当的比例,以使自己的知识形成一个完整而严密的网,动用起来便左右逢源。

5.所选读物的数量要适度。人脑在一定时间所能处理的信息量是有极限的。输入过少,大脑有闲置,没有充分发挥作用;输入过多,大脑又超负荷,或者是消化不了。只有输入量适度,才能取得阅读的最佳效果。托尔斯泰曾指出:"重要的不是知识的数量,而是知识的质量。有些人知道很多很多,但却不知道最有用的东西。"一般来说,如果发觉反复阅读一段文字而不能吸收时,那就应停止输入了。

(三)选择读物的方法

当确定了阅读目的和行动方向后,你所面临的问题是:如何寻找相关适合的读物?这里介绍两种选择读物的方法:

1.检索资料。资料的检索可以利用索引进行人工检索,也可以用计算机检索。检索的类目有作者、书或文章名、出版社或杂志社、学科分类等。利用图书馆寻找相关资料是科学寻找读物的重要途径之一。但是,利用图书馆,进行人工检索资料,则先要熟悉图书分类法。我国的图书分类一般划分为"马克思主义、列宁主义、毛泽东思想"、"哲学"、"社会科学"、"自然科学"和综合性图书五大基本部类。这五大基本部类又分为二十二个一级类目。资料的检索要在相关的一级类目下进行选择和搜索。

2.筛选资料。筛选资料可从以下三个方面着手:

(1)查看封面信息:书名、作者、出版社。

1)书名:书本的名称,往往可以概括书的内容或主题。一般来说,书名有虚实两种。虚的,往往用比喻或象征的手法,暗示全书的主题或主要内容,如《红与黑》等;实的,常直接运用与书中内容有必然联系的事件、人物、地点等,例如《李自成》、《三国演义》、《康熙大帝》等。无论是哪一种,作者在决定书名时,都是经过一番精心推敲和反复思考的。所以,你可以通过阅读书名,了解作者的用意,把握书中的主题。

2)作者:孟子曾经说过,"读其书、颂其诗,不知其人可乎?"在对书名进行一番思索后,接下来应该了解作者的情况。如果你阅读时所遇到的是熟悉的作者,从前读过他的作品,那么对其作品的语言、表达手法等方面就比较熟悉,现在又读他的作品犹如与老友相逢晤谈。如果是首次阅读他的作品,就像结识一位新朋友一样,应抱着认识的态度去了解,也为下次重读他的作品积累经验。

3) 出版社:好的阅读者应该能根据出版社来判定书籍内容所属的学科领域。一般来说,我们国内的出版社都有出版的侧重点。例如,文学出版社、文艺出版社等出版单位所出版的书籍偏重于文学和艺术;教育出版社侧重于大、中、小学教育书籍的出版;古籍出版社则侧重于古代各种史料的出版;科学技术出版社则侧重于科技各领域书籍的出版等。所以你可以根据出版社初步判断书本的内容。

(2) 查阅内容提要(包括关键词)和目录。

1) 内容提要:它是概括全书的主要内容,提炼全书的主题,提出全书的主要思想价值和艺术价值的简洁文字。虽然内容提要从篇幅上来说,往往只有三言两语,但可以帮助你判断该书内容上的取舍。如果你发现该书与自己的关系不大或是你已经很熟悉的内容,就可以不必阅读;如果你认为只需要泛泛地了解,那就可以略读;如果其中有的知识是你目前需要了解的,就要有的放矢地对这一部分精读。如果你读完内容提要还不能判断该书的阅读价值,就需要阅读目录。

2) 目录:目录是全书内容的纲目,比起内容提要,更具体、更详尽,包括更多的信息量。在很大程度上,与其说学问是知识的储蓄,倒不如说是在书海中能找到所需知识的本领,而目录正是寻求信息的入门之径。阅读目录有三种好处:第一,目录是书中知识的高度概括和浓缩,通过阅读目录能了解全书的主旨和各部分的内容。第二,阅读目录,可以使你从整体上把握全书的结构布局,清楚地了解全书各章节之间的逻辑关系,进而能体察作者写作该书的思想和行文脉络。第三,根据目录,可以从客观表达和主观需要两方面来判断书的价值。从客观表达方面来说,书中介绍的知识,哪些是主要和重点部分,哪些是次要和粗略部分,都会在目录中得以体现;从主观需要来说,你可以从目录中寻求自己需要的信息。这样,你就可以在阅读过程中更好地进行筛选,把主要精力放在重点内容和自己急需了解的章节上。

(3) 查阅序言和后记。

一般的书都有序言,但其说法又不同,如:序、序文、编者的话、出版说明等。序言有的是编者所作,有的是请知名人士代写,有的是出版社代作。

序的作用主要是介绍该书适应的阅读对象、书籍的主要内容、写作目的等。

阅读序言的好处是:其一,判断该书是否适合自己阅读;其二,了解作者写作的缘由、背景和目的,以理解全书的主旨;其三,了解该书的主要内容,以抓重点和难点;其四,部分序言(主要是指非该书作者所写的序言,如出版说明、译者的话等)往往包含着对全书内容的概括性评价,便于你了解该书的长处和短处。

后记具有与序言相类似的功能,同样不可忽视。

以上只是怎样从你定向选择的书籍和文章中筛选适合你所需要的。应该强调的是,筛选贯穿于阅读的全过程。即使在精读的过程中,也还要筛选。精选的关键是"精"、"深"。对于精选出来的书要反复咀嚼,反复研究、消化。

三、阅读障碍的排除及能力的培养

(一)阅读障碍的排除方法

所谓**阅读障碍**是指智力正常,但是阅读水平明显落后于同龄人的一种学习障碍。它实际也是阅读过程中的一种不良习惯。阅读障碍的排除方法有以下两种类型:

第一种类型是识字能力障碍。儿童多有这种情况。识字能力是阅读理解的一个必要前提,由于掌握词汇特别少,阅读时对于许多熟悉的字需要浪费时间去分析,他们注意力主要耗费在辨认字词上,无暇注意文字的意义,对他们来说文字好像是一个不能穿越的屏障。这种行为的矫正主要应集中于字形—语音转换的记忆,语音的记忆训练,视觉记忆的训练和朗读的训练。在学习字词过程中应经常伴随着语音的提示,要让儿童在语音中而不是在视觉中学会字的发音。

第二种类型是阅读的不良习惯。这类人的阅读不熟练主要是缺少阅读的策略和技巧,经常表现为:发出声音、移动手指、移动头部、不当返读、忽视提示信息和不做读书笔记等。这种阅读障碍的主要原因是阅读速度与经验方面。矫正的方法包括丰富阅读经验,开拓阅读题材,提高阅读速度和阅读的技巧与策略训练等。

(二)阅读能力的培养

阅读是为了获取信息。当今世界,信息量日益膨胀,令人目不暇接,这时,你需要的是阅读效率。而阅读效率取决于阅读者的能力。**阅读能力的构成要素是理解、速度和记忆,而核心是理解。**在阅读过程中,阅读能力表现为精读与速读的结合,读者在阅读过程中既迅速抓住读物的中心思想,有理解深度,又有每分钟的读词数和阅读篇幅的进展。阅读能力的核心在于理解,这靠精读来完成,而速读又是阅读量的重要保证。这两者相辅相成,缺一不可。

如何培养和提高阅读能力呢?我们应从以下几个方面着手:

1. 调动阅读情绪。强烈的阅读欲望和兴趣,能极大地调动你的内在潜力,促使你的阅读效率的提高。当阅读感兴趣的读物时,人们往往能读很长的时间,吸收的内容也较多;而阅读一本觉得枯燥无味的书,人们很快就会产生厌倦感,而且经常心不在焉,看了半天也不知所云。这就是阅读兴趣使然。但是你不能只是凭兴趣阅读,在阅读过程中,你不仅需要激发阅读兴趣,也要充分考虑意志的参与。对于自己不感兴趣、枯燥难读却又必须要读的书,就应该强制自己去读。

2. 提升理解能力。理解能力是你阅读能力强或弱的最主要的标志。所谓理解是指运用已有知识解释事物间的联系,揭示词、词组和句子所表示的意义和联系。在阅读一般文章时,理解和感知好像能融为一体。因为在这种情况下,已有的知识,把它与新的印象联系起来,从而能掌握阅读的对象。但是,当我们阅读一些不太熟悉的读物时,领会阅读对象就变得费时了,已有的知识显得不够用了。为了理解这种读物,要充分调动已有的知识储备,并找出读物中新的信息与已有知识之间的联系;在阅读时,从整体上理解读物的内容,联系上下文的语义背景,捕捉和理解作者的本意。也就是说,阅读时,不把注意力集中在作者的构思上,而是放在理解所接受的信息上。

3. 唤起想象能力。想象力是阅读能力的一个重要方面。在阅读时,看到书本上的描述,有时头脑里会浮现出书本上所描述的情景,这种思维活动就是想象。阅读主要靠语言文字、图形等第二信号系统的材料,没有想象力就难以把握,因此在阅读过程中,一定要注意唤起自己的想象力。

4. 培养思维能力。阅读过程中充满着思维活动,阅读与思考不可分离。同一篇材料,有的人读了不解其意,印象全无;有的人则吸取精华,发现问题,得出自己的见解。原因何在? 在于动脑思考与否。在阅读过程中培养和发展思维能力,就要对读物进行分析→比较→抽象→综合→具体化。

5. 提高表达能力。表达能力在阅读中也有着重要意义。在阅读过程中,观察到的事物,联想到的情景,记忆中的东西,思考的结果,还得把它们转换成你自己的语言表达出来。

这种表达分为口头表达和书面表达两种。口头表达是你在阅读时进行朗读、背诵、解释某些概念,复述读过的内容以及根据读物的内容进行口头评述。这种口头表达能力不仅能加深你对读物的理解,而且也能促进你的语言表达能力。书面表达是编写提纲、表解、图示、读书笔记或书面进行评论。在阅读过程,这种口头表达能力和书面表达能力虽然不是阅读能力构成的主要因素,但有助于培养和提高你的阅读能力。

6. 增强记忆能力。记忆是贮存信息,获取知识的重要途径。记忆在阅读中有着十分重要的作用。通过记忆,可以积累各种各样的知识,通过记忆可以使你理解和阅读难度更大的读物,获得更多的信息。

记忆是阅读能力的三大基本因素之一。没有记忆的阅读是无效的阅读。据有关资料显示,正常人脑的记忆容量相当于 5 亿本书籍的知识总量。这说明,人脑的记忆容量是无限的,有很大的潜力。

为了加强记忆力,在阅读前,要明确自己的阅读目的和任务。根据心理学研究显示,阅读中的记忆有两种:一种是无意识记忆;一种是有意识记忆。如果阅读时,并没有什么明确的目的,只是随便翻翻,但翻过之后,不自觉地记住了一些东西,用的时候才能想起来,这样的记忆叫无意识记忆,无意识记忆留在脑子里的印象有浅有深,贮存的时间并不长。如果你在阅读前,有了一定的目的,阅读中又按照一定的方法步骤去识记文章的内容,那么,这种有意识的记忆效果将好得多。

7. 提高速读能力。速读是高效率阅读的主要标志之一,是捕捉所需信息的主要手段。无论是精读还是略读,都需要具备快速阅读能力。快速阅读与传统阅读不同。传统的阅读是按字、词、句、段为单位的顺序去读;快速阅读是扩大视野宽度,一下子读完整段、整节、整篇的文章,了解其主要思想。进行总体阅读是快速阅读的关键。

提高阅读速度的目的,是捕捉有效信息。哪些信息应该捕获,哪种信息可以忽略,这完全由需要来决定。一般来说,以下几种信息在阅读时需要注意:

(1)是扩大知识面的基础信息。

(2)是防止知识老化的更新信息。

(3)是开阔思路的不同见解的矛盾信息。

(4)是常用的、重要的公式、数据等资料信息。

开始时,由于缺乏经验,不妨将捕捉面放宽些,阅读速度适当减慢,以捕捉有效信息为目标,以后,对捕捉到的信息作些比较、分析,确定今后哪些作为重点,哪些可以舍弃,经过几次反复,阅读速度必将随之提高。

第二节　写　　作

阅读是一种学习,通过阅读,人们获取信息;写作是一种创造,创造属于我们自己的东西——思想、生活方式或者我们认同的东西,通过写作,人们传递情感与信息,与人沟通。

写作是作者通过一定的文体将自己对生活的理解和把握、对社会的评价与看法,按照约定俗成的文体规范表现出来的书面语言行为。它是人们表达思想情感和人际沟通的基本的方式之一。

大量地、详细地占有材料,是写作的前提。只有具备这一前提,再加上懂得写作的方法和技巧,肯动脑筋和善于思考,才能独立地研究问题,踏实地进行写作,使写出来的东西言之有物,血肉丰满,合乎科学和艺术的要求。

一、确定目的,分析读者

写作不是为写作而写作,它只是情感和信息的表达出口,是作者与读者之间的沟通形式。

所以,写作要有明确的目的,要了解读者,否则,作者的信息传递和情感表达就不能使读者产生共鸣。

（一）写作目的

写作目的指导着整个写作过程，在写作的各个阶段都起着核心作用。有明确的写作目的，可以提高写作效率和效益，因为确切构想出写作目的将有助于你更加有针对性地进行写作。确定写作目的应把握两个基本要领：

一个是主题，即所写内容必须有鲜明的中心思想。

一个是读者，即作者要为读者而写，所写内容正是读者所需要的，并为读者所接受。

在现实中，写作目的主要有三大类：

1. 宣传。宣传是写作最常见的目的之一，它是要告诉人们一些事情，宣传一些人们可能知道但并不了解的知识、新概念或新思维，如广告、传单、公司信息报告、政府工作报告等。宣传性写作要注意两个原则：

（1）提供明晰的信息。明晰是宣传性写作的基本目标之一。如果你提供的信息杂乱无章，毫无条理，那么读者将无法清楚地了解你要表达的是什么。

（2）提高读者的兴趣。兴趣是宣传性写作的原则之一。它是指激发读者阅读或了解的需要，其关键在于引发读者的注意和兴趣。能激发读者兴趣的写作往往是具体、新颖、奇特、幽默的作品。

2. 说服。说服性写作的目的是让读者相信一些事情，并激励读者的热情和信心，以便让他们去采取一些行动。像政论、促销传单等都属于这种类型。它们的目的不仅在于告知读者一些事情，更在于让他们相信采取某种行动的好处并果断地行动。此时，你需要注意两点：

（1）了解读者的态度。说服的效果在很大程度上受读者的态度变化所支配。读者的态度是其思维、情感和行为意向，它们支配着人们对于外来事物的接受程度。

（2）分析读者的价值观。人们的许多态度都是其价值观的表现。价值观是判断对错、好坏的有力指南。所以，对读者价值观的主要定势了解得越多，你的信息的适应力也就越强、越准，越容易被接受。

3. 消遣。消遣性写作是试图让读者消磨时光、怡情养心或者逃避现实，如幽默笑话、武侠小说和言情小说。消遣性写作须了解读者的兴趣和爱好，才能有的放矢。

（二）分析读者

1. 读者的群体特征。你的文章或作品是专门写给某些固定对象看的。他们有哪些群体特征？要写作好必须认真地分析你的读者群，诸如，读者的构成特征：年龄、性别、生活经历、知识结构、审美情趣等。

2. 读者的心理特征。 文章的受欢迎程度是与读者的心理需要密切相关的。因此要准确地把握读者的心理需要,尽可能写出能够满足读者心理需要的文章来。读者的心理特征包括读者的意愿(随意、必读、还是自愿)和读者的目的(求知、工作或生活所需、追求时髦、欣赏、消遣等)。

3. 读者的接受能力。 不同的读者在生活经历、知识结构、思想水平、文化教养等方面都存在着差异,因此接受能力也是不同的,如果不了解读者对象的接受能力,写出的文章,读者就难以接受。

二、选择论题,组织材料

选择论题包括两个方面:一是确定主题;二是拟订标题。

(一) 确定主题

确定主题,也就是立意。主题是文章或写作的全部内容表现出来的中心思想或基本观点,主题能够展现作者的写作意图,是整篇作品的核心和灵魂。它决定材料的取舍、提炼,整篇的布局,并制约着语言的运用。

主题的形成是深入和认识生活的过程。只有当一定的现实生活对你产生深刻的影响,使你对现实生活产生较深刻的感受,有了较深刻的认识理解,在头脑中才形成一种想要表达的思想意识,才形成了文章的主题。

主题的形成是灵感激发出的特殊形式。日常生活中偶然事件的启发,往往使人豁然开朗,形成了文章的主题。在灵感状态下产生的主题,仍然是以现实生活为基础的;没有现实生活,不可能产生灵感,也不可能有主题产生。

主题的形成来源于对生活现象的分析、研究和总结。通过对现实生活的深入研究,获得的感性材料越来越丰富,原来抽象笼统的概念,逐渐形成深刻、鲜明、有血有肉的主题。一些典型通讯报道和调查报告等文章的主题就是这样形成的。

主题的提炼不是一件轻而易举的事,需提炼多次。为了使文章有深刻的主题,你需要对大量材料进行比较、分析,经过反复思考,找出客观事物的内部联系,抓住事物的本质,从独特的角度找出一个足以统领全篇的深刻的主题。

从生活中形成和提炼出的明确、独特的主题一般具有如下特征:

1. 主题集中,即主题确切、单一,全文紧紧围绕着一个主题,并以这个主题为核心来收集、组织材料。

2. 立意深刻,即主题往往来自作者对社会生活和事物的深入观察、强烈感受和深刻的思维。

3. 独特新颖,即主题有创新的观点、独特的见解和鲜明的个性。

(二) 拟订标题

主题是文章的中心思想,标题则是文章的篇名,两者的关系虽然密切,但又不能一概而论。一篇文章的标题是可以更换的，但主题却是固定的。写文章必须先确定主题。不确定主题，文章则无从下笔。而标题可以在下笔前确立，也可以在文章写好后拟订。这是因为拟订标题可以从两个方面入手：一是文章的内容；二是文章的主题。依据不同，则标题不同。

标题又叫题目，是对文章思想内容的集中凝练和高度概括。任何文章都应该有标题，没有标题的文章就不完整。那么，我们该如何拟订合适的标题呢？

1. 明确标题的目的：

（1）直接揭示主题。如果你想让读者从标题中一目了然地知道文章的主题，那么你就可以用标题直接概括文章的主题。这类标题往往就是一个明确的论断，它实际上就是文章的主题。例如，《反对自由主义》、《实践是检验真理的唯一标准》等文章，都是用标题直接体现文章的中心思想和主题的。

（2）形象暗示主题。通过环境的描写或形象的比喻来含蓄地表现主题，使读者读完文章才恍然大悟标题所蕴含的意义，例如《雷雨》、《野草》、《复活》、《海燕》等。这些作品由于形象生动，寓意深刻，使人读完之后回味深长。

（3）引导读者注意主题。希望读者读完全文后，才明白你的思想；或者希望根据标题与文章进展逐渐导出主题。

2. 注意标题的应有特征：

（1）确切，即必须确切地揭示文章内容，做到文题相符。

（2）精练，即能使读者一目了然，既易于理解，又便于记忆。

（3）醒目，即能吸引读者注意，产生强烈印象。

（4）独特，即富有创造性，最忌重复和公式化。

（三）收集材料

人们常把主题比作人的灵魂，结构比作人的骨骼，语言比作人的细胞，而把材料比作人的血肉。一个健美的人，应灵魂高尚、骨骼健全、细胞活跃、血肉丰满。而一篇好文章也应主题深刻、结构完整、语言生动、材料丰富。所以，材料是写作的基础，写作必须首先收集和积累材料。

1. 收集材料的途径：

（1）观察：观察就是有目的、有选择地对客观事物进行认真、细致的察看，即用眼睛远"观"近"察"，直观地了解和认识事物的真实情况和本来面目。据研究，人类获取外界信息大约有85％以上是通过视觉。所以观察是人们认识客观事物的基础，是人们获取知识和写作材料的最基本、最常用的方法之一。

（2）体验：体验是有意识地突破个人生活的局限，去接触、了解、揣摩，体味新的生活、新的事物，在社会实践过程中自觉地去直接感受对象，以达到深入认识事物的目的。这也是获取和积累写作材料的一条重要途径。

（3）阅读：阅读就是从书籍、报纸、刊物中去获取知识，占有材料。写作离不开阅读，通过阅读，可以开阔视野，启迪思维，陶冶性情，完善个性，提高认识，丰富知识。读书破万卷，下笔如有神。这就是阅读对写作的好处。在这信息瞬变、知识爆炸的年代，你不可能什么都去观察、体验，唯有通过阅读收集有用的信息。

2. 收集材料的原则：

（1）围绕主题：主题在文章中起着统率作用，材料必须接受它的统辖和支配。主题是选择材料的依据。确立主题后，只有收集那些最能说明和表现主题的必要材料，才能支撑和突出主题。

（2）选择典型材料：典型材料是指一般材料所不具备的、富有特征、最有代表性、最能概括和揭示事物本质的材料。这样的材料能以小见大，以一当十，有力地说明问题，反映事物的本质，表现文章的主题。可见，文章材料不在于多而在于精。

（3）选择真实准确的材料：所谓真实，是指材料要符合客观实际的情形，又要反映客观事物的本质和主流。所谓准确，是指文章所引述、采纳的各种材料，必须做到可靠无疑、千真万确。

（四）组织材料

组织材料是指将收集的、杂乱无章的材料按一定的逻辑组织起来，并把它们合理安置到文章中去。它包括两个方面的工作：运用材料和安排结构。

1. 运用材料。运用材料，就是对收集的材料进行筛选、剪裁和安排，将它合理地安排到文章当中，以实现你的写作意图。这是收集、鉴别、取舍材料的宗旨，也是整理材料工作的归宿。

（1）筛选材料。动笔写作之前，对于已经收集的材料，要认真细致地进行鉴别、筛选。没有筛选，就无法裁剪，就没有恰当的取舍。筛选材料一般有以下几个紧密相连的步骤：

总体分析：总体分析已收集的材料，找出它们的共同点和差异点，弄清彼此之间有什么内在联系，然后再根据它们的性质和功用进行分类，将纷繁复杂的众多材料加以条理化、系统化。

个体研究：对于那些重要的、关键的、有代表性的材料，要精心鉴别其客观实在性，认清材料的精与粗、真与伪、优与劣、新与旧、主与次、大与小、动与静等。这是筛选材料最为重要的一个环节。

加工提炼：经过前两个步骤之后，要将自己认为有用的材料进行加工和提炼，将它们综合成一个有机的整体：

（2）裁剪材料。筛选后的材料，并不一定都能派上用场。要使用材料，关键在于你写作时要善于裁剪材料。俄国作家契诃夫说道：要知道在大理石上雕刻人脸，无非是将这块大理石上不是脸的地方都剔除掉罢了。

（3）安排材料。使剪裁后的材料得到合理运用，需要从以下几个方面着手安排材料：

顺序：顺序是指材料在文章中的摆布和先后安排。这要考虑材料功用的大小、轻重、时间的先后，内部的逻辑关系以及行文的方便等；还应考虑不同文体、文章的特点和格式等因素。

疏密：在运用材料时，切切不可平均分布材料，必须有疏有密，疏密得当，该疏则疏，该密则密；有的部分分布少，内容叙写粗略疏放；有的部分分布多，叙写具体详尽，这样才能突出中心，显示主题。

情韵：在安排材料时，还要求体现出某种情调和韵味，传达出特色和风格；同样的材料，在不同作者的笔下，往往有不同的效用，表现出不同的情调、韵味、色彩和风格。

2. 安排结构（编列提纲）。结构是全篇的提纲或大纲，是各部分的组织安排和总体设想，旨在将材料合理、有序地组合到文章中去。安排结构或编列提纲，应考虑如下内容：

（1）确立线索和脉络。**线索**是指文章中全部材料贯穿成一个相连的轨迹，是组织材料的思路在文章中的体现。脉络是贯通枢纽，是写作思路的内在线索，有人称之为"文脉"。线索和脉络贯穿于文章的始终，两者密不可分，写作时应追求线索清晰，脉络贯通，这样才能做到文理通顺，逻辑性强，从而有力地凸显主题。

（2）安排开头和结尾。开头又称起笔，结尾又称落笔，是文章的重要组成部分。由于它们的位置特殊，因而有着特殊的功用。

开头是文章的开端，是立言之始，是写作的切入点和突破口。好的开头能给读者以美好的第一印象，紧紧抓住读者的心，使读者急欲读下去。常见的开头方法有：开宗明义，提出全文主题；落笔入题，点明写作动机；提出问题，引起读者思考；概括总体，介绍文章内容；引述谬话，树立批驳靶子；造成悬念，引发读者兴趣；反面起笔，突出文章正意；动之以情，激发读者共鸣等。

结尾可以保证整个结构的完美。办事最忌虎头蛇尾，为文亦是如此。开头劲头十足，结尾松懈无力，草草收兵，这样的结构不能不令人产生遗憾；而一个生动有力、余味无穷的结尾，会使通篇增色，文章得到完美表达。常见的结尾方法有：总结文旨，提炼升华；抒发情怀，动人心弦；表示信念，提出希望；指明方向，鼓舞斗志；点出题眼，画龙点睛；自然收尾，含而不露；篇末提问，引人深思等。

（3）安排层次和段落。层次是文章内容的次序安排和步骤。先写什么，后写什么，最后写什么，都要有一个总的设想。安排层次要着眼于文章内容的逻辑关系，必须有一个合理的、清晰的思路。

段落是指自然段。它是你在文章中设置的，以段首空格形式自成的起讫。安排段落时应注意：段意的单一性，即一个段落只须表达一个中心意思；内容的完整性，即一段内容的完整表现；长短要适度，即各段要保持适度篇幅，不应过长或过短，过长，则内容繁杂，使读者感到沉闷并难以抓住重点，过短，则表达不完整，层次模糊不清。

（4）安排过渡和照应。过渡是指段落、层次间的衔接形式或手段。常见的过渡形式有三种：一为关联词语，例如"因此"、"然而"、"总之"、"综上所述"等，这类词语一般在段首或句首。二为过渡句，即承前启后，过渡搭桥的句子，一般放在前一段之后或后一段之前。三为过渡段，其作用与过渡句相同，只是它自身还包含一些较为具体的内容，例如概括上文的含义，提示下文的内容，一般放在两个段落或层次之间。有时，过渡段就是一句独立成段的话，那么这样的过渡段同时也就是过渡句。

照应指的是文中上下之间的呼应，往往由前后相关的成双成对的语句或段落组成，常常是：交代在前，照应在后；暗示在前，挑明在后；伏笔在前，应笔在后等等。

（5）安排主次和详略。

第一，要根据主题的需要，凡与主题关系密切的，就要写得具体、细致，凡与主题无关或关系不大的，就可写得粗略一些，甚至可以不写。

第二，要根据文章的体裁来考虑。体裁不同，处理主次详略的要求也就不同。例如记叙文，对所记的人、事必须详写，议论则可以从略，只起到画龙点睛的作用；而议论文，重在说理，对道理的阐述、论题的证明必须详写，引证事例则可从略。

第三，要根据读者对内容了解的情况来处理。凡是不熟悉而又必须加深认识的内容，要详写，对众所周知或与读者无关的内容，要略写，甚至不写。

总之，安排材料的主次详略，要做到有的放矢，从文章的实际情况出发，有明确的针对性。

以上介绍的是写作准备阶段的技巧。写作实际上可以划分为准备、起草、修改文章和定稿四个阶段。在划分这些阶段的同时，不要期望它们将以明显的次序出现，与此相反，在其中的任何一个阶段，都应预想写作过程是"周而复始"的过程，写作是重新思考和不断修改的过程。比如，当确定了主题后，你会发现需要收集更多的关于某一问题的材料，或者当你完成了初稿后又可能发现你需要重新组织你的某些观点。如果能预料到这种反复思考的存在，你就有可能在这种情况发生时从容地应对。

三、文章的表述与改写

（一）常用的文体和表达方式

用语言和文字来书面表达情感和思想，有一些特定的文体和表达方式。我们常用的文体和表达方式主要有以下五种，即叙述、描写、抒情、议论和说明。

1. 叙述。叙述即为记叙和述说,它是一种记人叙事并陈述其来龙去脉的表达方式。它一般包括时间、地点、人物、事件、原因、结果六个要素。对叙述总的要求是:①要交代明白,线索清楚。②要抓住本质,突出重点。③要详略得当,巧掀波澜。

叙述的方式有多种多样,一般常见的有以下几种:

顺叙是按照人物成长的过程或事件发生的先后顺序进行的叙述。这是一种常见的、最基本的叙述方式。其好处是有头有尾,脉络分明,能突出事物发展变化的过程。

倒叙是先叙述事情的结局或后面的某个突出的部分,然后再按事情发展的时间顺序写出其经过的方式。倒叙并不是将整个事件倒过来叙述,只是将最吸引人的场面、情节或矛盾的焦点甚至结尾提前告诉读者,完整的故事仍按顺序来写。它的好处是有利于造成悬念,使读者急于追本溯源。前后易位,还有助于创造全文的主导性氛围和文章的基调。

插叙是指在叙述中,由于某种需要暂时中断叙述的线索,插进有关的叙述,待插入的叙述结束时,再接上原来的线索进行叙述的一种方式。插叙可以是对过去事件的回忆,称为"**追叙**";也可以是对有关人或事作必要的补充和解释,称为"**补叙**";还可以是对有关内容作由近及远、由今及古的回溯,称为"**逆叙**"。运用插叙,可起到丰富情节、扩展内容、交代背景、说明因果、联结关系、造成波澜、深化主题的作用。但插叙的内容必须和文章密切相关,衔接自然,不可喧宾夺主。

平叙或分叙是指描述同一时间内在不同地点发生的两件或几件事,由于篇幅的限制,不可能将两件以上的事情同时叙述,这就出现了评书中常用的"花开两朵,各表一枝"的手法。平叙可以把头绪纷繁、错综复杂的事情写得眉目清楚、有条不紊,且有波澜变化。

环叙是指以一个叙述点为轴心,采用多次穿插,把若干事件或场面的片断连接起来,使之环环相扣,浑然一体的方式。运用环叙,情节错综而线索单纯,撒得开,收得拢,开合自如,主次有序。但各片断与叙述轴心之间应有内在联系,层次交叠又不影响结构严谨。

2. 描写。描写,是指进行绘声绘色绘形的描绘和叙写,它能产生如闻其声、如见其人、如历其境、如睹其物的表达效果。描写和叙述常结合在一起使用,但又有区别:叙述着重于对人、物、环境的介绍和交代,使之清楚明白;描写着重于对人、物、环境的描绘和刻画,使之逼真传神,历历在目;叙述告诉人们存在什么、发生什么,描写则告诉人们是怎样存在着、怎样地发生着。描写可分为:

(1) 人物描写。人物描写是指用生动形象的语言,对人物的外貌、行动、语言、内心等进行描绘、刻画,通过它来揭示人物的性格特征和精神风貌。**人物描写包括对人物的肖像、语言、行动和心理等进行描写。**

　　肖像描写即描绘人物的面貌特征,它包括人物的身材、容貌、打扮以及表情、仪态、风度、习惯特点等。肖像描写的目的是传神,刻画人物的性格特征,反映人物的内心世界。

　　语言描写包括人物的独白和对话。独白是反映人物心理活动的重要手段。对话可以是两个人的对话,也可以是几个人的相互交谈。语言描写是写好人物的重要手段。

　　行为描写是指对人物最具特征、最能显出性格的行为动作的具体描绘和叙写。成功的行动描写,不仅要表现出人物"做什么",而且还要表现出"怎样做",使之符合现实生活和人物性格发展的逻辑。

　　心理描写是指对人物的心理进行直接剖析,人物直接倾吐或内心独白,也可以通过梦境或幻觉描述人物的心理,还可以通过语言、行动等间接方法表现人物心理活动。

　　(2)**景物描写**。景物描写主要包括自然风景、社会环境和场面等的描写。

　　自然风景描写主要指对山川平原、草木鸟兽、太阳星座、风花雪月、城镇村落等景物描写,描写景物时,应注意展现季节气候特点和地域风貌。

　　社会环境描写是指对特定的时代背景及人物生活环境的描写。描写的环境可大可小,大至整个社会、整个时代,小至一个家庭、一处住所。描写的内容可以是室内陈设、当地的风土人情和时代气氛。

　　场面描写,就是对一个特定的时间与地点内许多人物活动的总体情况的描写。它往往是叙述、描写、抒情等表达方式的综合运用,是自然景色、社会环境、人物活动等描写对象的集中表现。常见的有劳动场面、战斗场面、运动场面以及各种会议场面等。

　　3. 抒情。抒情是指作者或文章中的人物对人、物、事、景等的主观感受和感情抒发。文章不仅是传递信息、表达思想的工具,还是传达情感的工具。运用抒情,可以渲染气氛,表白人物的心迹,以情动人;增强文章的感染力,表现和深化文章的主题。抒情的手法有:

　　直接抒情是指作者或人物不借助其他手段,直接表白和倾吐自己喜怒哀乐的情感,以感染读者、引起共鸣。直接抒情有两种情况:一是娓娓道来,感情深沉,恳切动人;二是激情喷射,感情浓郁,撼人心魄。直接抒情的特点是坦诚率真,浓烈激越,很能打动人心,但要有真情实感,不可矫揉造作、无病呻吟;同时,要有所节制,要尽可能避免浅、空、浮的弊病。

　　间接抒情与直接抒情相反,将作者或人物的感情依附于人、事、物、景、理的抒发和表露,以收到余味无穷的效果。

　　4. 议论。议论是一种评析、论理的表述方式。一篇完整的议论,通常由论点、论据和论证三要素组成。

议论分两大类，即"立论"和"驳论"。立论称证明式文章，驳论称反驳式文章。在说理性文章中，议论是一种主要的行文方式，它要求论点明确、论据充分、论证周密。议论文一般用下列推理和表达方式：

(1)总——分式，演绎推理。

(2)分——总式，归纳推理。

(3)分——总——分式，先归纳后演绎推理。

(4)总——分——总式，先演绎后归纳推理。

在选择议论表达方式时，要注意严密的逻辑性。在整个议论过程中，论点表达必须明确固定。这就要求在措辞上注意概念的准确，判断的恰当，并始终保持论点的一致性。论据是用来证明论点的，因此论据的表述重点在于揭示出论点同论点的内在逻辑联系，使论据起到有力的证明论点的作用。推理过程要有逻辑力量，要符合逻辑。

5.说明。说明是用简明的语言解说和阐述事理的一种表达方式。说明不同于议论，也不同于叙述，它有自己的特点：具有科学性和知识性，语言朴素，简洁，言之有物。说明的方法有比较说明、举例说明、比喻说明、诠释说明、数字说明、图表说明等。

(二) 文章的改写要点

写作的效率关键在于创造力的释放。不要试图一遍写出完美无缺的文章，好的作品往往是在不计其数的改与写的结合中产生的。所以，写作与修改是不可分的。在进行文章写作和修改时，应注意：

1.不要在乎写作顺序。你不必强迫自己从文章的开头一直写到结尾。而应先写你最有把握的部分。你没有必要按照顺序来先写序言。写序言是非常艰巨的工作。如果在写到正文部分时对你的论点和文章结构进行了修改，那么在结束时你必须对序言也进行相应的调整。实际上，许多作家都是在最后才写序言的。

2.要重视文章的修改。文章的修改是指从起草初稿到定稿完成之前，完善自己的文章的过程。修改是写作过程中一个必不可少的环节。在你动笔行文之前往往充满信心，而等初稿出来之后，又觉得心里想说的话没能准确完美地表达出来。这就需要反复修改，使之趋于完美。古今文章，留下了许多重视修改文章的美谈。曹雪芹写《红楼梦》，"披阅十载，增删五次"；美国作家海明威的《老人与海》的手稿，在反复读和修改了两百遍后才定稿付印。

当修改文章时，不要立即就为标点符号和措辞而折磨自己。在花费时间完善文稿之前，应先明确修改文章的重要性，然后再从宏观和微观两个角度来修改，这样既能节省时间，又能有效地吸引读者。

3. 不要边写边改。写文章并不完全靠逻辑,还需要创造力。在起草初稿时,不要担心具体的细节问题,边写边改。如果有一个字想不起来,不妨留个空白在那里;如果不能在两个词之间作取舍,不妨将两个词都写下来。在令你尴尬或糊涂的章节旁边的空白处留下个需要复审的记号,以后再仔细去斟酌。

4. 改写之间要安排时间间隔。如果你在创造性的起草文稿与逻辑性修改文稿之间留下一段时间,那么修改文章的效果就会更好,你的观点也将会更清楚。对于重要或复杂的文稿而言,你得在两个阶段之间留上一个晚上以上的间隔。即使你的时间非常紧张,也应给自己留下一个短暂的时间间隔。这样能够使你的大脑得到休息,能顺利地修改文章并解决初稿中留下的疑难问题。

5. 注意修改的宏微观结合。

(1) 宏观修改。宏观修改主要是根据写作对象对全文的总体修改,以保持全文的连贯简洁和重点明晰,并进行有效的分段。

要全文连贯简洁和重点明晰,首先,要注意开场白和结尾的修改。开场白要阐述写作目的,提供文章结构性预览,要引起读者兴趣。结尾要么重申你所要表达的重要观点,要么总结全文,要么提出问题引起读者回味和思考。其次,要注意全文的衔接,巧妙运用"章节预览"和过渡词段。最后,要注意段落之间的划分,使用中心句和小标题等,体现段落的归纳和支持。

(2) 微观修改。微观修改主要是对文章的细节的加工和润色,去繁求简(去掉多余的字,避免过长的句子)、锤炼语言、修改标题,以使文章达到完美。

【思考与练习】

1. 举例说明,你如何根据阅读目的而采取相应的阅读方法?
2. 为什么要选择读物?列举你的资料筛选方法。
3. 举例说明该怎样培养阅读能力。
4. 试比较写作目的与阅读目的。
5. 应如何确定主题,拟订标题?
6. 应怎样收集材料和组织材料?
7. 应如何安排结构,编列提纲?
8. 应如何进行文章表述和改写?

【自测与评估】

你有阅读障碍吗?

请对下列题目作出"是"或"否"的回答。

1. 朗读时是否摇头晃脑？

A. 是　　　　B. 否

2. 你朗读时是否读着读着不知读到何处？

A. 是　　　　B. 否

3. 你朗读时是否情绪紧张不安？

A. 是　　　　B. 否

4. 你朗读时是否用手指指字读？

A. 是　　　　B. 否

5. 你不喜欢或不关心读书？

A. 是　　　　B. 否

6. 你读书时捧书是否太近或太远？

A. 是　　　　B. 否

7. 你朗读时是否头部歪斜或书本歪斜？

A. 是　　　　B. 否

8. 你朗读时是否声音过高或过低？

A. 是　　　　B. 否

9. 你朗读时是否音色单调？

A. 是　　　　B. 否

10. 你朗读时是否声音强度过高或过低？

A. 是　　　　B. 否

11. 你朗读时发音是否不清晰？

A. 是　　　　B. 否

12. 你朗读时是否添加某些字词？

A. 是　　　　B. 否

13. 你朗读时是否遗漏某些字词？

A. 是　　　　B. 否

14. 你朗读时是否重复某些字词？

A. 是　　　　B. 否

15. 你朗读时头脑是否出现某些字词被另外的字词代替？

A. 是　　　　B. 否

16. 你朗读时是否经常进行自我纠正？

A. 是　　　　B. 否

17. 你在默读时是否对材料的字面常常难以理解？

A. 是　　　　B. 否

18. 你在默读时是否对材料深层含义的理解不够？

　　A. 是　　　　　　B. 否

19. 你在默读完阅读材料时，对文章性质、价值，是否常常不能理解？

　　A. 是　　　　　　B. 否

20. 你在默读时是否对文章隐含的其他含义不易理解或者根本不知？

　　A. 是　　　　　　B. 否

21. 阅读之后，你是否常常对课后关于材料的思考题找不出答案或判断错误？

　　A. 是　　　　　　B. 否

22. 你阅读的速度是否比一般人慢？

　　A. 是　　　　　　B. 否

23. 一篇别人都认为很好的文章，你是否常常读后觉得并无什么值得欣赏的地方？

　　A. 是　　　　　　　B. 否

24. 你阅读完一篇文章后是否常遗忘许多东西？

　　A. 是　　　　　　B. 否

结果：

答是得 1 分，答否得 0 分。

0～3 分，属比较正常范围，也许是你的一些阅读习惯不太好，你可注意改进，提高阅读的能力，达到较好的理解水平。

4～10 分，有比较严重的阅读障碍。

11～24 分，有非常严重的阅读障碍。

【启示与案例】

知　己[4]

艾松山

　　经过无数次的留心观察，C 局长终于欣喜地发现：知己者，莫过于 M 科长了。因为自己每次高谈阔论时，在众多的听众中，只有 M 表现得最为倾心，赞美之词尤数 M 的质量高。这说明，相比之下，只有 M 对自己理解得较为透彻。

　　起初，M 对 C 局长的高见总是侧耳倾听。后来发现只凭耳朵听已不够享受，于是悄悄地暗中备了一个小包装袋，隐藏在衣服内，每听 C 局长高谈一番后，那些阔论就能装满满的一小袋。C 局长对此视而不见，但心中很是高兴。

一段时间后,C局长发现:M的小包装袋不见了,取而代之的则是M新买的一个大提包。C局长更加高兴了! 不知不觉地,每次M阔论的数量和质量都有较大的提高,M显得越发热心。

一次,C局长有意表现出漫不经心的样子。问M:"你怎么整天都带一个这么大的提包呀?"M笑嘻嘻地说:"局长有所不知,我这里面装的可全是'宝贝'呀!"C局长心领神会,对M连连夸奖。一天下班,M像往常一样兴冲冲背上鼓鼓的大提包,出了办公室,用自行车驮着,先走了一步。

C局长匆匆处理了最后一件事,也骑了自行车,欲回家去,当行至某门市部附近时,C局长偶然发现M喜滋滋地从那门市部里出来。特别显眼的是,刚才还鼓鼓的大提包,现在已明显地瘪了。

抬头一望,门框边几个鲜红的大字一下子刺伤了C局长的眼睛:

"废品收购站"。

问题:判断下列陈述是否正确。

A. C局长很高兴M的倾听态度。

B. C局长喜欢谈论。

C. M特别喜欢听c局长说话。

D. M善于倾听他人说话。

E. 谈谈你读后的感受。

第三篇　注　释

1　根据贾启艾编著:《人际沟通》,东南大学出版社 2000 年版,p.96 改写。

2　李谦编著:《现代沟通学》,经济科学出版社 2002 年版,p.288～291。

3　李谦编著:《现代沟通学》,经济科学出版社 2002 年版,p.293～294。

4　甘华鸣、李湘华著:《沟通》,中国国际广播出版社 2001 年版,p.513。

第四篇 情境沟通

第十一章 交　　谈

第十二章 访晤与求职

第十三章 演　　讲

第十四章 恋人与家庭

第十一章 交　　谈

【学习目标】

通过本章的学习,应对如下内容有一定了解:
- 交谈的方式和技巧
- 交谈对方的沟通风格、个性特征和心理状态
- 如何挖掘你的交谈能力
- 说服力的来源和说服的方法

第一节　交谈的特性

一、交谈的定义及特点

(一) 交谈的定义

"交谈是了解一个人的最好办法"。(狄摩西尼)"推心置腹的谈话就是心灵的展示。"(温·卡维琳)

在生活中每个人都需要与他人进行交谈,而且每个人一天工作中的大部分时间都在交谈。国外学者给出的沟通行为比例分别是:40％倾听,9％书写,16％阅读,35％交谈。交谈是人际沟通的一部分。与人际沟通过程一样,交谈是通过一套共同规则互通信息的过程。因此,**交谈**是一种特定的人际沟通方式,通常涉及提问和回答,并带有交换信息或满足个体需要的目的。

(二) 交谈的特点

交谈的特点体现在它的目的、提问与回答和互动性方面。

1. 特定的目的。交谈是有意识的,交谈的目的可能涉及多方面,所以,参加者需要将谈话的焦点集中在一个特定的话题上。如在医疗护理交谈中,话题的范围主要限制在与健康有关的问题中。

2. 涉及提问与回答。提问和回答在交谈过程中起着关键作用。交谈的论述中心是如何运用沟通技巧去提合适的问题。

3. 互动性。交谈一般发生于两个人或多人面对面的互动中,并规律性地涉及语言和非语言的信息传递方式。

二、交谈的类型

(一) 按交谈目的分类

根据交谈目的分为互通信息性交谈(或称并列式交谈,或发现问题式交谈)和解决问题式交谈(包括指导性交谈和非指导性交谈)。

1. 互通信息性交谈。 互通信息性交谈又称并列式交谈,其目的是为了获取或提供信息,以寻找可能存在的问题,所以,也称发现问题式交谈。在交谈互动中它主要强调内容,而较少强调关系(情感),但在这种交谈中建立良好的关系是重要的。

这类交谈方式的特征是,交谈双方或多方带有明显的相互交流性,从交谈过程的总体来看,交流的各方都需要表述自己的主张和感情,各方比较均衡地轮流充当说话者和听话者,例如工作讨论,业务洽谈等。

2. 解决问题式交谈。 解决问题式交谈集中在已确定的问题上,提供解决问题的方法。它强调获得事实、观念和内容,即着眼于过程方面。它又可分指导性和非指导性两种基本方式。

(1) 指导性交谈。 指导性交谈又称说服式交谈,其目的是一方就某个问题对另一方进行劝导说服。因以说服为目的,所以说服者在交谈中既是交谈方向和内容的控制者,又是交谈的主体,在交谈中起着关键的作用。说服者是外因,被说服者是内因。所以,被说服者也同样起着重要的作用。

由于这类交谈是由交谈者向被交谈者指引或描述解决问题的方法,所以,指导性交谈方式体现的优点是:①它充分发挥交谈者的专门知识,对被交谈者的帮助是建立在前者所具有的教育和经验的基础上的。②它向被交谈者提供有关问题的本质和可能的解决方法的特殊的、具体的信息,这就可以使被交谈者有一个清楚的概念和明确的方向。③它比非指导性交谈方式效率更高。指导性交谈把焦点放在问题上,而在探讨被交谈者忧虑的一般性领域中花费时间较少。此外,双方之间用于磋商和协调的时间较少,交谈的进程因而较快。

但是,它也有一些缺点:①它没充分认识到被交谈者具有对自己问题进行某些有用的估计的能力。这种认为交谈者比被交谈者更有能力的前提往往轻视或忽略了被交谈者的观察力和经验的重要性。②如果交谈者的建议是"错"的或与被交谈者观点不一致,则可能产生不利于被交谈者的作用。此外,如果没有充分查明被交谈者的情况而匆匆提出解决方法,则可能无效或产生错误。③指导性交谈方式有迫使被交谈者进入服从角色的倾向,而交谈者则扮演支配角色。当被交谈者感到在交谈中没有完全的平等时,他们可能不遵循交谈者所建议的方法。这些与典型的主导式应答所导致的不良效应是相一致的。

(2) **非指导性交谈**。非指导性交谈又称商讨式交谈,是指通过交谈者之间的相互讨论、共同协商,就共同关心的问题统一意见、达成共识的交谈。例如外交谈判、经贸洽谈。这种交谈具有建设性、合作性和共同性,从各自的原则立场出发,求同存异,达到交谈的目的。

由于这类交谈是交谈者让被交谈者自己控制和选择解决问题的方法。所以,在积极方面,非指导性交谈可引导交谈者和被交谈者双方的互动。它承认被交谈者具有认识和解决自己问题的潜能。此外,这种方式还增加了交谈者和被交谈者讨论"真正"问题的机会,因为如果是被交谈者自己确认的问题,那么错误的机会较少。而且,非指导性方式使交谈者和被交谈者在相互作用中处于平等的地位,被交谈者有较多控制权。最后,当被交谈者积极参加交谈过程时,他们感到自己参与了决策,并将遵循此决策,对自己的行为作必要的改变。

另一方面,非指导性方式也有不尽如人意之处,主要是它需要大量时间,而时间正是交谈者所缺乏的。有的交谈者认为在这种交谈上花费太多时间和精力是低效率的、昂贵的、没有必要的。此外,有些交谈者可能感到在这种非指导性方式中不能充分利用他们的专业知识,他们认为有些解决方法早已被证实是有效的,因此在一定情况下指导被交谈者运用这些方法既是重要的,也是必要的。

(二) 按交谈方式分类

1. 有目的的**封闭式交谈**。即发问者居于主动的、有权威的角色,准备好一系列的问题进行提问,交谈对方处于被动角色,这种有组织、有目的的交谈方法对收集一般资料是有用的。

2. 无目的的**开放式交谈**。此时被问者居主动角色,发问者的任务是提供主题、引导交谈,因而问题的范围广泛,答案也是开放的。

(三) 其他分类

此外,还有以下这些交谈方式,如主辅式、调查式、倾泻式、静听式、辩论式和闲谈式等等。

1. **主辅式交谈**:出于交谈目的的需要,各方地位和作用存在着差异,以其中一方为主要说话者,成为表达思想的主体,其他方成为听话者,对交谈起着辅助作用,交谈的各方明显地存在着说话和听话的不均衡情况,这样的交谈就属于主辅式交谈。例如记者采访、医生问诊等。

2. **调查式交谈**:这种类型的交谈目的在于相互配合,一方就另一方所提出的问题作出答复,并以问答为基本形式。提问具有目的性、明确性和启发性。回答也应有针对性、真实性以及完整性。

3. 倾泻式交谈：这种交谈的目的是一方将自己的欣喜、苦恼、气愤等统统告诉对方。不管对方愿不愿意听。这种交谈方式是建立在对听话者的极大信任基础上的，并在交谈中表露出强烈的感情色彩。

4. 静听式交谈：这类交谈的目的，是一方在交谈中一时把握不了对方的思路，为慎重起见通过静听的方式来理清头绪，变被动为主动。

5. 辩论式交谈：这类交谈的目的，是由交谈的各方对某些问题各抒己见，展开激烈辩论，如法庭辩论、学术辩论。这些交谈具有严肃性、针对性和科学性。

6. 闲谈式交谈：这是我们日常生活中常见的交谈方式，没有十分明确的交谈目的，却起着联络感情、增进相互了解的作用，例如探亲访友、邻里之间。这种交谈具有随意性和广泛性。

第二节　交谈前的准备

一、交谈的内容

如果你对自己将要进行的谈话一无所知，就不大可能很好地参与谈话。你不仅要了解谈话的主题，而且还要了解谈话的对象、方式和谈话的目的。

1. **交谈对象**：交谈是有意识的，互动性的，首先需要明确交谈对象，要知道自己将要和谁进行交谈。这主要从两个方面来明确交谈对象：①对方的个性特征。②对方的心理特征。例如：贸易上的交谈、医患之间的交谈、丈夫妻子之间以及和孩子之间的交谈。所以在确定交谈对象的同时，还应从个性特征和心理特征入手。

2. **交谈的目的**：既然交谈是有意识的，需要参与者将谈话的焦点保持在一个特定的话题上，这就是交谈的目的性，一般的谈话可以涉及各个方面，特定的交谈需要有特定的交谈对象和特定的话题，也就是交谈的目的。

3. **交谈主题**：也即谈论什么，信息内容是什么？事实上，你什么都可以谈。你可以谈论新闻、球赛、时装、电影、也可以谈谈你的观点和想法。人们交谈的目的之一，是与别人进行交流。当你发现别人和你的想法和观点一致或不一致时，都会有不同的感受。因此，选择话题的最佳方式，是和你的交谈对象谈论他最关心、最熟悉、最自豪的事情。当你这样做时，不仅会受到欢迎，还会使你的话题获得扩展。

4. **交谈方式**：交谈的方式应根据交谈的主题和交谈对象不同，来决定不同的交谈方式（有关交谈方式，请参考本章第一节"交谈的特性"）。在进行交谈前，你要了解不同交谈方式的特点，根据交谈的内容需要，选择适合的交谈方式，这样才能取得交谈的成功。

二、营造氛围

（一）选择合适的时机与地点

1. 时间。就时间而言，谈话者需要认真选择交谈的时间、时机和顺序，以期获得良好的谈话效果。

（1）时间。与人约会见面能否准时，这反映你对这次会面和会面者的态度。交谈时间的长短，也同样反映出交谈双方关系的密切程度。另外，交谈时间的选择也反映出你的礼仪修养。

（2）时机。交谈常见的是随意性，这就要求我们要善于捕捉交谈时机。

（3）顺序。交谈语言的顺序不同，传递的信息也就不同。通常我们将所要强调的重要部分在后面出现。

2. 地点。选择一个良好合适的谈话地点十分重要，这不仅使谈话过程变的轻松愉快，而且对谈话结果也起到关键的作用。不同的谈话内容和谈话性质，应当选择不同的场合，如情侣约会、朋友聚会、业务谈判等应选择合适的谈话场所。

3. 距离。交谈距离，也就是谈话双方的空间距离的远近。这是由其心理距离的远近决定的，两者的关系为正比关系。在一般情况下，人们交往的空间距离分为以下四种：

（1）亲情距离：通常在 20 厘米左右。如情侣、家人、密友之间的距离。有时在一些外交场合上的礼节如拥抱、亲吻等。

（2）熟识距离：通常在 1 米左右，如同学、同事、邻居、朋友之间的距离。

（3）交际距离：通常在 1～2 米之间，较正式的非私人交往，如接见来访、业务谈判等都属于这种类型，表现得比较严肃。

（4）陌生距离：通常在 2 米开外，在此种距离下的交谈仅仅是打招呼而已。

（二）选择对方的关注点

在日常工作和交往中，常常会出现这样一种现象：对自己关心的事情会立即产生高度兴奋。用这种对方关心的事情激发对方的交谈兴趣，产生共鸣，从而使对方无所不谈，畅所欲言。

（三）寻求共同点

良好的交谈氛围是使交谈顺畅的基本前提。交谈双方如果见解相同或相似，语言风格相近，才能比较容易造就良好的氛围。寻找共同点大致有以下几种途径：

1. 通过语音。语音即说话的声音，它由口音、语速、语调等组成。交谈双方要尽量使语速、语调保持相近，若口音差别较大，要取得一致也难度较大。

2. 通过语句。如果双方多运用一些对方熟悉的、容易接受的词语，就能形成语句上的接近。如果对方喜好运用成语、典故来体现出深厚的文化功底，你也应使用类似的成语、典故来迎合对方,体现出你对他的尊重和认同。

3. 通过风格。谈话风格是交谈者运用语言所表现出来的各种特点的总和。从用语的角度来看,有的简洁朴素,有的华丽丰富;从语言角度看,有的刚健,有的柔婉;从表达方式看,有的明快,有的含蓄;从文化角度看,有的典雅,有的通俗;从表达情态看,有的庄重,有的诙谐。言如其人,一个人的语言风格是一个人思想等方面的外在反映,因此,有必要在交谈之前了解对方的谈话风格,适当地和交谈者的语言风格保持相近,不仅不会丧失自己的个性,而能体现自己的语言智慧,从而达到成功交谈的目的。

第三节　交谈中的技巧

谈论一切事情一定要抛开自我吹嘘,绝不要絮絮叨叨地对别人谈你个人关心的事以及自己的私事。你对这些事情虽然兴趣盎然,而别人却会讨厌,觉得你有粗鲁之嫌(古斯·特菲尔伯爵)。

交谈中的沟通技巧涉及:开场白、内容陈述、问题讨论和论点表述。

一、开场白:一鸣惊人

1. 选择合适的方式开始:用故事、借助物品、用提问、以名言警句、用令人震惊的事实、赞美的话语、对方关心的话题、寻求共同点。例如:

邓小平同志在会见英国女王伊丽莎白二世和她丈夫爱丁堡公爵菲利普斯亲王时,笑着说:"这几天北京的天气很好,这也是对贵宾的欢迎。当然,北京的天气比较干燥,要是能'借'一点伦敦的雾,就更好了。我小时候就听说伦敦有雾。在巴黎时,听说登上埃菲尔铁塔就可以望见伦敦的雾。我曾登上过两次,可惜很遗憾,天气不好,没有看到。"

爱丁堡公爵说:"伦敦的雾是工业革命时的产物,现在没有了。"

邓小平风趣地说:"那么,'借'你们的雾就更加困难了。"

公爵说:"可以'借'点雨给你们,雨比雾好。你们可以借点阳光给我们。"于是气氛一下子就活跃起来了。

一般来说,可供使用的故事有两类:幽默的和一般的故事。但幽默的故事不可妄加使用,除非你有幽默的禀赋,否则效果不理想;而一般故事,无论是关于中外历史上的著名事件,还是关于现实生活中的平常趣事,只要你在叙述时有具体情节、具体内容,就能达到吸引对方的目的。

2. 开场白的注意点:感谢对方抽时间来交换意见、分享观点,态度镇静,用技巧迅速切入主题,态度、语调诚恳,要有自信,坚信你的主题的重要性。

二、内容陈述：切中要领

在内容陈述中，用对方熟悉的语言叙述，简述为何提出你的主题，与对方交流或共享的目的，切勿发牢骚、吐苦水、推责任、自贬或过分谦卑，以免影响你的说话力度；勿发表无凭据或极端的评论，尽量叙述事实，语调平稳，避免过高或软弱。

比如，以发牢骚的口吻表达你的信息，以吐苦水的方式归咎或批评别人，诸如此类的举动，将使对方认定你的动机暧昧或狡猾。他可能会觉得，你若不是有意推得一干二净，就是要别人承担责任，然后自己从中获利。如果是这样的话，也许你得重新思考你的交谈方式。

三、问题讨论：你来我往

讨论中的你来我往，运用的技巧是：选择问题（开放性问题、封闭性问题）与提问、倾听与反馈、重复、澄清、阐明、沉默等。

（一）问题与提问

1. 选择问题：注意开放性问题和封闭性问题的特点和运用。

2. 提问：要了解提问的重要性、作用、问题的选择、提问的方式和提问的技巧。

（二）倾听与反馈

1. 倾听。我们应了解倾听的含义、目的、倾听的态度和有效倾听的技巧（请参阅第八章第三节"倾听"的技巧介绍）。对于有效倾听技巧的培养，应从以下方面着手：

（1）要有良好的精神状态。倾听是包含肌体、感情、智力综合性的活动。在许多情况下，不能认真倾听对方的讲话往往是由于肌体和精神准备得不够，在情绪低落和烦躁不安时，倾听效果绝不会太好。

（2）排除外界干扰。在与别人交谈时要排除有碍于倾听的环境因素，如尽量防止他人的无谓打扰及噪声干扰等。

（3）建立信任关系。记住：在双方关系紧张或互不信任的情况下，双方不会相互真诚地传递宝贵的信息。

（4）明确倾听目的。倾听的目的越明确，就越能够掌握倾听的内容，记忆更加深刻，感受更加丰富。

（5）使用开放性动作。人的身体姿势会暗示出他对谈话的态度。自然开放性的姿态，代表着接收、容纳、尊重与信任。

（6）及时地用动作和表情给予响应。用对方能理解的动作与表情，表示自己的理解，如微笑、皱眉、迷惑不解等表情，给讲话人提供准确的反馈信息以利其及时调整；还应通过动作与表情，表示自己的感情，表示自己对谈话和谈话者的兴趣。

（7）适时适度地提问。有利于把自己没有倾听到的或没有听清楚的事情彻底掌握,同时也利于讲话人更加有重点地陈述、表达。

（8）在倾听中灵活运用开放式问题和封闭式问题。

2. 反馈。**反馈**是将对方的部分或全部沟通内容反述给他,使他通过你的反述而对他的讲话和表现重新评估和澄清。反馈需要一定的技巧,除了仔细倾听和观察对方情感（非语言性表现）外,还要选择最能代表情感的词句,应避免使用固定的词句或陈词滥调,如"你是觉得……"而应用些引导性谈话,如"你看起来好像……""据我理解,您所说的是……"

（三）重复、澄清、阐明、沉默

1. 重复。重复包括对对方语言的释义和复述,是使交谈更为有效的、有价值的沟通工具。

在交谈中,交谈者宛如一面镜子,反映出对方已表达的或尚未表达的情绪和态度。重复的核心是对方所说的内容,而反馈的焦点是将对方表达的方式或情感,以及"言外之意,弦外之音"摆到桌面上来。

2. 澄清。澄清是将一些模棱两可、含糊不清、不够完整的陈述弄清楚,其中也包含试图得到更多的信息。在澄清时,常用"我不完全了解你所说的意思,能否告诉我……""你的意思是不是……"

澄清的方法:①用举例的方法,将一个抽象的或含糊的意思与一个具体的事例联系起来;②提出可能遗漏的或前后不一致的内容,要求对方做必要的补充;③用识别相同点或不同点的方法来澄清疑点;④直接提问,问题应该用词简单、明了,用对方能懂的语言,要求的答复也应是简单而肯定的。

3. 阐明。阐明是一种将互动焦点转移到主题的技巧。为了能阐明主题,我们应注意运用以下原则:

（1）寻找被交谈者提出的基本信息。

（2）向他人释义这些信息。

（3）对他或她的信息加上你的理解,陈述时运用你的理论或你对动机、心理、需要、方法等的解释。

（4）保持语言的朴素,并尽量让你的语言水平和他的语言水平接近。避免不严格的推测和使用神秘词语。

（5）在引入你的观点时,要表示对他的语言或行为的提议并不是绝对的。例如你可以用这样的方式陈述:"这样说正确吗?""我认为的方法是……"

（6）征求被交谈者对你的阐述的反应。

（7）不要强加于人。在运用阐明时,要注意给对方接收或拒绝的机会。

4. 沉默。

（1）沉默的效应。沉默是金,沉默可以起一种非常积极的效果,但运用不好,有时也会产生消极作用。所以,关键是如何有效地运用沉默。

(2)沉默的重要性。沉默就倾听人来讲,代表着不同的含义,从而使讲话得到的反馈有很大的不同,进而对沟通质量有很大的影响,沉默可被理解为:

1)不感兴趣。倾听人如果长时期对讲话人的谈话没有反应,且目光游离不定,那么,给人的印象是他对谈话的内容毫无兴趣。

2)支持和信任。当倾听人沉默不语,但保持良好的目光接触且不时点头或以微笑相回应时,讲话人的感觉是倾听者对我支持或者信任。

3)受到讲话人的打动。当倾听人长时间沉默不语,但目光较长时间固定且面部与讲话人所要表达的情感相符合时,十有八九倾听者被打动了。

(3)沉默的恰当运用可以:松弛彼此情绪的紧张,促进思考,可控制自我情绪。

(四)沟通要诀

1.专心聆听对方对你的信息有何看法,特别是在他出现排斥或情绪化反应时。

2.提供其他信息让对方明白,你很在乎这件事。

3.勿对对方的意图采取负面假设。

4.以中性字眼叙述造成问题的行为或情况,不要语带责难。

5.保持开阔的心胸,听听对方说些什么。

6.发觉自己变得情绪化,不妨以言语描述你的情绪,切勿以行动表现。

7.询问对方的想法。

8.如果可能,不妨讨论你针对此问题所愿意做或已经做的事。

四、论点表达:有始有终

交谈收尾阶段包含两项工作:①概述达成的一致意见;②尽可能心平气和结束谈话,注意双方的关系发展。

无论正式与否,交谈最终出现的结果是对主题是否达成共识。如果达成共识的话,有必要在结束阶段进一步重述该共识,以示强调和重视:当交谈气氛很僵,不妨将它点破,此举有利于清除残存的不良情绪。将你对这次交谈的了解、心得和观察结果说出来,有助于发展双方的关系。

第四节 交谈障碍的克服

一、态度障碍及克服

在社交谈话中,成功的交谈不仅能达到双方各自的目的,而且还能使人愉悦,给他人带来欢乐。成功交谈的一个重要前提是尊重对方,保持良好的交谈态度。

（一）态度障碍的类别

在现实中，常常有人不自觉地表现出以下行为，也就是我们所说的态度障碍：

1. 说话武断：往往陈述急促，喜欢用"所有"、"总是"、"绝对"等，语调高昂，仿佛想在气势上吓倒别人，这种态度很容易引起双方争辩。

2. 有优越感：用一种优越于任何人的态度与别人交谈会使你很快陷于孤立状态。

3. 无动于衷：你对讲话者所说的一切都表示沉默，讲话者会觉得你无反应。这样会使他感到自己是在独白。

4. 以自我为中心：这是自我优越感的进一步发展，总是觉得自己高人一等，别人都要听你说，给人一种仿佛整个宇宙都在围绕你转动的感觉。

（二）用真诚克服态度障碍

人是有个性的，发挥得好就能成为一股动力。与别人交谈贵在真诚，只有带着真诚的情感去谈话，才能获得事半功倍的效果。真诚体现在尊重、理解、关心和鼓励四个方面。

1. 尊重。尊重的态度意味着你平等地看待对方。这样，才能调动对方诉说的积极性。

2. 理解。在交谈时，对方可能由于有烦心事或者遭受打击而心事重重，满脸忧愁。这时，你应该设身处地，站在对方的角度去理解他，并引导他释去心中的烦恼。你可以用这样的话语："塞翁失马，焉知祸福。别那么烦，咱们聊点开心事吧！"

3. 关心。关心是把对方放在心上。关注他人的内心感受，用言语关心他，让他知道你正在为他着想。如果你选择有关对方利益的话题去与他交谈，肯定能达到效果。

4. 鼓励。为了避免你以自我为中心，滔滔不绝地说下去，你需要掌握激发他人说话的策略。交谈是双向的，如果你在交谈时一个人喋喋不休，使他人毫无开口的机会，这很难说是一次愉快而有效的交谈。如果你发现要使你的交谈对象开口畅谈十分困难，可以试着下面的句子来鼓励他："你认为如何才能……""依你的看法是……"

二、表达障碍及克服

（一）表达障碍的类型

表达障碍的类型包括两个方面：

1. 措辞不当：在交谈中，措辞的高雅和简洁也是非常重要的。措辞不当主要表现为：

- 咬文嚼字
- 陈词滥调
- 滥用术语

- 用词粗俗
- 过多的口头禅
- 过多使用"我"

2. 内容失调：有些人在表达自己的观点和看法时，常常令人不知所云，或者冗长繁琐，令人昏昏入睡。这种内容失控表现为：

- 不分主次
- 言过其实
- 口若悬河
- 不着边际

（二）表达障碍的克服

1. 恰当措辞。要想做到措辞简洁高雅，我们在交谈中应该着重注意以下几个方面：

（1）用词不要过多重叠：在汉语中，有时的确要使用叠句来引起别人的注意，或者加强语气。但是如果滥用叠句，就会显得累赘。一般来说，听者总是希望你的语言丰富多彩。所以你在许可范围内尽量使表达多样化，避免多次重复使用同一词汇。

（2）避免口头禅：出现口头禅的原因之一，是对所讲的内容不熟悉，说了上句，忘了下句，此时就要用口头禅来获得一点思考的时间。所以，你有必要事先熟悉要表达的内容；并总结自己喜欢用的口头禅，在说话时不断提醒自己。

（3）视对象使用专业术语：在交谈之前，你已对对方进行了一定的了解和分析，此时你决定该使用哪类专业词汇。

（4）用词典雅：常言道，语言是一个人学问品格的衣冠。如果你在交谈中用词粗俗，对方马上就会对你产生反感。要想使自己用词不凡，必须多阅读书籍，掌握相当多的知识。

（5）避免过多使用"我"：西方古代哲学家苏格拉底曾经说过：不要说"我想"，而多说"你想呢"？交谈中令人生厌者就是那种不停使用"我"，随时随地说"我"的人。说话者就如汽车司机必须随时留意红绿灯一样。你必须随时与对方进行交流，并观察他们的反应。

2. 合理安排内容。说话一般是越简明越好，有些人在叙述一件事情时说了很多，但还是无法把他的意思表达出来，听者花了许多时间和精力，仍然不知道他想说明什么，如果你犯有这种毛病，一定要注意纠正。要使你说的内容清楚和便于理解，要做到：

（1）言之有信。言之有信包含两层意思：其一是指交谈要根据谈话的宗旨、紧扣中心主题；其二是指交谈要针对谈话对象的特点，因人施语。

（2）言之有益。交谈的内容可以无边无际，但是就每一次交谈来说，应该有一个具体的、正当的目的,有一定的收益,不应该是漫无边际、百无禁忌的。

(3)言之有物。交谈最忌废话、大话、空话连篇。不论是什么形式的交谈,都应该有充实的谈话内容,要有理、有据、有情。

(4)言之有理。言之有理指的是说话合乎逻辑,才能令人信服。在交谈中,说话要有充分的理由,观点和证据之间有一定的逻辑联系。

(5)言之有序。交谈要根据主题设计说话程序,安排好先后顺序。

(6)言之有情。在交谈中,以情动人,往往比冷静地说理更具有魅力。富有感情的语调,可使交谈获得良好效果。

三、倾听障碍及克服

(一)倾听障碍的类型

良好的谈吐有一半要靠倾听。倾听要动用所有的感官;不仅用头脑,还得用心去听。在社交场合的交谈和私下聊天,正确听取他人的信息对良好的交谈十分重要。倾听的不良表现有以下几种:

1. 东张西望:别人说话时,左顾右盼,望来望去,不与对方进行目光交流,也不细心倾听。

2. 心不在焉:你可能并未东张西望,但是却漠不关心。对方望着你的时候,你也可能一直望着他,目光呆滞,毫无生气。

3. 沉默不语:不管对方怎样激发你,你总是对此类信号无动于衷,默默地任对方直说下去。

4. 随意插嘴:不管别人有没有说完,只要你想到了什么,马上打断别人的话语,自己说起来了。

以上这些不良的倾听习惯都令对方反感,并能削弱对方表达的激情。

(二)倾听障碍的克服

那么,怎样才能克服不良的倾听习惯,练就一双灵敏的耳朵呢?(有关具体的倾听技巧请参阅第三篇)

1. 全神贯注:认真仔细地聆听对方所说的话是尊重对方的基本前提,热情友好地对待对方和及时肯定对方所说的话,是尊重对方的重要之举,只有这样,才能获得对方的信任和敬重。

2. 抓住要点:尽快发现对方的谈话意图,才能从容自如地跟随对方,将话题引向深入。对方也会因为你能敏锐地理解他的话而对你表现出敬佩和赞赏。

3. 适时插话和提问:在别人说话时,中途打岔,争着去说,会使对方感到不快;但你在听话中金口不开,毫无反应,也会使对方感到遭受冷淡。因此,适时的插话和提问,不仅表示你在认真地倾听,而且能促使话题向共同关心的方面发展。

4. 不急于下结论:兼听则明,偏听则暗,听别人陈述时,不要刚听一二句就感情冲动,而要保持冷静和理智的态度。要在听的过程中进行分析判断:是真还是假? 是不是别有用心? 总之,要冷静地听,理智地分析,下结论时更要慎重,以免被动。

5. 注意自己的身体语言:适时地与对方保持眼神接触,身体稍稍倾向于说话者,适当地点头以示同意,面带微笑表示你听得很有兴致。

6. 以听为主,辅之以视:注意对方的面部表情,眼睛和手势等非语言暗示。它有助于你深刻理解说话内容,还能领会言外之意。

7. 复述对方要点:最好把对方含蓄的意图恰当地表达出来,以示你在认真地听,而且完全听懂了他的话。

【思考与练习】

1. 运用沉默、提问、澄清等技巧参与一个假定雇主与愤怒雇员之间的谈话。

2. 阅读下面一段话,谈谈你是如何理解的。

交谈技巧是教师与学生或领导与下属交往成功的关键。有技巧性的交谈,可以使被交谈者心情舒畅,培育教师和学生、领导与下属之间相互满意的人际关系。要想当好一个教师,当好一个领导,就应该熟练掌握交谈的技巧。

3. 在下面表格相应处填上是或否。

封闭性问题和开放性问题的优缺点

类　　型	时间效率	广泛深入	情感思想	对方控制权
封闭性问题				
开放性问题				

【自测与评估】

你善于交谈吗?

对下列题目作出"是"或"有时"或"否"的选择。

1. 你是否时常觉得"跟他多讲几句也没意思"?

2. 你是否觉得那些太过于表现自己感受的人是肤浅的和不诚恳的?

3. 你与一大群人或朋友在一起时,是否常觉得孤寂或失落?

4. 你是否觉得需要有时间一个人静静地思考才能理清头脑和整理思路?

5. 你是否只会对一些经过千挑百选的朋友才会吐露心事?

6. 在与一群人交谈时,你是否时常发觉自己在想东想西,想一些与谈论话题无关的事情？

7. 你是否时常避免表达自己的感受，因为你认为别人不会理解？

8. 当有人与你交谈时或对你讲一些事情时，你是否时常觉得很难聚精会神地听下去？

9. 当一些你不大熟悉的人对你倾诉他的生平遭遇以取得同情时，你是否会觉得不自在？

评分规则：

每题选"是"记 3 分，选"有时"记 2 分，选"否"记 1 分。各题得分相加，统计总分。

你的总分是：_____

22～27 分：这表示你只有在极需要的情况下才会同别人交谈，或者对方与你志同道合，但你仍不会以交谈来发展友谊。除非对方愿意主动频频跟你接触，否则你便总处于孤独。

15～21 分：你大概比较热衷于与别人交朋友。如果跟对方不太熟悉，你开始会表现得很内向似的，不太愿意跟别人交谈。但时间久了，你便乐意常常搭话，彼此谈得来。

9～14 分：这表示你与别人交谈不成问题。你非常懂得交际，善于营造一种热烈的气氛，鼓励对方多开口，使得双方距离一下近了很多。

【启示与案例】

林肯写给胡格将军的说服信

在信中，林肯这样写道：

我已经将你放在军队的首位。当然，我这样做是根据我以为充分的理由，但我想，你最好知道对于这些事，我对你不是十分满意。我相信你是一位智勇双全的将军，那当然是我喜欢的。我也相信你不会将政治与你的职务混淆起来，在这事上，你是对的。你自信，那是一种有价值的、不可缺少的性格。你有志气，这在相当的范围内，是有益无害的。但我想要柏恩军带领军队的时候，你出于个人的意志，竭力地阻挠他。在这事上，你对国家，对一个战功显赫的同僚长官犯了一个大错。我曾听说，并使我相信，你最近曾说军队与政府都需要一位独裁者。当然，不是因为这个，却是不顾这个，我才给你统治权。只有得到胜利的将军，方能成为独裁者。我现在请求你的是军事的胜利，我可以将独裁者冒险给你。政府要竭力帮助你，那同以往及今后对于所有将领所做的帮助一样，不多也不少。我深怕你所帮助灌输于军队的批评以及不信任他的精神，现在将加在你的身上了，我要尽力帮助你消灭这种精神。当这种精神存在于军队之中时，既不是你，也不是拿破仑（如果他还活着），能从军队中得到什么益处。现在，要小心，不要匆忙，要尽力不懈地努力前进,使得我们胜利。

林肯的说服力在于:在他提出胡格严重错误之前先赞美了他。

谋 事 在 人

中国古人云:谋事在人,成事在天。谋事在人就是说,要想做成一件事,首先就要发挥人的主观能动性,要动脑筋,想办法,用人的智慧去战胜各种困难。中国古代的人们很敬重那些足智多谋的聪明人,历代的统治者也一贯重视谋臣、谋士的作用,其主要原因就在于这些谋臣、谋士曾经在历史上起过相当重要的作用。

孙膑是中国尽人皆知的著名人物,当年他和庞涓一同去拜师学艺,而那个老师却不肯收他们为徒。两人苦苦哀求,那位老师却开口道:谁能把老师骗出屋子就收谁为徒。庞涓自告奋勇首先来试。他一会儿对老师说外面的房子起火了,一会儿对老师说有人被老虎吃了,但是老师一点也不为其所动。无奈之下他只好认输。这时孙膑却上前对老师说,他从来没有学过把人从屋子里骗出去的方法,倒是学过把人从屋子外骗进屋子里来的方法,问老师能否让他一试? 老师想,就凭我的经验你们谁也不行,于是点头应允,随孙膑来到屋外。孙膑出门后便拜,老师您可出来了! 老师这才发现自己到底还是让人给骗出屋来了。孙膑对他的老师用的就是一个计谋。

第十二章　访晤与求职

【学习目标】

通过本章的学习,应对如下内容有一定的了解:
- 访晤准备过程和特征
- 求职面试时人际沟通技巧的具体运用
- 求职面试应作哪些方面的准备工作
- 求职面试时应如何正确运用语言和非语言沟通技巧
- 怎样写好求职简历

第一节　访　　晤

一、访晤的含义及特征

1. 含义:访晤分为广义和狭义两种,广义访晤包括会谈、面谈、访谈、闲谈等交谈方式;狭义的访晤只包括会见、面试等,它是两个或两个以上个体之间进行的正式的、有目的、预先安排好的交谈。

2. 特征:访晤是两个或两个以上个体之间的碰面,本质上说它是社会性的,而且有一定的目的,在这个碰面当中的互动是复杂的,同时也反映了参加碰面的个体在其中的角色。例如,求职访晤通常是由参加访晤中的一个人控制、组织和实行的,执行此项职责的个体被称为面试者,而被会见的人则一般被称之为受试者。

二、访晤过程的技巧

1. 准备阶段:准备阶段中应准备的内容有:获得访晤的信息、被访晤人、顺序、时间长短、地点、问什么问题、是否需要记录。

2. 访晤过程:老练的访谈者会在访晤的开头、访晤方式和结尾运用各类问题、沉默、反馈、澄清、阐明等技巧,并掌握谈话的时间。

(1) 开头:包括称呼、寒暄、自我介绍。作用在于营造一种轻松、和谐友好的交谈气氛,形成交谈双方的最初印象。

1) 称呼:作为一种外在沟通行为,直接反映了称呼使用者个人的内在素质,如先生、夫人、小姐、女士等。

2) 寒暄:是交谈的媒介和润滑剂,它能在交谈者之间搭起一座友谊的桥梁,因为它能产生认同心理,满足人们的亲和需要。

寒暄的形式:有问候式、夸赞式、描述式、言他式等。

两个人见面后,一方以友好的副语言方式描述对方正在做的事情,属于描述式。如:"刚下课?""回来了?""上街呀?"

两人见面后,谈论双方厌恶的事,属于言他式。如:"今天天气太热了!""车子太挤了!"

这些寒暄方式,可以用来与人们建立人际关系,为进一步交往架设桥梁和情感的纽带。

3) 自我介绍:是在称呼、寒暄后的礼貌性自我介绍。要以亲切的、自然的语调向对方问候,同时介绍自我。

(2) 访晤方式:访晤过程中主要涉及开放性和封闭性两类问题。对这两类问题的运用,应根据访晤目的、对象和阶段不同,适当选用如下访晤方式:

1) 漏斗形:其结构以开放性问题开始,再用封闭性问题加以限制,最后则以没有多少回旋余地的封闭性问题结束访晤。这种方式的优点是开头容易,因此适用于有戒备心理的调查对象、无特别兴趣的客户,以及缺乏访晤经验的求职者。其缺点是访晤结束时无选择余地。

2) 金字塔形:金字塔形的访晤与漏斗形恰好相反,它以选择性较小的具体的封闭问题开始,然后逐渐开放直到结束。这种方法对于精神紧张或者不乐于交谈的来访者比较合适,因为开头的问题易于回答,再逐渐鼓励其作出详尽全面的反应。

3) 试管形:试管形结构既可以用开放性问题也可以用封闭性问题,但基本特点则是所有的问题都比较相似,即开放或封闭的程度基本一致。此法尤其适用于运用统计学分析或其他科学分析法引出对所获资料进行研究的调查访晤,它容易从比较分析中引出可靠的结沦。

4) 沙漏形:沙漏形访晤结构以开放性问题开头和结束,中间则用封闭性问题加以限制。

5) 钻石形:钻石形访晤以封闭性问题开始,中间放宽限制,到最后又回到封闭性问题上来。

(3) 结尾:总结性的评语。

在访晤结束时,接见者根据访晤目的可以就来访者的回答说几句评论的话。

调查性访晤要向来访者说明资料的用途。求职性访晤要告诉对方录用的可能程度和发布通知时间及方式。有时还要说明有无必要继续安排谈话等问题。结尾部分不但要回到开头时的友好气氛,并表示已有了较多的了解,而且要向对方表示礼貌性的感谢,常用的结束语有:

1) 谢谢你今天的会见。

2) 感谢你花了这么多时间同我交谈这个问题。

3) 谢谢你对本公司感兴趣,我会在本星期内通知你是否被录用。

第二节　求　职

求职的面试交谈是人际沟通的具体运用,是交谈(访晤)、演讲、阅读和写作知识的综合实践。

一、求职程序与步骤

(一)求职程序

完整的求职程序,大体上要经历下列八个阶段:

(1) 应聘程序开始:收集就业信息,确定求职单位。

(2) 准备好求职资料:求职信、个人简历、证明证书、推荐信等。

(3) 接触并了解求职单位:其主要业务、经营状况、待遇、招聘形式及地理位置等。

(4) 向选定的单位求职:发求职信、填写求职表。

(5) 接受招聘者挑选,参加考试(笔试和面试)。

1) 做好面试的准备。包括:①心理准备。充满自信,镇静自如。②形象设计。力求留下美好的第一印象。③考前预演——自问自答式的总复习;借助录音机,调整好语音语调;写下回答要点;想出应急对策。④提前到场。熟悉环境,调整情绪。

2) 正式面试:一个有效推销自己的过程。

(6) 参加体格检查。

(7) 等待结果:去函去电询问结果;或去信对招聘者面谈表示感谢,并扼要重申自己对谋求该职的兴趣、愿望及资格条件。

(8) 获得应聘结果:准备就业,或准备新的求职。

(二)求职访晤的四个阶段

1. 建立和谐关系阶段:面试者至少要向受试者明确面试的内容和持续的时间。这个阶段的目的在于引起受试者说话,使面试开始进行。这时面试者主要询问一下诸如受试者的业余爱好等,并慢慢切入正题。

2. 询问个人简历阶段：包括询问受试者过去的学习、工作等情况，一般使用无时间限制的随便提问、反馈调查和总结等方法。

3. 询问回答阶段：受试者要回答面试者所提出的问题并得到自己想获得的信息。

4. 完成和巩固阶段：面试者和受试者结束访晤，并决定今后是否保持联系。

二、求职访晤或面试前的准备

(一) 个人简历

1. 注意点：语言要简练、实事求是但不要自卑，特别注明自己的特长和与求职单位要求的相应能力。

2. 简历内容与格式：身份标识、职业目标、教育、经历、证明材料、特殊技能和兴趣、社会活动、荣誉和奖励。

(二) 求职信

求职信包括三个部分：

1. 写信的目的，申请的职位。

2. 申请该职位的理由：你对该单位的了解，与该职位相适应的你的能力和特长，使对方认为你是合适的人选。

3. 结束语：希望对方给你一次面谈的机会，并告知你的联系电话和地址，感谢对方费时阅信。

(三) 其他准备

1. 深入了解和研究求职单位。

2. 准备面试问题：工作期望、学术背景、你对应聘单位的了解、工作经历、职业目标、实力和特长、考验性问题。

三、求职访晤的问与答

典型的求职访晤同其他正式访晤一样，是较正规、较严格、较有计划的双向交流。这种访晤是一种有特定目的、有事先安排和有较好组织的正式交际形式。在整个访晤过程中，一方提出问题，另一方回答问题。

(一) 提问的程序及可能问的问题

1. 在面谈中，面试者(主考官)的"说"(说话)与"问"(提问)一般按下面程序进行：

(1) 相互介绍。

(2) 谈及你的简历和相关个人资料。

(3) 关于你对应聘单位的了解。

（4）出一些考验性的难题。

（5）结束面谈。

2．一些可能提到的问题：

（1）关于你的学校经历：

你最喜欢或不喜欢哪门功课？——了解你的文化与科学兴趣范围。

你为什么会选择这一专业？——了解你的思想和行为上的独立性和你的学习动机。

作为一个学生，你认为最大的挑战是什么？——了解你的创新意识和进取精神。

（2）关于你自己：

你认为你的优势和劣势是什么？——了解你的思想品德、气质性格类型。

什么样的人你觉得最难相处？——了解你的成熟度和人际关系能力。

你近期的目标是什么？——了解你的职业目标和工作的计划性。

你喜欢和数字打交道吗？——了解你的嗜好和特长。

下班后你都喜欢参加哪些活动？——了解你的爱好。

你喜欢旅行吗？——了解你的嗜好和特长。

（3）关于你社会活动情况：

你做过公开的演讲吗？——了解你的语言运用和沟通能力。

你在学校担任过职务吗？——了解你的社会责任和经历。

谈谈你在大学里都参加过哪些活动？——了解你的参与社会活动情况。

你上大学时是不是边学习边工作？——了解你的业余时间安排情况。

你觉得你过去的工作占用了你很多其他活动的时间吗？——了解你对各项工作和活动的协调能力。

（4）对应聘单位的了解：

谈谈你对本公司的了解。——了解你对应聘单位的重视情况。

你能很快适应新的环境吗？——了解你的新环境和新工作的适应能力。

（5）涉及应聘的其他问题：

你有什么问题要问吗？——了解你思考问题的成熟度和周密性。

你认为自己是不是一个很好相处的人？——了解你的自知之明。

你认为一个人最应具备的能力是什么？——了解你的发展潜力和进取心。

你认为你的专业和能力，对你申请的职位适合吗？——了解你的自信心。

（二）回答面试问题的注意点

（1）应努力回答问题。

（2）不要答非所问。

（3）尽量具体回答问题。

（4）回答要准确、真实和有信心。

（5）准备好礼貌地回答对方问及的问题。

四、求职访晤中语言和非语言沟通的运用

1. 对应试者体态语的释读。这是指主持面试者通过对应试者的神态、表情、动作、姿势的观察，来了解他的性格、脾气、爱好。在求职访晤中，语言包含的内容只占面试者与受试者之间所传递信息的一小部分。沟通中的信息都包含在互动中的非语言因素与动态因素中。在面谈时，应聘者表现的非语言动作包括：发型、化妆、着装、表情、仪态、站相、坐姿、动作等。如应试者进门显得局促不安，双目下垂，不敢正视室内的人，握手犹豫不决，满手是汗，这一切给人的印象是胆怯、缺乏自信、不够开朗豁达。相反，应试者进门时毫不在乎地环顾四周，衣着时髦，挺胸腆肚，落座毫不客气，说话时架起二郎腿不停抖动，这一切给人的印象则是胆大妄为、目中无人、举止不雅。

2. 对应试者的语言能力要求。语音、语调的准确使用，变化的音高，优美的嗓音，足够的音量，都能有效地反映一个人的交谈状态，对交谈的进行产生积极的作用，面试者从以下几个方面对应试者进行判断：

* 语言表达：礼貌、平和、简洁、谦逊、文雅、中肯、得体
* 说话方式：语调、语速
* 音质：清晰、柔和、亲和力
* 声音：大小、高低、洪亮

3. 非语言沟通的注意点。

（1）尽力释读对方的体态语。

（2）注意见面时的礼节：寒暄、问候、微笑、避免身体接触。

（3）站有站相、坐有坐相。

（4）注意仪表、发型、着装和姿态。

五、求职访晤的自我训练

1. 充分准备，换位思考。首先，你必须做好各项准备工作；其次，你还应该学会"换位思考"——"假如我是招聘者，我该怎样提出问题？"你应该事先预测主考官会问些什么样的问题，及你将怎样回答。

2. 模拟场景，进入角色。不要低估预习的价值，好好开始练习，在纸上写下你预期的问题以及答案。在会谈前夕或前几天，请朋友扮演主试者的角色。把你预期的问题交给他，并请他再多提出一些问题，要让他问些极富挑战性的问题，也需

问些友善亲和的问题。听听他的批评，然后互换角色，由你扮演主试者，并设身处地向你的朋友问问题。你会发现原先没有想到的问题都会突然脱口而出，而且他的回答也会提供你新的灵感。要想恰到好处回答难题，你必须花一些时间和精力去做好准备。

3. 调整心态，事在人为。在了解了访晤的基本特点、问题类型及组织方式等之后，你对求职访晤就不会陌生和恐惧，你的求职访晤就会有更多成功的机会。有以下几个方面还值得注意：

（1）要表现出热情、礼貌、进取、诚实、合作精神。有的招聘者并不一定看重你的学历和具体才能，而是注重你的整体素养。

（2）从容不迫地应答，表现出良好的交际能力。外企十分注重交际能力和语言、非语言的表达能力，这不仅对于顺利通过求职访晤至关重要，而且也是现代企业对职工的普遍要求。

（3）对你求职的这份工作表现出特别的兴趣，但不要期望过高。你要了解这家公司，将自己与这份工作相关的情况、经历、和专长联系起来。

（4）不要企图掩饰自己的不足。

【思考与练习】

1. 访晤过程中，提问方式有哪几种？
2. 举例说明求职面试时某一语言沟通技巧的运用。
3. 求职面试应作哪些方面的准备工作？
4. 举例说明求职面试时非语言沟通技巧的运用。
5. 举例说明如何写好求职简历和求职信。

【自测与评估】

认识他人情绪测试[1]

说明：察言观色实际上是反映了一个人认识他人情绪的一种能力，是人际交往中一项重要技能。你要了解自己认识他人情绪的能力，请你如实回答下面的 15 个问题，将适当的选项填在括号里。

题目：

1. 看到别人握手时，你能感觉到他们之间的亲疏关系吗？（　　　）

A. 能　　　　　　　　B. 不能　　　　　　　　C. 不一定

2. 在自由市场购物时，你能够根据商人的表情，判断他的要价合理吗？
（　　　）

A. 能　　　　　　B. 不能　　　　　　C. 不一定

3. 在朋友含糊其辞地答复你的请求时,你能判断出他的真实态度吗?（　　　）

A. 能　　　　　　B. 不能　　　　　　C. 不一定

4. 当别人留你在他家吃饭时,你能够判断出是真心的,还是礼节性的吗?

（　　　）

A. 能　　　　　　B. 不能　　　　　　C. 不一定

5. 你能通过语气、语调、语速等,判断他人的肯定、否定或犹豫的态度吗?

（　　　）

A. 能　　　　　　B. 不能　　　　　　C. 不一定

6. 在你周围的熟人中,你能够清楚地说出他们之间不同的亲疏关系吗?

（　　　）

A. 能　　　　　　B. 不能　　　　　　C. 不一定

7. 你能对好友的脾气、性格进行较为贴切的评价吗?（　　　）

A. 能　　　　　　B. 不能　　　　　　C. 不一定

8. 当你被别人表扬、赞赏时,你能察觉他的真实意图吗?（　　　）

A. 能　　　　　　B. 不能　　　　　　C. 不一定

9. 你能根据别人接电话时的表情、动作和语调,判断他与通话人的关系吗?

（　　　）

A. 能　　　　　　B. 不能　　　　　　C. 不一定

10. 你能够列举几个善于掩饰表情和不善于掩饰表情的熟人吗?（　　　）

A. 能　　　　　　B. 不能　　　　　　C. 不一定

11. 你能够准确地觉察到家人的情绪变化吗?（　　　）

A. 能　　　　　　B. 不能　　　　　　C. 不一定

12. 你能从别人接收礼物的表情上看出他们是否喜欢这一礼物吗?（　　　）

A. 能　　　　　　B. 不能　　　　　　C. 不一定

13. 你能够发现与你谈话的人注意力不集中吗?（　　　）

A. 能　　　　　　B. 不能　　　　　　C. 不一定

14. 你能够根据亲疏程度排出朋友的顺序吗?（　　　）

A. 能　　　　　　B. 不能　　　　　　C. 不一定

15. 在对某人是否先行表态,你能判断哪些人真正赞成,哪些人随大流,哪些人反对吗?（　　　）

A. 能　　　　　　B. 不能　　　　　　C. 不一定

计分标准:

计 分 表

题目	1	2	3	4	5	6	7	8	910	11	12	13	14	15
A	1	3	3	1	3	1	2	3	3	1	1	1	3	3
B	2	1	1	3	1	2	3	2	1	2	2	3	2	1
C	3	2	2	2	2	3	1	1	2	3	3	2	1	2

分析：据得分多少分析，将认识他人情绪的能力分为三种水平：

敏感型(36～45分)：特点是能够准确地认识他人的喜、怒、哀、乐等不同的情感反应；能够破译他人内心深处隐藏的情绪；能够听出他人语言中的弦外之音。这种类型的人善于处理各种复杂的人际关系，在事业、家庭等方面较易掌握主动权。但这种类型的人也很容易走向另一个极端，自作聪明，对他人品头论足，在不适当的场合和时机戳穿他人的掩饰。

适中型(26～35分)：特点是能够分辨他人的积极情感和消极情感，也能够认识到他人对某人的亲疏关系以及对某事物的兴趣和爱好，但是不善于细心观察和剖析他人的内心感受，缺乏对别人感情微妙变化的关注。这类型的人给人的印象是忠厚、老实、值得信赖，因此，容易被人接纳。要注意不要被别人伪装的情感愚弄和欺骗。

迟钝型(15～25分)：特点是对别人的喜、怒、哀、乐无动于衷，缺乏同情心，很少主动地帮助他人，并具有攻击倾向。这种类型的人是典型的情感自我中心主义者，他们不知道何时结束交谈或挂电话，只听他一个人喋喋不休；任何时候的话题中心都是他自己，全然不顾他人的兴趣。如果分数过低，可能具有情感障碍症，最好去找心理医生或采取其他治疗措施。

【启示与案例】

奇特的考试[2]

穆勒先生是法兰克福一家公司的总经理。为了招聘一名总经理办公室的秘书，穆勒先生在几家报纸刊出了招聘广告，他希望能聘到一个业务熟练、品行端正、勇于负责的职员。

测验一个人业务是否熟练，并不是一件十分困难的事，凭穆勒先生多年的工作经验，通过一问一答，他就能大致判断出对方的业务水平。但要测验一个人品行是否端正，是否勇于负责，却不是一件容易的事。为此，穆勒先生颇费心思，但最终还是想出了一个巧妙的办法。

　　招聘广告刊出后不几天，就有十多名应聘者来报名。穆勒先生通过和他们个别交谈，对他们的业务水平有了大致了解，就约好其中6名比较优秀的应聘者到总经理办公室见面。

　　这天早上，6名应聘者按总经理约好的时间一起来到办公室门外。约定的时间一到，他们就敲响了总经理办公室的门。听到一声低沉而含糊的"请进"后，6个人推门走了进去，令他们大吃一惊的是，迎接他们的不是总经理慈祥的笑脸。穆勒先生见他们走进来，勃然大怒，指着他们的鼻子问为何如此没有修养，不经过同意就贸然进入主人的房间。见总经理真的动了怒，几个人都胆怯地低下了头。那是未来的顶头上司啊，挨骂也就认了吧！

　　这时，有一个小伙子向怒气未消的穆勒先生走近了一步，说："总经理先生，您搞错了。"其余几个人听这个小伙子敢说总经理搞错了，心里暗自幸灾乐祸，这下他们又少了一个竞争对手。这个不知深浅的小伙子还在说，"总经理先生，您不应该发那么大的火。我们是听到您的回答后，才推开房门的，即使我们听错了，您也没有必要恶语伤人啊。"穆勒先生面无表情，对那几个人摆摆手，叫他们退下。那几个人心想，这个倒霉的小伙子要单独受训了。谁知，他们几个一出房间，穆勒先生就换了一副面孔，他微笑着拍拍小伙子的肩膀，说："小伙子，干得不错，你有勇气指出我犯的错误，并且是在我大发脾气的时候，这很难得。"说着拿过一份聘任书送给小伙子。小伙子这才恍然大悟，原来总经理在考验他们的品格。人在毫无准备的突发事件面前，最容易暴露自己的内在品格。

第十三章 演 讲

【学习目标】

通过本章的学习,应对如下内容有一定的了解:
- 演讲与交谈的区别以及特征
- 如何确定目的和组织材料
- 掌握一般的演讲技巧和非语言技巧的运用
- 应从哪些方面来培养自己的演讲能力
- 各种不同的演讲类型模式

第一节 演 讲 的 特 征

一、演讲与交谈的区别

1. 演讲的含义:演讲是指一种一个人在公众场合向众多人就某问题发表意见或阐明事理的传播活动。它是以讲为主、以演为辅、艺术化地讲演结合、传播信息的活动;其基本模式为一人讲众人听,是一种面对面的宣传、教育、鼓动和交流的形式。

2. 演讲与交谈的区别:

(1)口语化性质不同:演讲适合于隆重的场合,属于典雅口语体,而交谈则适用于一般的社交场合,属事务口语体。

(2)艺术表达程度不同:演讲表达的艺术性比交谈更强烈,而交谈则多使用平常的语言和体态来表情达意,较为朴素。

(3)沟通气氛和目的不同:演讲是一个人面对众人的社会活动,注重理性的教育和行动的导向作用,以演讲者为中心,听众一般很少插话。而交谈则是在较小的交际场合进行的面对面的沟通形式,沟通是明显的双向交流,并主要用来发表见解、应酬及聊天。

(4)准备过程不同:演讲需要有事先准备好的讲稿或演讲提纲,有一个较系统的预先准备过程,而交谈的过程就较为简单,随意性较强。

二、演讲的要素及特点

(一)演讲的要素

1. 信息:信息由演讲者与听众共享。演讲中的信息,主要是言语信息。词语描述以抽象概念为主,因此,听众的阅历不同,观察事物的角度不同,对同一词义的理解就不可能一致,这就要求演讲者找到共同的参照物,达到沟通的共识。

2. 演讲者:演讲者是信息的发源地。演讲者主要以语言传递信息,还包括用其他形式,如动作、表情等传递非语言符号的辅助信息,甚至演讲者的生理特征、衣着装束、音容笑貌等对传递信息也有影响。

3. 听众:在演讲过程中,听众是一个情况各异的群体,极为复杂,要想使演讲为大部分人所接受,演讲者在演讲前对听众要有充分的了解。

(二)演讲的特点

演讲是一个双向过程,即演讲者(通过声音、姿态、手势等)将信息或问题传递给听众;听众(通过身体姿态、兴趣、眼神、注意力等)反馈信息,或(通过声音、姿态、手势等)回答问题。这一过程的特点有:

1. 直接产生社会效应。由于听众广泛,在特定的时间和场合,面对听众发表讲话,往往产生极强的说服力和感染力。

2. 变文字为有声语言。主要运用生活化、口语化、大众化的语言,引用一些名言和经典作点缀之用,少用单音词,避免同音不同义或易混淆的词语,不随便用简略语,可以适当增加语气词。

3. 随环境应变,临场发挥。这就需要机智幽默,紧密联系听众和环境。

三、演讲的类型及作用

(一)演讲的类型

1. 演讲作为一种沟通方式,与其他沟通过程一样,主要目的在于交流信息、传授知识、扩大影响,达到说服、鼓励及娱乐的目的。根据演讲的目的和对象,演讲可分为四类:

(1)娱乐性演讲:有时也叫饭后闲谈,主要是给人们轻松愉快之感,毋须记住所说的事情。这种演讲的中心议题由一连串幽默组成,偶尔也涉及一些真实可靠的消息。如庆功宴会的娱乐性演讲。

(2)传授性演讲:也称讲解性演讲,主要是传递信息,而不是为某个特定的观点辩护,应避免演讲者与听众发生争议。

(3)说服性演讲:说服一些持有反对意见或者态度冷淡的听众赞同或支持某

种观点主张。这种演讲要运用激情感染力和逻辑说服力,以使听众同意演讲者的观点。

(4)鼓励性演讲:激励、说服人们为信仰采取行动。如募捐、献血、支持一项事业或为某项工作加倍努力。这类演讲常用激动人心的语言,它的有效性在于听众与演讲者的观点基本一致。

2.根据演讲的应用领域不同,演讲还可分为:

(1)政治演讲,包括竞选演说、就职演说、述职演说、政治动员、开(闭)幕词、祝酒辞等。

(2)学术演讲,包括科研报告、学术讲座等。

(3)社会生活问题演讲,包括演讲赛、巡回报告等。

(4)教学演讲,教师用的有开场白、结束语、介绍作家作品以及进行的思想教育;学生用的有读书报告、问题辩论、专题演讲、论文答辩等。

(5)法律演讲。

(二)演讲的作用

演讲作为一种社会实践活动,它有着不可估量的社会作用和社会价值。同时它是人际沟通的重要手段,也是宣传鼓动的重要方式。演讲作用可以从演讲者和社会两方面来谈。

1.对演讲者的作用:

(1)可促进人的成才。演讲能力不是天生的,而是后天实践造就的,是经过艰苦的多方面的努力才成功的。演讲者必须具备敏锐的观察力、准确的判断力、敏捷的思维力、迅速的应变力和较强的记忆力,所以,演讲对人的成才有极大的促进作用。

(2)激励多做贡献。一个人思想精深,学识渊博,能充分利用演讲这个迅速直接的传播工具来宣传真理,揭露邪恶,为社会做出更多的贡献。

(3)融洽人际关系。演讲者经过长期训练和实践所得的本领,不仅在演讲台上可以表现他们的文雅举止和出众口才,而且在日常交际生活中,他们的丰富学识、敏捷应对和良好修养都很容易冲破种种人际关系的障碍,比一般人更能迅速、有效地与人交往和沟通。同时,演讲者通过演讲活动可以广泛地接触各阶层、各地区人士,扩大自己的交际面。

2.对社会的作用:

(1)传播文化,宣传真理,祛邪扶正,形成正确的舆论导向,促进社会文明发展。

(2)培养高尚美好的情感,促进人类的文明建设。演讲者在演讲时,总是用正确的道德情感来感染和影响听众,从而培养听众的爱国主义、国际主义和集体主义情感。

（3）唤起听众的行动和实践。一次成功的演讲，除了启迪人心，传播真理，培养情感外，最终目的是唤起听众的行动和实践，使之投身于改造主、客观世界的社会活动中。使演讲产生强烈的现实意义和历史价值。

第二节　演讲前的准备

演讲前的准备工作主要是为了分析解决为什么（Why）、谁（Whom）、什么（What）、何时（When）、何地（Where）、怎样做（How）等基本问题的。何时（When）——要确保你有充足的准备时间，包括书面准备时间和演示材料的准备。何地（Where）——最好在演讲之前先到现场看看，如不可能，则要询问演讲的环境和设施状况。其他的演讲准备工作如下：

一、确定目的，分析听众

（一）确定目的——为什么（Why）

为什么（Why）——关注为什么要演讲，也就是演讲的意图和目的。只有当目的明确后，才能有的放矢地准备演讲内容。演讲的目的主要包括告知、说服和娱乐。

1. 告知。演讲的目的之一是告知人们一些事情，这些事情中包括了演讲者所掌握的较多知识和特殊方法。告知性演讲要实现的目标是清晰、有趣和容易理解。实现这些目标的关键是恰如其分地组织好材料。

2. 说服。说服性演讲的总目的是让人们相信一些事情，让人们去做一些事情，把他们的热情和信心激励到一个更高的水平。这类演讲的目的是要使听众相信，并唤起行动。

3. 娱乐。这类演讲的目的是帮助人们通过听讲能自得其乐，所以，这也最为困难，讲得不好时听众的反馈会使你士气低落，影响到你后面的发挥。这类演讲要实现的目标是有趣、愉快和幽默。

（二）分析听众——谁（Who）

听众是为了一个特定的目的而聚集在一起的，他们可以被归类为以下几种：

（1）行人型：这是一种临时的听众，就好像是街头的一群行人。演讲者与听众之间没有共同的沟通方式。演讲者能引起这类听众的兴趣是成功的第一步，之后的发展要随演讲者的目的不同而变化。

（2）被动型：被动型听众的注意力已由他所在团体的规章确定和保证；对演讲者的注意力和兴趣已成为第二位的问题。这时，演讲者要把听众的注意力吸引住并保持下去,取决于他的机遇与成功。

(3)精选型:这种听众都是为了共同目的而聚在一起的,但是,不是所有的人都互有好感或赞同演讲者的观点。演讲者的主要任务是使听众形成良好的印象,并说服和指导听众。

(4)一致型:这种听众都怀有一种共同的、积极的目的集合在一起,对共同的事业有相同的兴趣,但是没有明确的分工和严密的权力层级。要有坚信感和权力感,这是演讲者的主要责任。

(5)组织型:有严密分工和分权、以特定的共同目的和利益维系的团体。每个成员的任务已由领导分配好。这时,演讲者只需发布指示,因为听众早已被说服了。

分析听众应该从以下几个方面着手:

1. 听众的心理特征:主要是指听众的感知特征。这包括听众的选择性理解(浅层次理解、同步性理解和创造性理解)、整体性理解、差异性理解、经验性理解、直观性理解和群体行为的感染性理解。

2. 听众的意愿及要求:慕名而来、求知而来、存疑而来、欣赏而来还是被动而来。

3. 听众的结构:年龄、性别、教育、职业、类型(行人型、被动型、精选型、一致型、组织型)和特殊兴趣。

二、选择论题,组织材料

演讲什么非常关键,一方面它是演讲的主题;另一方面它又是演讲的知识面和知识点。只有根据听众的需要选择论题,组织材料和安排内容,才能吸引听众的注意力。

(一)选择论题

演讲的论题不仅是演讲者所关心的,也是听众所注目的。论题决定演讲题目,题目决定演讲的内容,又在一定程度上决定了演讲的价值。选择论题包括两项工作:拟订主题和撰写题目。

1. 拟订主题要注意以下几点:

(1)要深刻、集中、有建设性意义。演讲主题是大多数人普遍关心的问题,必须指向听众的兴趣,满足听众的需要。主题与内容相连,能带给听众新的信息、新的知识,满足现代人的求知兴趣;能给人希望、积极向上、令人振奋、鼓舞人心。

(2)要新奇醒目,能展现时代精神。"语不惊人死不休"。演讲的主题应根据实际内容,力求新奇别致。

(3)要有针对性,避免空泛。要适应听众需要,符合自己的身份和能力。演讲论题应有所限制,围绕论题扩展内容,对存在的问题有的放矢,而不能泛泛空谈。

（4）要有真知灼见和独创的观念，切不可老生常谈，人云亦云。

2. 撰写题目。题目不仅与演讲的形式有关，更与演讲的内容、风格有关。一个新颖而富有吸引力的题目，不仅在演讲前就激发起听众的听讲欲望，而且在演讲后也给听众留下深刻的印象，甚至成为警句流传。题目的选定，对演讲效果起着画龙点睛的作用。撰写的标题要能揭示主题、警策醒目、富有启迪、用完整的陈述句和听众熟悉的措辞。

（二）演讲选材

演讲选材包括两项工作：收集材料和组织材料。

1. 收集材料。通过杂志、报纸、书籍和网络最有效的四种资料来源，进行阅读或根据自身的经历，有意识地丰富你的知识库和信息库。收集的资料主要包括背景材料、有效案例、事实、数据及图表、权威人士的观点和理论等。所收集的材料要充分扣题、趣味、独特、多样、真实和新颖。

2. 组织材料。对于收集到的材料，可以通过以下三个步骤进行材料的整理和组织。

（1）归类：即把收集到的实例、数据、图表、证言和故事进行归类整理。

（2）安排：按时间顺序、主题类型、逻辑关系、空间顺序，对于收集到的材料进行组织安排。

（3）编列提纲：在整理和组织材料的基础上，拟写演讲的主题、分论点、小论点和结尾，从而形成演讲提纲。演讲提纲主要包括开头、主体和结尾。

三、安排正文结构

（一）正文结构安排的重要性

合理的结构安排是一次演讲成功的基础。在选定主要材料之后，就要进行整体布局，设计演讲的结构和先后次序。演讲者在演讲之前，对如何开头、如何结尾、何处为主、何处为次、怎样铺垫、怎样承接都应精心推敲、心中有数。这样，才能使演讲思路清晰、中心突出、结构严谨、前后呼应、浑然一体；演讲者才能在有限的时间内讲出尽可能多的内容，紧紧抓住听众，使之跟着演讲者的思路。

（二）结构安排的模式

组织演讲材料和安排结构最有效的办法是编列演讲提纲。编列提纲是把整个演讲划分成几个部分，如开场白、论题、正文和结尾，把每一部分之间的关系有机地连接起来，并在两个部分之间留下适当的空白；还应当用数据和字母标出标题、作出提示，并能清楚地反映它们之间的从属关系。常用的结构安排模式有：

1. 总分式：首先提出总的主张和观点，然后分开论述，形成总分关系；也可以先分开来说，最后再下结论，形成分总关系。在总分式中，分的部分之间往往是并列的。

这样的结构,在集中论述一个主要问题时,有较强的逻辑力量,听众也清楚明了。

2. 并列式:把几个主要问题排列起来,各自成为一个独立的部分,相互并列,从不同侧面来论述问题。它可以按不同内容和问题的必然顺序,也可以按时间的先后、事物发展的进程顺序,还可以按客观事物的空间位置顺序。另外,还可以按时间、空间、问题等的对比顺序。

3. 递进式:各层意思之间一层进一层,层层深入,环环相扣,最后水到渠成。它由浅入深,由表及里,既符合事物的发展规律,又符合听众的认识规律。这种结构方式逻辑力量较强,最能引起听众的注意和兴趣,易于理解和记忆,演讲效果好。

(三)过渡和照应

一次演讲,如果内容衔接、转换不好,听起来就不顺当;如果照应不好,就难以突出演讲重点,主题的表达也会受到影响。

下列情况应考虑过渡:①讲述的问题由总到分或由分到总;②由一层意思转到另一层意思;③由议论转为叙述或由叙述转为议论;④由一件事情转到另一件事情;⑤由开场白承接正文。

照应的运用情况:①演讲内容与论题的照应;②演讲内容之间的前后照应;③论点与关键词语之间的照应;④观点和例证的照应;⑤开头与结尾的照应。

第三节　演　讲　技　巧

一、演讲方式与结构

(一)演讲方式

1. 照本宣科:政治家发表的演讲常用这种方式。这种照本宣科地念讲稿方式,提出的观点是经过推敲的,很少出现漏洞,演讲稿也可以直接传阅发表。但是,这种方式的不利方面是演讲者只顾念稿,与听众的沟通极少,会场气氛冷淡枯燥;听众也会提出疑问:他的讲稿是不是由别人(秘书)撰写的(在宣读出错时尤其如此)? 因此怀疑演讲者的能力。

2. 背诵演讲:同一讲稿多次使用,对演讲者本人有一定的好处,但是,好像是在背书,机械单调、缺乏新意、听众不乐于接收,也不利于演讲者与听众的沟通。如果演讲者突然忘了某句话,就会不知所措。演讲者要记住整篇演讲,特别是那些长篇大论的演讲,将是困难的。

3. 脱稿演讲:演讲者运用写好的提纲帮助回忆,仔细设计和组织好要讲的话,要用的关键词。偶尔翻一下提纲卡片,就可以顺利地从一个论点转向另一个论点。脱稿演讲具备其他演讲方式不具备的优点。

4. 即兴演讲：大型宴会常用这种方式。如果演讲者对某个题目没有什么观点和材料要说，最好不做即兴演讲，以免既丢面子又浪费别人的时间。在这种情况下，谦虚的退让要胜过勇敢的尝试。出色的即兴演讲，并非随兴而发，而是演讲者经过深思熟虑的见解；演讲者往往拥有雄厚的思想基础和丰富的信息材料，有着熟练的演讲技巧。

（二）演讲结构

演讲者在设计开头和结尾时，应与演讲主题、环境以及听众相适应。

1. 开头的技巧。俗话说，"好的开端等于成功的一半"。一个能打动听众的开场白，必须做到：①使听众熟悉题目和进程；②强调论题的重要性；③建立起演讲者与听众的友好关系；④建立演讲者的可信性；⑤吸引听众的注意力。为了达到上述目的，演讲者的开头一二句话要能做到：①产生影响，激发听众情绪；②把听众的兴趣、好奇心引入演讲。因此，演讲的开场白从形式到内容都要有新意，要有独创性，要有特色。开场白可以从如下的方式中选择其一。

（1）提问：提出一个让人思索的问题或与其他开头技巧一并使用。如在事实陈述之后，可直接发问或反问。

（2）以富有挑战性或者有趣的事实作为开头：注意陈述的应是真正的事实，并尽可能简单精彩；事实陈述应是听众感兴趣的，并且与演讲的主题密切相关。

（3）提及听众都熟悉的人或事，吸引其注意力。

（4）阐明演讲主题：因为这种方式用得太多，所以可能不会立刻引起听众的注意。例如"我今晚要给您讲述令人振奋的消息，然后告诉您这一消息将如何改变您的生活方式。"

（5）恰当引用名言警句：这种技巧能很好的吸引听众的兴趣。例如："一位哲人说过：'每个人的经历远远超过他的想象范围'，不过，正是经验而不是想象，才影响人的行为。"

（6）感染情绪：这可以是一个问题或一首诗。例如："好心的人们，您只要掏五毛钱，就可以使这个孩子活下去，直到来年的收获季节，那时他就可以养活自己。"

（7）警告：提出一个严肃而与听众密切相关的警告性问题，紧扣听众心弦。

（8）以事例、统计资料和数据开头。以惊人的数据对比作为演讲的开头可以增强吸引力，而这个统计资料或数据应该是与听众直接相关的。

（9）使用幽默。以一个笑话或幽默故事开头，引起听众发笑，吸引听众的注意力。这种技巧还能使演讲与听众建立起较融洽、较亲密的关系。

2. 展开的技巧。

（1）合理运用提纲：坚持提纲的安排，对于提纲带而不念。

（2）运用提纲充分展现主题：要注意思路与条理的清晰，情理的融合，场面的起伏和展开时间的控制。对于场面的起伏,最好能在演讲中有三次起伏或高潮,有助于演讲主题的展开和深化。演讲的时间最好控制在1~2个小时之内。

3. 结尾的技巧。成功的结尾,可以突出主题、鼓舞斗志、抒发感情、富有哲理、发人深思和加深印象。结尾是终点,又是引发听众的新的起点——言已尽而意无穷。下面是一些帮助你结尾的建议:

(1)总结你的观点。

(2)请求采取行动。

(3)简洁而真诚的赞扬。

(4)幽默的结尾。

(5)以一首名人诗句作结束。

(6)达到演说的高潮。

例如,1962年,82岁高龄的麦克阿瑟将军回到他曾经学习和工作过的西点军校,面对学员发表了最动人,也是他的最后一次公开的演讲,在结束时,他说:

"我的生命已近黄昏,暮色已经降临,我昔日的风采和荣誉已经消逝。它们随着对昔日事业的憧憬带着那余晖消失了,昔日的记忆美好而奇妙,浸透着眼泪,得到了昨日的微笑、安慰与抚摸。我尽力但徒然地倾呼着,渴望听到起床号那微弱而迷人的旋律,以及远处战鼓急促敲击的动人节奏。我在梦中依稀听到大炮在轰鸣,又听到滑膛枪在鸣放,又听到了战场上那陌生、哀愁的呻吟。然而,晚年的回忆经常将我带回西点军校,我耳畔响着,反复呼喊着:责任、荣誉、国家。今天,是我对你们进行的最后一次点名。但我想让你们知道,当我到达彼岸时,想着的是你们,吟咏的是责任、荣誉、国家。"

演讲结尾应尽力避免:草草收兵;不作强调,不作必要的概括;突然作结,显得突兀;画蛇添足,"关于这个问题,我再来补充几句"或"这一点很重要,我再耽误大家几分钟,再啰嗦几句"等;套话废话,诸如"讲得不好,耽误大家很多时间,请大家原谅,望大家批评"等。

二、语言与非语言技巧的运用

(一)语言技巧的运用

1. 注意演讲语言的基本要求。演讲语言是人们交流思想、表达情感、传递信息的工具。演讲语言运用得好与坏,将直接影响着演讲的社会效果。所以要想提高演讲的质量,就必须注意对演讲语言的基本要求:

(1)准确性。演讲使用的语言一定要确切、清晰地表现出所要讲述的事实和思想,揭示出它们的本质和联系。只有准确的语言才具有科学性,才能逼真地反映出现实面貌和思想实际,才能为听众接受,达到宣传、教育、影响听众的目的。要想使演讲的语言做到准确,应当具备以下一些条件:①思想要明确。②具备丰富的词汇。③注意词语的感情色彩。④恰到好处地使用一些有生命力的文言词语。

(2)简洁性。以最少的语言表达出最多的内容。要做到语言的简洁,必须对自己要讲的思想内容经过认真思考,弄清道理,抓住要点,明确中心。如果事前把这些搞清楚了,在演讲时至少不至于拖泥带水,紊乱芜杂。

(3)通俗性。如果演讲的语言不通俗,听不懂,就要影响演讲的效果。为了使演讲的语言通俗平易,我们须从以下几方面努力:①演讲的语言要口语化。②演讲的语言要有个性。③语言要生动感人。

2. 注意对语言的修饰。"声音是语言的载体"。有效地使用声音包括五个要素:声音、语调、语速、语汇和发音。

(1)声音:声音和腔调乃是与生俱来的,不可能一朝一夕之间有所改善。不过音质与措词影响整个演说。根据某项研究报告指出,声音低沉的男性比声音高亢的男性,其信赖度较高。因为声音低沉会让人有种威严沉着的感觉。尽管如此,各位还是不可能马上就改变自己的声音。重要的是让自己的声音清楚地传达给听众。

(2)语调:语调要随着内容、环境的变化而不断调整,语调的抑扬顿挫能使声音具有表达力、感受力,不单调、不枯燥。讲究语调的演讲者要注意:语调要富有表情和热情,语调不能太单调或令人烦躁(如刺耳),要特别注意不要在句子末尾降低音量,对重要的句子可突然提高或降低声调,以达到强调的作用。

(3)语速:语速是指讲话的速度。在不同的场合以不同语速表达会引起不同的效果,如在严肃、庄重、正式的场合讲话速度要慢,向获奖者作激动人心的致辞时,节奏要明快;发泄愤怒时可以用声色俱厉的快语攻击,也可以用低沉的慢语恐吓。在调整语速时,通常不要太快,以便大家能听懂、听清楚;也不能太慢,以保持活跃的气氛;在重要的词汇之前或之后略加停顿;对重要的词句,把声音拖长,并一字一句都很重;对不重要的句子,可以很快,甚至说五六个句子的时间和说五六个单词的时间差不多。

(4)语汇:演讲者要尽量运用不同的语汇以增强语言的活力,运用生动形象的语言表达演讲。我们要求不断变换语汇,但不要过多地重复单调的词汇,如果为了增强气势,我们可以采用排比句,用重复的词汇加强语言的力量。

(5)发音:包括发音和声音的连续:发音要清晰,不要含含糊糊,也不要连读。切记"不要自己把自己的话吃掉"。有的演讲者往往会把一个句子的最后一个或几个字吃掉,这种现象一定要设法避免,发音不清楚会给人留下没教养、思路不清、做事凌乱的印象。

声音的连续就是在演讲过程中,用填充词作为有声的暂歇,如"哦"、嗯、大家知道"等。在演讲过程中一般不要用多余的填充词,当偶尔用填充词作短暂停歇以便整理思路时,演讲者也不必有过于强烈的反应,因为每个人都会偶尔用一下的。但一个高超的演讲者要设法取消这种填充词。

（二）非语言技巧的运用

1. 表情:演讲时的脸部表情无论好坏都会带给听众极其深刻的印象。紧张、疲劳、喜悦、焦虑等情绪都清楚地表露在脸上,这是很难由本人的意志加以控制的。演讲的内容即使再精彩,如果表情缺乏自信,演讲就容易变得欠缺说服力。控制脸部的方法,首先"不可垂头",面部应向听众。人一旦"垂头"就会给人"丧气"之感,而且若视线不能与听众接触,就难以吸引听众的注意。另一个方法是"缓慢说话"。说话速度一旦缓慢,情绪即可稳定,脸部表情也得以放松;再者,全身上下也能够为之泰然自若起来。

2. 眼神:在大众面前说话必须忍受众目睽睽。当然,并非每位听众都会对你报以善意的眼光。尽管如此,你还是不可以漠视听众的眼光,避开听众的视线来说话。尤其当你走到麦克风旁边站立在大众面前的那一瞬间,来自听众的视线有时甚至会让你觉得刺痛。克服这股视线压力的秘诀是一面进行演讲,一面从听众当中找寻对于自己投以善意而温柔眼光的人。并且无视那些冷淡的眼光。此外,把自己的视线投向强烈"点头"以示首肯的人,对巩固信心来进行演说也具有效果。

3. 身体姿态:演说时的姿势,会带给听众某种印象,例如堂堂正正的印象或者畏畏缩缩的印象。个人的性格与平日的习惯对演讲的姿势影响颇大。一般而言,"轻松的姿势"就是要让身体放松,不要过度紧张。过度紧张不但会表现出笨拙僵硬的姿势,而且对于舌头的动作也会造成不良的影响。诀窍之一是张开双脚与肩同宽,挺稳整个身躯。另一个诀窍是想办法扩散并减轻施加在身体上的紧张情绪。例如将一只手稍微插入口袋中,或者手触桌边,或者手握麦克风等等。

4. 服饰和发型:服装也会带给观众各种印象。东方男性总是喜欢穿着灰色或者蓝色系列的服装,难免给人过于刻板、无趣的印象。轻松的场合不妨穿着稍微花俏一点的服装。如果是正式的场合,一般来说仍以深色西服、晚宴礼服,以及燕尾服为宜。另外,发型也可塑造出各种形象来。长发和光头各自蕴含其强烈的形象,而鬓角的长短也被认为是个人喜好的表征。站出来演讲之际,你的服装究竟带给对方何种印象?希望各位好好地思量一番。

第四节　演讲能力的培养

一、克服障碍,树立自信[3]

演讲者的心理障碍有两个方面:一是自身的怯场心理;二是听众的逆反心理。

如果你能较好地解决这两方面,那你离演讲成功就不远了。演讲障碍及其克服的方法如图13-1所示。

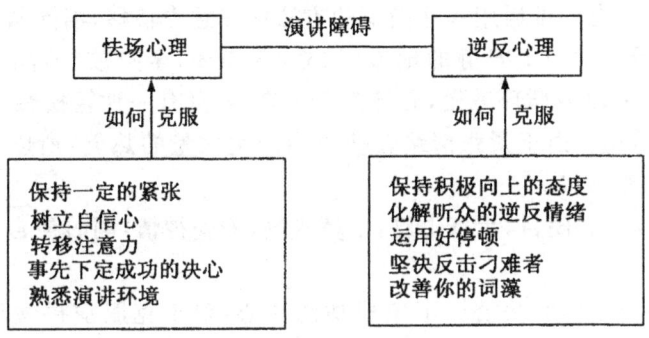

图13-1　演讲障碍及其克服

(一)克服自身的怯场心理

怯场心理的特点表现为:满脸通红或面色苍白;表情尴尬,肌肉紧张;四肢颤抖,全身僵直;心慌意乱,颠三倒四;口干舌燥,喉咙发紧;声音发抖,动作笨拙;呼吸失调,心律急剧变化。

怯场的原因主要有:信心不足、担心讲不好,缺乏自信;预期值太高,担心实现不了,造成心理紧张;以往的失败影响留下了阴影等。

克服怯场的心理障碍应做到:

1. 保持一定的紧张。一定程度的紧张是有用处的,它使你时时准备迎接周围环境向你提出的不寻常的挑战。当你觉得脉搏加快、呼吸急促时,大可不必大惊小怪,这是你的身体对外部刺激作出的反应。假如你能把心理上的准备调整到恰到好处,你就能够更敏锐地思考、把话讲得更流畅,一般地说,你演讲时比平时说话要更加兴奋、更紧张一些。

不少的职业演讲家都证实:他们从没有把讲坛恐惧抹得一干二净的时刻。在演讲之前,他们几乎总是会感到怯场,而且在他们讲头几句话的时候,这种感觉也不会马上消失。这些专职的演讲家个个都像赛马一样紧张亢奋。

2. 树立自信心。

(1)怯场是自信心不足,自信是成功的要诀,然而自信是建立在充分准备的基础上的。

(2)不要逐字逐句地记忆演讲。充分的准备,并不是说你应该把演讲内容背下来。如果我们逐字逐句地背好了讲稿,面对听众的时候很可能忘掉它。即使没有忘记,我们去讲它的方式也可能是机械的,因为它并非来自我们的心灵,而是来自我们的记忆。

（3）事先演练。事先演练的简单有效方法，就是把你要演讲的思想，与朋友交谈，注意和听听朋友的反应和回答，以完善你的演讲。

3．转移注意力。可运用一些简单的方法使注意力转移，消除紧张情绪。

（1）深呼吸。找一个安静的地方，站立，眼微闭，全身放松，同时默念"1、2、3……"这样可以使血液循环减慢，心神安定下来，全身有一种轻松感。

（2）临场活动。由于紧张情绪会使体内产生大量的热能，所以在演讲前稍稍活动活动，使热量散发。

（3）闭目养神。闭目，舌抵上腭，以鼻吸气，安安神情，同时使自己想象一幅优美的景象。

4．事先下定成功的决心。下定成功的决心，对于克服演讲怯场心理至关重要。往往成功来自积极的心态和成功的决心。只要你有演讲成功的决心，你就一定能够成功，即便第一次你的演讲不完全如意，你也会寻找差距，完善自我，使你以后的演讲取得成功。如果你没有成功的决心，说明你有怯场心理，这种怯场心理注定会阻碍你的演讲成功。

5．熟悉演讲环境。你可以尽量早一点到达，观察和适应一下环境。注意演讲环境有无讲台和道具（显示屏、投影仪），演讲空间有多大。这一点关系到你和观众的亲密度。空间越大，听众离你越远，你讲话的传播速度就越慢。

（二）克服听众的逆反心理

听众障碍，又称听众逆反心理，即在演讲中，听众常常会出现一种与你的思想意识、表达情感相背离、相逆反的意识与思维，例如反应冷淡、厌恶、说小话、起哄、离座、直接与你发生言语抵触，甚至刁难你，其中刁难则属于不正常的逆反心理。对此，你应该采取积极的态度去克服。

1．保持积极向上的态度。演讲并非是把语言简单地公布于众，而是思想的表现、情感的传达、心灵的外观。听众产生逆反心理是由于你的态度让他们误解。你的做作态度难以让听众有亲近感；你的卑屈态度让听众产生警戒心理；你的太亲热让听众无法接受；你的轻视态度使听众发怒。但是，当你以感情和感染性的热情来陈述自己的意念时，听众很少会升起逆反意念。当你放开自己，全心投入，尊敬听众时，他也会同样地爱你、尊敬你。

2．化解听众的逆反情绪。面对听众正常的逆反情绪，你不能排斥和压制，而只能接受它、协调并化解它。因为听众正常的逆反心理来自你自身，而不是听众。化解听众逆反心理的要点是：

- 上台动作幅度不要太大，表情忌高傲。
- 仪表打扮不要太时髦、耀眼。
- 忌说大话、空话、假话。

3.运用好停顿。当听众产生逆反心理,不听你的演讲而自顾交头接耳、议论时,你要力忌怒上心头,也忌我行我素,而要从容冷静,迅速地判明原因,用停下来的"冷处理"平息喧闹。

此时,你可以停下来,面带微笑或稍带严肃地望着听众,把视线投向吵闹的地方。此时无声胜有声,听众自然会感到一种压力。但停顿不宜超过5秒钟,停顿要适当引发话题,衔接演讲。

4.坚决反击刁难者。对于听众正常的逆反心理,我们要尽力化解,但是,对于那些因逆反心理而故意刁难的人,则有必要以冷静的态度直接驳斥,全力反击。

5.改善你的词藻。我们说的话,显示出我们的修养程度,它能让听众知道我们的知识水平,也让听众可能产生逆反心理。这时,你需要的是丰富的词汇。而这离不开阅读。林肯在写给一位渴望成为名律师的年轻人的信中说:"成功的秘诀就是拿起书本,仔细阅读及研究。"

当你拥有丰富的词汇时,你就不用担心找不到适当的词汇来表达心中的感受,也不用担心吸引不了听众的注意力!

二、用心演练,激发潜能

有人说,当众演说只是少数人能够精通的艺术,必须经过多年的训练,使自己声音和语调更加完美,并运用复杂的语法修饰知识才能成功,事实并非如此。每个人都有当众说话的潜力,关键在于你是否用心去做,去练习。当你把学会当众说话作为生活、工作中不可缺少的部分时,当你用心付出辛勤劳动时,只要遵循当众演说的一些重要规则,成功就等待着你。

总之,世界上绝对没有天生的演说家,只要肯努力,无论是什么样的困境都可以克服,只要肯努力,自然会享受到演说成功的快乐。

对于初学演讲者,要注意处理好常规演讲和即兴演讲的关系。

演讲者经过深思熟虑并备有演讲稿的比较严肃、郑重的演讲称之为常规演讲,而把演讲者兴之所至,有感而发,在没有准备或没有充分准备的情况下所发表的演讲称之为即兴演讲。常规演讲和即兴演讲是两种常见的演讲方式,虽有各自的特点和适用范围,但并无彼重此轻之分,更无不可逾越的鸿沟。

一些初学演讲者往往急功近利、好高骛远,认为常规演讲是念稿子或背稿子、装样子,是人人皆可为的没水平的表现,而即兴演讲才能体现一个人的真实口才,所以一味追求即兴演讲而竭力否定常规演讲,初登讲台就毫不准备或只拿个简单的提纲就"即兴演讲"一通,渴望出口成章、一鸣惊人,结果往往是语无伦次、漏洞百出。我们认为,即兴演讲能力固然能真实体现演讲者的水平,但并非以"没有准备"为其根本特征,而"兴之所至,有感而发"才是它的灵魂,更何况所谓备有演讲稿的常规演讲,也并非只是机械地照本宣科或背诵讲稿,即使是十分严肃郑重的会议上非照稿宣读不可的,也应该是边看讲稿边看听众的。在常规演讲中,一些演讲者为了追求理想的演讲效果,机智灵活、随机应变地从当时、当地听众的实际出发运用一些即兴演讲,或者放弃准备好的演讲稿,即兴发表演说,这些事实都说明常规演讲和即兴演讲之间并无非此即彼的矛盾,我们学习演讲也就没有厚此薄彼的必要了。一个演讲者高水平的即兴演讲能力离不开常规演讲能力的培养,所以,我们应该脚踏实地地进行长期的文化修养、心理品质、思维方式、语言技巧等各方面的训练,全面培养演讲的能力。

第五节　演讲的常用模式[4]

一、即席演讲

(一) 什么叫即席演讲

即席演讲,就是即兴谈话,是指"不假思索地说出来"的意思。实质上是一种经快速思维后能很流畅地表达自己意思的演讲方式。

即席演讲的范围听众比较广,它可以是几个人(小组),或是几十个人甚至是上千人。所演讲的题目拿到手后,根据自己长时间积累的实力,用很短的时间,几分钟或十几分钟后就开始演讲。这就要求演讲者有快速思维和快速组织语言的能力。

(二) 即席演讲能力的训练

1. 练习站着思维。即席演讲一般都是站着的,因此练习站着思维是一个重要的环节。练习的方法是:请你的朋友给你准备一些题目,写在纸上揉成纸蛋,放在一个纸盒里。然后抽题目,打开题目就上台开始演说,一般演说1分多钟。通过多次的这样练习,不但能够熟练地站着思维和组织材料,还有一个比较大的收获,就是这些活动还能增加不少知识。

2. 随时做好上台演说的心理准备。要想做好即席演说,也要像其他演说一样需要做好准备,不过这种准备多是心理方面的准备。即席演说一般准备的时间短,讲话的时间也短。所以当邀请你参加会议的那一刻起,就要想到,参加什么样的会议,主要是什么内容,假如主持人临时让你讲话,应该怎么讲、讲什么内容,应该怎样去表述等等,也就是说,无论哪一种场合都要做好随时上台演说的心理准备。

3. 注意讲好第一分钟。听众的注意力,开讲第一分钟特别重要,第一分钟如果能抓住听众,听众的期待就会通过目光反馈到演说者那里,演说者接到反馈以后,就会尽其所能更好地讲下去。演讲者与听众建立的这样一种融洽的关系,也是演说者成功的关键。

要把第一分钟讲好，一个好的方法是从举例子开始，因为举例子是来自经验的东西，描述起来比较容易，不用为措辞而大伤脑筋。况且一下就可以进入状况，忘掉"第一分钟的焦虑"，也能很快吸引听众。

即席演说能力的培养，关键在于自我训练，只要经常不断地加强练习，就能够自如地面对任何情境的即席演讲。

二、工作演讲

(一) 述职报告

述职报告是各级领导干部或企事业单位的工作人员向有关部门的领导、同事或职工陈述自己在一定任期内履行岗位职责情况的报告。述职报告的重要作用是总结过去，提高自己，加强领导和职工之间的沟通，并有利于更好地完成工作。此外它对于强化领导和工作人员的责任也起到一定作用。

1. 内容与格式：

(1) 概要讲明述职人任职以来的主要成绩：从何时任职、任何职、岗位责任及工作目标等，并对履行职责的情况做出整体自我评价。

(2) 任职前的基本情况，汇报成绩，总结经验：指出任职期间新的观念、新的构想和新的目标，以及新的做法，最后是存在的问题或不足，总结教训。

(3) 汇报今后的工作打算，表明今后做好工作的决心。

(4) 以请求领导严格审查评议作结。最后注明落款：述职人×××。

2. 注意：

述职报告有比较固定的格式和内容，因此要实事求是地进行完整系统的表述，不宜作过多的自由发挥。对事实的描述要准确真实，评价应尽量客观中肯。对于工作成果或失误，应讲清自己的恰当功过，既不能争功诿过，又不能推功揽过，否则将对工作的顺利开展产生负面影响。

以精确的数据来表现自己工作成绩是最有说服力的。语言要尽量朴实、精练，以书面用语为主。

(二) 就职演说

就职演说是当选的各级领导人上任前所发表的施政演说。就职演说有利于向下属明确自己的工作计划，展示自己良好的工作形象，获取部下的支持与合作，同时也能促进演讲者本人在工作中尽职尽责，不敢懈怠。

1. 内容与格式：

(1) 一般就职演说，语言精练，1000多字。主要是说明自己此刻的心情和在任期间如何发挥自己的能力和智慧。

（2）简单介绍本人情况，自己的工作思路、施政纲领以及近期工作的具体任务、目标、措施等。

（3）表示做好工作的信心和决心，最后表明做事做人的原则，请求大家予以支持。展望未来，鼓舞斗志。以谢大家作结尾。

2. 注意：

（1）要把自己置于从群众中来的位置，切忌打官腔。施政纲领、工作计划应实事求是，不墨守成规，给下属留下严谨踏实而又锐意进取的形象。

（2）表明自己对职务所辖的土地和人民的赤子之情，以情动人，常常能收到很好的效果。

（3）能否为官清廉是大家关心的问题，因此演讲者应特别在处理公私关系的问题上许下承诺，会获得更多的好感。

（三）事迹报告

事迹报告是以本人或本单位的先进事迹或坎坷经历为主要演讲内容的演讲文体。它对于表扬先进、弘扬正气、宣传典型、教育群众等都起到了很好的作用。

1. 内容与格式：

（1）简单介绍个人情况，概述事迹的大体内容。

（2）以时间或空间顺序组织材料，选择突出、典型、感人事迹予以表述。

（3）在表述事实的过程中发表自己的见解和议论，弘扬良好的道德风尚。

（4）表示决心，领导和群众的评价是对自己的鼓励，如何把以后的工作做得更好。激励或号召听众，向听众致谢作结。

2. 注意：

注意选择最典型的实例详加描述，通过刻画细节来强化强烈的现场感，给听众以强烈的震撼。

使用个性化的口语，绘声绘色地表现事迹，勿用流水账式的记录。在典型事例叙述完毕后可适时地发表议论，起到画龙点睛的作用，使演讲获得升华。

把个人所取得的成绩更多地归功于集体或他人，以谦虚的品格赢得人们的好感与尊敬。在详述典型事例时把自己当时的切身感受细致地讲给大家，唤起听众的体验。

要用朴实恳切的语言，不要过于修饰。引用权威部门或人士对自己的评价是表现成绩的重要方法。也要注意引用精确的数据以增强事实的可信度。

（四）动员报告

动员报告又称鼓动演讲，是指在会议或其他场合用语言调动听众情绪，使之朝既定目标奋斗的鼓动性演讲。动员报告可以使听众产生共鸣，接受演讲者的观点，并产生付诸行动的愿望。

1. 内容与格式：

（1）说明集会的原因、目的。

（2）给出某种工作或某项活动的目标和行动计划，评价其重要意义。

（3）动员听众为完成此项工作或活动行动起来，投入工作。通过典型事例，激励听众，引起向往。

（4）以提出希望、表示感谢或给予祝愿作结。

2. 注意：

演讲者应根据听众的特征和兴趣的共同点激发共鸣，拉近彼此距离。分析团体所处的形势，把危害性的后果同听众的切身利益联系起来，激发听众的危机感。回顾团体的优良传统和光荣历史，肯定事业已取得的成绩，激发听众的荣誉感。可采取比较的方法，突出我方的优势，增强听众的自信心。提出明确的行动目标和行动计划，使听众感到有章可循，从而增强演讲的号召力。

三、礼仪演讲

（一）欢迎词

欢迎词是在迎接宾客的仪式或集会上对宾客的到来表示热烈欢迎的一种礼仪演讲文体。欢迎词有助于给宾客留下良好的印象，加强宾主双方的理解和交流，从而为顺利开展工作打下基础。

1. 内容与格式：

（1）代表主方向宾客表示欢迎或致谢，往往以"尊敬的……各位朋友、女士们、先生们"开始。

（2）说明来宾来访的目的和意义，述说宾主交往的历史和现状，赞美对方并谈合作的意义，展望未来合作的前景。

（3）再次表示欢迎或感谢，或讲一些祝愿和希望的话作结。

（4）短小精练，500～800 字，不超过 1000 字为好。

2. 注意：

把握礼仪演讲严谨、正式的特点，在此基础上尽量使用热烈的语气，营造活泼的气氛，讲述东道主热情好客的传统，可以使来宾感受到亲切的气氛。

真诚赞美来宾，是迅速赢得来宾认同与好感的有效方法。适当引用来宾熟悉的事例、谚语、方言，可以拉近彼此的心理距离，获得来宾的认同感。演讲者对来宾了解得越全面、越详细，则越容易获得来宾的好感。

（二）答谢词

答谢词是指交际双方在进行一次友好、成功的交际活动过程中或结束时，一方对另一方所给予的接洽、关照、鼓励、奖赏、馈赠等友善行为表达谢意的致词。答谢词广泛用于各类场合,对于沟通情感、加深理解、巩固友谊等都有很好的效果。

1. 内容与格式:

(1)以"尊敬的××女士,××先生"开始,表述参加这次活动的心情,对双方交往的大致过程的回顾。

(2)选择交往过程中发生的最有说服力的事例及对方给予的关心和照顾,表达本方的感谢之情。

(3)积极评价双方在交往中所结下的深厚友谊。最后总结全文。

(4)再次向对方致以真诚的谢意。若在宴会上则以敬酒、干杯作结。

2. 注意:

语言要庄重得体,语气诚恳热烈,在此基础上可适当激动和个性化。抓住能够表现对方友善态度的典型事例,特别是表现对方给予关心和帮助的举动进行细致的描写刻画。这种细节体察得越充分,对方的欣慰与满足感就会越强烈。

要善于从演讲的现场找话题,拉近与听众的心理距离,增添亲切、轻松的气氛。寻找对方熟悉的话题,引用对方熟悉的事例,有利于增强听众的认同感。

(三) 开幕词

开幕词是指在较为隆重的大中型会议或重大活动开始时,由主要领导或组织者所发表的讲话,它宣告了会议或活动正式开始。开幕词对于指导与会人员完成会议各项任务、激发他们参与的热情等均起着重要的作用。

1. 内容与格式:

(1)通常有比较正式的标题和称呼。

(2)使用会议全称,宣布会议开幕,介绍会议召开背景,向与会人员表示欢迎。

(3)阐述会议召开的背景,指出会议的目的、意义、指导思想等,并介绍会议的内容和开法等。

(4)结束语。一般是对开好大会提出要求和希望,最后预祝大会圆满成功,敬祝与会人员健康。

2. 注意:

要特别注意开幕词这种文体的严肃性,注意行文严谨、层次分明,避免过度的自由发挥。

分析会议背景,强调会议的重要意义,可以增强与会者对会议的重视程度。明确会议目标和会议步骤能够增强开幕词的号召力,激发与会者主动参与的热情。

(四) 开业典礼致词

开业典礼致词是指在公司、商店、宾馆等的开业典礼上,由主持人或来宾所做的庆贺性演讲。开业典礼致词也是一种常见的礼仪演讲,它对于烘托开业典礼的气氛、交流宾主感情以及顺利开展工作都起到了很好的作用。

1. 内容与格式：

（1）主人致词的内容有：宣布本企业正式开业，向来宾表示谢意；介绍本企业开业的背景、筹备过程以及企业的经营范围、经营目标等；介绍本企业今后的打算，表达办好企业的决心。

（2）来宾致词的内容有：代表来宾向企业开业表示祝贺，评价企业开业的意义、作用等；从来宾的角度提出对企业发展的建议或要求；祝愿企业兴旺发达。

2. 注意：

主人致词应较为详细地介绍企业的经营范围、目标、策略等，鼓舞员工为企业献身的热忱。主人可以通过蔑视暂时的困难来表现自己的魄力，或通过未来前景的展望来表现自己的信心。

来宾致词可以从企业的名字或企业的其他某项特征出发，即兴发挥，制造亲切轻松的气氛。来宾对于企业的经营宗旨或经营理念越熟悉，在致词中阐述得越贴切、越深入，就越能增加主人的好感。

四、生活演讲

（一）自我介绍

自我介绍是指在社会场合中为增进彼此了解而对自己的生平事迹、爱好特长、优缺点等个人情况进行叙述的一种演讲文体。自我介绍词广泛应用于各种社交场合，它能增进了解，拉近距离，消除不必要的误会，以达到共同理解等。

1. 内容与格式：

（1）讲明自己的姓名和有关的个人情况和自身特点。

（2）概要用一些具体事例讲述自己的生活经历。

（3）通过具体事例来讲述自己的兴趣爱好、个性特征。

（4）表达与听众相互理解融洽交往的愿望，自己的向往和希望。

2. 注意：

抓住生活演讲的基本特征，在演讲中多使用生活化的为大家所熟悉的口语，多使用能体现自己个性的语言，展现独特的自我。

谦和之中充满自信。要能够自信地表现自己的长处，坦然地分析自己的短处；突出关键事迹，避免不分轻重的流水账。

（二）同学聚会词

同学聚会词是指老同学毕业离校多年之后再度相聚时的演讲。同学聚会词有利于久别同学之间畅叙旧情，增进友谊，在相互理解的基础上共创明天。

1. 内容与格式：

（1）对与组织同学聚会的人表示感谢，以及自己此时此刻的心境。

(2) 追忆同窗往事,表达对老同学的友情和思念,并表示衷心的祝愿和问候。

(3) 讲述自我情况,增进同学之间的了解。

(4) 邀请同学来家做客,祝愿大家心想事成,友谊长存,结束演讲。

2. 注意:

尽量采取生活化口语,制造随意、亲切的观场气氛。抓住同窗共读时留给大家的印象和感人较深的有趣事加以细致的描述,引发大家的共鸣,激发大家对已逝岁月的怀恋之情。

真实生动地介绍自己毕业后的生活历程,拉近彼此的心理距离,让大家一同分享自己的人生乐趣。适当引用一些歌颂友情的诗词、名言等,能够增强演讲的感染力,以显示较高雅的格调。

特别注意描写自己接到邀请函那一刻的惊喜和激动的心情,唤起大家各自的回忆,激发强烈的共鸣。

(三) 生日贺词

生日贺词是在为亲朋好友举办生日宴会或其他庆祝活动中所作的庆贺祝福性的演讲。生日贺词可以营造出一种快乐、喜悦的气氛,有助于加深友谊、增进理解等。

1. 内容与格式:

针对不同年龄阶段的祝贺对象,其主体部分的内容也有不同。

(1) 开头:祝贺、祝寿语。

长辈为幼儿过生日,主要侧重于祝福孩子学习进步、健康成长、前途无量等,表达自己快乐喜悦的心情。

为中青年人过生日,应侧重于祝福其健康快乐、事业有成等,肯定其成绩,巩固彼此的友谊。

为老年人过生日,侧重于祝福老年人健康长寿、生活幸福、肯定其人品和成就,赞扬其健康的体魄和良好的精神状态,表达晚辈的尊敬与热爱。

(2) 正文:举出成绩和动人的事例。

(3) 最后是总结上文,并以祝福性语句作结。

2. 注意:

以对方的年龄,阐明生日的特殊意义。为幼儿过生日,对其突出的某一方面性格特征积极评价。谈其发展前途无量,让孩子父母开心。

为中青年人过生日,对其优点、特点加以发挥,肯定其成绩,表达自己的仰慕之情。

为老年人过生日,可以从他治家有术、教子有方的角度着眼,讲述儿孙们在事业和学业方面的成绩,使老人感到欣慰与高兴。

（四）婚礼贺词

婚礼贺词是指在新婚庆祝仪式上由婚礼参加者作出的庆贺祝福性质的演讲，它主要包括主持人的致词、新人及其家人的讲话等。婚礼贺词可以活跃气氛，使婚礼显得更热烈、更隆重、更愉快。

1. 内容与格式：

（1）婚礼主持人的致词一般包括以下内容：宣布婚礼开始；自我介绍并向新人贺喜；介绍双方的基本情况和经历；对新人婚后提出祝福和希望。

（2）主宾致词一般是先表明自己和新人的关系，恰当颂扬新人的人品、能力以及以后的美好前景等。

（3）同事朋友致词一般包括对新人的婚礼表示祝贺；称赞新郎、新娘的人品、能力、人缘等，介绍新人的生活趣事、恋爱故事；提出祝福与希望。

（4）新人的讲话一般包括：对大家的光临表示感谢，向致词者表示谢意；表达喜悦心情；祝福来宾。

（5）家人的讲话一般是感谢大家光临、希望大家多多关照，对新人提出希望，请大家尽情欢乐等。

2. 注意：

主持人致词应注意行文不能过于随意，可以幽默但切莫低俗。应善于对不同年龄和身份的婚礼参加者发表言论，使大家都能够深切感受到婚礼的喜悦。

主宾致词应以普通人的态度向新人贺喜，切记不要摆架子。

同事朋友在致词中可以讲述新郎、新娘的生活趣事，恋爱故事等以烘托气氛。

新人及其家人的讲话应简洁、诚挚、朴实自然。新郎应表现自己对爱情的坚定、对事业的信心等。新娘可适度表现女性独有的温柔、细致，以赢得大家的好感。

幽默是婚礼不可缺少的佐料，但不雅的玩笑则令人不快，这一点要特别注意。

五、校园演讲

（一）开学典礼词

开学典礼词是学校领导和有关老师在新生入学时所举行的欢迎仪式上所发表的演讲。开学典礼词主要用来欢迎新生入学，加深他们对学校的了解，勉励他们勤奋学习，取得优异的成绩等。

1. 内容与格式：

（1）表达自己此时的心情，向广大新生表示欢迎与问候。

（2）介绍学校的历史、形势、设备、师资等有关情况。

（3）介绍学校办学方针、教学特色以及本学年的具体想法与计划。

（4）勉励广大新生克服困难，努力学习，并提出要求与希望。

（5）以祝福或希望的话作结。

2．注意：

开学典礼是迎接新生的礼仪性演讲，因此演讲者应在演讲中体现对广大新生的欢迎与关爱，给新生留下美好的第一印象。

（1）要突出强调本校在历史传统、师资力量、硬件设备和工作成绩等方面的优势，激发学生们的自豪感和荣誉感。

（2）分析当前形势，结合学生们的切身利益，使他们深切感受到努力学习的必要性和迫切性；抓住青少年的心理特点，引用他们熟悉的说法，讲述他们内心的想法，很容易引发他们的共鸣与好感。

（3）适当增加一些幽默的作料可以吸引学生们的注意力，激发他们浓厚的兴趣，使演讲更富感染力。热诚赞美广大同学的年轻、朝气、纯真等，消除因年龄带来的隔膜，拉近彼此的心理距离。

（二）毕业典礼词

毕业典礼词是在告别毕业生的仪式上由学校领导或师生所作的告别讲话。毕业典礼词的主要作用是倾诉离别之情，巩固师生情谊，勉励毕业生勤奋努力，为创美好的明天而奋斗。

1．内容与格式：

（1）简述毕业生的基本情况，代表老师或同学向毕业生表示祝贺和问候，同时讲一讲自己此时的心情。

（2）回顾毕业生在本校走过的岁月，以及他们勤奋刻苦的精神和硕果累累的成绩，表达依依不舍的心情。

（3）展望未来，提出希望，勉励或忠告。

（4）以勉励、希望和期待之词作结。

2．注意：

作为领导、老师等长者，应把演讲重点放在提出希望与勉励上，结合自己的体验，给学生以富于指导意义的忠告和嘱咐。追述自己对同学们的严厉与苛刻，显示为师的一片苦心，在离别的时刻特别能令同学感动。描写校园的一草一木，唤起毕业生在长期学习和生活中积累下来的母校情感，引发他们的心灵共鸣。回忆同学们刚入校时的单纯稚气，热诚赞美他们今天的坚强成熟，以前后对比来激发他们面对未来的信心和勇气；从利益角度讲述勤奋与懈怠所产生的不同结果，勉励毕业之后更上一层楼。引用名言，作为送给毕业生的精神礼物，会给他们留下深刻的印象，并起到长久的激励作用。

（三）学生竞选演讲

学生竞选演讲是指在学校这个具体环境下，由竞选学生干部的同学所发表的演讲,学生竞选演讲的主要目的是通过自我推销,赢得同学们的信任与支持,从而获得锻炼自己领导才能以及为同学们服务的机会。

1. 内容与格式:

(1) 以自信开头。自我介绍基本情况,说明竞选的原因和愿望。

(2) 讲述自己的工作能力、工作经验、个性特征等方面的优势。

(3) 展望自己的能力能带给集体的发展前景和自己的主要设想。

(4) 表明自己竞选的决心和信心,以希望和期待结尾。

2. 注意:

学生竞选演讲与一般演讲相比,既有相似性又有特殊性。较之一般竞选演讲,其最大的共性在于:要在严谨踏实的作风和自信进取的精神之间找到一个表现的最佳结合点。

富于工作经验的竞选者应强调自己的工作经历和工作能力,以充足的事实说话;缺乏工作经验的竞选者应强调自己"旁观者清"的优势,在细致的工作计划上下功夫。工作计划应富于针对性和可操作性,抓住不同性别及具有不同兴趣的同学的不同要求及问题,拿出切实可行的工作目标和具体措施。

分析本集体目前存在的问题,指出这种问题对每位同学的不利影响,引发他们的警觉与思考。从集体的角度着眼,激发同学们的集体荣誉感,表达自己为集体荣誉勤奋工作的决心。

学生干部是一项没有实际利益、易得罪人的工作,对此,提出自己的看法,并强调自己为同学服务的基本动机。

竞选者要强调自己学习成绩方面的优势,更能服人。幽默能够显示竞选者的轻松自信与智力优势。

(四) 校庆演讲

校庆演讲是在校庆庆祝活动中由学校领导或普通师生所作的演讲。校庆演讲对于交流师生情感,激发师生的学校荣誉感与自豪感,勉励学生向更高的目标迈进等均起到较大的作用。

1. 内容与格式:

(1) 代表老师或同学向全校师生致以问候和敬意,并表达自己此刻的心情。

(2) 回顾学校的历史、优良传统、办学成绩和对社会所做的贡献。

(3) 总结过去经验教训,看到校园的变化,抒发自己的感情。

(4) 对全校师生提出勉励和希望,展现学校美好的明天。以祝愿和珍惜情谊结尾。

3. 注意:

把学校比做母亲,采用拟人的手法描绘学校的一草一木,挖掘其美好的内涵,激发师生的爱校情怀。抓住一两个感人至深的事例详细讲述,可引发师生的情感与共鸣。要强调学校的青春与朝气,鼓励师生奋进的热情。

(1) 作为学校领导,演讲者应注意用指导性语言来总结办学经验,肯定教学成绩和办学方法,指出今后的发展方向,以此来指导和勉励师生。

(2) 作为普通师生,演讲者应着重感谢学校的培育之恩,抒发对母校及恩师的情感,表达美好的祝愿。应充分表现学校的光荣历史和辉煌现实,激发广大师生的自豪之情。

【思考与练习】

1. 积累一些小故事,经常讲给你的朋友听,在讲的过程中观察你朋友的反应,测定自己演说的表达能力如何,有什么进步。

2. 给大家描绘一下你第一次当众讲话时的心理状况。

3. 要想做一个演说高手,必须首先正视自己和战胜自己。对此你有什么看法?说给大家听。

【自测与评估】

调节环境的能力测试[5]

说明:请根据你自己的真实情况(即使你没有亲身经历过,也要生动地想象它好像是真实的一样),选择最适合你自己实际状况的选项填在题目后的括号里。

题目:

1. 你能把你的居室布置得赏心悦目别具一格吗?(　　　)

A. 不能　　　　　B. 不确定　　　　　C. 能

2. 你在同学或同事中的威信如何?(　　　)

A. 很高　　　　　B. 不高　　　　　C. 一般

3. 你在演讲的过程中,会不会出现尴尬的场面?(　　　)

A. 基本不会　　　B. 肯定会　　　　C. 很难预测

4. 如果让你接待外地来的几个客人,你能让客人感到满意吗?(　　　)

A. 能够　　　　　B. 很难说　　　　C. 不能

5. 如果请你设计一个招待会的会场,你自己能出色地完成任务吗?(　　　)

A. 不能　　　　　B. 能够　　　　　C. 也许能

6. 如果让你策划一个晚会,你能办得非常精彩吗?(　　　)

A. 能够　　　　　B. 没有把握　　　　C. 不能

7. 假如你的两个朋友发生冲突,你的劝解双方能接受吗?(　　　)

A 不能　　　　　B. 一般能够　　　　C. 没有把握

8. 如果你能组织一次募捐活动,你能说服别人倾囊相助吗?（　　）

A. 基本能够　　　B. 基本不能　　　C. 很难说

9. 你的朋友很多吗?（　　　　）

A. 不多　　　　　B. 很多　　　　　C. 介于两者之间

10. 你喜欢与别人合作完成一项工作吗?（　　　　）

A. 喜欢　　　　　B. 不喜欢　　　　C. 介于两者之间

11. 如果让你去安排一项活动,别人都很乐意地听你的调遣吗?（　　　）

A. 基本不能　　　B. 基本能够　　　C. 介于两者之间

12. 你能使群体成员积极奋进吗?（　　　　）

A. 能够　　　　　B. 不能　　　　　C. 没有把握

13. 假如让你参加一次广告设计比赛,你估计你能拿到名次吗?（　　　）

A. 拿得到　　　　B. 拿不到　　　　C. 没有把握

14. 你出差回来后,朋友喜欢听你述说所见所闻吗?（　　　）

A. 很少人愿意听　B. 很多人愿意听　C. 说不清楚

15. 如果你所在群体参加歌咏比赛或体育竞赛,要是让你赛前进行宣传动员鼓动,估计你的能力在群体成员中的位置如何?（　　　）

A. 前几名　　　　B. 后几名　　　　C. 中间

计分标准:

计 分 表

题 目	1	2	3	4	5	6	7	8	9	10	11	12	13	14	15
A	1	3	3	1	3	1	3	1	1	1	3	3	1	3
B	2	1	1	2	3	2	3	1	3	2	3	1	1	3	1
C	3	2	2	1	1	3	2	2	2	3	2	2	2	2	2

分析:根据测验中得分进行分析,可根据分数的高低把调节环境情绪的能力分为三种水平:

主动调节型(36～45分):这种类型的人善于通过改变规划设计和美化周围的环境,创造出多姿多彩的情景交融意境;他们语言锐利,感染力强,能够监控和调节观众的情绪变化。这种人不仅在建筑设计、旅游景点布局、园林规划、广告制作、人物形象包装等方面具有潜在能力,还具有公关人员、节目主持人、演说家、政治家、管理人员等具备的素质。但这种人可能好胜心特强,自以为是,有时可能把自己的想法强加给他人,使他人常感到威胁,喜欢出风头,过分表现自己等等。

被动调节型(26～35分)：这种类型的人具有一定的创设场景的潜能，在处理和调控人际环境情感方面，能够较为清楚地知道周围人之间的情感变化，也知道所在群体的士气、凝聚力，群体成员之间的合作与竞争，明争暗斗等情感氛围的动态变化。但在处理这些问题时被动多于主动，不愿与别人一争高低。

回避型(15～25分)：这种类型的人缺乏规划和改造场景环境的能力，自己生活的小天地可能显得有些零乱。在群体情绪方面属于被支配型，缺乏组织社会活动的能力和领导能力。这种人逆来顺受，与世无争，给别人的印象是老实、可信。这种人有时可能很极端，显得孤独、自卑、自我封闭，有时又可能显得脾气古怪，非常固执。但这种人只要能够充分认识到自己的不足之处，常常反省，注意总结经验和教训，调控环境情绪的能力是能够快速提高的。

【启示与案例】

林肯的一次辩护性演讲[6]

1837年，美国总统林肯当时在斯普林菲尔德当律师。

一天，有一位在美国革命战争时阵亡的士兵的妻子，一个年迈的寡妇蹒跚地来到林肯的律师事务所，向他哭诉一位负责分发抚恤金的官员在她领取400元抚恤金时，竟苛索200元的手续费。林肯听罢大怒，并立刻提出诉讼。

但是，直到开庭之前，有心的人发现林肯只是阅读一本华盛顿传记和一本革命战争史，丝毫没见他为这次辩护作准备。

开庭那天，只见林肯首先追述了当初美国人民所受的压迫激起了美国志士的热心，群情鼎沸为自由而战。他描绘了当时革命战争所经历的难以尽述的困难——锻铁谷所受的痛苦、饥饿、流血和牺牲、赤足爬过冰雪地……然后，林肯突然愤怒地指斥那个刁吏竟敢剥夺、克扣当年为国捐躯士兵的抚恤金。林肯的目光怒逼着那个被告，痛加谴责，几乎想剥了他的皮。

继而林肯又转而深沉地说："时间在向前迈进，1776年的英雄已成过去，那位士兵已经安逝长眠，现在他的年老体弱、而且目盲的遗孀却来到了你我的面前请求为她伸冤。她以前也曾是个美丽的少女，她的步履轻捷，声音曼妙。但是她现在贫穷无依，来向享受着革命先烈挣下的自由的我们，请求同情的帮助和人道的保护。我所要问的是我们应否帮助她呢？"当林肯讲完这番话以后，有的证人竟眼含泪花。陪审团成员一致认为老妇人所应得的抚恤金分文不能少给。起诉胜利了，林肯不但不要分文代理诉讼费，还给老妇人当了保人，又代她付了车旅费和住宿费。

就在林肯所在的辩护席上,有人事后捡到留有林肯字迹的纸条,上面写着潦草的一行字:"并无合同一不应索取手续费一不合理的勒索一描述锻铁谷惨状一原告的丈夫一怒驳被告一结尾。"

问题:1. 分析林肯成功辩护的原因。

2. 林肯真的没有作准备工作吗?

3. 纸条起到什么作用?

第十四章 恋人与家庭

【学习目标】

通过本章的学习,应对如下内容有一定的了解:

- 家庭的社会功能
- 家庭关系的特征和种类
- 恋人的沟通技巧
- 男女对爱的不同理解和心理差异
- 夫妻沟通技巧
- 子女与父母的沟通
- 父母与子女的沟通
- 继父母与孩子的关系
- 与老人沟通
- 婆媳沟通
- 女婿与岳父母的沟通

第一节 认识家庭

与人相处可谓是一种艺术,然而,有的人却一生都把握不好与家人相处这门有时候最简单、有时候却又最复杂的艺术。要掌握家庭沟通这门艺术,我们首先应从认识家庭开始。

一、什么是家庭

家庭是以婚姻和血缘关系为纽带的社会生活的基本单位或组织形式。它包括以下几种形式:

1. 以婚姻为导向的恋人关系,或称准夫妻关系。
2. 以婚姻为基础的夫妻关系。
3. 以父母子女、兄弟姐妹关系为主要内容的血缘关系。

4. 婚姻和血缘关系的合理延伸而建立的旁系亲属和收养关系。

二、家庭的社会功能

家庭的社会功能是指家庭在一定的社会条件下,对人类生活和生产发展所起的作用。家庭的社会功能包括:基本生活功能、生产功能、养育功能(抚育、赡养和教育)和精神生活功能。

(一)基本生活功能

家庭的基本生活功能表现在以下几个方面:

1. 为家庭成员提供便利的社会组织,是家庭成员的基本归宿。

2. 家庭成员社交与私人生活的中心。

3. 成员可靠的福利与财务分配、信息交流的中心。

4. 提供性的满足、生儿育女、儿童的抚养等。

5. 给予成员心理及物质上的安全感。

6. 送青年人到能够满足他们需要的其他社会组织里去。

(二)生产功能

家庭成员具有维护和发展家庭经济利益的责任;家庭的共同经济利益使家庭成员在生产、生活和家庭的经营中容易统一意志、统一步调;家庭是一个极其富有活力的经济细胞和生产单位。家庭的富裕状况如何是一个国家的经济发展和强盛与否的具体体现。

(三)养育功能

家庭养育包括家庭抚育和赡养,以及家庭教育。家庭抚育和赡养是指抚育子女和赡养老人。抚育子女和赡养老人既是家庭一项义务,也是为社会分担的责任,同时,还是对老人的一种报答和补偿。家庭教育是一个人一生中最特殊、最重要的教育,它是个体人格形成和智力发展的启蒙教育。每个孩子对家庭环境周围的一切事物都很敏感,事事感到兴趣,并且乐于模仿,父母本身和周围事物给他们的影响,往往是不易察觉的,然而有些影响使孩子终身难忘,永不磨灭,所以说父母是孩子的终身老师。

(四)精神生活功能

任何一个家庭都有一定的精神生活,它是一个家庭的上层建筑,家庭精神生活包括成员之间的感情交流、娱乐休息、道德宗教以及法律观念的交流等;其中成员之间的感情交流是其他社会组织和群体所无法替代的,成员只有在家庭中才体现完整的人格个性。

三、家庭关系的特征

家庭生活是琐碎的,同时也是长久的,家庭生活关系就是在这种既琐碎又漫长的旋律上建立起来并发展下去的。毫不夸张地说,家庭生活关系是一切人际关系中最难处理得当也最易引起矛盾的关系之一。家庭关系具有的特征包括:家庭整体影响成员的发展,某一家庭成员的变化影响整个家庭,家庭相互关系的发展行为比语言更重要,约定俗成的规则影响家庭成员的行为。

(一)家庭整体影响成员的发展

家庭是由各种不同的成员构成的,一个家庭的荣辱兴衰,对家庭中各个成员影响甚大。一个穷人家的子女能养成勤俭持家的习惯,"穷人家的孩子早当家"就是真实写照;一些富家子弟,由于家庭影响,往往生活奢侈不求上进。家庭在社会中的地位、父母对儿女的教育方式等都影响着儿女世界观的形成,影响着他们在社会中的发展。

(二)某一家庭成员的变化影响整个家庭

在家庭中,某一个成员的变化对家庭影响很大甚至影响和改变整个家庭。例如,一个婴儿的出生使父母和其他孩子都受到影响,增添了家庭生活气息;一个家庭成员由于事业成功,改变了家庭的状况和社会地位,家庭成员也光彩照人;如果一个家庭的主要成员发生意外,这个家庭可能也会受很大的影响。

(三)家庭相互关系的发展行为比语言更重要

家庭成员的相互关系不是取决于怎样说,关键在于如何做。

(四)约定俗成的规则影响家庭成员的行为

家庭成员在长期的生活过程中形成了约定俗成的相互影响的规则,生活在这个家庭中的每一个成员都熟悉并按这些规则行事。

四、家庭沟通关系的种类

家庭沟通关系都是以婚姻为基础的。

1. 以婚姻为导向的恋人关系,或称准夫妻关系;
2. 以婚姻为基础的夫妻关系;
3. 以血缘或收养关系为基础的父母子女关系、兄弟姐妹关系;
4. 根据血缘关系延伸的旁系亲属关系:如婆媳关系、翁婿关系。

第二节　恋人沟通

恋爱的目的是为了使对方成为自己的生活伴侣。恋爱时,情人们一方面小心翼翼地保护着对方的自尊心,另一方面则千方百计地掩饰着自己的缺点和不足,这就不可避免地传递给对方一些不真实的信息。另外,恋爱时不必整天呆在一起,你尽可以在特定的时间里向恋人展示你最优秀的一面。

一、对青年男女的忠告

有些朋友寻觅多年还是找不到理想的伴侣,很大程度上在于他们择偶的条件过于苛刻,有的女孩子一提到心目中的理想对象,就希望是"运动员的体魄,演员的相貌,诗人的才华,外交官的风度",样样兼备,几乎集结天下所有男子的优点。条件会影响婚恋的幸福与快乐,但是,条件过多会限制人们的选择。"金无足赤,人无完人",把现实的等同于完美的,难免会使人陷入难堪。如果想找到适合自己的爱人,以下几点忠告值得一读:

1. 要有合理的择偶标准。每个青年男女的心里都有一个择偶的标准。只有当我们碰到一个合乎自己标准的他或她时,才能萌生爱意。择偶标准是开启幸福之门的一把钥匙,它的正确与否关系着我们是否能选到适合自己的意中人。择偶标准不可包罗万象,要求对方百分之百的优秀,而要有突出的特征,能宽容小小的不足,只要有几个闪光点,就能令人赏心悦目。

2. 爱情需要理智。如果一见钟情后陷入痴狂,草率定下终身,将会埋下隐患,带来生活的不幸,如果用理智控制情感,深入了解,就有可能促成情侣携手前行。

3. 恋爱时要睁大双眼,结婚后要闭上一只眼。恋爱时,人们是在选定终生相依的人,这维系着人一生的幸福,故需要全面了解对方的思想品德、气质修养、兴趣爱好、才华学识、生活习惯、家庭状况等,看他(她)是否值得信赖,两人是否能相容、同甘共苦等。所以,选择伴侣,要睁大眼睛,慎重行事,不要草率。俗话说:"成功的男女,先要有好的伴侣"。然而,婚后彼此生活在一起,双方之间没有了距离,不足之处无法遮掩,故对对方的缺点要能够宽容。

二、恋人的沟通技巧

(一)注意恋爱中男女的心理差异

1. 初恋时,**男方感情强烈易冲动;姑娘的感情则细腻缠绵**。国外有人曾分别对青年男女进行一次有趣的"罗曼蒂克测量",结果发现 25% 的小伙子在谈恋爱的头三天就陷入情网,而姑娘只有 15% 出现类似的情况。热恋中,小伙子的自我克制体现了对姑娘的尊重,展示了一种美好的品格,使得自己在姑娘心目中的形象更加完美。对姑娘来说,应该理解小伙子的感情,当你认为亲昵条件尚未成熟时,可以通过适当的方式暗示对方,以免对方有冒失的举动。

2. 在恋爱中,**男性往往追求视觉刺激,而女性对于听觉刺激容易陶醉**。所以,恋爱中的男性要多运用动听和感人的语言，不要吝啬你的赞美词；女性要多注意自身的外在美与和谐。这样，双方会留下深深的印象。

据研究显示，女人的感情是脆弱的，她们非常依赖于情爱，她永远也不会嫌你的赞美太多，她的这种贪心永不满足。所以，要获得女人芳心的最好方法，就是少批评、多赞美。难道你忍心使一位辛辛苦苦为你打扮了两个小时、兴冲冲地赶来赴约的女孩，只因你一句无心的批评，就前功尽弃而十分扫兴吗？尽量赞美她吧，无论是她的容貌、发式，还是衣着，甚至手里的小皮包。请你对她说，她是你所见过的最完美的女孩，即便她明知你在恭维，但她心里也会乐滋滋的。因此，努力找出她的优点，恰如其分地赞美她，这是一件很有效的法宝。

3. 女性不要忽视微笑和眼泪的力量。

女性的微笑具有魅力。 女性的微笑是一种表达好感或爱意的暗示。在表达爱意时，它的奇特魅力在于：当女性发现自己喜欢的男孩时，她可以向他露出微笑。他开始时可能感到莫名其妙，但很快会反应过来，他会认为自己找到了求爱的机会，女性的微笑促使他主动地进一步交往和沟通。当然顺势的发展对于女性也是很有利的。

女性的眼泪具有征服力。 女性的力量不在于愤怒或能干，而在于获得男性或别人的同情。女性的眼泪可以软化和征服男人的心。俗话说：男人征服了世界，而女人征服了男人。可见女人的潜力所在。

（二）学会判断对方的情感取向

爱是一种情感状态，很难用文字来确切地描绘，尤其是初恋时，爱神往往是不知不觉地降临，或者是与友谊结伴而来，若隐若现，使你觉得难以捉摸。

1. 对于一个小伙子来说，判断姑娘是否对你有意，可参考回答如下几个问题：

（1）她是否经常找借口和你在一起？

（2）她是否经常向别人打听你的情况？

（3）她是否对你的细小的变化格外敏感？

（4）她是否有意向你提一些与爱情有关的问题？

（5）你随意说的话，她是否郑重地记在心上？

（6）她是否对你和你家里的情况格外感兴趣？

（7）她是否在兴趣方面有同你接近的趋向？

（8）她是否嫉妒你和其他的异性在一起？

（9）她是否乐意将你介绍给她的同事、好友和家人？

（10）当她接收到你爱的信息时，是否有及时、明确的反馈？

以上 10 个问题，对你把握姑娘的心迹并作一般意义上的分析很有帮助。

2. 对于一个姑娘来说，判断小伙子是否真爱你，可观察他的表现。

虽然说爱情不可衡量,但许多女性都希望知道自己是否真的被爱。国外心理学专家为此列出了男性一些行为倾向,如果你的"那位"有一半以上的下列表现,那么他可能就是真心地爱上你了:

(1) 对你有持久的感情。

(2) 特别关注你,鼓励你尝试新事物或变换服装款式。

(3) 在日常的一举一动中都表达他对你的关心,并主动去为你办事。

(4) 对你有爱的语言。他常常会说"我爱你",用亲昵的名字称呼你。

(5) 不用批评的口吻对你说话,指责你,或在言语上伤害你。

(6) 常常称赞你。当你辛苦工作,完成了一件艰难的事时,他会表示衷心的赞许。

(7) 常对你眉目传情,并用身体语言与你沟通。如你的伴侣会不自觉地挽着你或轻抚着你的背部。

(8) 分享你成功的快乐并为你喝彩。

(9) 是你的好听众,愿听你谈工作上的甘苦,不会在你倾吐时改变话题。

(10) 能接受你的不完美和缺点。如一个深爱妻子的丈夫会喜欢她的个性、谈话方式,而不只欣赏漂亮的外表。

(11) 不会对你隐瞒事情。举例说,如果他工作上遇到困难不会瞒着你。

(12) 知道哪些事情会惹你生气或破坏情绪。例如,丈夫知道有时讨论孩子的过失会使妻子生气,他会等到妻子心情好的时候再讨论。

如果你的伴侣没有流露出上述一半以上的行为倾向,也不必灰心,你仍然有机会重燃爱火。美国心理学家艾佛瑞说过:"婚姻是可以重现生机的,但不努力就不会成功。"

(三) 爱情的表达要含蓄

根据某种说话的环境和对方的性格直截了当地表达爱情,有时能有奇效。但是我们认为还是多用含蓄方式表达爱情为宜。这种表达方式的好处有:一是使得话语具有弹性,不至于被对方一口拒绝而出现不能挽回局面;二是符合恋爱时的那种羞怯心理,较容易运用;三是符合我们民族的求爱习惯与心理。含蓄的表达一般有如下方式:

(1) 含而不露式。用不包含"爱"的语言表达"爱"的情感。这种方式适合于双方早已认识,并且有了较多的了解,对方又具有一定文化素养且性格内向的人。由于这种方式发出的信息比较模糊,即使对方拒绝,也不至于难堪。

(2) 含中有露式。这种方式较含而不露传递的信息清晰、明显,并且要求接受的一方较快作出反应。例如,邀请对方一起散步游园;赠给对方一张自己的照片,背后题上表露爱情的诗句等等,都可以传递爱的信息。

（3）**以物传信式**。以物代表求爱信息的传递可以增强求爱的含蓄性与幽默感。

（4）**体贴入微式**。从对方的角度表示关心，体贴入微的语言比起那种"啊"、"呀"、"哦"的抒情话来，要中听许多倍。

（5）**间接暗示式**。间接暗示表达爱情的方式可以使求爱者能攻能守，进退自如。

（6）**一语双关式**。这种方式体现了中华民族含蓄的语言特点，比直露的求爱方式更迷人、更动情。

（7）**镀金示爱式**。运用修辞学上的镶嵌手法，如美妙的诗句，就好像在黄金铸成的皇冠上又嵌入了珍珠一样，显得更加夺目生辉，含蓄幽默，从而更加吸引对方。

（8）**对号入座式**。用对号入座的条件道出选中的对方，显得既婉转又直接。

（9）**奇特求爱式**。以机智和谋略，运用奇特的方式求爱，若对方心有灵犀，自然一点就通。

【研读专栏】　14-1

男女择偶应参考的标准[7]

1. 道德品行。

恋爱是婚姻的序曲。恋爱对象的选择将关系到人们的一生，在各种条件的选择中，只有把道德品行放在首位，才能使爱情巩固持久，家庭和谐幸福。否则婚恋将脆弱不堪，经不起任何的打击和磨难。在道德品行方面，有两种尤为看重：

一是**忠贞**。忠贞是相爱的人在心理上达到相通，是爱情稳定发展的重要前提。异性的爱是具有排他性的。只有男女双方忠贞不贰才能维持双方关系，达到心心相印。见异思迁、脚踏几只船的人，轻率地玩弄感情的人，都不能享受到爱情的幸福。

二是**责任心**。爱情是对对方负有一定义务和责任的感情，是给予和奉献，而不是占有和索取。同时，它还影响婚姻、家庭和整个社会生活。有责任心的人，才能对所爱的人负责，对双方的关系和婚后生活负责，和爱人共享婚后生活的乐趣，减少社会的不稳定因素。

2. 相同的人生价值观。

人生价值观是最代表人们个性的一部分，它渗透到政治生活、社会生活、社会职业、家庭问题等各个领域，是人生的核心成分。

人生价值观相似或相近，面对生活中的种种问题，就能够在思想上互相理解、肯定，互相丰富和补充，也能够在行动中互相支持、配合和协作，从而使爱情生活更加默契，感情更加紧密。相爱的人之间如果没有共同的理想、追求和奋斗目标，即使建立起一定的感情，也经受不住风浪的冲击。

3. 情趣相投或相容。

情趣体现着一个人的文化素养，反映出一个人的家庭背景、所受教育、实践经历以及个人是否有修身养性的自觉性，往往决定着人们在人与人交往之中是否相容，因而它是选择人生伴侣所要考虑的重要条件。

如果夫妻双方的情趣不一致，两个人的爱情生活就很可能不和谐，双方的精神生活要求也得不到满足，因而会引起心理的不快。相投或相容并非指双方兴趣的绝对统一，而是看它是否协调。相同或相近的兴趣才会使彼此产生情感的共鸣，从而增强爱情的欢乐体验。

以上这几项标准是婚恋幸福的基点，是选择伴侣时所不容忽视的，同时还需要澄清如下三种模糊认识：

（1）关于门当户对。

如果为心理方面的相容与和谐着想，"门户"因素是应当考虑的。因为生活环境的不同会造成人的观念、情趣和生活方式的不同，随之带来的是婚后夫妻生活调适的一定困难。但是一味追求门当户对，而将心理相容放到次要地位，是不正确的，不利于爱情的发展。

门户的"当"、"对"是相对的。社会地位、经济地位方面的一致，并不保证心理方面的一致，而社会经济地位方面的差距，并不一定造成思想感情方面的隔阂，况且在交往中，通过相互的影响和感染，可以培养共同的兴趣爱好、生活方式，缩短彼此的距离。只要心中有爱，门第观念不是一条不可逾越的鸿沟。

（2）关于经济基础。

婚姻是实在的，生活需要牛奶、面包。但是经济条件不是爱情与婚姻的唯一，经济只是物质基础，并不是恋爱所追求的主要目的。爱情需要金钱，但金钱不能买来真爱。为金钱而爱，失去的是自己独立的人格，而失去了人格也就失去了爱情的真意。

（3）关于内在美与外在美。

"爱美之心人皆有之"，每个人都想找到内外皆美的恋人，但是如果需要在两者间有所侧重，应侧重于内在的美，毕竟外在美是不能长久的。所以，不能老盯住对方的脸庞，盘算着对方的身高，而要看看对方的气质是否文雅大方，行为是否得体，是否富有思想和自信。

恋爱需要付出足够的耐心和时间，注意透过表象去发掘对方内在的本质。丰满的体态是短暂的，随着时间而苍老，我们应该追求精神的共鸣。

人生犹如一道风景，谁能和你共赴旅程，则是一门选择的艺术。聪明的朋友，你拿到开启幸福大门的金钥匙了吗？

【研读专栏】　14－2

男女双方初期对婚姻的贡献与期望[8]

一、女方对婚姻的贡献

1. 家庭气氛的感觉。

2. 相依为命的可能。

3. 有条不紊的家务。

4. 知足常乐的态度。

二、女方对婚姻的期望

1. 一种温暖可靠的伴侣关系，符合幼年时的亲情经验，并能探讨双方的问题。

2. 对方能欣赏自己的天赋，并支持自我发展的方向。适当的性爱生活和亲密关系的表露。

3. 公平的共同决定。

4. 生育后代。

三、男方对婚姻的贡献

1. 和蔼可亲的心理特质。

2. 以事业为重的倾向，并使全家能以其事业成就为荣。

3. 承担经济重任并抚养后代。

四、男方对婚姻的期望

1. 美满的性生活。

2. 由女方经营的家庭，使其成为身心的支柱。

3. 妻子支持其抱负并确认其才能。

4. 以其为主共同作出决定。以自己的姓氏命名的孩子和以自己为家长的小家庭。妻子了解自己，并能和自己一同解决问题。

5. 了解对方的期望和要求，可以使自己能有的放矢地去为对方付出，取得事半功倍的效果，增加婚姻的浓情蜜意。另外，随着岁月的推进，双方需不断修正自己的观念和行为，并努力学习共同生活的技巧。

第三节　夫妻沟通

当男人和女人通过恋人关系的发展和双方的认可，并经婚姻登记变为合法的夫妻关系，也就组成了一个家庭。随着孩子出世，家庭的扩大，夫妻就成为家庭的基础和核心，他们要研究家庭的运转与发展。夫妻关系的亲密和成功与否体现了一个家庭的全部特征。

一、男女对爱的不同理解和心理差异

（一）爱对男女的不同含义[9]

男人要性爱，女人要情爱。性使男人渴望爱情，而爱情使女人渴望性。有时候，我们的伴侣好像来自不同的星球；男人来自火星，女人来自金星；要让爱和谐与完美，两性间首先需要有相互关爱与支持的沟通关系。

我们都知道男人看重性爱，而女人则重视浪漫的情爱。但是一般人却不知道为何会如此。如果不深入了解这个根本的不同，女人就会经常低估性爱对男人的重要性，也会把性爱当作表面而肤浅的东西。

女人必须了解，男人是先被女人的外表所吸引；当男人看到漂亮的女人，他会本能地想去看她的躯体。而当女人看到英俊的男人，她可能想去认识这个男人，但并不只是为他的身体外表。

女人经常会误解男人，认为他们会被女人的身材所吸引是因为他太过肤浅。女人不明白男人其实也想了解她们，只不过是从身材开始罢了。逐渐地，男人会更在意女人的内在；而女人慢慢爱上男人的内在之后，才会逐渐被男人的身体所吸引而着迷。

男人要性爱，女人要情爱；这种两性的差异源于历史发展、社会条件和教育模式的不同。透过性爱，男人打开了他的心扉。性使男人体验到恋爱的感觉和对爱情的渴望。性使男人觉得他需要爱情，而女人却是因为感受到男人的爱意，才对性产生渴望。

女人在了解了男人只要性爱的真正理由后，她就会了解性冲动对许多男人而言，是他们维持恋爱感觉的重要因素；同时，她对性爱的态度也会相应地有所转变。

男人经常不了解女人对浪漫情爱的真正需求，因而误解女人，以为她们不需要性爱。当男人想要性爱而女人却没有这种情绪的时候，男人经常会因为误解女人的想法而觉得受到拒绝。他们不知道，女人经常要在感受到被关爱的浪漫情爱之后，才会对性产生渴望。

要让爱完美和谐，两性间要有相互关爱与支持的沟通，使爱既有性又有情。透过这种完美的爱，男人将感受到更多的爱意，相对的，也使女人重新拾回曾经失去的关爱；自然而然，彼此之间的沟通与亲密关系都会增长。

完美的爱可以软化女人的心，可以帮助她松弛身心、打开心扉、感受伴侣所给予的支持，体验她心中的爱与伴侣付出的爱。伴侣有技巧与贴心的抚慰能让她确信她在另一半的心中是重要的。伴侣的热情与充分展现的关心，完全满足了女人心中对爱情的渴望,当女人再次陷入对爱情的渴望,双方长期存在的紧张关系就可以得到暂时的缓解。此时,女人对爱与被爱的热情就能在性爱中得到完全的释放与满足。

正如女人需要用爱来开启性欲,男人也需要用性来启动爱意。不像女人会用谈论彼此感受的方式来体会更多的爱意,男人则是凭完美的性爱来感受彼此的爱意。如果没有完美的性爱,女人一丝一毫的缺点都会在男人眼中慢慢扩大。所以,完美的性爱是促使男人打开心扉,向女人表达爱意的最有效方式。这种心灵上的软化,有助于女人改善她的沟通能力,使她的伴侣不带防卫地聆听她的话语。这种沟通关系的改善,会进一步让双方保持对性爱的热情。

现代男性需要女性的支持,女性也需要男性的关爱,完美的爱可以同时满足男女双方的需要。完美的爱不只是彼此热情关系的指标,更是创造热情的重要动力。它让彼此的心充满爱意,也满足了彼此的情感需求。

(二)男女的性心理差异

男人与女人在性心理方面也存在着巨大的反差。

1. 男人为了性而追求爱情,女人为了爱情而奉献。 一般而言,男性对性的要求较为直接、主动和外显,他们比较容易出于性的目的而接近和接受异性,他们可以不为爱情而满足性欲,即将性和爱情分离开来看待。而女性则不然,大多数女性难以接受一个她所不爱的或没有感情的异性提出的性要求,她更喜欢欣赏浪漫的爱情和情感的满足。美国有项调查表明,76％的女性认为只要有温存、爱抚和亲吻,表达出对方对自己的爱意和情感她们就满足了,不一定要有性,她们不能忍受"无爱的性"。

2. 性活动是男人性欲张力的释放,是女人性欲张力的叠加。 男人的性欲是由某种刺激激发的,一旦产生就处于高度紧张状态,性活动的过程即消耗这种紧张直到完全释放出来。而女人的性欲则是被慢慢激发、调动起来的,需要较长时间的准备活动,而性活动的过程就是女性的性欲一点点地被激起,逐渐积累扩大,以致最终成为一种急切的需要(即性高潮)。可以说男性经历的是泄欲过程,而女性则经历了一种积欲过程。

3. 男人将性能力视为其"男子汉"的标志,女子则不然。 男人特别害怕自己性功能不正常,其原因:一是怕自己丧失"男人的本性"。他们将性能力与自己的勇敢、坚毅、强壮等男子汉气质联系起来,一旦丧失或有所减弱他们就惶惶不安,认为自己不是"男人"了。女性则不然,她们有了性问题多羞于启齿,默默忍受。男人重视自己性功能的另一原因是由其在性活动中扮演的角色所决定的。即性生活的发动和进行中男人占有主动的地位,其性能力丧失意味着性活动无法展开。因此,他们很害怕因此而受到妻子的责怪、埋怨,不能满足妻子的性要求。

二、维持婚姻稳定与幸福要则

在家庭中,夫妻所做的任何一件事都应有利于婚姻的稳定,这就像恋爱的目的是为了使对方成为自己的生活伴侣一样。有些夫妻可能工作忙碌,拼命去赚钱,但千万别忘了这都是为了使家庭更为美满。如果因忙碌而忽略了对方的存在,因钱多而染上了不良习惯,最终将导致婚姻的解体。媒体上经常报道有些夫妻能够共患难,却不能常相守、共享福,其主要原因就是因为没有把婚姻放在重要的位置加以呵护、用心去爱。把自己和对方的感情当作最美好、最珍贵的东西,精心保护,用心去爱,你就会得到幸福婚姻的回报。

(一) 相信自己的选择

不管夫妻双方婚前的背景如何,如果在某一天携手共同走进了婚礼的殿堂,那一刻在他们的心中已经有成百上千条选择结婚的理由。只要确信你的选择,认为你找到了最好的伴侣,只需要把这种信心一直保持下去,你的婚姻一定会美满幸福。

(二) 期望实际,共同承担义务,克服危机

结婚前,恋人们总是有这样那样的美好期望,而且认为期望的事情会自然而然地到来,但事实绝非如此,夫妻俩并不是结了婚生活就能充满快乐。试想,两个独立的人,具有不同的家庭背景、生活环境和受教育程度,带着这些烙印走到一起,在以后的生活中,对人、对事的看法肯定会有分歧和争执,更何况在一起生活,事无巨细,都要交换意见,夫妻双方在许多问题上可能会有不同的观点,如果不积极沟通,仅凭自己的期望,就可能不符合实际,不快乐也由此产生。

家是由两个人组成的,两个人的事情总是比一个人的多。况且,随着时间的推移,新的家庭成员的增加以及要共同应付双方的亲戚朋友等等,都需要付出时间和精力。如果把这些事情一股脑儿交给妻子或丈夫打理,自己去图清闲,其结果当然是可想而知的。

承担义务是婚姻关系幸福持久的重要基础,婚姻是两个人共同的事情,在婚姻关系中,离开了承担义务,人们便很难长期生活在一起。

许多美满的夫妻其实也有他们自己的创伤和不如意,但他们总是能携手共同面对困难。实践证明,真诚相爱的伴侣能够共同分担痛苦、克服危机,使夫妻关系更加稳固。

(三) 包容和接纳对方

结婚以后,夫妻必须去除恋爱时的掩饰,回归真实的自我,袒露真实自我的全部,此时能否完全接纳对方是婚姻稳定的基础。在婚姻中,**包容与接纳**是为了对方的幸福和婚姻的稳定而主动去做一些自我牺牲。据研究,能够保持婚姻50年以上

的人,都具有调控情绪的天分,也即有较高的情商。情商体现在婚姻生活中的形式是双方的包容和接纳。俗话说:常在一个锅里盛饭,哪有锅沿不碰勺子的?天天在一起的两个人,肯定会在某一天、某个时刻遇到问题,出现分歧和磕磕碰碰。然而我们知道,家庭生活中的许多不愉快只是偶尔发生而非永久存在。因此,丈夫和妻子不能计较一时,而应多一些包容和接纳。如下的包容和接纳要则值得尝试:

1. 不要改造对方。金无足赤,人无完人。爱一个人,就意味着同时爱他的缺点。俗话说,**结婚之前睁大眼睛仔细看,结婚以后睁一只眼闭一只眼**。那种"他为了爱我肯定会改的"的幻想是不现实的。因此,夫妻双方不能刻意追求完美,要容忍对方的缺点,甚至有时要宽容对方的错误。只有这样,才能不给对方造成压力。

2. 承认分歧。首先,我们必须承认,夫妻双方都是有主观意志的人。两个人生活的背景不同、成长的经历不同、所受的教育也不同,可能导致对问题的看法南辕北辙。因此,在众多的生活细节和家庭的重大事情上,会出现分歧,甚至争吵不休,这是很自然的。我们不能想当然地认为没有争吵的夫妻才是好夫妻,而应承认夫妻间存在人格和价值取向上的差异会导致对某些问题的处理方式各不相同。只有承认存在差异,认定分歧是正常的,才能积极地解决它。

3. 感情移入(或换位思维)。夫妻生活中有难以避免的矛盾,这时,切忌过度情绪化,而应理智地进行思考。不能一遇不如意的事情,就"火冒三丈"、"怒发冲冠"。这种冲动有余、理智不足的做法,不但会引起争吵,甚至可能造成不良的后果。有些小事可以通过平心静气地交换意见加以解决,如果遇到争执,谁也说服不了谁,彼此固守自己的观点时,那就应采取换位思维的方式,站在对方的角度考虑一下,看是否有道理。例如,妻子更喜欢走娘家,对自己的母亲表现得更为亲近。若丈夫认定这是偏心加以阻拦,可能会使双方都不愉快。如果站在妻子的立场,认为母亲对孩子有养育之恩,妻子的这种行为是很自然的亲情流露,应加以赞赏,并积极参与。这时,妻子作为回报,肯定也会多到婆家走走。应相信,真心爱丈夫的妻子,不会"偏心"太多。这样,不但不会引起争执,还会使家庭关系更加融洽。

(四)经常沟通,表达爱意[10]

婚姻最大的敌人是缺乏沟通。经过新婚蜜月的夫妻进入了平淡安宁的家庭生活,在锅碗瓢盆的交响曲中,许多夫妻被琐碎的生活淹没了热情,浪漫情怀不再依旧。代之以平淡、厌倦、争执和失望。如何才能避免这种状况,使夫妻之爱不断升华,让温馨浪漫充满整个人生呢?请你记住一句话:"**要经常沟通,时时表达你的爱意**。"

1. 记住一些特别的日子。将一些对双方有意义的日子牢记心间,并适时地提醒对方。如两人第一次见面或开始爱恋的时间,订婚或结婚纪念日等。当然最重要的是配偶的生日,这是一个他(她)独自拥有的日子,记住它说明了他(她)在你心目中的重要地位。买一个小礼物送给对方,让对方感受你的挂念。无论配偶说他多么不在乎,你的这份祝贺都是无价的,定会得到加倍的回报。

2. 多抽些时间给爱人。 无论你的工作多忙,都应该"常回家看看"。由于应酬而不能回家吃晚餐的丈夫,一定不要忘了给妻子打个电话,省得妻子牵挂。晚餐和晚上的休闲是家庭中最温馨宁静的一段时光;请你尽量不要错过。如果经常错过,要表示歉意,并设法弥补。

3. 参与家务劳动。 家务劳动是一种不易衡量价值但又必不可少的事情,也最易使人疲倦、失去耐性和丧失自我价值感。它常常是干过后看不见,而若没干则爱人下班回家第一眼就能看到,不身临其境是无法体验其繁琐和辛苦的。所以丈夫不妨抽出几天时间做一下全职的"家庭妇女",可能就体会到什么叫"吃力不讨好"了。丈夫尽可能地为妻子分担家务,是对妻子最大的理解和爱护,妻子必然会感受到这份爱意,并倍加珍惜。

4. 倾听对方的想法。 婚后繁忙的工作和生活的压力,可能使夫妻俩都倍感匆忙,没有时间坐下来像以前那样表达自己的情感,交流彼此的思想,探索人生的意义。为了避免双方思想感情距离的拉大,静静地坐下来耐心听听对方的想法,使双方保持同样的前进速度,站在同一个台阶上,这样你们才能时刻保持情感的共鸣。

5. 安排一些特别的活动。 不要让生活过于单调刻板,要时时为家庭生活增添新鲜的内容。如郊游、亲朋聚餐、参加文体活动。尤其值得提倡的是学习一种新的技能,如打保龄球、网球,学某种乐器、学微机、外语等。在学习过程中,使夫妻产生一种充实、发展、成长的情感,使整个家庭充满朝气。

6. 让对方进入你的社交圈。 关心对方的工作、思想及悲喜情绪,主动向对方坦白你的社交、工作及烦恼。让爱人进入你的社交圈,将你的朋友介绍给爱人,这样你们就拥有了更多共同的东西,也使你们的生活更丰富,关系更亲密。

7. 给爱人一点惊喜。 买回一件她(他)向往已久的东西;或到一个环境幽雅的地方;或改变一下家具摆放的位置等。生活中每件事情就像是一朵小小的浪花,使你们的家庭生活永远洋溢着活力。

8. 时时用言语或非言语手段进行沟通,表示爱意。 夫妻间一个温柔的相拥,一个欣赏的目光,一次关爱的问候,一句真情的感激或歉意,都会使你们如沐春风,情意相融。不信,你可以向正在为你准备晚餐的妻子真诚地道一声:"谢谢,亲爱的。"你就会知道它魔术般的效力了。

(五) 交流对性的需求

性生活在婚姻中的地位无疑是非常重要的,性生活和谐的原则是不断地学习、适应、沟通和理解。据有关的调查显示:享受到较高或很高程度性满足的女子,认为他们的婚姻是幸福或非常幸福的占 79%,一般的占 16%,认为不幸福的仅占

5％。得不到较高性满足的妇女,认为他们的婚姻是幸福的或非常幸福的占36％,一般的占43％,认为不幸福的达21％。可见,性生活的满意程度也是评判婚姻幸福与否的一个重要条件。男女的性唤起急缓、性欲强弱、性满足与否都有很大的差别。不同的年龄阶段,对性的要求也不一样。因此,夫妻双方要时常交流和沟通对性的要求,以达到和谐美满。

（六）信任对方,给对方的"隐私"留出空间

爱人之间应该相互信任,不应该有所隐瞒、欺骗,但这不等于说,要将心中的一切和盘托出。实际上爱人最懂得怎样爱护你。她（他）的过去经历无论有什么情况,对你们今天的婚姻都无助益。所以,不如收起那份好奇心,专心营造你们彼此信赖的今天的幸福。

信任是婚姻幸福的一条红线。婚姻幸福首先离不开夫妻间的彼此信任。在新婚蜜月期间夫妻可以朝夕相对,了解对方、熟悉对方,他们不需要与外界交往,也感到很充实。但当新婚乐曲结束后,在漫长的婚姻路上,每个人都有强烈的与人交往的需要,希望有更广泛的人际关系。然而,有些保守的夫妻认为婚后夫妻就应形影不离,应该有共同的朋友、共同的爱好、共同的活动。若他们中间出现一个亲密朋友常会使夫妇紧张（尤其是妻子）,往往要求对方断绝和婚前朋友、特别是异性朋友的来往,将身心全放在自己身上。有些妻子的这种占有欲特别强烈,她们不允许自己的丈夫单独与异性见面,丈夫偶尔流露出对某个异性感兴趣会使她如临大敌,丈夫身边的女同事也是她的心腹之患,对丈夫的行踪她会拐弯抹角地盘问。类似的现象也会发生在一个娶了漂亮妻子的男人身上。这类做法实际上反映了夫妻对自己的婚姻信心不足。

夫妻双方应该意识到在一个开放的社会中要封锁婚姻里的人是不现实的。双方都会走出婚姻的小圈子各自接触新人新事物、学习新的经验,不断地完善、充实和发展自己。这样,夫妻双方才能经常从对方身上发现新的东西,也使他们的爱情内容不断更新、长盛不衰。为此,我们可以遵循以下几个原则:

（1）建立优先次序。配偶与朋友相比永远都是重要的,要让朋友知道你与他交往你的配偶是知道的。

（2）尽量与稳定、独立和成熟的人交朋友,而少与婚姻失败者交往,因为后者容易将你视为靠山、寻求安慰,从而干扰你已有的婚姻关系。

（3）先健全自己的婚姻关系,然后再试着与他人交往。

放飞对方后,联系夫妻的唯一红线就是信任。信任是一种健康的、愉快的、有生命力的、在开放的婚姻关系中不可或缺的特质。而信任的建立是需要一定时间和付出很大努力的。信任是双方的,是需要事实证明的。所以,无论何时都不要欺骗对方,有时那些微不足道的谎言都会损害你的可信度。如丈夫不喜欢妻子的某个朋友,就不让妻子与她(他)来往,而妻子可能会瞒着丈夫继续与她(他)见面,这样夫妻间就破坏了他们之间的信任。丈夫干涉了妻子的交友自由,而妻子则会用欺骗来回应。所以,不要让欺骗损害你们的婚姻关系。对婚姻的诚实和信任,可从小事做起。这实际上也是在学习加强自我意识和自信。

"隐私"是每个人心中的一个"后花园",里面可能是一段伤痛或不愿回忆的经历,可能是自己的一些个人的私欲或理想,也可能只是青春年少时的一些轻狂或浪漫之举。它们都在一个不起眼的角落里,偶尔会被主人拿来"孤芳自赏"。它是心园中不容外人践踏的绿地,也不欢迎不速之客的到来。

窥视别人的"隐私",对有些人来说是情不自禁的。他们被一种好奇心所激励,总想对爱人的过去刨根问底,对爱人的现在也希望能了如指掌。刺探别人"隐私"的方法也多种多样,如直接问爱人"你过去有几个恋人?""你们关系发展到什么程度了?""你们接吻了吗?"也可以通过其他方式,如询问爱人过去的熟人,翻看爱人的日记和私人物品等等。无论运用何种方式,你是否意识到在满足你的好奇心的同时,这种行为实际上已损害了你与爱人的关系。你在知道她(他)心理秘密的同时,她(他)的心也在离你而去。现代社会人人都需要别人的尊重,受教育程度越高的人,个人意识越强。尊重别人的隐私权,就是尊重他(她)的人格,否则则是对其人格的侮辱和轻视。这种情况,在夫妻之间也不例外。如果你真正想得到爱人的心,就要显示出对对方的尊重。除非对方自己愿意,否则不要追问其过去的恋爱史,毕竟你爱的是现在的爱人。只有相互尊重,才能建立起相互信任、息息相通的亲密关系。

其实,过于在乎爱人的过去经历(尤其是恋爱经历)的人,实际上是对婚姻抱着一种很狭隘的观点。他们往往把爱人视为自己的私有财产,即"你是我的"。这种人倾向于将爱人置于自己的控制和监视之下,婚后往往想限制爱人的活动范围和交际圈子,希望爱人能对自己毫无保留。

同时,各位女士也应知道,当你的丈夫追问你过去的恋爱经历时,能不谈就不谈,能少谈就别多谈,因为详细的情节只会激发丈夫的想象力,燃起妒火,久难熄灭,弄不好婚姻也会就此搁浅。所以最好还是保留心中的那片绿地。

当然,"隐私"的含义不仅是"过去式",也包括"现在"。我们婚后所经历的事和交往的人,不必刻意向爱人保密,但也不必喋喋不休、悉数汇报。因为心理上保留一些东西,不仅使你的思想和人格更独立,而且还造成了与爱人的一段距离,而距离产生美感,从而使你更具"神秘感",也更具魅力。当然,这段距离要适当,太近会失去自我,太远又会失去爱人。最好夫妻能做到"亲密"而"有间"。

(七) 不断增添新意,预防"婚外恋"

爱情生活最怕的就是落入俗套,陷入程序。想一想那些不能善终的婚约,较多的原因是因为双方感到乏味，缺乏再呆在一起的兴趣。要想使双方常见常新，就不能将结婚看作是爱情的终点，而应把它当作爱情之旅的驿站，歇一歇，加点儿油，再上路。人一生经过的驿站很多，夫妻双方可以休息片刻，打起精神，继续赶路。

婚外恋威胁着婚姻的稳定和幸福。婚外恋来自男女双方，原因也是多重的。

1. 婚外恋的原因。

（1）女方。女方产生婚外恋多出于以下原因：①好奇。②报复。②证明自己的魅力。④一种自我尝试。⑤一次比较冒险的机遇。⑥因丈夫不关心或性关系不和谐而暂时找点安慰。

这类女子大多数并不是要让婚外恋来摧毁自己的家庭。但遇到这种情况的丈夫肯定会非常受伤害，他们失望、沮丧、自信心丧失、爱恨交织，甚至以婚外恋来报复等，并可能在很长一段时间内难以恢复事业和爱情的平衡心理。

（2）男方。男人出现外遇，往往和婚姻不健全、感情不牢固、受第三者引诱不能自持有关。男人出现外遇的类型主要有以下几种：①风流自赏型。这类人常自命风流，与女性交往随便，渐渐往来增多，终不能自禁。②不满现实型。因婚姻生活不理想而另寻安慰。③逢场作戏型。以情妇来消遣、满足自己的富有感，但多数不是很认真。④误上贼船型。在偶然的机会中，认识别的女性而被纠缠不清，虽觉得对不起妻子，但却欲罢不能。

2. 如何面对已出现的婚外恋？

（1）接受现实。任何一位妻子都害怕丈夫对自己不忠，也不能容忍"第三者"涉足自己的家庭生活。已经被丈夫背叛，报怨和愤怒都毫无用处，恰当的方式是接受现实，尽管你是多么的不情愿，觉得丈夫是多么的不应该，但问题毕竟已经发生，这时该想法解决问题。

（2）分析婚姻。俗话说："苍蝇不叮无缝的蛋"。同样，外遇也不会偶然发生，它往往是婚姻出现问题的一种形式，也许平时没有很在意自己的婚姻，忽视了夫妻间存在的问题，埋下了危机的祸根。因此，解决问题的关键不单单是让丈夫离开第三者就可以了，更不该把气发到第三者身上，认为清除了第三者就拉回了丈夫，而是应想办法从根本上消除婚姻中的危机，真正把丈夫的心留住。否则，还可能出现丈夫离家出走的情况。

（3）责任共担。丈夫有外遇，受伤害最大的是妻子，但是，在一个家庭里，没有任何一个问题的发生是单向的；也许危机的原因来自丈夫，也有可能来自自己，更有可能来自双方。应当认真分析问题是出在夫妻沟通不够、性格不合，还是彼此生活态度、观念相差太大，还是缺乏应有的感情基础。只有这样才能正确认识和客观理解丈夫的外遇问题，公平地承担各自应有的解决问题的责任。

（4）改变解决问题的模式。发现丈夫有不轨行为后，妻子总是没好气，若妻子改用一种轻声的问候,丈夫会积极地应对。丈夫有了外遇,不能一味地指责,而应选择适当的时机,尽量心平气和地进行谈心,这样会使丈夫觉得妻子是真诚的,也许会采取温和的态度来解决问题。理解妻子的处境,妥善处理情变。

(5)别过于期望他人。常有人发现丈夫有外遇,自己又无力解决,便想通过他人出面,以寻求对自己的支持者,并希望与这些人结成同盟,来共同"对付"丈夫。这不是什么上策。当遇到困扰后可去求助于他人倾诉和宣泄,但应认识到这种支持是很有限的,不能把解决问题的期望全部建立在他人身上,因为他们未必能站在一个公正客观的角度看待问题,也未必会投入很大的精力。另外,要考虑丈夫的承受能力,不要弄巧成拙,导致丈夫"破罐破摔",使事情没有挽回的余地。

(6)目标行为要一致。许多妻子内心想把丈夫拉回来,可行动上却是在往外推。如不断审问,逼迫丈夫认错,使丈夫体会不到家庭的温暖。这无疑都是在向外推丈夫,使一时失足的丈夫,更下定了决心离开妻子,这与妻子的愿望相反,实不足取。此时,妻子要对挽回婚姻有充分的信心,对唤回丈夫、找回暂时失去的幸福要有足够的耐心。因为外遇毕竟是一种"罪过",而且家庭破裂不是唯一的结局。

(7)主动安排夫妻间的共同生活。增加一些共同生活的时间,尤其是节假日要尽量同行,重温曾度过的美好时光,交给丈夫一些力所能及的家务,如采购、看孩子、开家长会等,使丈夫承担起必要的家庭责任。当丈夫责任感增强时,会较好地控制选择自我行为,更好地尽责任。同时要注意所安排的家务一定要适量,否则丈夫就会有被惩罚的感觉,有抵触情绪而不愿去做。

(8)拓展自己的生活。有许多妻子除了工作外,疏远了朋友,把全部的精力都投入了家庭,不太注意跟上社会的发展,而丈夫却在不断地学习,从而使双方产生了差距,两者之间的沟通越来越困难,为婚姻埋下了危机。妻子虽然家务缠身,但并不等于没有精力和时间去接受新事物,要把视野扩展到家庭以外,结交些朋友、学习些新东西,不断丰富发展自己。

婚姻不是想当然的事,只有投入更多的精力去耕耘,才会有收获。丈夫有了外遇,妻子应尽量冷静、理智地对待这一问题,尽可能使丈夫回心转意,两人携手创造美好的婚姻生活。然而"苍蝇不叮无缝的蛋",想一想,自己的婚姻是否在"第三者"到来之前,就已经出现了裂痕呢?

3.如何预防第三者的出现?

(1)夫妻共同进步,比翼双飞,不要让一方停滞不前。婚姻生活是动态的而不是静止的,夫妻双方的兴趣、能力、爱好、特长、人格、思想、工作等是不断发展变化的。就像登山一样,只有两人共同向前走,才能处于同样的高度,看到同样新的风景。如果有一方落伍了,与对方不在同一个台阶上,两人之间的观点就会出现分歧。所以,夫妻一定要不断学习、发展自己,跟上对方的前进步伐,这样才能同享生活的乐趣,不断加深感情。许多女孩一旦结婚就一心扑在家务上,心甘情愿地过起了相夫教子的生活,希望给丈夫一个安定温暖的后方,让其全力以赴地工作,以期事业有所成就。久而久之,妻子渐渐放弃了自己在事业上的追求,转而关心衣食住行、锅碗瓢勺。斗转星移、岁月流逝,不知不觉中,夫妻间的距离拉大了,共同语言减少了,考虑问题的思维方式也不一致了。而这时,丈夫的天地可能越来越宽,但在丈夫事业和生活的天地里,已找不到容纳妻子的地方了。若一旦遇到适宜的女孩,婚外恋将难以避免。因此,在社会高度发达的今天,妻子追求自我价值的体现,做丈夫事业上的伙伴,比翼双飞,才能使婚姻更加牢固。

（2）**看重婚姻**。家庭生活是否充满爱意,全靠妻子和丈夫去营造。夫妻双方看重自己的婚姻,就会用心去构建自己的家,这需要做到:

1）无论丈夫或妻子多么成功,也会有身心疲乏和脆弱的时候,这时,给予支持和关爱的一定是配偶而不是别人。

2）配偶应起避雷针的作用,将爱人的脾气,甚至是迁怒传导出去。

3）体谅配偶并掌握爱的技巧。如果你的配偶爱干净,那就及时清理房间并把自己打扮清爽,如果配偶喜欢清静,就不要时常打扰他,让他知道"家"是适合他的。

（3）**注意调适好婚姻的几个关键期**。婚后的前3年、孩子的出生,中年期、更年期是婚姻生活容易遇到问题的时期,夫妻双方应注意调适。

婚后的头3年,夫妻双方需要面对的事情较多,适应不好,可影响婚姻的稳定。孩子的出生,使妻子多了一个角色(母亲),对孩子的爱可能会使丈夫感到冷落,也会影响到两人的感情。人到中年,夫妻中的一方可能事业有成,周身洋溢着成熟男人或女人的美,可能会成为某些年轻人追求的对象。更年期前后,内分泌紊乱,情绪不稳定,某一方性欲的减低等等都可能是婚姻不稳定的因素。但只要夫妻双方相信这只是暂时现象,及时调整,共同解决问题,就会使婚姻生活雨过天晴。那么在暂时的不如意情况下,谁都不会打算逃离围城,而是坚守阵地。

三、夫妻沟通技巧

夫妻沟通是指彼此通过语言的或非语言的方式将自己的意思和情感传达给对方,并让对方知晓的过程。我们可能比较重视在社交环境中与他人打交道时的沟通,尽量把自己的意愿传达给他人,并努力去理解别人的真实意图。但许多人恰恰忽视了与自己关系最亲密的人——爱人之间的积极沟通。他们随意地运用一些不完善的、消极的沟通方式与爱人相处,任由这种消极沟通方式造成的隔阂与误解蔓延,侵蚀着他们原本美好的婚姻关系,制造了一幕幕不幸福的,甚至是非常可悲的家庭闹剧。这种破坏婚姻关系的沟通方式可能只是起源于一句过分的玩笑话、一个不经意的冲动性动作,或一次不完全的交谈。

（一）消除夫妻间的沟通误区

夫妻沟通常见的误区有：

1. 真爱的人应知道彼此的想法。 有的夫妻认为他们因相爱而结婚，而相爱的人是"心有灵犀一点通"的。有人说，彼此真正相爱的人，会有心灵感应，能准确知道彼此的想法，并使其满足。如果需要别人提醒才去为对方做事，那就说明他（她）根本不爱（她）他。

很多时候我们很难去体验另一个人的感情。就算彼此爱得很深，愿意去体验，也可能因为所受教育、生活背景的差异，不能准确地体会。因此，正确的做法是直截了当地说出自己的心里话，不要期望自己的配偶去猜测你的心思。

2. 过度委婉。 有时我们向对方表达某种意见时，可能用一种很委婉的方式。即字面上是一种意思，实际是指另一种意思。如妻子抱怨丈夫回家晚了，实际上她是担心丈夫在外安全。丈夫训斥孩子不听话，不好好做作业，实际上是在嫌妻子过多地投入工作，照顾孩子和家庭的时间太少了等等。这是一种无效的和消极的沟通方式，因为表达含意模糊，对方意识不到你的真实意思；即使对方意识到了，这种表达方式也会令人感到被摆弄而不快。所以，夫妻沟通时要明确地表达你想要什么、不想要什么，不要过度委婉。

3. 不完全的交谈。 有的夫妻在交流时，由于各种原因（如怕引起争执，顾全对方面子，保持自己尊严等）而对一些敏感话题避而不谈，一碰到就绕开。如果这些问题是非常重要的、双方非解决不可的，回避只能造成双方心中产生隔阂、疏远。如经济分配问题、父母赡养问题、再婚者的子女问题、双方性格冲突问题等。对这类必谈的问题晚谈不如早谈，以免长此以往，双方心生芥蒂。

4. 心不在焉。 有时夫妻在交流时，其中一方却在注意其他的事，没有交流的诚意，嘴上说的和行为表现不一致，自然无法达到夫妻感情交流的目的。如妻子说："别吸烟了，吸烟对身体不好。"丈夫一面吸着香烟，嘴里说着："不吸了，不吸了"，一面眼睛盯着电视看。可想这种消极的沟通方式对夫妻感情造成了多大的伤害？

5. 沉默。 "沉默是金"只适用于一定的场合。在夫妻交流中出现沉默有两种情况：一种是积极的情绪表达，表示满足、幸福、爱意和相互了解，"此处无声胜有声"；另一种是消极情绪的表达，表示不悦、漠视、气愤或拒绝合作等。其中后一种情况是一种破坏、阻断沟通的方式，它断绝了共同解决问题的可能性，阻碍了亲密关系的发展，是夫妻沟通中的破坏性因素。一般不要用这种方式来对待爱人，对方更不能以沉默对沉默，而应试图打破这种沉默，重新搭起沟通的桥梁。

（二）夫妻的语言沟通要则

1. 语言表达要明确具体。 夫妻沟通中，要明白自己究竟要说什么，并用明确具体的语言表达自己的内心感受。有的夫妻不善于表达自己的思想感情,只要求对方怎样做,而不解释自己对这件事的感受,想当然地认为对方肯定会理解自己的用心,结果造成感情隔阂。如妻子说:"我不愿意你晚下班,是因为我怕你工作太累,影响身体健康。"而这时丈夫恍然大悟:"我一直认为你想让我早下班是为了多帮你干家务活呢。"

2. 坦诚沟通。夫妻之间说话,可以更坦诚些,有一说一,有二说二,不要拐弯抹角,让世俗的陋习阻碍有效沟通。有的夫妻在沟通时养成了不良习惯,明明是对方惹你生气,你却要借另一件事将这种怨气发出来。所谓"指桑骂槐"、"说话听声,锣鼓听音"是这种夫妻沟通习惯的写照。如丈夫对妻子低收入的工作不满意,却大谈某某的太太多么有本事,挣多少钱等等。这种让对方猜谜语的沟通方式,自然会引起误解;即使猜对了又会让人觉得不被信任、被影射等。更糟糕的是,一旦养成这种沟通习惯,双方就难以坦诚相待,每次沟通都要注意对方的"话外音",以免错过真意。所以,夫妻要避免这种无效甚至有害的沟通方式。

3. 耐心倾听,积极反馈,尊重对方。有的夫妻一方在说话时,另一方却在脑子想着自己的事,心不在焉,将对方的话当作耳边风,这是对对方的不尊重,也妨碍了夫妻间有效的沟通。如忘记妻子让买东西的要求;对对方已回答过的问题重复提问。如果有上述情况,说明没有留意对方的话,没有认真倾听对方,所以,如果不了解对方的兴趣爱好、思想、需要及其他情况,夫妻间需要迫切改进沟通状况。

4. 要积极建议,避免直接批评。一般而言,不要直接指责对方的错误,应以积极建议为主。如果其缺点不自知,反复出错,确实需要敲警钟时,则应讲究策略。即在肯定对方的良好愿望和已有成绩的基础上,指出其不足,就事论事,不要夸大事实。更不要讲出侮辱人格的话语。这样才易于被接受,达到沟通的目的。

5. 注意语言修养,用词准确,精彩幽默。语言水平和一个人的整体修养有关,一个善于运用语言的人,不仅能使夫妻沟通变得顺畅高效,而且还可以使沟通变得轻松愉快,成为一种艺术的享受。所以,语言不仅是沟通的工具,更是营造家庭气氛的手段。

(三) 夫妻的行为(或非语言)沟通技巧

人与人之间的沟通方式,除了借助语言外,有时也借助非语言手段。人类65%的沟通是非语言的。夫妻之间也不例外,我们除了从对方的言语中获知对方的思想情感外,我们还应通过对方的微笑,皱眉,走路的姿势,下意识的动作等去读懂对方的心理。通过拥抱、亲吻、爱抚、性关系等沟通彼此的感情。学会理解和利用非语言的行为沟通技巧,有利于促进夫妻沟通的深化。行为沟通的改进要从两方面着手:

1. 用视觉解读对方的"行为语言"。人们情绪的表达,除了语言,更多的信息礼物。快乐是可以蔓延的;微笑可以驱散你心头的阴影,可让家庭充满阳光。

4. 培养幽默感。 幽默也是夫妇间沟通的一个重要部分。幽默可以化解生活中小小的不快,可以激起朵朵欢乐的浪花,它是智慧和快乐的结晶。夫妻都要善于发现平凡生活中的闪光点,激发思想的火花,欣赏每件事情所蕴含的快乐。幽默不仅是成熟人格的特质,更是成熟婚姻的特质。

【研读专栏】 14-3

典型的有性格缺陷的夫妻[11]

在现实中,任何事物和每个人都不是完美的,这里列举的丈夫或妻子只是婚姻生活中比较典型的几种类型,其他类型也会时常见到。我们列举出来,是为了帮助几类倾向的夫妻认识自己的行为偏差和根源。从而通过寻求合适的帮助,自我认识、自我矫正,夫妻共同努力解决婚姻中遇到的问题。最终建立一种健全的、幸福的婚姻。

一、丈夫的类型

1. 暴躁、专横型的丈夫。 这种男人由于内心深处的不成熟,他害怕任何人与自己平等,否则便会觉得被人压倒、受人控制,因而不惜一切地保持那种虚荣心。他必须总是正确的,如果有人认为他的某些言行错了,那他无论如何也忍受不了。

这种男人表现得粗声大气,横行霸道、盛气凌人、指手画脚控制他人,不听取别人的意见。继续争辩只会进一步引起他的不满和反抗。这种现象的基本原因在于情感的不成熟和缺乏安全感。对这类丈夫应以妻子治疗为开端,采用某种形式的组心理治疗较适用。通过参加妻子的治疗活动,让他了解妇女,明白男女在情绪反应中的区别,以缓和家庭气氛,也改变自己的行为方式。

2. 强迫型丈夫。 有强迫行为的人表现为身不由己地做出某些特殊行为。对争吵、威胁、恳求、痛哭或其他任何方式的劝导说服都是无效的。其表现形式多种多样,如好吃、酗酒、赌博、沉迷于电视或某种游戏活动等。妻子们会发现,眼泪威胁对那些具有强迫行为的丈夫是无济于事的。

这种类型的丈夫内心存在着不安全感,对他的这种特殊毛病不要指责,批评也会使情况变得更糟糕。他们通常有消极性格,逃避退缩是他们应付困难的手段。当然,有时他们也会有进攻行为,尤其在饮酒后。妻子应寻求专业人员(戒酒中心、心理咨询机构)的帮助。

强迫类型的人有一种飘忽不定的焦虑感,这种埋藏在内心深处的不安全感促使他去追求成就,不停地忙碌。这种类型的男人可能极少休假,常常超时工作。其

是借助非语言形式表达的,即面部表情和形体动作。我们有时很注意谈判对手的"行为语言",却忽略了我们身边关系最亲密的人的"行为语言"。如丈夫辛劳了一整天,或在外遇到了烦心事,神情沮丧,垂头丧气地踏进家门,有很多不识趣的妻子都会立即拿出一大堆关于家务事的牢骚话去塞满他的耳朵,完全忽略了丈夫的无言信号。这时,一场争吵不可避免会爆发。另有粗心大意的丈夫,当妻子兴冲冲地买回她心爱的服装,正等待丈夫赞扬自己美丽时,丈夫却令人扫兴地告诉她这个月他们的财政出现了赤字。所以,学会解读对方的行为语言,选择讨论问题的适当时机,才有可能使夫妻之间更好地相互了解,感情更加融洽。

"言行不一",是许多夫妻沟通时存在的现象。如丈夫答应妻子他要戒酒(戒烟、戒赌),但下班后他又与朋友进了酒馆;妻子答应丈夫勤俭持家,但又上街购回了一大堆可有可无的物品。往往人的语言可以撒谎,但行为语言却难以撒谎,人们相信所做的甚于所说的,即他的行为表达很可能是他的真实愿望。

2. 充分运用触觉沟通。 通过视觉来解读对方的行为语言,只是非言语沟通的一种形式,另一种形式就是直接通过身体接触而沟通。触觉是我们认识世界的一种基本方式之一,和别人的触觉接触也是人的基本心理需要之一,只不过由于社会文化的影响,在成人世界中这种需要已被最大限度地压抑下去了。但作为一种基本需要它仍存在,其缺乏状态被称为"皮肤饥饿"。在夫妻关系中,这种需要的满足成了表达情感、交流爱意的重要途径。当一个人精神沮丧、情绪低落时,有时语言的劝慰显得苍白无力,而这时如果对方能爱抚她、拥抱她,会使她感到自己的沉重被分担,使她获得某种力量或依靠感,会帮助她尽快渡过难关,走出情感的困惑。而在平常的日子里,夫妻间一次拥抱、一个亲吻、爱抚一下头、肩等,都会流露出彼此深深的爱意,并引起对方的回报。此时,一切情感尽在不言中。

(四) 巧妙处理矛盾与纠纷

在现实生活中,人们时常会遇到不如意的事情、难以克服的障碍或难以解决的问题。如艰难的攻关、复杂的人际关系、夫妻间偶尔的摩擦、孩子的教育和培养等等,甚至有时会为一件小事而发生夫妻纠纷和矛盾。学会巧妙地处理矛盾与纠纷,是家庭的快乐和幸福不可缺少的。

1. 处事冷静,合理疏导。 有时丈夫或妻子在外遇到不顺心的事,把怨气带回家里,这时,充当听众,让其倾吐为快或回避对方的谈话内容都是理智的处理方式。

2. 自我克制。 当自己遇到不愉快的事情时,不能总是图一时的痛快,向爱人发泄。发泄不良情绪的方法有多种,可以通过散散步、逛逛街或听一场音乐会来解决。

3. 宽容与退让。 在生命的旅途中,往往由于人的"执著心"而使我们背负沉重的负担。然而,夫妻之间的口角都没有根本的利害冲突,许多小事无碍大局,对爱

人对自己都应宽容为上。宽容和原谅别人也等于解脱自己。家庭快乐和幸福的信条之一就是"退一步,海阔天空"。

4. 坦诚认错。卡耐基在有关人际关系的原则中曾有这样一句名言:如果错在你,应"立即"、"断然"地承认错误,这意味着既诚恳认错,又不附加条件。

其实,很多人都知道,导致婚姻关系不融洽的许多因素是生活中的小事。在小的摩擦中,由于双方都不肯让步,终升至大的争吵。如果夫妻都能主动认错,婚姻生活会更加美满,也就不至于闹翻。同样的道理也适用于同事关系,其他家庭成员的关系和主顾关系。坦诚认错也有利于培养自信,克服犯错误和没面子的恐惧,改造、调整和修正自我形象。

5. 重点转移,搁置问题。我们有时会遇到争执起来似乎没有什么意义,也争论不出什么结果的问题。这时,最好的办法是将问题放在一边,不去理它,把注意力转移到利用有限的时间集中做好一些有意义的事上。夫妻之间也应允许多元文化的存在,承认对方对问题的处理方式不同并容忍其存在。这也是存在于夫妻间的对家庭问题求同存异的解决原则。但平常夫妻应尽量找一些共同感兴趣的事去做。

6. 就事论事,不揭老底。总是把爱人的短处拿出来曝光的人是最不明智的人。重翻陈年的旧账可能使夫妻重新陷入争吵。任何一个人都不可能十全十美,但任何一个人都有同样强的自尊心。一个在爱人甚至爱人的亲朋好友面前丧失自尊的人,不会是一个快乐的人。他(她)甚至会另外开辟交际的范围,去另外的天地寻找自尊。

(五)学会"吵架"的艺术

"吵架"是夫妇沟通的一种特殊形式。即使再美满的夫妇偶尔也会吵架。从来不吵架的夫妇一般有两种情况:一种是夫妇已经达到完全了解、完全一致的默契境界;另一种更多见的情况是夫妻关系已经完全冷漠,彼此不关心,放弃和好的努力,"架"也懒得吵了。而在一种正常的婚姻状态下,吵架总是免不了的。吵架可能会有两种截然相反的作用:一种是公平地、健康地争吵,它可能是夫妻沟通的一种好方式。它能发泄积郁的感情,减少紧张,可以使彼此更加了解对方,知道你们在某些方面存在差异。这是一种分享私人感情和想法的方式,使你们的关系更深一步。另一种是破坏性的争吵,它是一种相互的攻击或个人敌意的发泄,会损害两人之间的感情。可见吵架并不可怕,关键是怎么吵,吵得"好"就成为有益的,吵"不好"就成为有害的。为了帮助夫妻"学会吵架",心理学家有以下建议,供各位与配偶参考:

1. 以好朋友相待。你要时刻记住对方是你的好朋友,而不是你的敌人。争吵的目的就是为了解决问题,而不是争个你输我赢。这样,双方才不至于在争吵中伤

了和气。

2. 对事不对人。记住要争论的是什么事是对的,而不是谁是对的。这样,就不会做出相互之间进行人身攻击的言语和行为了。夫妻吵架〔些〕伤感情的话,尤其不要在气头上说"离婚"的话。这种以断绝关系相〔逼〕只会使婚姻在对方心目中失去价值。

3. 忍让为先。"忍一步,风平浪静;退一步,海阔天空。"当争吵渐〔〕的怨气都得以释放后,有一方要主动忍让一步,缓和情绪。无论谁对〔谁〕张气氛缓和下来,逐渐拉近双方的距离。有的夫妻为了所谓的自尊〔,〕步,结果陷入僵局,谁也不理谁,让战争的硝烟在家庭中弥散数日,既〔〕感情,又妨碍了正常的家庭生活。这时,谁先伸出和解的手,谁就是"〔〕到对方的回应。

(六)注意调节家庭气氛

生活在一个充满幽默和欢笑的家庭中,每个人都会感到轻松、愉〔快〕活的美好。这样的家庭生活是幸福的。可是你有没有意识到,这其实〔是〕自己去创造的。

在家庭生活中,每个人的情绪都会给家庭气氛带来影响,而妻子则〔情〕绪控制的中心地位。妻子情绪不好会涉及丈夫和孩子,如丈夫与孩子〔〕则会起缓解、宽慰作用。一般而言,女性又特别容易情绪化,妻子的〔〕气氛的晴雨表。所以,作为妻子应善于调节自己的情绪,做自己情绪〔和家〕庭"欢乐大本营"的主持人。

1. 加强修养,虚怀若谷,波澜不惊。生活是公正的,它既给我们〔幸福〕也给我们磨难和挫折。世间万物都在沿自己的轨道运行,很多事不〔是〕能操纵得了的。如果为了我们力所不能及的事而烦恼、忧愁,那就是〔在〕破坏生活。升学就业、调工资、评职称、下岗、住房、医疗制度改革、股〔票〕一不影响你的利益,对待这些事情只要尽自己的能力去拼搏了,你就〔是所〕谓谋事在人,成事在天,无论成败你都应坦然应对。因为忧愁、眼泪〔这〕些情绪对解决问题根本不起任何作用,只会破坏你的身体健康和家〔庭〕

2. 不要把外面的怨气带回家。每个人在一天的生活工作中会〔有〕小小的麻烦事,如果每个人都将在外面积累的怨气带回家,家就会〔成为火药〕棉;如果每个人都将各种趣闻和快乐带回家,家就会成为乐园。

3. 将最好的一面展现给爱人。婚前人们比较注意自己的形象和〔〕给对方留下美好的印象。婚后很多人就放松对自己的约束,将自己〔〕毫不掩饰地展现出来,并认为这才是真实的生活。要爱对方,就应该〔让对〕方美的享受、心灵的愉悦,这才是对对方爱的表达。快乐的情绪就是

是借助非语言形式表达的，即面部表情和形体动作。我们有时很注意谈判对手的"行为语言"，却忽略了我们身边关系最亲密的人的"行为语言"。如丈夫辛劳了一整天，或在外遇到了烦心事，神情沮丧，垂头丧气地踏进家门，有很多不识趣的妻子都会立即拿出一大堆关于家务事的牢骚话去塞满他的耳朵，完全忽略了丈夫的无言信号。这时，一场争吵不可避免会爆发。另有粗心大意的丈夫，当妻子兴冲冲地买回她心爱的服装，正等待丈夫赞扬自己美丽时，丈夫却令人扫兴地告诉她这个月他们的财政出现了赤字。所以，学会解读对方的行为语言，选择讨论问题的适当时机，才有可能使夫妻之间更好地相互了解，感情更加融洽。

"言行不一"，是许多夫妻沟通时存在的现象。如丈夫答应妻子他要戒酒（戒烟、戒赌），但下班后他又与朋友进了酒馆；妻子答应丈夫勤俭持家，但又上街购回了一大堆可有可无的物品。往往人的语言可以撒谎，但行为语言却难以撒谎，人们相信所做的甚于所说的，即他的行为表达很可能是他的真实愿望。

2. 充分运用触觉沟通。通过视觉来解读对方的行为语言，只是非言语沟通的一种形式，另一种形式就是直接通过身体接触而沟通。触觉是我们认识世界的一种基本方式之一，和别人的触觉接触也是人的基本心理需要之一，只不过由于社会文化的影响，在成人世界中这种需要已被最大限度地压抑下去了。但作为一种基本需要它仍存在，其缺乏状态被称为"皮肤饥饿"。在夫妻关系中，这种需要的满足成了表达情感、交流爱意的重要途径。当一个人精神沮丧、情绪低落时，有时语言的劝慰显得苍白无力，而这时如果对方能爱抚她、拥抱她，会使她感到自己的沉重被分担，使她获得某种力量或依靠感，会帮助她尽快渡过难关，走出情感的困惑。而在平常的日子里，夫妻间一次拥抱、一个亲吻、爱抚一下头、肩等，都会流露出彼此深深的爱意，并引起对方的回报。此时，一切情感尽在不言中。

（四）巧妙处理矛盾与纠纷

在现实生活中，人们时常会遇到不如意的事情、难以克服的障碍或难以解决的问题。如艰难的攻关、复杂的人际关系、夫妻间偶尔的摩擦、孩子的教育和培养等等，甚至有时会为一件小事而发生夫妻纠纷和矛盾。学会巧妙地处理矛盾与纠纷，是家庭的快乐和幸福不可缺少的。

1. 处事冷静，合理疏导。有时丈夫或妻子在外遇到不顺心的事，把怨气带回家里，这时，充当听众，让其倾吐为快或回避对方的谈话内容都是理智的处理方式。

2. 自我克制。当自己遇到不愉快的事情时，不能总是图一时的痛快，向爱人发泄。发泄不良情绪的方法有多种，可以通过散散步、逛逛街或听一场音乐会来解决。

3. 宽容与退让。在生命的旅途中，往往由于人的"执著心"而使我们背负沉重的负担。然而，夫妻之间的口角都没有根本的利害冲突，许多小事无碍大局，对爱人对自己都应宽容为上。宽容和原谅别人也等于解脱自己。家庭快乐和幸福的信条之一就是"退一步,海阔天空"。

4. 坦诚认错。卡耐基在有关人际关系的原则中曾有这样一句名言:如果错在你,应"立即"、"断然"地承认错误,这意味着既诚恳认错,又不附加条件。

其实,很多人都知道,导致婚姻关系不融洽的许多因素是生活中的小事。在小的摩擦中,由于双方都不肯让步,终升至大的争吵。如果夫妻都能主动认错,婚姻生活会更加美满,也就不至于闹翻。同样的道理也适用于同事关系,其他家庭成员的关系和主顾关系。坦诚认错也有利于培养自信,克服犯错误和没面子的恐惧,改造、调整和修正自我形象。

5. 重点转移,搁置问题。我们有时会遇到争执起来似乎没有什么意义,也争论不出什么结果的问题。这时,最好的办法是将问题放在一边,不去理它,把注意力转移到利用有限的时间集中做好一些有意义的事上。夫妻之间也应允许多元文化的存在,承认对方对问题的处理方式不同并容忍其存在。这也是存在于夫妻间的对家庭问题求同存异的解决原则。但平常夫妻应尽量找一些共同感兴趣的事去做。

6. 就事论事,不揭老底。总是把爱人的短处拿出来曝光的人是最不明智的人。重翻陈年的旧账可能使夫妻重新陷入争吵。任何一个人都不可能十全十美,但任何一个人都有同样强的自尊心。一个在爱人甚至爱人的亲朋好友面前丧失自尊的人,不会是一个快乐的人。他(她)甚至会另外开辟交际的范围,去另外的天地寻找自尊。

(五)学会"吵架"的艺术

"吵架"是夫妇沟通的一种特殊形式。即使再美满的夫妇偶尔也会吵架。从来不吵架的夫妇一般有两种情况:一种是夫妇已经达到完全了解、完全一致的默契境界;另一种更多见的情况是夫妻关系已经完全冷漠,彼此不关心,放弃和好的努力,"架"也懒得吵了。而在一种正常的婚姻状态下,吵架总是免不了的。吵架可能会有两种截然相反的作用:一种是公平地、健康地争吵,它可能是夫妻沟通的一种好方式。它能发泄积郁的感情,减少紧张,可以使彼此更加了解对方,知道你们在某些方面存在差异。这是一种分享私人感情和想法的方式,使你们的关系更深一步。另一种是破坏性的争吵,它是一种相互的攻击或个人敌意的发泄,会损害两人之间的感情。可见吵架并不可怕,关键是怎么吵,吵得"好"就成为有益的,吵"不好"就成为有害的。为了帮助夫妻"学会吵架",心理学家有以下建议,供各位与配偶参考:

1. 以好朋友相待。你要时刻记住对方是你的好朋友,而不是你的敌人。争吵的目的就是为了解决问题,而不是争个你输我赢。这样,双方才不至于在争吵中伤了和气。

2. 对事不对人。 记住要争论的是什么事是对的,而不是谁是对的,谁是错的。这样,就不会做出相互之间进行人身攻击的言语和行为了。夫妻吵架切忌说出一些伤感情的话,尤其不要在气头上说"离婚"的话。这种以断绝关系相威胁的做法,只会使婚姻在对方心目中失去价值。

3. 忍让为先。 "忍一步,风平浪静;退一步,海阔天空。"当争吵渐有眉目、双方的怨气都得以释放后,有一方要主动忍让一步,缓和情绪。无论谁对谁错,先将紧张气氛缓和下来,逐渐拉近双方的距离。有的夫妻为了所谓的自尊,谁也不肯让步,结果陷入僵局,谁也不理谁,让战争的硝烟在家庭中弥散数日,既破坏了双方的感情,又妨碍了正常的家庭生活。这时,谁先伸出和解的手,谁就是"功臣",必将得到对方的回应。

（六）注意调节家庭气氛

生活在一个充满幽默和欢笑的家庭中,每个人都会感到轻松、愉快,体验到生活的美好。这样的家庭生活是幸福的。可是你有没有意识到,这其实是需要我们自己去创造的。

在家庭生活中,每个人的情绪都会给家庭气氛带来影响,而妻子则处于一种情绪控制的中心地位。妻子情绪不好会涉及丈夫和孩子,如丈夫与孩子有矛盾,妻子则会起缓解、宽慰作用。一般而言,女性又特别容易情绪化,妻子的脸往往是家庭气氛的晴雨表。所以,作为妻子应善于调节自己的情绪,做自己情绪的主人,做家庭"欢乐大本营"的主持人。

1. 加强修养,虚怀若谷,波澜不惊。 生活是公正的,它既给我们鲜花和掌声,也给我们磨难和挫折。世间万物都在沿自己的轨道运行,很多事不是我们的力量能操纵得了的。如果为了我们力所不能及的事而烦恼、忧愁,那就是在浪费生命、破坏生活。升学就业、调工资、评职称、下岗、住房、医疗制度改革、股市升降等等无一不影响你的利益,对待这些事情只要尽自己的能力去拼搏了,你就问心无愧。所谓谋事在人,成事在天,无论成败你都应坦然应对。因为忧愁、眼泪、烦恼、焦虑这些情绪对解决问题根本不起任何作用,只会破坏你的身体健康和家庭的气氛。

2. 不要把外面的怨气带回家。 每个人在一天的生活工作中会遇到许多大大小小的麻烦事,如果每个人都将在外面积累的怨气带回家,家就会变成一个火药棉;如果每个人都将各种趣闻和快乐带回家,家就会成为乐园。

3. 将最好的一面展现给爱人。 婚前人们比较注意自己的形象和情绪控制,以给对方留下美好的印象。婚后很多人就放松对自己的约束,将自己不好的那一面毫不掩饰地展现出来,并认为这才是真实的生活。要爱对方,就应该时刻注意给对方美的享受、心灵的愉悦,这才是对对方爱的表达。快乐的情绪就是你给对方最好的礼物。快乐是可以蔓延的;微笑可以驱散你心头的阴影,可让家庭充满阳光。

4. 培养幽默感。 幽默也是夫妇间沟通的一个重要部分。幽默可以化解生活中小小的不快,可以激起朵朵欢乐的浪花,它是智慧和快乐的结晶。夫妻都要善于发现平凡生活中的闪光点,激发思想的火花,欣赏每件事情所蕴含的快乐。幽默不仅是成熟人格的特质,更是成熟婚姻的特质。

【研读专栏】　14-3

典型的有性格缺陷的夫妻[11]

在现实中,任何事物和每个人都不是完美的,这里列举的丈夫或妻子只是婚姻生活中比较典型的几种类型,其他类型也会时常见到。我们列举出来,是为了帮助有几类倾向的夫妻认识自己的行为偏差和根源。从而通过寻求合适的帮助,自我认识、自我矫正,夫妻共同努力解决婚姻中遇到的问题。最终建立一种健全的、幸福的婚姻。

一、丈夫的类型

1. 暴躁、专横型的丈夫。 这种男人由于内心深处的不成熟,他害怕任何人与自己平等,否则便会觉得被人压倒、受人控制,因而不惜一切地保持那种虚荣心。他必须总是正确的,如果有人认为他的某些言行错了,那他无论如何也忍受不了。

这种男人表现得粗声大气、横行霸道、盛气凌人、指手画脚控制他人,不听取别人的意见。继续争辩只会进一步引起他的不满和反抗。这种现象的基本原因在于情感的不成熟和缺乏安全感。对这类丈夫应以妻子治疗为开端,采用某种形式的小组心理治疗较适用。通过参加妻子的治疗活动,让他了解妇女,明白男女在情绪反应中的区别,以缓和家庭气氛,也改变自己的行为方式。

2. 强迫型丈夫。 有强迫行为的人表现为身不由己地做出某些特殊行为。对此,争吵、威胁、恳求、痛哭或其他任何方式的劝导说服都是无效的。其表现形式多种多样,如好吃、酗酒、赌博、沉迷于电视或某种游戏活动等。妻子们会发现,眼泪和威胁对那些具有强迫行为的丈夫是无济于事的。

这种类型的丈夫内心存在着不安全感,对他的这种特殊毛病不要指责,批评也许会使情况变得更糟糕。他们通常有消极性格,逃避退缩是他们应付困难的手段。当然,有时他们也会有进攻行为,尤其在饮酒后。妻子应寻求专业人员(戒酒中心或心理咨询机构)的帮助。

强迫类型的人有一种飘忽不定的焦虑感,这种埋藏在内心深处的不安全感促使他去追求成就,不停地忙碌。这种类型的男人可能极少休假,常常超时工作。其文饰心理使他确信,他所献身的工作极为繁忙,没有时间进行任何其他活动。通常这种行为比其他种类的神经危害行为要小,甚至对社会有益。但对家庭而言,却有很多不利。面对这样的丈夫,妻子的命令、哭泣、威胁都不会解决问题,要解决这种情况,应该创造一个美好的家庭环境,以使丈夫在这个环境中感到舒适、安逸。必要时,请教专家,帮助丈夫排解内心焦虑。

3. 缄默型丈夫。"我的丈夫从来不和我交谈",这是妻子们常常抱怨的话题;而"什么都和老婆谈,那算什么男子汉",却是缄默型丈夫的保护伞。这些"大丈夫"沉默的原因很多,无论是个性害羞、封闭,还是信奉"沉默是金",其实都不能否认他们在感情交流问题上存有障碍。有些男人在外处理公务、参加社交活动可能非常成功,很有把握,但一涉及感情方面的事就会变得不适、不安或无所适从。于是,他们便选择了沉默。通过参加小组诊疗或其他形式的家庭婚姻治疗,可望使他们学会恰当地表达感情,与妻子在较深层次上交流。

4. 幼稚型丈夫(恋母型)。这种类型的丈夫似乎没有长大。在婚姻关系中,试图重建类似过去与母亲那样的关系。他总是处于被动地位,而逃避承担责任。当他生病时,需要更多的照看和母亲般的关怀。有时为了显示自己是个男子汉而表现得极为过分,若不能随心所欲,便会大发脾气。这类人有自卑感,如果妻子愿意并能够担负起母亲的职责,那么婚姻就可能成功。妻子必须向他施以母爱,纵容他、满足他的不合理要求,直到他成熟起来。他有空闲时间便去看望母亲,与母亲的关系高于婚姻关系,妻子在他的生活中仅处于第二位。这种状况必然会使妻子在感情上受到伤害。要想改变这样的丈夫,讲理、争吵、恐吓都是无济于事的,通常有效的办法是进行心理治疗。

二、妻子的类型

1. 过分支配型妻子。有支配个性的妻子,可以通过许多方法和途径来达到控制别人的目的。有的用强硬的手腕和大嗓门,而另一些较为文静的妻子则利用更巧妙的方法来实现控制,如利用真的或想象出来的疾病,利用给别人制造内疚心理等来控制别人。如一个参加小组治疗的男人所说:"我现在才明白我母亲是如何用爱和疾病这个奇特的结合物把整个家庭控制得那么紧。只要我们听话,只要父亲按母亲的意愿行事,母亲是温柔、亲切而细心的。但是,如果有谁表现出某种独立的思想或行动,她的'心脏病'就会发作,或者就以这种或那种病为理由,卧床不起……结果我们都觉得是我们使她生了病,因而我们便会深感内疚,最后我们也就让步了。"

支配型的妻子很少意识到她所处的支配地位。她可能认为自己是一个自我牺牲的人,并充满了爱。她感到"如果你真的爱我,就应该按我说的去办。"如果她的要求不能得到答应,她会认为丈夫缺乏爱和体贴,甚至觉得丈夫不爱她,被遗弃了。

2. 自我陶醉型妻子。自我陶醉的人是一种过分自爱的人,她过分地迷恋自己的容颜、体态,并强调自己的兴趣与爱好。极为漂亮的女人往往在感情方面难以成熟。她们从小就习惯于别人对其容颜的赞赏,结果形成了自我中心,自我陶醉的心理。当她结婚后,如果人们不再赞美她,丈夫不去满足她那幼稚的奇想,那么她就会有麻烦,可能会患上某种生理或心理上的疾病。她对丈夫的责备和对周围环境的不满促使她接二连三地去找医生,以医治她那数不清的痛苦和烦恼。最后心理的痛苦转移到身体上,患上某种疾病。而这就成为她在婚姻和事业上失败解脱的现成借口。

自我陶醉的女人往往企图成为人们注意的中心。她采用恭维的言语、艳媚的举动来向男性调情,以证明她没有丧失吸引力,其中也包括丈夫在内。她很少考虑满足别人的需求,她们往往忽视了婚姻中既有所"取",也有所"予"的事实。精心的心理治疗和丈夫的密切配合,一定的感情交流,将有助于她们情绪和行为方面的改进。

3. 幼稚型妻子。这种妻子像没有长大的孩子,总需要有人照顾她,满足她的一些浪漫的想法。一旦生活没有像她们设想的那样,丈夫不能满足她们的要求,她们就会板脸、闹别扭、又哭又闹,甚至以回娘家来恫吓丈夫。她们的问题在于情感发展不成熟,往往以童年的而不是以成年人的方式去处理面临的困难和问题。她们往往不能胜任妻子的职责,使丈夫不知所措。她们会提出一些不合理的要求,还希望她的每个愿望都马上得以实现,实际上这是不可能的,所以家庭的闹剧就不可避免地重复。对这类妻子,需让她认识到自己行为的不合理性,自觉地在丈夫的帮助和心理医生的指导下进行长期努力,使自己的感情成熟起来。

4. 嫉妒、占有型妻子。嫉妒是人人都有的心理,但当它过于强烈时会变得具有破坏性。有些妻子有过分的占有欲和嫉妒心理,她们很关心丈夫的行踪,对丈夫在外的活动百般询问,尤其是当丈夫出差或晚上加班时,更不放心。丈夫若偶尔表现出对别的女人有点兴趣,马上会引起妻子的极度嫉妒。这种妻子应该知道她的这种过分嫉妒和占有欲,是由于其内心的不安全感造成的。由于其生活经历形成的这种不安全感,使她特别害怕失去自己的丈夫。但同时也应该让她们明白,过度的占有欲只会使丈夫疏远自己,越害怕失去丈夫,就越可能失去丈夫。在一种不被信任,百般监视的环境中,谁能坚持很久呢?

对这种类型的妻子,通过心理治疗可以使她认清自己不安全感的来源,并学会以成人的方式来对待问题。同时,进行认知行为训练和自信心训练,使自己人格尽快完善起来。同时,也少不了丈夫的"坦诚"相助。

第四节　父母与子女沟通

不少做家长的都有这样的苦衷:在逐渐长大的子女的心目中,自己的威信也在逐渐地丧失。许多时候,子女也听父母的,不过大多不是出于自愿。他们感到:自己和子女之间,已经有着一种心理上和感情上的隔阂。这种隔阂是怎样产生的呢?

一、青年的心理特征

1. 两次断乳。 心理学研究表明,人生有两次"诞生"(断乳)。一次是"生理断乳",人切断与母体的身体联系,但在心理上,还是完全依赖父母,需要父母的帮助、照顾、庇护;进入青年期后,随着性器官的发育与成熟,人开始了第二次诞生,进入"心理断乳"时期。在这个时期,青年人的独立与自我意识迅速强化,他们心理上渴望摆脱父母,要求父母和社会把他们当作大人一样来对待。如果父母还是把他们当作孩子看待,一如既往地加以训斥、教导,他们就会感到没得到他们应该受到的尊重与理解。即便是父母对他们的爱护,也会使他们感到异常恼火。

2. 自我意识极端发展。 这种独立与自我意识的极端发展,往往造成青年人对父母亲的认识产生两种片面性:一是对父母亲说话方式认识的片面性。他们的自尊心特别强,与父母交往特别敏感。在父亲的语言中哪怕某个词语、某种语气有教训的意味,就认定自己的人格受到了损害,于是,往往只抓一点,不计其余地对父母亲的话语产生敌对情绪;二是对父母亲的认识产生片面性,即由认为父母亲的某句话不对扩大到认为父母亲整个人都不行,认为父母亲观念陈旧、思想僵化、知识落后、简直一无可取,并自认为把父母亲看透了。其实,在这两种片面性影响下产生的认识只是把父母亲看偏了,而不是真正看透了。

二、子女对父母的评判及冲突形式

现在有相当一部分的年轻人讨厌父亲。首先,他们觉得老爷子可笑。不论说什么,老爷子都和他那时比。什么"我们那会儿读书,哪有你现在条件这样好,你还不好好学习。"似乎子女的行为不可理喻。可他不知现在是什么年月了,都21世纪了,还是这样无知、迂腐、可笑。其次,他们又觉得老爷子可气。最后,老爷子简直是可恶。他动不动就命令你做这个,不要做那个。稍有不服,他就大吼道:"你还敢顶嘴!"好一副皇帝老子八面威风不可侵犯的模样,真是可恶。

正因为做子女的对父母有这样的评价,于是父母与子女之间的语言交往就难免发生各种冲突。这些冲突大致有以下四种类型:

1. 表面服从,内心反抗。例如,父亲说:"叫你去复习功课,这是为你好。"他顺从地拿起了书本，心里却十分不满："哼，为我好，谁要你为我好？你有你的活法，我有我的活法。"

2. 磨磨蹭蹭，爱理不理。例如，父亲对他说了半天，他却埋头于书本，给父亲一个后脑勺。好不容易看完一节，才眼不离书地来一句："您说啥？"结果父亲火了："我说了半天，你听见了没有？"他还不紧不慢地嘟囔着："嚷什么，我这不是在听吗？"

3. 冷嘲热讽，公然蔑视。如上例，他就可能这样来一句："爸爸，您叫我怎么办？我要去玩，您却要我看书，我刚把书拿起来，您又唠叨个没完。"一下子顶得他父亲说不出话。

4. 公开冲突，不辞而别。有的竟公开出走，弄得父母几天不见人影，甚为挂念。

三、子女与父母的沟通要则

在与父母亲的语言沟通中，青年朋友应该检讨自己是否有绝对肯定自我、绝对否定父母的片面认识。除此之外，还应掌握一定的语言沟通技巧，并注意以下三点：

1. 理解父母的爱子之心。青年人特别厌烦父母的责怪话。其实，父母的这些话都出于一种爱子之心，做子女的应该理解父母的这种心情。

2. 体谅父母的爱子动机。天下父母大都是爱子心切，心切则言乱。在这个时候，年青人不应抓住父母话语中的某个词语、某种语气、某种方式不放；而应该体谅父母的说话动机，这样许多问题就容易解决了。例如：

父亲：今天就在家里温习功课，不准出去玩。

儿子：我偏要去玩，连囚犯还有个放风的时候呢！

儿子之所以这样说，是因为他觉得爸爸的"不准"二字伤了他的自尊心，觉得父亲根本不拿他当人看。如果他想到父亲这样说是担心自己的功课跟不上，是对自己的关心，考虑到这种深切的父爱，做儿子的也许就会说："爸爸，我复习了这么长时间，脑子有点疲倦了。我出去玩一会儿，放松放松。有劳有逸，回来后不是更有精力了吗？"这样说，父亲自然会同意的。

3. 分析父母言语的对错之处。青年人常对父母的话不加分析地一概拒绝。父母想将自己的经验传授给子女，可子女一听到"我过去……"就断定这是想用老一套来捆住自己的手脚。如果做子女的能够不先人为主，静下心来分析一下父母话语中有没有可取之处，这样一来，情况也会大不相同。

4. 运用恰当的说话方式。有些青年人说话，爱用讥讽式反问句，这样常常不能取得好的实际效果，只会破坏父子关系。例如：

父亲：你看看你那裤脚的尺寸！

儿子：我说爸爸，您怎么老是跟我的裤脚过不去，难道就不能让我自个儿管自个儿吗?

如果儿子用坦诚的方式和爸爸交换意见,平静地说:爸爸,这裤脚尺寸的大小纯粹是个时兴,我们青年人就是爱赶时兴,现在就兴这个尺寸,如果过大过小,那不太特殊了吗? 您年轻时恐怕也不会故意穿得和大家不一样吧!

这样说,做父亲的也会心平气和地与你交换意见,而父子在这种对话中,就可能互相沟通,找到处理问题的妥善方法。

四、父母与子女的沟通要点

子女随着年龄的增长,他们跨进了幼儿园、小学、中学、大学以后,他们的视野大大开阔了,接触面也成倍地增加了,知识面也跳跃地向四面扩展着。他们不再无条件地崇拜和服从父母了,做父母的就需要对他们摆事实、讲道理,否则,他们可能不会接受。所以,父母与子女沟通时要切忌:

1. 兴趣强制。兴趣只能引导,不能强制。可是,生活中不少家长硬性规定子女的兴趣范围,这就容易造成心理上的疏远。

2. 作风粗暴。生活中的确有不少父母经常为子女学习成绩不好而痛骂毒打子女。这种态度只能造成子女对父母的戒备心理和疏远。

3. 冤屈孩子。最常见的是强迫子女无错认错。有时父母自己丢了东西或放错东西,却怀疑是子女拿的,子女申辩一下,就责骂他"说谎",以致加倍处罚。父母往往对孩子不加分析,全盘否定,这更使孩子伤心。

4. 不通情达理。对于孩子的合理要求,应该尽量满足,一时不能满足,也要讲清道理,取得孩子的谅解。否则,会使孩子感到你不可亲,逐渐同你疏远。

5. 损伤自尊。人都有自尊心,尤其是刚刚进入少年期的子女,由于开始形成独立人格,自尊心更强烈。有些父母往往看不到子女的这种心理要求与变化,有意无意地挫伤了他们的自尊心。其一,经常指责孩子的弱点;其二,看不到孩子的进步;其三,打击孩子的积极性。

6. 不讲民主。孩子有了冤屈,不容申辩,稍作申辩,就横眉怒目,吓得孩子不敢作声。有时,明明是自己做错了或错怪了孩子,就是不肯承认,更谈不上用适当的形式向子女表示歉意。子女对家庭大事发表看法,往往被粗暴地打断,所谓"小人别管大人事",常常是这种父母的口头禅。子女有了独立意识之后,应平等相待。子女对父母的尊重敬爱,并不是建立在压服的基础上的,而是通过父母正确的言传身教而自然产生的。惟有心灵的沟通,才有感情的交融,这是消除父母子女之间隔阂的常理。

要消除父母子女之间的隔阂,父母亲要勤于与子女沟通。事业再重、工作再忙、精神负担再沉,下班回到家中,父母也要与孩子聊聊天,加深和孩子的沟通,多关心关心孩子的学习状况,新的想法和思想状况,这样才算是尽到了做父母的责任。

父母如何与孩子进行沟通,将对孩子的感情生活带来长期持续的后果。父母在管理孩子期间,是严厉惩罚还是用情感移入的方式,以冷静还是热情的方式,这对孩子来说都是非常重要的。具有良好情商的夫妇也会把一些良好的品质传递给自己的孩子。

五、继父母与孩子的关系

在继父母关系中一个最大的问题是孩子不愿意接受继父或继母,使得孩子与生父或生母关系更加密切。在新的关系中,关键在于如何教育孩子,如何扮演在家庭中的角色。即孩子如何为了自己亲生父母的幸福尊重继父继母,而继父继母又有一个如何善待孩子的问题。

第五节　家庭中其他沟通关系

一、与老年人沟通

子女与老人之间良好的情感沟通显得越来越重要。一方面,两代人之间良好的人际沟通将直接影响老年人的情绪状态,关系到老年人的身心健康和晚年生活质量;另一方面,不良的人际沟通将直接对老年人造成心理伤害,严重的,将改变老年人对生活的态度,进而采取消极和悲观的方式来解决自己的余生。

据上海市的调查发现[12],子女对父母的态度对家庭气氛有着重要的影响:子女对老年父母态度好的,家庭气氛大多比较融洽和睦;子女对父母态度一般的,家庭气氛也一般。成都市也有调查发现,在自己觉得境况不佳的一组老人中,两代人之间关系不好的多达37%。由此可见,两代人之间的关系对老人心理状态和晚年生活质量的影响和重要程度。

(一) 老年人的社会心理特征

影响老年人生活质量和心理特征变化的因素主要有三个方面:生理心理方面的因素、社会心理方面的因素以及老年人的教育因素。由于这些因素的影响,使老年人的社会心理和人际关系具有不同的特征。

1. 长期积蓄下来的人际关系的维系和影响正在不断地减少。 大家都知道,人是社会的人,在人的成长过程中,人际关系是人类社会化进程中一个不可或缺的重要影响因素。缺乏良好的人际环境的人,无法得到健康、稳定的个人成长。老年人的人际关系的不断减少使其身心健康直接受到不利的影响。

2. 老年人固守着自己的思想方法和行为方式。这使他们对陌生人敞开心扉地去接近则变得越来越困难了。许多工业国家对老年人的调查结果显示,有半数以上的高龄者在进入老年期之后,最痛苦的体验就是孤独感。

3. 老年人有被社会抛弃的感觉。老年人的身心状态以及晚年生活内容都必须有所改变,才能跟上时代的变化,适应社会的要求,然而,这对于老年人来说是相当难的。所以老年人就很容易产生自己被社会抛弃的感觉,从而产生很强的失落感和厌世情绪。

(二) 与老年人的沟通技巧

常言说得好:"老人安、全家欢。"年轻人与父辈们关系融洽与否直接关系到整个家庭的稳定和生活的质量以及年轻人的身心健康。与老年人沟通应注意以下几点:

1. 求同存异,克服代际关系障碍。应该说,代沟的存在对于两代人的交往和整个社会的发展,既有有利的一面,也有不利的一面。新的一代总要强过老的一代,只有"长江后浪推前浪",社会才能向前发展。但是老人的丰富阅历又是一笔财富,如果两代人固执己见、互不相让,不仅难以取长补短,更不利于家人之间的感情沟通。可以说,子女们与老年父母之间的这条所谓的"代沟",由来已久,不可能在一夜之间完全填平。要想做到两全其美,实属不易,看来只有相互谦让了。为此,一个能为双方接受的代际交往的和谐之策便是:求同存异。

求同存异对于促使代际关系和谐确实是一个上策,它不仅可以保存青年人自以为"是"的一些优点,也能在两者之间寻找到对双方都有利的共同点。求同存异的前提和基础是相互理解,是相互之间情感与心理的良好沟通。在代际交往中,"相互理解"更多的是要求能设身处地地为老年人着想,做到将心比心。

2. 尊重老人。老年人往往有较强的自尊心,他们对子女是否能像以前一样尊重自己往往比较敏感。所以,年轻夫妇在与父辈相处的过程中,要把尊重放在首要位置。即便是父辈的观点不对,也要耐心委婉,不要与老人顶撞、争吵。事情办完后,及时向父母说明结果,让父母体会到子女对他们的尊重。

3. 尽可能满足老年人的物质生活需求。父母岁数大了,在身体健康状况和饮食方面,多给予照顾,保证老人有充足的营养。如果限于财力,无力满足老人的一些要求,应耐心地向老人说明,以取得老人的谅解。

4. 加强心理沟通。老年人由于社会活动的大量减少,常有孤独寂寞之感。因此,年轻夫妇要尽可能地按时和父母们加强心理沟通、交流情感。如晚饭后或公休日找个机会陪伴老人,谈谈心、散散步,给他们讲一些社会上的新鲜事,与他们共同分享喜怒哀乐。如果自己太忙,实在没时间,也可叫自己的孩子多和老人在一起,使他们从第三代身上享受到"天伦之乐"。

5. 对老人帮助料理家务,要经常表示感谢。老人一生操劳,现在老了仍尽力在帮助自己料理家务、照顾孩子,体现了父母的一片爱子之心。尽管是自己的父母,也要时常有感激的表示。这种谢意可以是语言的,也可以是物质的,如给老人买点可口的食品,过节或平时给老人添件合适的衣服等,让父辈们体验到子女对他们的感激之情。

【研读专栏】　14 - 4

老年人的晚年寄托和追求[13]

自我概念　老年人对自己在晚年的个人形象和能力依然会有一个期望和追求的目标,但是这又与他们平常所接受到的关于老年人生理和心理衰老的知识相冲突和矛盾,以至于他们无法对自己形成一个科学和正确的认识,要么自惭形秽,要么给自己制定一些过高的要求和目标,给自己造成许多不必要的挫折体验。

自我尊重　老年人奋斗一生,虽然不会事事如意,但总有一些方面是自己较为满意的,所以,老年人往往会有意无意地保持一些自己已有的习惯和行为方式,他们尊重自己对人生的选择,尽可能客观和公正地评价自己的一生,同时也希望别人对自己有相同的看法。

人际交往　与年轻时相比,老年人希望获得更多的、持久的、亲密的人际关系;尤其是退休之后,人际关系骤然减少,老年人会产生强烈的失落感,如果有人能够经常和他们聊天、娱乐,他们会更容易对付晚年生活所带来的人际危机。

亲密而忠城的关系　老年人在进入晚年之后,往往容易受到各方面的冷落,子女为了自己的家庭和事业而奔忙不息,与老人的情感联系不如儿时那样亲密了;对于一些家庭事务,老人也逐渐失去了参与和发表意见的权力。其实,老人很怕这种被社会和家人抛弃的感觉,他们依然怀念着以往自己在家中一家之主的权威。

独创性　老年人并不喜欢过着被人摆布和安排的生活,他们往往对自己的晚年有自己的安排和打算。那些有抱负心的老人,不愿被别人牵制,他们更希望按照自己独特的方式独立生活,尽可能地发挥自己的个性和特长。只有这样,他们才觉得晚年生活能体现出应有的价值。

安静的生活环境　老人戎马一生,好不容易到了退休可以安享晚年和舒适生活的时候了。这个时候,老人都希望有人来伺候自己,但至少不希望有家庭琐事要自己去操心。他们向往着轻松愉快的生活,尽情地发展自己的爱好和兴趣,与自己喜欢的人交往,做自己喜欢做的事,从而体会安享晚年的乐趣。

内在的精神活动和受人尊重　老人到了晚年总喜欢独自心平气和地感受和分析自己的内心体验。他们希望有更多的时间和机会可以静静地对自己的思想和行为进行细致深入的思考。所以,他们反感别人的干扰,更不会因为他人影响而改变自己的思想或观念。

爱抚和关怀 无论是与老伴共度晚年的老人还是独身老人,都需要晚辈或他人的关心和爱护,他们喜欢温馨的家庭感觉,希望家人和睦相处,人人笑容以待,互相关怀,互相帮助,避免破坏性的家庭纠纷和争吵。

二、婆媳沟通

婆媳关系是家庭关系中的一个重要方面,婆媳如何相处,对于家庭的稳定非常重要。俗话说:"婆媳亲,全家宁。"婆媳关系是家庭内部人际关系中最微妙、最难处的一种关系。婆媳关系融洽与否直接影响着整个家庭中其他人际关系,如夫妻关系、兄弟姐妹关系以及祖孙关系。

(一)婆媳关系的特点

1. 先天缺乏建立亲情关系的条件。 婆媳之间不具备类似母子那样所具有的血缘亲密性关系,它是由婚姻关系派生出来的、并非那么紧密的一种家庭关系。这种关系本身缺乏骨肉之情,也缺乏两性之爱,自然就决定了她们之间的亲近程度比配偶关系和血缘关系都要逊色得多,同时也决定了她们在心理上和感情上的巨大差距。

2. 感情上的竞争关系。 婆媳双方分别以母亲和妻子的身份同时爱着同一个男人,而一个男人的时间和精力是有限的,这就必然导致母爱与情爱之间的竞争。母亲在儿子结婚之后,既有收获感又有失落感:一方面是为了儿子完成终身大事而感到欣慰和高兴;另一方面却又担心儿子"娶了媳妇忘了娘",并开始强烈地感到儿子已不如婚前那样对自己关心和孝顺了。同时,媳妇也会很自然地把丈夫的感情"不如从前"归咎于婆婆。

3. 生活方式上的分歧。 从家庭生活方面来看,婆媳双方都担任过相同的角色——家庭主妇。在家庭经济开支、家务劳动、室内装饰、对幼年子女的教育等一系列问题上,婆媳双方的角度往往不同,看法不同,处理方式更是不同,因而就容易发生矛盾。

4. 两代女性之间的差异。 她们在成为一家人之前的生活方式、思想观念、兴趣爱好都各不相同,只是由于一定的婚姻关系而要求她们为维护一家人的安定团结而和睦相处,虽然表面上双方都会竭力避免发生冲突和矛盾,但是她们之间的矛盾和分歧却是客观存在的。婆婆代表上一代女性所具有的一般特质和生活方式。随着年纪越来越大,逐渐开始显露出老年人所具有的那种固执和保守的特点,对新鲜事物总是持一种怀疑和观望的态度。而媳妇却正好代表了新生一代女性所具有的那种时代性和挑战性,她们对家庭、丈夫、饮食、服饰等各个方面,都与婆婆的观点有着很大的不同。对于这些不同、双方往往都不愿妥协。

(二)婆媳之间的矛盾诱因

婆媳之间的矛盾起因主要有以下几个方面:

第一,**家庭经济开支**。例如,有时媳妇给婆婆的零花钱少了,婆婆就觉得不满意,认为媳妇小心眼、不孝顺。有时是由于婆婆的消费方式不符合媳妇的原则和要求,媳妇认为婆婆在浪费她的血汗钱、不可理喻,等等。

第二,**家务劳动**。婆婆由于一贯是家庭主妇,现在年纪大了,好不容易有了接班人,自己应该好好安享晚年了,总觉得家务劳动就应该由媳妇全权负责,可有时由于媳妇全然不料理家务,婆婆认为媳妇应受到批评或惩罚等等。

第三,**教育孩子**。在日常生活中,往往都是公公婆婆比较疼爱孙儿女。虽然媳妇也很疼爱自己的孩子,然而出于恨铁不成钢的冲动,或者由于自己惯有的教育方式和理念,可能会打骂孩子。这自然就会引起婆婆一定程度的不满,尤其是有的媳妇借打孩子这种方式来向婆婆泄气和示威,这就更引起婆婆的不满和抗议了。

第四,**婆婆对子女的不同态度**。如果婆婆偏爱小姑或小叔,厚此薄彼,尤其是一些关系到各个子女的切身利益问题,会引起媳妇的不满和反对。而这又往往诱使婆媳间的意见分歧和矛盾。

婆媳矛盾的根源往往是来自:

(1)爱的分享冲突。

(2)过多的唠叨。

(3)代沟的隔阂。

(4)局外人或娘家人的参与。

(5)媳妇不尊重婆婆。

(6)缺乏理解和沟通。

(三)婆媳间的沟通要点

1. 双方要宽容和理解。每个人都有他自己的行为方式,要懂得相互理解和宽容。婆媳双方都应以宽容、豁达的胸怀来对待对方,这是搞好婆媳关系的基本前提。由于婆媳是两代人,生活上和思想上的差距所造成的"代沟"是不可能完全填平的。所以,婆媳双方要求同存异,容忍谅解对方,才有可能建立良好的婆媳关系。

2. 互相尊重对方人格。婆媳双方要相互尊重对方的人格,这是搞好婆媳关系的基础。媳妇要像对待母亲一样尊重和对待婆婆,态度和蔼,语言平和。不要在背后议论婆婆,那种"媳妇背个锣,走到哪里哪里贬婆婆"的行为必然加剧婆媳之间的矛盾。从另一方面来说,婆婆也要尊重媳妇。媳妇有缺点,婆婆的批评要平和委婉,不要背后议论;媳妇管教孩子,婆婆更不能当着孩子的面斥责媳妇。

3. 互帮互助。婆媳双方应当相互关心、相互帮助,这是处理好婆媳关系的目的。一般说来,婆婆年迈多病,往往需要人照顾。这个责任自然落到了晚辈的身上。婆婆生病时,媳妇应当主动地给婆婆做点合口味的饭菜。婆婆也应当在力所能及的范围内关心和帮助媳妇。只有相互关心、相互帮助,婆媳之间才能逐渐变得亲如母女。

三、女婿与岳父母的沟通

在家庭关系中,女婿与岳父母之间的关系也同样重要,往往有些女婿担心与岳父母难处,在岳父母面前恐惧,对家庭生活也有一定影响。尤其是准女婿面对未来的岳父母,他首先需要领略一番岳父大人满脸一丝不苟的冷峻和岳母扑面而来的令人受宠若惊的热情。岳父大人在别人面前总是谈笑风生,一旦女婿出场,老丈人立马冷面相待,认真有余,使做女婿的面对尴尬不知所措。岳母大人那排山倒海似的热情又使女婿受宠若惊,唯恐"丈母娘看女婿,越看越欢喜"变成了"丈母娘看女婿,越看越有气"。

女婿在与岳父母的沟通中,应掌握如下技巧的运用:

1. 不要以"半个儿"自居。所谓的"一个女婿半个儿",只是一项虚的高帽,做女婿的千万不要以此为真。如果做女婿的像儿子般在岳父母前玩点蛮不讲理的把戏,肯定会遭到白眼和自家老婆的唠叨。做女婿的在老丈人家必须保持一味的良好态度。

2. 少开金口。身为女婿,无论自己在外面多么显赫,一言九鼎,但在丈母娘家最好还是少开金口。尤其关系到人家的家政要事,如果一不留神露出一副决断者的姿态,那给别人造成的印象和感觉只能是目中无人或者有所企图。最稳妥的方法就是随声附和:"我同意大家的意见。"

3. 坚持真诚与理解。心理学家所做的调查研究发现:真诚和理解在人们所喜欢的个性品质中排在首位,而不友好与敌意则排在最不受欢迎的个性品质的前列,可见在与人交往的过程中,后两项是应该极力避免和控制的。做女婿的在与老丈人一家交往的过程中,要能够主动接纳岳父母的不良情绪,表现出自己对老人家的真诚和理解,这样为家中问题的解决创造了良好的基础,同时要努力控制自己的不良情绪,避免流露出厌恶和敌意。

4. 与妻子达成一致。与老丈人一家沟通的最有效的渠道莫过于利用"妻子"这条最有利的渠道了。社会心理学认为,熟悉是人与人交往的一大充分条件,熟悉的事物更容易使人们辨认、识别和接受。此外,对女儿,岳父母有一份无私的关爱和珍惜之情。所以,在面临与岳父母发生矛盾和摩擦时,最好请自己的妻子出面协调。

5. 幽默相处。心理学家的研究表明:幽默也是一项很受欢迎的个性品质,凡是幽默风趣的男人往往能左右逢源、无往不胜。在人际交往中,幽默可谓是心灵与心灵沟通的快乐大使,拥有幽默也就意味着拥有爱和友谊。具有幽默感的人,身边往往总是洋溢着一片欢乐和融洽的气氛。幽默不仅反映一个人的个性品质,而且还显示一个人的聪明才智和随机应变能力。幽默是润滑剂,能使僵滞的翁婿关系活跃起来。

6. 女婿四忌。

(1)油嘴滑舌:这样的女婿虽然有时候会显得比较精明能干,但更多的是给人一种不可靠和不安全感。

(2)自我吹嘘:经常会吹嘘自己的人首先就缺乏真诚与诚实,而且,越是吹嘘,往往就越暴露了自己技不如人的真实面目。

(3)胆小羞怯:过于羞怯谨慎的人首先就是一个难于接触交往的人。如果女婿一味地退缩保守,老丈人可能会怀疑自己的女儿是否选错了对象。

(4)粗言秽语:这样的人给人的第一印象就是缺乏教养,品质恶劣。如果这样的人要成为自己的女婿,多数老人会提出反对意见。

【思考与练习】

1. 你什么时候对异性产生感觉的?你有过初恋吗?有什么感受?

2. 如何树立正确的恋爱观?

3. 你认为应如何与恋人沟通?

4. 要想使家庭幸福,应注意哪些问题?

5. 夫妻应如何沟通?

6. 你怎么看待目前社会上"离婚率上升,单身家庭增多"的现象?你对婚姻和家庭是如何认识的?

7. 如何处理好父母与子女、与老人的沟通?

8. 婆媳沟通和翁婿沟通应注意哪些问题?

【自测与评估】

伴侣类型选择测试[14]

这份自测题,可以帮助女性分析自己需要何种类型的伴侣。如果你已找到,那么不妨看看自己的选择是否正确。

(1)你喜欢在什么地方生活?

A. 繁华的城市　　　　　　　　B. 宁静的乡村

(2)以下哪一个对你比较重要?

E. 爱情   F. 性爱

(3) 如果对方因一些小病而取消约会,你会

G. 感到失望和烦恼   H. 为他担忧

(4) 在周末,你喜欢

B. 看电视   A. 外出和朋友小聚、闲聊或去跳舞

(5) 如果你们发生了争执,你常会

C. 坚持到底   D. 马上妥协

(6) 你认为做出某些重要决定是件很难的事吗?

E. 是   D. 否

(7) 你喜欢

E. 有一个固定的伴侣   F. 经常更换伴侣

(8) 当你和朋友在一起时,你总是

E. 一个说话最多的人   F. 在向人倾诉

(9) 你宁可

G. 活得满足   H. 活得富有

(10) 如果朋友向你借一个月的工资,你会

G. 毫不迟疑地借给他   H. 找借口拒绝

(11) 当与朋友外出时,你通常会

A. 按照他们的主意去做   C. 坚持自己的想法

(12) 你喜欢与陌生人亲热吗?

F. 喜欢   E. 不喜欢

(13) 如果你与朋友争吵,你会

D. 非常担心,一直到你们和解为止   C. 等待对方首先采取行动

(14) 你喜欢到什么地方去度假?

A. 新奇又刺激的地方   B. 宁静又轻松的地方

(15) 深夜举行的宴会和酒会令你

B. 感到疲倦   A. 兴致勃勃,你最喜欢这些活动

(16) 你宁愿

E. 愉快地结婚   F. 无牵挂地生活

(17) 如果你的情侣做了些对不起你的事,你会

E. 极不愉快   F. 处之坦然

(18) 你认为个人财富

H. 非常重要   G. 不很重要

(19) 你宁可

D. 被人照顾　　　　　　　　　　　E. 照顾别人

(20) 如果一个朋友买了一些你渴望拥有,但负担不起的物品时,你

H. 非常嫉妒　　　　　　　　　　　G. 不会嫉妒

计分方法:

将各题选择的答案,按 A、B、C、D……分门别类加起来。

首先比较 A 与 B 的总数,这两个选择表示你在心理上是生活的推动者还是旁观者。不论属于哪一种类型,你都需要找一个在这方面与你相同的伴侣。

如果你选了三个以上的 A,你会是个喜欢生活活跃的人。如果有三个以上的 B,你便需要一个安稳的伴侣。

如果你有三个以上的 C,你便是一个颇有主见的人,你需要一个能容忍及顺从你的伴侣。如果你有三个以上的 D,你便是一个喜欢别人替你作决定的人,你需要一个可以依赖的伴侣,能够在你生病时照顾你,并随时给予支持。

E 和 F 的选择,表示你是不是一个专一的女性或男性。你所选择的伴侣需与你这一性格吻合。

如果你选了三个以上的 E,就表示你是一个忠心的人,三个以上的 F,则表示你宁可拥有独立、自由的生活,也不愿受约束。因此,你需要一个不介意你四处交际的伴侣。

G 和 H 标志着你是一个客观的人,或是一个以自我为中心的人。无论如何,你需要选择一个在这方面与你刚好相反的伴侣。

如果你有三个以上的 G,这就表示你的性格很随和。因此,一个愿意接受你付出的伴侣就最合适。但要是你有三个以上的 H,那么你多半宁可接受别人的付出——无论是在感情还是物质方面。

恋爱观的心理测试[15]

说明:什么样的爱情观是正确的,或是基本正确的呢?下面的测验方法共分18个问题,每个问题有四个答案,你可将最符合自己心理状态的答案填入括号里。

题目:

1. 你想象中的爱情是(　　)。

A. 具有令人神往的浪漫色彩　　　B. 能满足自己的情欲

C. 使人振奋向上　　　　　　　　　D. 没想过

2. 你希望同你的恋人的结识是怎样开始的(　　)?

A. 在工作和学习中逐渐产生感情　　B. 从小青梅竹马

C. 一见钟情,难舍难分　　　　　　　D. 随便

3. 你对未来的妻子的主要要求是(　　)。

A. 别人都称赞她的美貌　　　　　　B. 善于理家

C. 顺从你的意见　　　　　　　　　D. 能在多方面帮助自己

4. 你对未来的丈夫的主要要求是（　　）。

A. 有钱或有地位　　　　　　　　　B. 为人正直,有上进心

C. 不嗜烟酒,体贴自己　　　　　　D. 英俊,有风度

5. 你认为完美的结合应该是（　　）。

A. 门当户对　　　　B. 郎才女貌　　　　C. 心心相印　　　　D. 情趣相投

6. 你认为巩固爱情的最好途径是（　　）。

A. 满足对方的物质要求

B. 用甜言蜜语讨好对方

C. 对爱人言听计从

D. 努力使自己变得更完美

7. 在下列爱情格言中,你最喜欢的是（　　）。

A. 生命诚可贵,爱情价更高

B. 爱情的意义在于帮助对方提高

C. 有福同享,有难同当

D. 为了爱,我什么都愿干

8. 你希望伴侣同你在兴趣爱好上（　　）。

A. 完全一致　　　　　　　　　　　B. 虽不一致但能相互照应

C. 服从自己的兴趣　　　　　　　　D. 互不干涉

9. 你对恋爱中的意外曲折是这样看的（　　）。

A. 最好不要出现　　　　　　　　　B. 自认倒霉

C. 想办法分手　　　　　　　　　　D. 把它作为对爱情的考验

10. 当你发现恋人的缺点时,你的态度是（　　）。

A. 无所谓　　　　　　　　　　　　B. 嫌弃对方

C. 内心十分痛苦　　　　　　　　　D. 帮助对方改进

11. 你对家庭的向往是（　　）。

A. 能同爱人天天在一起　　　　　　B. 人生有了归宿

C. 能享受天伦之乐　　　　　　　　D. 激励对生活的追求

12. 自己有一位异性朋友时,你是（　　）。

A. 告诉恋人,并在对方同意下继续同异性朋友交往

B. 让对方知道,但决不容许对方干涉自己

C. 不告诉对方,因为这是自己的权利

D. 可以告诉,也可以不告诉,要看恋人的气量和态度

13. 看到一位比恋人条件更好的异性对自己有好感,你是(　　)。

A. 讨好对方

B. 保持友谊,但在必要时向对方说明真实情况

C. 十分冷淡

D. 听之任之

14. 当你迟迟找不到理想的恋人时,你是(　　)。

A. 反省自己择偶标准是否切合实际　　　B. 一如既往

C. 心灰意懒,对婚姻问题感到绝望　　　D. 随便找一个算了

15. 当你爱的人不爱你时,你是(　　)。

A. 愉快地同对方分手　　　　　　　　B. 毁坏对方的名誉

C. 千方百计缠住对方　　　　　　　　D. 不知所措

16. 你的恋人对你变心时,你是(　　)。

A. 采取"你不仁,我不义"的报复手段

B. 到处诉说对方的不是

C. 只当自己瞎了眼

D. 从中吸取择偶交友的教训

17. 当你发现你所爱的人已有恋人时,你是(　　)。

A. 更加热烈地追求

B. 用一切手段拆散对方的关系

C. 若对方尚未确定关系,就进行合理的竞争

D. 不管对方是否确定关系,自己都主动退出"情场"

18. 你认为理想的婚礼是(　　)。

A. 能留下美好而又有意义的回忆

B. 有排场为别人所羡慕

C. 亲朋满座,热闹非凡

D. 双方父母满意

计分标准:

计 分 表

题目	1	2	3	4	5	6	7	8	9	10	11	12	13	14	15	16	17	18
A	2	2	1	0	1	1	2	1	1	1	2	3	0	3	3	0	1	3
B	1	2	2	3	1	0	3	3	2	0	1	2	3	1	0	1	0	0
C	3	1	1	2	3	2	2	1	0	2	1	1	2	0	1	2	3	2
D	0	1	3	1	2	3	1	2	3	3	3	1	1	1	1	3	2	1

分析：如果你的得分在 46 分以上，说明你的恋爱观是正确的，42 分以上可以；如果总分在 42 分以下就说明你的恋爱观不够正确，应该注意改进；如果你 18 个问题中有一半你不知道怎么回答，则表明你的恋爱观还游移不定，那就需要及早确定。

【启示与案例】

含蓄的爱情表达四则[16]

1. 马克思和燕妮本是青梅竹马之交，到了青年时代，他们的感情已经很深，但亲密的交往不等于明确了相爱的关系。尽管他们之间的感情已经无需掩饰和试探了，但马克思在表达方式上还是别具一格，饶有情趣。这天，他和燕妮又一次相会了，一同在树林里散步。他故意装作满腔心事、满脸愁云的样子，使燕妮感到很奇怪。

燕妮问："你怎么了？有什么心事吗？"

马克思说："我交了一个女朋友，很想和她结婚，可是，不知她同意不同意……"

"你有女朋友了？"燕妮大吃一惊。

"是的，认识已经很久了。我这里有她一张照片，你想看看吗？"马克思拿出一个精致的小木盒子。

燕妮点了点头，心里却痛苦不安。她接过小匣子，双手颤抖着打开了。但小匣子里只是装着一面小镜子，并没有什么照片。燕妮一看镜子，一下子呆住了。她恍然大悟，惊喜万分。显然，马克思求婚的对象正是她自己呀！她的整个身心都沉浸在幸福的热浪中，一下子扑到了马克思的怀里。

此种以物传信的求爱方式增强了求爱的含蓄性与幽默感。

2. 有一位青年编辑，一年间几乎天天都要到附近银行的某女营业员柜台前露面，不是存款就是取钱，有时只是去看看储蓄广告。终于有一天他把一张纸条和一张电影票递给了那位营业员。纸条上端端正正写着："尊敬的小姐，一年来，我一直在认真地储蓄我的感情，期望有一天能得到丰厚的利息。我想，现在零存整取的时间到了。也许我参加的是一次有奖储蓄，但我相信自己一定能中奖，您说是吗？"这位青年编辑一年来的"良苦用心"终于以含中带露的方式表达出来了。当然，他也最终以这种特殊方式制成的丘比特之箭射中了姑娘的心。

3. 英国有一个小伙子和一姑娘来往甚久，这天，他又来到姑娘家，两人在火炉边烤火。最后，他说道："你家的火炉跟我家的火炉一模一样。"

"是吗?"姑娘漫不经心地应道,还以为这是小伙子随便说的一句闲谈话。

"你觉得在我家的炉子上,你也能烘出同样的碎肉馅饼吗?"他又问道。

姑娘楞了一下,顿时悟出这句话所"暗示"的意义,她欢悦地答道:"我可以去试一试呀!"

这种不直接挑明而通过间接暗示表达爱情的方式,可谓能攻能守,进退自如。

4,当年,著名的电影表演艺术家赵丹爱上了黄宗英,有一次,黄宗英问他:"你要什么样的爱人呢?我来帮你找。"赵丹机智地说:"我要贯通文艺戏剧,能演话剧电影,处事落落大方,待人热情诚恳,相貌赛似婵娟的'甜姐儿'。"黄宗英曾演过话剧《甜姐儿》,因此赢得了"甜姐儿"的雅号,当时又与赵丹一起拍摄电影《幸福幻想曲》,赵丹所描绘的又都是黄宗英的特征,这番话便巧妙地道出了他对号入座的心迹。

含蓄地表达爱情,是委婉地向对方发出一种特殊信息的方式,如果对方也心有灵犀,自然也就一点就通。倘若对方没有反应,那么,你不妨先反省一下,看自己的表达效果是否能被对方理解,是否造成了信息传送的障碍。如果是这样,你最好换一种直接的表达方式。

婚后的反思[17]

经过一段失魂落魄的恋爱之后,年轻的恋人是多么想早一点举行婚礼!那时,他们各自的身心都将实实在在地属于对方。共同生活,使他们不再受思念之苦;婚姻关系,使他们不再有失恋之忧。他们期盼着那幸福甜蜜的小家庭生活。

然而,婚后不久,恋爱时的理想与结婚后的现实之间的距离感,使不少年轻夫妻大失所望:原来,婚后的生活并不像自己想象得那么浪漫。他(她)怎么不如当初那么可爱了呢?他(她)怎么不像恋爱时对我那么好了呢?早知道婚后是这个样子,还不如只恋爱不结婚呢!还有甚者争吵、打骂、闹离婚,各自都像生活在地狱之中。

这种现象并不少见,而且婚后的离异,很多都发生在婚后的第一年或在第二年和第五年之间。

翻开《安娜·卡列尼娜》,人们可以看到这样一段描写:

"列文结婚三个月了……他每每感到他以前的幻想正在不断地破灭,而新的、意外的诱惑又接踵而至。他是幸福的,但是进入家庭生活以后,他每每看到这和他想象的完全不同。他每每感到这样一种心情,如同一个人在赞叹湖上的小舟平稳而快速地航行,但等到自己坐上小舟时,心情就有些异样了。在独身的时候,他看见别人婚后生活中存在无谓的忧虑、争吵、嫉妒,他从来都是对此暗自好笑。他相信在自己未来的婚姻生活中,绝不会有这类事情;就连他婚姻的表面形式,在他想来,也准会和别人的完全不同。可是出乎意料,他和他妻子的生活,不但没有独树一帜,而且恰好相反,完全是由他以前如此轻视的极破碎的小事构成的。而现在,那些小事,和他的意志相违背,具有了异乎寻常的、无可争辩的重要性。"

这段精彩的描写,生动地刻画了主人公在结婚前后的心理状态,与我们今天的现实生活,有着惊人的相似之处。看来,这是一个不受时间和区域限制,具有普遍性的问题。

那么,为什么一对恋人婚前会觉得生活五彩缤纷,爱得如痴如狂,而婚后却觉得生活枯燥单调,爱情渐趋平淡了呢? 读者的思考是这个问题的最好答案。

第四篇　注　释

1　李谦编著：《现代沟通学》，经济科学出版社 2002 版，p. 216～217。

2　贾启艾编著：《人际沟通》，东南大学出版社 2000 年版，p. 244。

3　根据甘华鸣，李湘华著：《沟通》，中国国际广播出版社 2001 年版，p. 421～427 改写。

4　根据李谦编著：《现代沟通学》，经济科学出版社 2002 年版，p. 492～512 改写。

5　李谦编著：《现代沟通学》，经济科学出版社 2002 年版，p. 485～487。

6　甘华鸣、李湘华著：《沟通》，中国国际广播出版社 2001 年版，p. 363。

7　潘芳、张红静主编：《夫妻如何沟通》，山东科学技术出版社 2000 年版，p. 5～8。

8　潘芳、张红静主编：《夫妻如何沟通》，山东科学技术出版社 2000 年版，p. 43～44。

9　根据［美］约翰·葛瑞(J. Gray)著，萧志哲译：《火星男人与金星女人共枕》，经济日报出版社 1998 年版，前言 p. 1～3，正文 p. 1～65 改写。

10　根据潘芳、张红静主编：《夫妻如何沟通》，山东科学技术出版社 2000 年版，p. 75～76 改写。

11　潘芳、张红静主编：《夫妻如何沟通》，山东科学技术出版社 2000 年版，p. 46。

12　王小龙编著：《明明白白你的心——与老年人沟通》，中国纺织出版社 2001 年版，p. 15。

13　王小龙编著：《明明白白你的心——与老年人沟通》，中国纺织出版社 2001 年版，p. 22。

14　剑云、晓平编译：《两性沟通——献给爱情十字路田的男女》，中国城市经济社会出版社 1990 年版，p. 147。

15　李谦编著：《现代沟通学》，经济科学出版社 2002 年版，p. 432～435。

16　根据马金奇等编著：《人际沟通技巧》，气象出版社 1999 年版，p. 58～62 改写。

17　根据剑云、晓平编译：《两性沟通——献给爱情十字路口的男女》，中国城市经济社会出版社 1990 年版，p. 106～107 改写。

第五篇　谈判技巧

第十五章　谈判基础
第十六章　谈判准备与开局
第十七章　谈判常用策略
第十八章　跨文化谈判

第十五章 谈 判 基 础

【学习目标】

通过本章的学习,应对如下内容有一定的了解:
- 谈判与商务谈判的概念和特点
- 谈判的类型与程序
- 商务谈判的基本原则

第一节 谈判与商务谈判

谈判是人类交往行为中一种非常广泛和普遍的社会现象,是人际一种特殊的双向沟通的交往方式,每人都在不知不觉中进行着谈判。古今中外,大至国与国之间的政治、经济、军事、外交、科技、文化的相互往来,小至企业之间、个人之间的联系与合作,都离不开谈判。要想成功地进行谈判,就应掌握谈判所需的核心技能:从准备资料、向谈判小组介绍基本情况、布置任务,到营造积极的气氛、达成交易并结束谈判。由于谈判的范围十分广泛,但在诸多涉及不同领域的谈判中,经济领域的谈判,特别是商务谈判,在社会生活中扮演着愈来愈重要的角色,已经成为现代社会中一个不可缺少、无法替代的组成部分。(在本篇中,我们将谈判限定在经济领域内,把商务谈判作为我们的研究对象。)

一、谈判的概念和特点

所谓谈判,就是人们基于一定的需求而彼此进行信息交流、磋商协议的一种过程,是人们旨在确立、变更、发展或消除某种相互关系而进行的一种积极行为。[1] 谈判有狭义与广义之分:狭义的谈判仅仅是指正式场合下的谈判;广义的谈判是指除正式场合下的谈判以外,一切"协商"、"交涉"、"商量"、"磋商"等等,都可以看作是谈判。本篇所说的谈判是指狭义的谈判。

谈判作为协调各方面关系的重要手段,广泛运用于政治、经济、军事、外交、科技等各个领域。任何一种谈判通常由三个要素构成:谈判主体、谈判客体和谈判环境。谈判主体是指代表各自利益参加谈判的当事人；谈判客体是谈判的议题也即谈判的标的，它是谈判的核心，是一切谈判活动的中心；谈判环境是指能对谈判产生影响的一切外部因素构成谈判的环境，是谈判不可缺少的组成部分，是影响谈判结果和成败的重要因素。

理解谈判的概念，必须掌握谈判所具有的四个本质特点：

1. 至少有两方参与是进行谈判的先决条件。 谈判是信息的传递和沟通，至少是在两方之间、甚至于是在多方之间进行的交际活动，只有一方则无法进行谈判活动。谈判各方进行谈判的过程，大量的工作是处理如何把本方信息传递给对方，同时又把对方信息接收过来的问题。而且，只有参与谈判各方的需要有可能通过对方的行为而得到满足时，才会产生谈判。谈判总以某种利益的满足为目标，是建立在人们需要的基础上的。这是人们进行谈判的动机，也是谈判产生的原因。当人们想交换意见、改变关系或寻求同意时，人们开始谈判。这些需要来自人们想满足自己的某种利益，这些利益包含的内容非常广泛，有物质的、精神的；有组织的、个人的。当需要无法仅仅通过自身而需要他人的合作才能满足时，就要借助于谈判的方式来实现。比如商品交换中买方与卖方的谈判，只有买方或者只有卖方时，不可能进行谈判；当卖方不能提供买方需要的产品时，或者买方完全没有可能购买卖方想出售的产品时，也不会有双方的谈判。

2. 谈判含有"合作"与"冲突"两种成分。 谈判是一个通过不断调整各自需求，最终使各谈判方的需求相互得以调和，互相接近从而达成一致意见的过程[2]。因此，任何一个谈判均含有一定程度的合作与一定程度的冲突。

一方面，一场成功的谈判，每一方都是胜者。"互惠"是谈判的前提，没有这一条，则谈判将无从继续。任何一方的谈判者都想达成一个满足自己利益的协议，这是谈判的起因。为了达成协议，参与谈判的各方均须具备某一程度的合作性，否则，双方就坐不到一起来。谈判同时是"施"与"受"兼而有之的一种互动过程。也就是说，单方面的施舍或单方面的承受（不论它是自愿的还是被动的），都不能算作是一种谈判。只有达成双方互惠互利，才能实现确认成交的良性结果。因此，"非均等"又是谈判的结果，导致产生这种谈判结果的主要原因在于：谈判各方所拥有的实力与投入产出目标的不同，包括双方的策略技巧也各不相同。

另一方面，正因为谈判涉及的必须是双方或多方，所寻求的是各方互惠互利的结果，参与谈判的双方都希望对方能按己方的意愿行事，为了使自身的需要能获得较大的满足，所以利益上的矛盾和冲突在所难免，参与谈判的各方势必处于利害冲突的对抗状态。所以，在谈判中，各方在某些问题上出现意见分歧，是一种正常现象，正是由于有这样或那样的分歧，人们才需要用谈判来解决，所以谈判是为解决冲突和矛盾进行的。

值得注意的是,利益上的平衡不等于利益上的平均,而是双方各自在内心里所能承受的平衡。任何单方面的"让"或"取"都不能被看成是谈判。为了很好地解决谈判中的这对矛盾,首先必须对此有深刻的认识,其次在制定谈判的战略方针、选择与运用谈判策略和战术时,就必须注意既要不损害双方的合作关系,又要尽可能为本方谋取最大的利益,即在这两者之间找到一个平衡点。

3. **谈判是一种积极的进取行为**。谈判中为了达成协议,各方都会作出适当的让步或妥协,但妥协不是谈判的目的,谈判的宗旨在于谈判各方都企图说服对方理解、允许或接受自己的观点。谈判是一种协调行为的过程,谈判的开始意味着某种需求希望得到满足、某个问题需要解决或某方面的社会关系出了问题。由于参与谈判各方的利益、思维及行为方式不尽相同,存在一定程度的冲突和差异,因而谈判的过程实际上就是寻找共同点的过程,是一种协调行为的过程。共同性的利益和可以互补的分歧性利益,都能成为产生一项明智协议的诱因。解决问题、协调矛盾不可能一蹴而就,总需要一个过程。这个过程往往不是一次就能结束,而是随着新问题、新矛盾的出现而不断重复,意味着社会关系需要不断协调。谈判的目的是达成协议,不是一方战胜另一方。因此,在谈判中,双方要不断调整自己的行为和态度,作出必要的让步,而且能理解对方的要求。这样,谈判才可能取得成功,最终达成双方都比较满意的协议。

4. **谈判是科学与艺术的有机整体**[3]。首先,谈判作为人们协调彼此之间的利益关系、满足各自的需求并达成一致意见的一种行为和过程,谈判人员必须以理性的思维对涉及的问题进行系统的分析和研究,根据一定的规律、规则来制定方案和对策,这就充分地体现谈判的科学性一面。其次,谈判是人们的一种直接交流活动,洽谈人员的素质、能力、经验、心理状态以及思维的运用,都会直接影响谈判的结果。同样谈判内容、条件和环境,不同的人去谈判,其最终结果往往会不同。这就是谈判的艺术性的体现。对于一个谈判者来讲,在谈判中既要讲究科学,又要讲究艺术。也就是说,在涉及对谈判双方实力的认定、对谈判环境因素的分析、对谈判方案的制定以及对交易条件的确定等这些问题时,则更多地体现出谈判科学性的一面,而在具体的谈判策略与战术的运用上,比较多地体现了谈判的艺术性一面。"科学"告诉我们在谈判中如何做,而"艺术"则帮助我们把谈判做得更佳。

【研读专栏】 15－1

谈判的基本要素

谈判的要素是指构成谈判活动的必要要素,也是谈判得以进行的基本要素,它从静态结构揭示了谈判的内在基础。谈判人员只有从整体上认识谈判的各项要素，才能从全局上把握谈判的主动权，使己方在谈判的进程中做到有的放矢、攻防自如，从而达到谈判的预期目的。

1. 谈判的主体。谈判主体就是指参与谈判的当事人。谈判是双方或多方利益的较量，谈判是在人与人之间进行的，商务谈判的当事人就是买方和卖方或供求双方，所以，谈判的主体是谈判活动的主要因素。作为谈判主体，可以是自然人，也可以是经组合而成的一个团体；可以是双方，也可以是多方；他们可以只代表谈判人员自身的利益，也可以代表一个组织、一个地区或一个国家的利益。谈判活动的成效很大程度上取决于谈判主体的主观能动性和创造性。

2. 谈判的客体。谈判的客体是进入谈判活动领域的议题，是谈判活动不可缺少的因素，谈判的内容就是由谈判客体决定的。谈判议题就是指在谈判中双方要协商解决的问题，是谈判者利益要求的体现。谈判议题是谈判的起因、谈判的目的、谈判的内容，是谈判活动的中心。没有谈判议题，谈判就无法进行。不同技术经济特点的谈判有不同的内容，它可以属于物质方面，也可以属于资金方面；可以属于技术合作的方面，也可以属于行为方式方面。但它最大的特点在于双方认识的一致性，如失去这一点，就无法作为谈判的客体促成谈判。

谈判实践中，人和议题是不可分割的，他们作为一个具有内在联系的有机整体同谈判主体发生联系和作用。任何一个成功的谈判主体，都不只着眼于其中的一部分，而是把他们当作相互影响、相互制约的系统看待。谈判议题时，要注意人的态度；在人际交往中又要考虑到谈判议题产生的影响。

3. 谈判的目的。所谓谈判的目的是指参与谈判的买卖各方面都须通过打交道或正式的洽谈，并促使对方采取某种行动或作出某种承诺来达到成交的目的。一般来说，成交的标志是合同的签订。

4. 谈判的结果。一般来说，一个完整的谈判应当有结果，即成功或失败或破裂。就谈判而言，即是成交或没有达成交易或买卖为结果。一个无结果的谈判为"不完整的谈判"。参加谈判目的是为了成交，要耗费人们的精力、时间，并付出一定的费用，即旅差费、邮电通讯费、办公费等等。

二、商务谈判的概念和特点

商务是指一切有形与无形资产的交换或买卖事宜，主要是指商品买卖、劳务输出输入、技术贸易、投资、经济合作等。

所谓**商务谈判**主要是指经济领域中，进行经济交往的当事人或经济实体之间为了协调、改善彼此的经济关系，满足贸易的需求，围绕涉及双方的标的物的交易条件,彼此通过信息交流、磋商协议达到交易目的的行为过程。商务谈判是在商品经济条件下产生和发展起来的,目前已经成为现代社会经济生活必不可少的组成部分。没有商务谈判,经济活动就无法进行,小到生活中的购物还价,大到企业法人之间的合作、国家与国家之间的经济技术交流,都离不开商务谈判。本篇介绍的谈判特指在经济领域内的商务谈判。它作为谈判的一个种类,除了具有一般谈判的性质外,还有它自身的特点:

1. 商务谈判的专业性较强。这是因为商业活动是专业性很强的一种经济活动,它涉及许多商业方面的专门知识和技术,参加谈判的人员具有相关的知识,才能代表国家、企业或个人去进行谈判。比如企业之间的购销谈判,既要求谈判者具有丰富的谈判知识和经验,同时还必须深知自己的商品及企业财务状况,这样才可能去全面地介绍自己的商品,或选择自己所要购买的商品,进行讨价还价,还可以利用谈判策略去影响对方,所以商业谈判对谈判人员的专业素质要求是很高的。

2. 商务谈判对象的广泛性和不确定性。商务活动通常是跨地区跨国界的。如购销谈判中的商品,从理论上讲,可以出售给任何一个人。作为卖者,其商品销售范围具有广泛性;作为买者,其采购商品的选择范围也十分广泛。因此,无论是买者还是卖者,其谈判的对象可能遍及全国各地甚至全世界。此外,为了使交易更加有利,也需要广泛接触交易对象。但是,不论是买者还是卖者,每一笔交易都是同具体的交易对象成交的,不可能同广泛的对象成交,而具体的交易对象在竞争存在的情况下是不确定的。这要求谈判者不仅要充分了解市场行情,及时掌握价值规律和供求关系运动状况,并选择适当的广告媒体宣传自己,树立形象,经常与社会各方面保持联系,维持老客户、发展新客户。

3. 商务谈判以经济利益为目的。这是商务谈判的一个典型特征。商务谈判是一项经济活动,是人们的一种目标很明确的行为,其本身就要求讲究经济效益。与其他政治、军事类谈判相比,商务谈判更为重视这一点。在业务谈判中,谈判时时刻刻必须注意谈判的成本和效率,也就是必须考虑效益问题。事实上,经济效益是评价一场商务谈判是否成功的主要指标,不讲求经济效益的商务谈判,谈判本身就失去了价值和意义。

我们知道,人们所以要坐下来进行谈判,就是因为各自有一定的需求要得到满足。参与谈判的双方,其目的或需求是不尽相同的。商务谈判的目的就是要获得经济上的利益。在具体实际的谈判中,有的洽谈人员可能会调动和运用各种因素,运用各种战略及战术,有的甚至运用许多非经济的因素来影响谈判。但是不管怎样,其最终目的仍然受经济利益的驱使,目标仍然是经济利益。商务谈判是一个各方通过不断调整自身的需要和利益而相互接近,争取最终达成一致意见的过程。

商务谈判不是瓜分剩余利益,更不是为了打倒对方,而是为了追求共同利益,才能使双方都得利。

4. 商务谈判的核心议题是价格。 商务谈判一般都是以价格问题作为谈判核心的。尽管业务谈判所涉及的因素不仅仅是价格,价格只是谈判的内容之一,而且谈判者的需求或利益也不惟一表现为价格,但价格却在几乎所有的业务谈判中扮演着核心内容的角色。这主要是因为双方经过谈判,最后经济利益的划分可直接通过价格表现出来。谈判各方在其他利益因素上的得与失,拥有的多与少,在多数情况下均能折算为一定的价格,通过价格的升与降得到体现。如在购销合同的谈判中,卖方总是希望把价格定得尽量高一些,而买方则希望尽量压低价格;供方希望交货期尽量长一些,而买方却要求尽快提货。因此,商务谈判必须深入审视他方的利益界限,任何一方无视他人的最低利益和需要,都将可能导致谈判破裂。

因此,在商务谈判中,对于一个业务谈判人员来讲,了解价格是业务谈判的核心,价格在一定条件下可与其他利益因素相折算这一点很重要。我们一方面要以价格为中心,坚持自己的利益;另一方面又不能仅仅局限于价格,可以拓宽自己的思路,从其他利益因素上争取利益。有时,在其他利益因素上要求对方让步可能比从价格上争取对方让步更容易做到,并且比较隐蔽自己的行动,是精明的洽谈人员习惯的做法。

5. 谈判的多变性和随机性。 谈判的多变性和随机性,是商务谈判中最常见、最富有挑战性的现象。经济运行处于激烈竞争和瞬息万变的市场中,作为经济活动重要组成部分的商务谈判,它的进展和变化又和谈判主体的思维和行为方式有密切的关系。因而,它不仅比一般经济活动变化快、更丰富,而且也难以预料。由于谈判中的议题情况、格局、环境和策略的多变,谈判会表现出各种各样的变化形式。对谈判双方来说,谈判态势是不断变化的,有时利于一方,有时利于另一方。因此,谈判双方处于不同的地位形势下,需要把握时机,采取不同的策略,以变应变,围绕着谈判的"目标线"上下浮动。

6. 商务谈判注重合同条款的严密性和准确性。 商务谈判合同体现了双方协商一致的结果。合同条款则反映了各方的权利和义务,合同条款的严密性与准确性是保证谈判获得各种利益的重要前提。在谈判实践中,有的谈判者虽然在商务谈判中花了很大的力气,谈判者似乎已经取得这场谈判的胜利,但在拟订合同条款时掉以轻心,不注意合同的完整、严密、准确、合理、合法,其结果被对手在合同条款的措辞或表述技巧上设计了陷阱。这样,不仅把到手的利益丧失殆尽,可能还要为此付出惨重的代价。这种情况屡见不鲜。所以,在商务谈判中,谈判者不仅要重视口头上的承诺,更应当重视合同条款的准确和严密。

第二节 谈判的类型与程序

一、谈判的类型

为了避免谈判的片面性和有效地运用谈判技巧,必须对谈判进行分类。谈判可以从不同的角度,按不同的标准分成多种类型。

(一) 以参加谈判的人数规模进行划分

根据参加谈判的人数规模可划分为个体谈判和群体谈判。

1. 个体谈判指的是谈判双方各自只出一人参加谈判,是一对一的谈判。这种谈判对谈判者个人的素质要求是很高的,谈判人员得不到其他人员的帮助和配合,必须自己审时度势,独立应付,所以使谈判有相当的难度。但个体谈判也可以省去一些组织、沟通、协调等方面的工作,减少谈判中的内耗问题,使谈判效率提高。

2. 群体谈判是指谈判各方都有多人参加的集体谈判。这种谈判在人员的选择上可以遵循人才互补的原理,根据谈判内容的需要,选择具有各种专长和知识的人才,使他们互相配合,共同完成谈判任务。一般关系重大而又比较复杂的谈判项目多是采取集体谈判的形式。

(二) 以参加谈判的利益主体的数量进行划分

根据参加谈判的利益主体的数量可划分双方谈判与多方谈判。

1. 双方谈判是指谈判活动中只有两个利益主体,不存在第三方。在这种谈判中双方的利益关系比较明确,也比较简单。双方在谈判过程中一般只注意明确本方及对方的利益、意图,处理好双方的利益协调问题,就可以达成较理想的协议。

2. 多方谈判是指在谈判活动中有两个以上的利益主体参加谈判。在这种谈判中参加谈判的每一方都是一个利益主体,他们有各自的意图,有各自的利益。实践中的多方谈判,往往先形成利益阵营,即在谈判主体之间根据大原则,先分成派系,然后谈判在派系之间进行,而每一派系内部要本着求大同、存小异的原则,达成某种协议,互相配合,取得最后成功。因此多方谈判比双方谈判要复杂得多。国际间的外交谈判,国际政治、军事谈判,多属于这种谈判。

(三) 根据谈判双方接触的方式进行的划分

根据谈判双方接触的方式可划分为口头谈判和书面谈判。

1. 口头谈判是指谈判双方面对面地用语言谈判,或者是用电话的形式商谈。在这种谈判方式中,各方提出的条件和各种不同的意见,都可以详尽地作出说明,便于双方及时考虑对方的意见,效率较高。而且双方都可以对对方进行察言观色,掌握心理,便于施展谈判技巧,有利于沟通,减少误解,加强感情交流,形成较融洽的谈判气氛。目前,在商务实践中,各单位进行口头谈判一般采取"走出去"或"请进来"的形式,[4] 而交易会谈判则被广大企业认为是一种较好的口头谈判形式,其最大的特点就是客户众多,可以当面就货物进行谈判。

2. 书面谈判是指双方利用信函、电报、电传、传真等通讯工具进行谈判的一种谈判形式。其中要规定对方答复的有效期限。在书面谈判中,谈判双方都有较充足的时间可进行分析研究,可以同自己的助手、领导及决策机构进行充分的讨论,可以进行周密的思考,有利于慎重决策。但是,在进行书面谈判时双方应尽可能使用较规范的书面格式和专业术语,书写内容要言简意明,力求使对方能全面、清楚地了解己方的条件和要求,以避免因文字表达不清而引起的误解。实践中,书面谈判一般用于双方经常有经济交往活动的谈判、产品批量大而供应范围广的购销谈判以及双方相距较远的跨地区、跨国界的谈判。

(四) 以谈判内容的透明度进行划分

根据谈判内容的透明度可划分为公开谈判和秘密谈判。

1. 公开谈判是指对谈判本身不保密,可以将谈判的时间、地点甚至要将谈判的内容和结果对外公开。在这种谈判活动的进程中,一般都有新闻界、政界或其他各界人士等局外人参加。这种谈判方式多用在一般性的商业谈判、友好协作关系等谈判中。

2. 秘密谈判是指对谈判本身及谈判内容、结果对外保密的一种谈判方式。进行秘密谈判可能是由多种原因引起的,一般要做好保密工作。秘密谈判多用在国家间的政治、军事谈判以及一些较大规模的国内、国际贸易谈判中。

(五) 以谈判理论和意识进行划分

根据谈判理论和意识可分为传统式谈判和现代式谈判。

1. 传统式谈判也称古典式原则型谈判,这种谈判的模式是"非赢即输"。在谈判进程中,双方的关系是敌对的,是你死我活的,谈判的过程像是在进行一场棋赛,谈判的结果是一胜一负。

2. 现代式谈判也称现代式利益型谈判。这种谈判是指谈判者在相互平等与尊重的基础上,寻找各方利益一致的谈判。这是一种新的谈判方式。在现代谈判中,人们更加注重实际、效率与合作,人们努力去寻找双方可以合作的协议区,力求互利互惠。人们把这种谈判也叫做"赢赢"式谈判。

(六) 以谈判进行的地点进行划分

根据谈判进行的地点分为主场谈判、客场谈判、主客场轮流谈判、中立地谈判四种。

1. 主场谈判也称主座谈判,是指谈判中的某一方选择在自己的所在地进行谈判,以自己这一方为东道主。因为不离开自己熟悉的环境,在自己做主人的情况下组织谈判,可以给主方带来诸多方便。但应注意礼貌待客,尽量给对方提供各种方便,做好谈判的一切准备工作,当好东道主。

2. 客场谈判也称客座谈判,是指谈判中的一方到对方的所在地以宾客的身份参加谈判。谈判人员离开了自己熟悉的环境,尤其是初次来到一个陌生的地方,会受到许多无形的阻碍和许多条件的限制。因此,在环境不利的情况下,应冷静思考、沉着应战、审时度势、灵活地发挥自己的优势。

3. 主客场轮流谈判也称主客座轮流谈判,是指在一场谈判中,谈判双方交换地点的谈判。主客座更换,一般换座不换帅,但有的情况也可能引起将帅的更换。这种情况的出现,通常是交易复杂的不寻常的买卖,而且拖延的时间较长,这种谈判对交易效果影响较大。

4. 中立地谈判是指在谈判双方所在地以外的其他地点进行谈判。在中立地进行谈判,对谈判双方来讲无"主""客"之分,享有同等的谈判气氛,双方的条件、地位是对等的,有利于双方各自发挥自己的正常实力。但有可能使第三方介入,使谈判各方的关系发生微妙的变化。

(七)以谈判内容进行划分

由于各种不同内容的谈判是在不同领域进行的,所以主体、客体、谈判的议题及法则等都有所不同。根据谈判内容可以将谈判分为许多种类型,主要有国际政治谈判、军事谈判、外交谈判、商务谈判、公关谈判、人际关系谈判、行政谈判、劳资谈判等形形色色的专题谈判。

二、商务谈判的基本程序

商务谈判按照不同的要求可以划分为不同的类型。不同类型的商务谈判其内容有所不同,其过程虽然错综复杂、变化不定,但大体上也有一定的谈判程序可循。从谈判的实践来看,商务谈判大体要经过三个阶段:

(一)开局阶段

一场谈判开始时,谈判各方寒暄和表态,对谈判对手的底细进行探测,为影响、控制谈判进程奠定基础。在此阶段,双方就谈判的程序及态度、意图等取得一致或交换一下意见。摸清对方的真正需要,特别应注意摸清对方对要成交买卖的期望值的大致轮廓,做到心中有数;尽快掌握对方有关谈判经验、技巧、谈判作风等方面的信息,以及使用的谈判策略等。对整场谈判而言,谈判开局起到相当重要的影响和制约作用。它不仅决定着双方在谈判中的力量对比,决定着双方在谈判中采取的态度和方式,同时,也决定着双方对谈判局面的控制,进而决定着谈判的结果。所以应该认真研究谈判的开局,把握、控制谈判的局势。本书第十六章第二节专门研究谈判的开局,在此不多赘述。

（二）磋商阶段

谈判的磋商阶段就是实质性谈判阶段，是指谈判开局以后到谈判终局之前，谈判双方就实质性事项进行磋商的全过程，这是谈判的中心环节。它不仅是谈判主体间的实力、智力和技术的具体较量阶段，而且，也是谈判主体间求同存异、合作、谅解、让步、妥协的阶段。在谈判的磋商阶段，谈判各方开始真正根据谈判对方在谈判中的行为，来调整自己的谈判策略，修改谈判目标，从而逐步确立谈判协议的基本框架。

具体来说，谈判磋商阶段包括以下几个步骤：

1. 明示与报价。

（1）明示。明示的内容就是摆出问题。由于双方的需求和利益不同，必然会产生一些不同的意见和看法，谈判者应当尽早把问题提出来，以求得早日彻底解决。一般而言，商务谈判中，谈判双方包含四类主要问题：己方需求，对方需求，双方互相的需求，以及表面上看不出来的内蕴需求。所以，在明示阶段，谈判者应根据需要，选择最适宜的传播媒介或沟通渠道，将明示的信息进行传递。

（2）报价。商务谈判中的"报价"一词是广义的，不仅仅是指产品在价格方面的要价，而且也泛指谈判的一方向对方提出的所有要求，包括商品的质量、数量、包装、装运、支付、保险、商检、索赔、仲裁以及工程项目的承包条件、工期、材料、质量等。

报价有书面报价和口头报价两种形式。书面报价通常是一方事先为谈判提供较为详细的文字材料、数据和图表等，将己方愿意承担的义务表述清楚，使对方有时间针对报价作充分的准备。口头报价具有很大的灵活性和表现力，不像书面报价那样有义务约束感。谈判者可以根据谈判的形势来调整变更自己的谈判战术，先磋商，后承担义务。

2. 讨价与还价。

（1）讨价。讨价是指评价方在对报价方的价格解释进行评论后，认为离自己的期望目标太远，而要求报价方改善报价的行为。至于讨价的次数，既是一个客观数，也是一个心理数，要根据价格分析的情况和报价方价格改善的状况来定。只要报价方没有明显的让步，则说明其可能留有很大的余地。而评价方（被报价方）为了自身的利益，一般在作了两次价格改善后，就会"封门"，此时，他们一般会要求对方接受改善价格或直接要求还价。[5]

（2）还价。还价是针对谈判对手的首次报价己方所做出的反应性报价。一般来说，报价方作了数次调价后，往往会强烈要求评价方还价。评价方也应当还价，以表示诚意与尊重对方，并给谈判确定方向。所以还价一定要慎重，还价还得好，则可谈性强，对谈判双方都有利；反之，还得不妥，不但利益受损，还易引起对方反感或误解,于谈判不利。

有关报价、讨价和还价的具体策略详见本书第十七章第三节。

3. 交锋和调整。

(1) 交锋。谈判双方在直接交锋时都会据理力争,希望对方理解并接受自己的观点。当一方提出一种意见、一个方案时,对方立刻会提出另一种意见和方案进行反驳。在这种情况下,需要弄清真正的分歧点,尽量避免在一些无关紧要的问题上发生无谓的争执,更不能意气用事。对一些主要分歧点,要准确判断对方的目标和需求,充分估计在这些问题上的讨价还价实力。要摆事实、讲道理,明确阐明自己的观点,运用各种谈判技巧和手段,找出双方所能接受的妥协方案,坚定不移为实现谈判目标而努力。

(2) 评估。在谈判的磋商阶段中,谈判各方应根据谈判的发展变化,需要对谈判的计划方案、谈判策略、谈判人员安排以及谈判的价值构成进行分析、评价、估算和重新调整。评估中,需要结合谈判实际对己方已获得的信息资料进行重新分析研究,确定资料的真实性,把谈判过程中获取的有用的信息资料收入谈判资料档案,撤出虚假无用的信息资料,并随时制作备忘录。

(3) 妥协。商务谈判中,出现不同的观点是正常的,也是在所难免的,解决的办法有两个:一是谈判破裂,双方分道扬镳;二是其中至少一方作出妥协让步。如果谈判双方不想谈判就此结束,就只能选择妥协让步。在谈判中要记住,让步的根本目的是为了获得利益,以己方的让步带动对方的让步,千万不要作无谓的让步。而谈判方在作出让步之前,通常不会让对方觉察到自己将作出让步,至少不会让对方知道直接的让步幅度。因此,在谈判中需要有敏锐的洞察力,识别对方是否会让步。尤其是对于合作性谈判来说,出现僵局时,对方都可能在思考让步和让步的幅度问题,所以,在己方作出让步后,应等待对方作出相应的让步。如果对方并未作出任何让步,可以推断对方缺乏诚意,自己不要再作出任何让步。

(三)成交阶段

谈判的成交阶段就是谈判的结束阶段,在这个阶段要以书面等其他法定形式将成交的内容固定下来。经过一番艰苦的讨价还价,双方都取得了很大的进展,渐趋达成一致但也存在最后的一些问题。因此,在这个最后阶段,要孜孜以求,善始善终。

1. 谈判结束的信号。谈判结束的信号主要表现为谈判者会用最少的言辞阐明自己的立场,表述简明、坚定、直露,不再委婉、含蓄,而且还具有承诺的性质。此时,谈判者在回答对方任何问题,都是以尽可能简洁的方式来完成。阐述己方的立场时,完全是一种最后决定的口吻,通常只作肯定或否定答复,不解释理由。

在商务谈判实践中,有时会出现这样的情况:一场谈判旷日持久,但却收效甚微,其后可能因为谈判者及时发出谈判结束的信号,使原本很艰难的问题迅速得到了解决。发出该信号的一方,主要是试图表明己方对谈判进程的态度,设法推动对方行动起来,达成一个妥协。

2. 最后一次报价。 在一方发出签约意向的信号,对方也有同感的时候,谈判双方都需要作最后一次报价。最后一次报价通常把最后的让步分成两步走:主要让步部分在最后期限前提出,刚好可以给对方留出一定的时间思考;次要让步部分,可以作为甜头,安排在最后时刻作出。

3. 谈判记录的整理和最后总结。 每一次谈判之后,重要的一件事情是就双方达成共识的议题拟一份简短的报告或纪要,并向双方公布,得到双方认可。在最后阶段,双方要检查整理记录,如果双方共同确认记录准确无误,该记录的内容则成为起草书面协议(合同)的主要依据。

在最后总结阶段,应明确所有谈判议题所取得的结果是怎样的,可以明确哪些问题已达成共识、哪些还存在分歧。如果双方谈判者可以得出结论,谈判双方针对交易条件在大局上、原则上已达成共识,即使个别问题存在分歧,尚需作技术处理,这时也标志着谈判进入成交阶段。

4. 签订书面协议。 协议的签署是商务谈判中的最后一个工作环节,是商务谈判中的重要组成部分。经过讨价还价,谈判双方达成了完全一致的意见,而这些意见必须通过法律形式体现出来,才能明确各方的权利和义务,使谈判结果得到法律的保护。因此,在签约时,谈判各方都不可以掉以轻心,尤其要做好签约前的审核工作。协议文本拟好后,在正式签字之前,要认真核对协议文本与谈判协议条件的一致性。审核中如果发现问题,应及时互相通告,使双方互相谅解,避免造成误会。对于文本中出现的复杂问题则需要经过双方主谈人再次谈判。如果属于已谈过的问题,对方有意扭曲,己方应明确指出,不可退让。对于以往没有明确的问题,可耐心再谈,能统一则统一,不能统一而又无关紧要的则可以删去。

5. 签约后的工作。 实践中没有十全十美的协议,协议的签订并不是结束,而是一个新的起点。尤其是重大的商务谈判协议签订之后,绝不可以高枕无忧。因为,尽管协议已经是白纸黑字不可更改,但有经验的谈判者总是力求在解释协议的过程中,为自己谋求利益。所以,谈判者还应继续不断研究协议,防止对方对协议作出不利于己方的解释。只有协议履行完毕,商务谈判才是真正的结束。

第三节　商务谈判的基本原则

有人认为,谈判的成功与否完全取决于谈判个人综合水平的发挥和技巧的运用,没有什么必须遵循的原则可言。也有人认为,只要谈判能够达到自己预想的目的,可以不择手段,更谈不上什么原则不原则的。这些看法显然是偏激的,任何谈判都有其基本原则可循。

谈判的基本原则是谈判的指导思想、基本准则。它决定了谈判者在谈判中将采用什么谈判策略和谈判技巧,以及怎样运用这些策略和技巧。一般地说,商务谈判应遵循下列基本原则:

一、平等自愿原则

平等自愿是商务谈判活动中必须遵循的一条重要原则,它是指有独立行为能力的交易各方能够按照自己的意愿进行判断并做出决定,无论其经济力量是强还是弱,他们对合作交易项目都具有一定的"否决权"。

从该原则出发,有助于企业同外界建立良好的业务往来关系,是维持长期业务关系的保障。它因为谈判的各方没有高低贵贱之分。参与谈判的团体、组织或个人,只要大家有能力,有诚意,并且带着共同合作的愿望走到一张谈判桌上来,那么都是平等的,没有高低贵贱之分。大企业尽管实力强,在与小企业或个人进行洽谈时,双方的地位也是平等的,这是洽谈的一个前提条件。任何凭借自己或他人的权势,在谈判桌上压制对方的做法都是不可取的,除非你自己想赶走对方,否则一定将自己的架子放下来,谈判才有可能继续下去。谈判中坚持这一原则应注意以下几个方面:

1. 双方具有公平的提供选择方案的机会。双方在谈判过程中,为了解决矛盾,一定会各自提出许多方案。双方在提供方案时,机会是均等的,不能说一方条件优越就由这一方提供方案,或者一方实力强就由这方独揽。这是公平竞争原则坚决反对的做法。另外,在具体选择方案时,双方具有平等的选择权利和机会。尊重双方的选择权,选出最优的方案,最大限度地满足双方的需求。

2. 协议的达成是公平的。公平竞争原则要求竞争者的地位一律平等、双方所采用的标准也必须公平,达成公平的协议,即指各方都感到最大限度地满足了本方的利益需求。

3. 在履行协议上,双方都具有公平的义务和责任,不是说某一方可自行决定某些做法,比如更改协议,或不按协议履行等等,都是不允许的。

二、客观真诚原则

有人认为"生意场上无父子",谈判根本就不存在"客观真诚"。其实不然,事实无数次地告诉人们,任何凭自己主观意志从事,或是有诱惑、乃至欺诈做法的商人,均会得到相应的经济惩罚。这种惩罚,有的来自法律,有的来自社会。谈判取得成功的首要原则就是要遵循客观真诚的原则,也就是要服从事实。在谈判中要很好地做到客观真诚,主要应注意做好以下几个方面的工作:

1. **掌握第一手材料,用事实说话。**俗话说:事实胜于雄辩。为了本方在谈判时有充足的根据,首先应从事实情况着手,全面搜集信息和材料。在充分估计和评价了自己谈判实力的基础上,要充分调查对手的情况,包括企业发展的历史、现状、企业实力和信誉、地域特点、文化习俗、谈判风格,谈判中还要进一步核实自己掌握的情况与对手提供的情况,以便判断虚实、帮助决策。其次要结合本次谈判的实际,分析已有材料和消息,找到对自己洽谈较为有利的突破口。如果洽谈时对方脱离实际,或者掩盖事实真相,我们就可利用自己已掌握的情况揭开这层"面纱",用事实说话,采取对策。

2. **信誉是业务谈判最终成功之本。**信誉较好的企业,人们就愿意同他做生意。凡事要讲信誉,业务谈判的信誉更是必须遵守的原则,这就需要谈判各方严格遵守谈判所达成的协议,信守诺言,真正做到"言必信,行必果"。其实,当我们真诚希望对手能守信誉时,我们自己应首先做到这一点,并让对方悟到我们是信誉至上的。

3. **掌握客观标准。**所谓客观标准是指独立于各方意志之外的合乎情理和切实可用的标准,包括:国际惯例、谈判的先例、科学的数据、法律规定、公认的计算方法等等,这些都是谈判者需要掌握的客观性标准。谈判的任务就是消除或调和彼此的分歧,达成协议。实现的方法有很多种,一般是通过双方的让步或妥协来完成的。坚持客观标准能够克服主观让步可能产生的弊病,有利于谈判者达成一个明智而公正的协议。如果双方无法确定哪一标准是最合适的,那么比较好的作法是找一个双方认为是公正的、有权威的"第三方",请他建议一种解决争端的标准,这样,问题会得到比较圆满的解决。在谈判中坚持使用客观标准有助于双方和睦相处,冷静而又公开地分析问题,有助于双方达成一个明智而又公正的协议。由于协议的达成是依据客观标准,双方都感到自己利益没有受到损害,因而会积极有效地履行合同。

三、互利互惠原则

谈判的互惠原则是指:在谈判过程中,参与谈判的各方都能获得一定的经济利益,并且要使其获得的经济利益大于其支出成本;谈判结束后,各自的需求都有所满足,最大限度地实现谈判各方的利益。

由于需求,才使谈判各方走到一起来,也正是因为彼此需求上的分歧,才使大家坐下来进行交流。谈判中不作任何让步是不可能的,因为互惠的原则告诉我们,谈判的某一方在某一问题上的让步,就是满足另一方在该问题上的需求;而对于接受让步的一方,他也会在其他问题上做出让步才能满足本次谈判需求。此所谓互惠原则的本质。只有充分认识并做出让步才能换取自己的真正需求。

　　现代的谈判观点认为,人们在同一事物上的利益不一定就是矛盾的,是此消彼长的关系。他们很可能有不同的利益,在利益的选择上有多种途径。在谈判中每一方都有各自的利益,但每一方利益的焦点并不是完全对立的。比如一项产品出口贸易的谈判,卖方关心的可能是货款的一次性结算,而买方关心的是产品质量是否属于一流。因此,谈判的一个重要原则,就是协调双方的利益,提出互利性的选择。坚持互利互惠原则,应该注意以下几点:

　　1. 坚持诚挚与坦率的态度。诚挚与坦率是做人的根本,也是谈判活动的准则。"精诚所至,金石为开。"任何交易活动,不论是哪一方缺乏诚意,都很难取得理想的合作效果。在相互合作、相互信任的基础上,双方坦诚相见,将己方的观点、要求明确地摆到桌面上来,求同存异,相互理解,着眼于满足双方的实际利益,建立和改善双方的合作关系。经济交往都是互利互惠的,如果谈判双方都能够充分认识这一点,就能极大地增加谈判成功的可能性。而谈判的成功,会给双方带来实际的利益,建立和改善双方的关系,进而具备了进行长期合作的基础和可能,大大提高工作效率和增加相互信任。

　　2. 努力寻求共同利益。从理论上讲,提出满足共同利益的方案对双方都有好处,有助于达成协议。但在实践中,人们总是喜欢把谈判看作是一场比赛,要么我赢,要么你赢,或者看作是一种此消彼长的价值分配,你分得多就意味着我分得少,好像没有更好的选择形式。尤其是当双方为各自的利益讨价还价、激烈争辩时,常常忽略了双方的共同利益。即使意识到了谈判成功将会实现共同利益,也往往忽略了谈判破裂会带来共同损失。其实在多数情况下,是可以设计出兼顾双方利益的分配方案的。谈判各方可以多设计几种方案,然后进行协调和充分的选择。因此,只要双方都能从共同利益出发,认识到双方的利益是互为补充的,那么就会形成"我们怎样才能使整个馅饼变大,这样我就能多分了"的共识。[6]

四、求同存异原则

　　谈判作为一种谋求一致而进行的协商活动,参与洽谈的各方一定蕴藏着利益上的一致和分歧,因此,为了实现谈判目标,谈判者在谈判中应尽力协调分歧,遵循求同存异的原则:即对于一致之处,达成共同协议;对于一时不能弥合的分歧,不求得一致,允许保留意见,以后再谈。

　　表面上看,参与谈判的各方,其价值观、需求、利益的不同会带来谈判的阻力。事实上并非如此,正是由于利益需求上存在分歧,才使得各方可能在利益需求上相互补充、相互满足。每一次谈判都存在着共同利益,但是它们大部分是潜在的,需要谈判者用心去发现、去挖掘、去协调。首先要正确对待谈判各方的需求和利益上的分歧,始终要记住,谈判的目的不是扩大矛盾,而是弥合分歧,使各方成为谋求共同利益、解决分歧的伙伴关系。其次要把谈判的重点放在探求各自的利益上,而不是放在对立的立场观点上。任何从对立的立场出发的硬性做法都是没有什么好结果的,只有将谈判重点放在探求各自的利益上,通过利益的揭示,才能调和矛盾,达成协议。要学会在利益分歧中寻求相互补充的契合利益,达成能满足各方需求的协议。此所谓谈判各方的互补效应和契合利益,是行之有效的。这样,就不难找到可以兼顾双方利益、双方都比较满意的方案,谈判自然获得成功。

至于协调利益最有效的方法是提出自己能接受的几种方案,问对方更喜欢哪一种。你要知道的是哪一种方案更受欢迎,而不是哪一种方案能被接受。你可以对那种受欢迎的方案进行再一次的加工,再拿出至少两个以上的方案,征求对方的意见,看看对方倾向于哪一种。用这种方法,不再需要决策,你就可以使方案尽可能地包含共同利益。如果把协调分歧总结为一句话,那就是:寻求对你代价低,对对方好处多的东西。而且,当你们寻求的方案不被对方接受时,要努力使对方意识到,所确定的方案是双方参与的结果,包含着双方的利益和努力;客观地指出履行方案给双方所带来的结果,并重点指出对双方的利益和关系的积极意义,促使对方回心转意,做出决策。

不到迫不得已,不要以威胁的方法警告可能发生的后果,并要对方承担一切责任。谈判者的格言是:"在分歧中求生存!"[7]

五、对事不对人原则

商务谈判中的"对事不对人"原则,是指在谈判中区分人与问题,把对谈判对手的态度和讨论问题的态度区分开来,就事谈事,不要因人误事。

谈判中的一个基本事实是,你与之打交道的不是抽象的谈判对手,而是有感情、会思维的人,谈判者都有自己的个性情感、价值观,有不同的工作和生活背景,这在商务谈判和外交谈判中都很容易被忽视。由于谈判的主体是同时富于理智和情感的人,所以谈判的过程和结果不可避免地要受到人的因素的直接影响。

一方面,谈判过程中会产生互相都满意的心理,随着时间的推移,建立起一种互相信赖、理解、尊重和友好的关系,会使下一轮的谈判更顺利,富有效率。另一方面,人们也可能会变得愤愤不平、意志消沉、谨小慎微、充满敌意或尖酸刻薄,造成谈判中从个人利益和观点出发来理解对方的提议。其原因在于谈判者不能很好地区分谈判中的人与谈判中的问题,混淆了人与事的相互关系,要么对人对事都抱一种积极的态度;要么对人对事都抱一种对抗的态度,把对谈判中问题的不满意,发泄到谈判者个人的头上,把对谈判者个人的看法,转嫁到对谈判的议题的态度上。

所以,在谈判中,应把人与问题分开,与对手打交道是谈判的形式、解决问题是谈判的直接目的,争取因人成事,避免因人误事。具体应注意以下几个方面:

1. 在谈判中多作换位思考。当提出建议和方案时,也要站在对方的角度上考虑提议的可能性,理解和谅解对方的观点、看法。当对方拒不接受我方的提议,或提出我方难以接受的条件时,也不可暴跳如雷、拍案而起,抱怨、指责对方,而是要心平气和,不卑不亢地阐述客观情况,摆事实,讲道理,争取说服对方。字里行间不要出现指责对方的语言,要勇于承担责任,帮助对方挽回损失。

2. 让双方都参与提议与协商,利害攸关。一个由双方共同起草和协商的、包含双方主要利益的建议,会使双方认为是利于自己的,那么达成协议就比较容易,这是因人成事的技巧。

3. 顾全面子,不伤感情。彼此伤害感情,不给面子,会使谈判双方之间产生敌意,不利于达成一致协议。要善于和乐于认识、理解自己和对方的情感。事实上,对谈判对手的理解和关心往往比对对手的说服和较量更具影响力。当谈判对方处于非常窘困和尴尬的境地时,我们应给对方一个台阶下,这就是"为人置梯"技巧,将会收到意想不到的效果。

4. 经常与谈判对手沟通。谈判本身就是一种交流,如果能及时、经常、面对面地沟通和交流,把话放在桌面上,会避免和消除误会。

六、合法原则

商务谈判中的合法原则是指在商务谈判中要遵守国家的法律和政策。包括两个方面的内容:一是谈判各方所从事的交易项目必须合法;二是谈判各方在谈判过程中的行为必须合法。

随着商品经济的发展,生产者与消费者之间的交易活动将会在越来越广的范围内受到法律的保护和约束,离开经济法律、法规,任何商务谈判将寸步难行。因此,在商务谈判及合同签订的过程中,要遵守国家的法律、法规和政策。凡是与法律、法规及政策有抵触的商务谈判,即使出于谈判双方自愿并且协议一致,也是不允许的,都是无效的。

在对外商务谈判中,还应当遵守国际法原则,尊重对方国家有关法规、贸易惯例等。对外谈判最终签署的各种文书具有法律效力、受法律保护。因此,谈判者的发言,特别是书面文字,一定要法律化,所用语言、文字应具有双方一致承认的明确的合法内涵。必要时应对"用语"的法定含义作出具体明确的解释,写入协议文书中,以免因解释条款的分歧,导致签约后执行过程中的争议。按照这一原则,主谈人的重要发言,特别是协议文本,应由熟悉国际经济法、国际惯例和涉外经济法规的律师负责最终把关、审定。

【研读专栏】　15-2

谈判伦理与道德

伦理是人与人之间的道德关系的规范和准则,是依据社会的经济关系以及它和其他社会意识形态的联系而发生、发展的。**谈判的伦理道德**是指调整从事谈判活动的人们的相互关系与行为的道德规范及准则,它为谈判主体的行为提供大范围的社会认同标准与价值。

1. 伦理与道德对谈判行为的约束。

(1)谈判伦理的约束勾勒出谈判的原则,绝不是制止谈判者运用策略或技巧去获取最佳的谈判结果,因而伦理约束不是谈判进取的障碍。

(2)谈判的伦理约束不提倡通过不诚实或欺骗来达到有利于自己目的的谈判行为,但也不反对在谈判中运用策略、巧妙或精明。

(3)谈判中的伦理规则,在一定条件下可以完全被谈判者遵守。但是,在现代市场经济条件下,影响交易活动的因素日趋复杂和谈判主体有限理性特点的存在,使得谈判者在谈判过程中不可避免地各自怀有投机取巧的动机,可能借助不诚实或欺骗来达到有利于自己的目的。

2. 谈判伦理的确立。

(1)谈判伦理的确立存在于谈判过程中。谈判过程是谈判各方为获得自己预定的利益而进行的讨价还价过程,是谈判双方将各自要求的交易条件去伪存真,谈判态度由虚到实的转化过程。谈判伦理的确立正是在谈判的虚实转化过程中实现的。

(2)谈判伦理是依据谈判双方之间存在的利益关系,以及双方持有的据以约束自己的社会道德准则而确定、发生和发展的。因此,谈判伦理的确立是一个过程,它是在谈判双方为各自利益要求而进行的讨价还价过程中逐步实现的。

3. 谈判伦理确立的标准。

谈判伦理确立的标准不是一成不变的,它们的变化与发展充斥于谈判的全过程。谈判伦理确立的标准分为主动伦理标准和被动伦理标准。

(1)主动伦理标准是相对于谈判的另一方,谈判的一方自身特有的、用以约束自己谈判行为的道德标准。主动伦理标准是使谈判策略与技巧的运用具有主动性、明确性和可控制性,从而不会因策略与技巧的运用而使谈判行为失去伦理约束的重要因素;是使谈判双方趋向伦理标准一致,从而达成令双方满意且可以接受的谈判结果的伦理因素。

(2)被动伦理标准是谈判一方拥有的行为准则对谈判另一方所产生的道德压

力和约束。被动伦理标准是谈判对手所持有的行为准则产生的道德约束和道德压力,它使谈判更加趋于合乎伦理标准。被动伦理标准对主动伦理标准有十分强烈的互补性。

4. 谈判的伦理与法律。

谈判的法律约束是指由通行的法律以及各种国际商务惯例所确定的商业方法和行为规范构成的对谈判行为的约束。也就是前面所说的合法原则。谈判中的伦理道德与法律存在明显的界限。

(1)谈判中的行为同时受伦理道德和法律的约束,但伦理与法律对谈判行为的约束范围不是完全重叠的,在伦理与法律之间往往可以找到回旋的余地。

(2)交易谈判中伦理与法律的界限,即伦理与法律对谈判活动中的基本社会关系调整的相应范围,是要受到其赖以存在的社会经济关系和社会意识形态影响的。

(3)遵守法律框架与行为规范的谈判行为与社会道德标准是并行不悖的。

(4)只有在法律健全时,真正适合于市场经济条件下谈判活动发展的道德规范才会逐步建立起来。

【思考与练习】

1. 什么是谈判?什么是成功的谈判?
2. 商务谈判有哪些特征与特殊性?
3. 商务谈判应遵循哪些基本原则?应如何运用?
4. 寻找、简述、分析一件贸易双赢的谈判事例。

【启示与案例】

毛遂自荐

在战国时期,秦国围困赵国首都邯郸,赵国派相国平原君前往楚国求救。平原君原打算从三千门客中挑选出 20 名文武全才之人随行前往。可是他挑来挑去,只选出了 19 名,正暗自着急之际,有个坐在末位的门客站起来自我推荐道:"形势紧迫,不知道我能不能凑个数?"

平原君问道:"你叫什么名字?"那人回道:"我叫毛遂,是魏国人。""来我这里几年了?""三年了。"平原君听后冷冷地一笑说:"有才能的人,就像锥子装进布袋子一样,一放进去那锥尖立刻就会露出来。可是你在我这里待了三年,没有任何的作为,我连你的名字都没听说过,这就充分说明了你根本没有什么才能,还是留下来吧!"毛遂说:"我只不过今天才请求您把我放进布袋子中去罢了。要是早把我装进布袋,就会连整个锥锋都钻出来,哪会只露一点尖儿呢?"

　　毛遂的这一番答辩，惊动了平原君，到此时他才发现原来他的门下还有如此深藏不露，大智若愚之人。于是他马上启用毛遂。事实证明，他没有用错人，在后来的赵楚会谈中，毛遂在关键时刻发挥了重要作用，促使楚国发兵救赵。

　　案例分析：

　　在谈判桌上，要达到说服对方的目的，就要善于运用客观存在的理由。毛遂在向平原君自我推荐的时候，也是顺着平原君的思路引申下去，先承后转，取得了平原君的信任。

　　谈判是一个漫长而复杂的过程，在双方较量的过程中，都似乎振振有词，谁都想说服对方。在这种情况下，双方都有自己的道理，无论这是真的大道理、小道理，还是虚拟的大道理或小道理，都会在谈判桌上互相抛掷，其目的只有一个——我有理你该让步，你有理我该让步。因此，在我们对对手进行说服的过程中，必须从其所持之理出发，析其理中的真伪，使其露出庐山真面目，否则对手就不会让步或认输。

　　在谈判桌上进行说理的过程中，要注意始终如一，切不可半途而废。在说理的过程中，或许有不少论题有相似、相关之处，在论证自己理由的过程中，或许真有理，或许无理。这些真理、强理、弱理在谈判的整个过程中必须坚持一致。也许你的理由没有说服力，但也不可随便改口造成"言而无信"的局面。如果从谋略的角度或是报复的角度上，需要一些"戏"来弥补你说理的不足，那么你所做的戏也要注意切不可中途变卦。你可以忍受"做戏"效果不佳的痛苦，但切不可撕去"戏妆"露出你的真实面目。因为，只有把"戏"演好、演完，才能够维持谈判的正常效应——出言有效即是可信！从业务角度讲，可信不等于有说服力，但只有出言可信才可以创造说服力。所以，说理与做戏必须始终如一。常言道："君子一言，驷马难追。"既已说出口，就必须坚持到底，才能取信于人，达到说服对方的目的。

第十六章 谈判准备与开局

【学习目标】

通过本章的学习,应对如下内容有一定的了解:

- 谈判前的可行性研究
- 建立高效的谈判队伍和谈判计划的制定
- 谈判议程、谈判方针与谈判风格的选择
- 谈判开局的气氛及营造
- 谈判开局策略及运用

第一节 谈判准备

【研读专栏】 16-1

谈判准备及其重要性

谈判事项一经确立,谈判各方都需要进行一些筹划、酝酿工作,我们把这一阶段叫做谈判的准备阶段。即在谈判正式开始以前进行分析研究,确定谈判目标,选择谈判人员,制定谈判计划,为正式进行谈判做好充分准备,从而做到知己知彼,有备无患。

俗话说"不打无准备之仗"。要想取得谈判的成功,事先应周密地搜集整理各种情报,精心筹拟谈判计划,做到从容不迫,成竹在胸。只有这样,谈判人员才能在谈判过程中驾轻就熟、游刃有余,有效地实现预期目的。如果没有充分的准备工作,谈判就很难顺利进行。谈判的准备和谈判的进行一样重要。谈判能否取得成功,不仅取决于谈判桌上的唇枪舌剑、讨价还价,而且有赖于谈判前充分、细致的准备工作。可以讲,任何一项成功的谈判都是建立在良好的准备工作的基础之上的。由于历史的原因,我国的企业及谈判人员普遍缺乏商务谈判的经验,这就使得谈判前的准备显得更加重要。只有以认真细致的准备工作来弥补我们在谈判策略及技巧上的不足与欠缺，方可增大谈判成功的概率。可见，谈判准备是谈判价值链中的必要环节，从而对谈判目标的实现起着重要作用。在实际谈判中，谈判准备的一般过程和内容大体还是相同的，只是会因具体情况的不同，在某些准备活动上存有一定的差异。

一、谈判前的可行性研究

在举行谈判之前，首先应分析一下能否达成协议的可行性。这里指的是"可行性"而不是"可能性"。先不要去估计谈判是否能达成协议（可能性），而要分析一下达成协议之后能否执行（可行性）。例如，同外国谈判进口贸易时，达成的协议受我国或对方所在国家法律的限制；有的即使谈判成功，也无法执行，何必去进行这种无用功的谈判。[8] 在对即将举行的谈判作可行性分析时，可从法律、时间、地点、经济、政治以及风俗习惯等方面去加以考虑。

1. 政治法律环境分析。近几年来我国在经济立法方面也有了很大进展，随着市场经济的发展，法制建设的加强，我国的经济立法也进一步完善。所以谈判人员必须有很强的法制观念，对有关的法规细则必须有充分的了解，否则就无法利用法律来维护自己的权益，就会寸步难行。这里主要是指分析与市场经营有关的各种法规及有关的管理机构和社会团体活动的信息。在涉外谈判中尤其要注意对与交易活动有关的立法环境、政治制度与政府的政策倾向、公众利益集团等政治法律环境的分析。第二次世界大战后各个国家的政治法律环境都越来越多地影响着经济活动，这是由于各国政府对经济的干预日益加强，经济立法日益增多的原因。

2. 经济环境和自然环境分析。这主要是指分析市场经济形势、市场行情等方面的信息。这就要求谈判人员要了解社会生产力的总体水平，社会分工状况以及消费收入水平及市场需求、市场竞争状况，这些将影响商品品质标准、价格高低等多方面的问题。

任何经济活动都在一定的自然环境中进行。由于自然环境不同，就决定了产品的原材料供应、运输方式、储存条件及商品包装、装卸等多方面的差异，因此谈判人员应该对经济活动的自然环境做充分了解和分析。

3. 社会文化环境信息。这里所说的文化主要是指一个国家、地区或民族的文化传统，如风俗习惯、伦理道德观念、价值观念等等。人们在不同的社会文化背景下成长和生活，各有其不同的基本观念、信仰和生活习惯，这是在不知不觉中自然形成的，成为人们一种行为规范。因此谈判人员应充分了解各国、各地区或各民族的文化背景,以便于研究对方的性格、爱好、尊重对方的风俗习惯,维持良好的谈判气氛。

二、知己知彼

(一)谈判者的自我评估

1. 谈判者自我评估的目的。要知人首先要知己。谈判者自身的分析即自我评估是一种"知己"的功夫。自我评估的目的是要认清自身的实力,了解自己的弱点,发现存在的问题。高估自己或低估自己都不利于谈判效果的获得,因为高估自己,则易于轻敌;低估自己,则易于怯场。因此。谈判者在正式谈判前必须对自己有个正确的评价,排除那些影响自己谈判的因素。这一点在谈判准备工作中,往往容易被忽视。只有对自身进行客观的评价,才能客观认定对方的实力。因为谈判过程中双方所拥有的力量是相对的,即谈判对方实力的强弱是相对于其他竞争者和谈判者自身实力的强弱而言的。尽管有时了解对方各方面的情况,但没有对自身的客观评价,则所设计的策略和方法可能针对了对方的状况,但却缺乏运用的基础。正确评价自己,可以使我们保持清醒头脑,在谈判中做到避实就虚,扬长避短。

2. 谈判者自我评估的内容。

(1)谈判信心的确立。在正确评估自己,包括正确评价自己谈判实力的基础上,要有遇到强硬对手的心里准备,在设计方案时,尽量往难处想,同时也要作好谈判破裂的思想准备。

(2)自我需要的认定。要明确己方本次谈判需要什么、打算得到什么、追求什么。对自己的谈判的最高目标和最低目标要做到心中有数,要根据谈判的变化,随时调整自己的策略。

(3)需要满足能力的鉴定。考虑一下如果谈判不成功将会发生什么情况,并仔细地搜寻各种同类型的或者可代替的备选方案。并且要考虑到各方面的因素,确定其中最佳备选方案达成协议的价值。

(4)满足对方需要能力的了解。谈判者不仅需要了解自己要从对方那里得到哪些需要,还需要知道自己能满足对方哪些需要。在满足同种需要的竞争对手中,自己具有哪些优势,处于何种竞争地位。

(5)谈判的分析与检验。估计你在每一轮谈判中的保留价格。总结你的谈判论据:事实证据、日程、辩论要点、合理化建议。

(二)谈判对手的信息分析

1. 分析谈判对手信息的意义。了解自己重要,了解对手更重要。在正式谈判之前,对特定的谈判对手进行分析是取得谈判成功的重要保证。只有摸清了对手的实际情况,对对方的资信状况有足够的了解,了解谈判对手的合作诚意,对方公司的发展历史,该公司的资信能力以及谈判对手的资历、地位、谈判风格、对我方的态度、与我方交往的历史,这样我们可以做到对对手了如指掌,在未来的合作中才能免受巨大的损失;我们才能在谈判过程中对症下药,较为迅速地融洽双方间的关系,有针对性地制定谈判策略。因此,弄清对方虚实,是谈判人员在进行可行性研究中应当解决的重要问题之一。

2. 了解谈判对手信息的方法。要了解分析谈判对手信息,事先应做大量的调查、研究工作。实践中,有三种调研方法可供选择:

其一是**案头调查法**,又称检索调研法,指的是谈判人员对现有资料的收集和分析,这种情况资料的来源较多,既可以是企业内部存储的信息资料,也可以是谈判对手发行的资料,如他的商品目录,报价单等等,当然有关介绍对手情况的报刊书籍也不能忽视。这种调研方法投资少、见效快、简便易行,这是我们进行调研工作的首选方法。

其二是**直接调查法**,即由谈判人员通过直接接触来搜集、整理情况资料的方法。

其三是**购买法**,即通过购买方式从有关咨询机构取得所需要的情报。

无论采用何种调研方式,目标只有一个,即力求全面、准确地了解谈判对手的需要与目的、个人经历及谈判风格等各种情况,为我们制定谈判策略服务。[9]

3. 分析谈判对手的基本情况。

(1) 对手的实力:资信状况,经济实力,产品的质和量,社会影响和市场地位,权力、后台等比我方强的实力。了解对手的实力之后,在谈判之前可采用加强自己的实力或借用第三者、第四者或其他方面的力量与之抗衡;实在无法与之相比时,可采用"避实击虚"的方法,在谈判时避开实力。

(2) 对手的薄弱环节:对手的薄弱环节除了人力、物力、经济力量等之外,要尽量从对方是否处于急于求成的紧急境地以及有无危机、缺乏信心、心虚、心态不稳、技术力量不足、缺少外援、盲目、妄动等情形去寻找。只要找到一二个薄弱环节就可在谈判时"以实击虚",在诸如讨价还价之类的争辩时给对手施加压力,迫使其达成有利我方的协议。

(3) 对手的谈判能力:对方企业的内部决策权限分布及谈判人员权限,前来谈判的人是否谈判老手,其谈判思维及善于用何种谈判策略。同时,要搞清楚前来谈判的人的爱好、性格、特点、家庭人口、收入水平、婚姻、子女等情况。因为在谈判过程中,往往是当场拍板,这里有很多人为的因素。每个谈判者在谈判前都有几个标准,究竟按哪个标准成交,这一方面要看谈判过程,另一方面则取决于谈判者本人。作为谈判者,要善于根据不同谈判对手的特点,采取不同的策略。

三、建立高效的谈判队伍

1. 谈判队伍的结构。以商务方面的谈判为例，谈判的内容，主要从以下四个方面去考虑：①商务方面：价格、交货、风险的划分等。②技术方面：规格、程序、工艺等。③法律方面：合同文件、合同中各项条款的法律解释等。④金融方面：支付方式、信用保证、证券与资金担保等。因此，参加谈判的人员一般都由这四个方面的专业人员组成。

谈判队伍的人员配备，应当视当时的情况和谈判的性质来决定谈判人员的选派。这并没有统一的要求，唯有视谈判的需要，来选派代表谈判的人选。具体来说，结构合理的谈判队伍应包括：

（1）主谈人。主谈人即谈判的首席代表，是谈判桌上的主要发言人，也是谈判的组织者。一般应精通商务或其他业务，有娴熟的策略技能，知识广博，思维敏捷，表达能力强，善于随机应变。其职责是将已确定的谈判目标和谈判策略在谈判桌上予以实现。

（2）谈判组织负责人。谈判组织负责人是谈判组织的领导者，一般应具有较强的组织工作能力，其职责是全面实现谈判目标，其工作重点应放在促进代表团整体力量的发挥上。

（3）陪谈人。陪谈人即专业辅助人员，包括商务技术人员，法律技术人员、管理技术人员、礼宾技术人员、生活管理人员、记录人员等，在各有技术专长的基础上，应善于从思想上、行为上紧密配合，确保内部的协调一致。他们的主要职责是仅仅在谈判中回答主谈人的咨询，提供信息和参考意见；详细记录谈判双方的主要情节，协助主谈人完成谈判任务。有时，在谈判中遇到一些特殊问题，如生产工艺、设备安装、质量控制等，还需要请有关专家来参加。

2. 谈判队伍的规模。一般来说，一个谈判队伍至少应当有四个人组成，对于一些规模较小、影响不大的谈判，参加谈判的人员也可身兼两职或三职。这就是说，小型谈判人员可以减少至两个人。但是，决不能减至一个人。因为谈判中，常常需要涉及很多情报和各种专业知识，如商业业务知识、财务知识、国际商法知识、世界市场行情和运输信息等等。而这些情报和知识往往不是一个人可以全部掌握的，他必须依靠他人的帮助。因为无论这个人有多么精明，在谈判桌上要一个人完全独立地妥善处理诸多的谈判事宜是不可能的。[10] 当然，合理的谈判队伍规模是根据具体情况决定的，该多则多，该少则少，一切从实际出发。确定谈判队伍规模需考虑的因素有：①客观谈判的需要；②不同规模队伍的利弊；③企业资源状况；④谈判队伍管理者的管理协调能力。

3. 谈判队伍中的相互支持与后援力量。如果采用谈判队伍的模式，一方面，应当制定谈判工作规范,明确代表团成员的职责分工,如有必要适当安排相应的培训,这一点,对于涉外商务谈判尤为重要、不可忽视。出国前,务必要对谈判人员的专业知识、谈判技能、谈判技巧和策略以及行为礼俗进行培训、强调谈判意识、更好地掌握有关谈判技巧,以适应谈判的需要。在谈判过程中,谈判组成员间应该用口头或其他方式相互支持。如:当己方谈判人员讲话后,其他的同事有必要对他的话加以肯定,对方容易在心理上承认他的话的可靠性。另一方面,本单位的领导和其他人员是谈判组的后援力量。谈判组在谈判期间,防止同后援力量发生冲突尤为必要。谈判组需要得到他们的支持,并协调同他们的关系。谈判组在外出谈判之前,必须明确自己的责任,以免因责任不清而发生冲突,以致贻误战机。因此,组建谈判队伍的同时,还应建立谈判代表团与本单位领导集团之间的联系通道,指定专门人员负责两者的随时沟通,使代表团与本单位的领导者指挥者之间始终保持密切联系,一有情况,就能迅速作出对策或其他不可缺的反应。他们必须向企业中的其他人员沟通情报和进行联系,并商谈有关的问题,以便得到他们的支持。如有可能,则应在谈判期间回到企业中,同领导或其他专业人员就有关谈判中反映出的问题作进一步讨论,当然也可以由谈判组或单位派出专人经常访问另一方,相互沟通情况。

【研读专栏】　16－2

单人谈判及团队谈判的利弊

1. 单人谈判的利弊。

单人谈判的优势主要表现为:①避免对方攻击己方实力较弱的成员。②避免多人参加谈判时内部的不协调,包括多人参加谈判时,由于对方有意识的行为引致的内部不协调。③谈判者可独自当机立断地采取对策。

单人谈判的不足主要表现为:①谈判者一人要同时对付多方面的问题,担负多方面的工作,从而可能会影响工作的效果。②谈判人员要单独作出决策,其面临的决策压力较大。③单人参加谈判,无法在维持良好谈判形象的同时扮演多种类型的角色,谈判策略的运用受到很多限制。

2. 团队谈判的利弊。

团队谈判的优势主要表现为:①可以集思广益,寻找更多更好的对策方案。②可以运用多人谈判的战略战术,发挥团队优势。③谈判成员各有所长,分工负责,取长补短。④分散谈判对手的注意力,使之不将矛头全部对准一个人,从而可以大大减轻个人的压力。⑤有利于谈判工作的衔接,当出现意外情况时,不至于中断谈判。

团队谈判不足的一面表现在：①组队本身有一定难度。②组队后谈判过程中的队伍协调管理更是一件难度甚高的管理。

四、谈判计划的制定

1. 谈判计划制定的作用。谈判计划是谈判人员在谈判信息研究分析基础上，在谈判前预先对谈判目标、谈判内容和谈判步骤、方式、地点所作的安排，是谈判人员的行动纲领。在可行性研究等谈判准备的基础上，制定具体的谈判执行计划，具有十分重要的意义：

（1）计划制定的过程是更严密的准备过程，有助于促进谈判人员更为扎实地进行谈判准备工作。制定计划的过程同时也是一个争取将错误犯在纸上的过程，从而有助于谈判人员仔细检查已进行的各项准备工作。

（2）谈判计划有助于谈判队伍内部及企业内部有关人员之间就有关问题进行有效的沟通。谈判计划产生并得到共同认可后，所有与此相关的沟通就具备了一个共同的基础。

（3）谈判前制定计划与谈判结束后对照计划进行总结，有助于人们更好地总结谈判中存在的问题和取得的成绩，提高谈判技巧。

2. 谈判计划的内容。一个完善的谈判计划应包括以下主要内容：

（1）谈判的基本目的。

（2）主要交易条件及人际关系目标。

（3）双方地位评价。

（4）人员及职责。

（5）谈判的时间安排。

（6）谈判的地点安排。

（7）谈判成本预算。

（8）谈判策略安排。

（9）备用方案。

（10）谈判计划说明及附件。

3. 谈判计划制定的要求。为了保证谈判计划能有效地发挥作用，在制定计划时，应注意以下几点：

（1）计划本身必须简单明了，易于为谈判人员所把握。

（2）计划必须是明确的，不会导致理解上的分歧。

（3）计划必须具有一定的灵活性。

【研读专栏】　16－3

谈判目标的确定

谈判目标是谈判者参加谈判的基本目的,整个谈判都必须围绕着这个目标来进行。确定谈判目标需要确定一个目标范围,而不是一个单一目标。这个目标范围一般包括三类:

(1)顶线目标,即是本次谈判确定的最高目标,是通过谈判力争达到的对谈判者最好的结果。它在满足谈判者实际需求利益之外,还有一个额外的增加值。因此,顶线目标是谈判者力争达到的、最有利的理想目标。

(2)底线目标,即是为本次谈判确定的最低目标,是最差的但谈判者可以接受的结果。因此,最低目标是谈判者作出最大让步后必须保证达到的目标。底线目标是一个限度目标。只有达到或超过这一目标,谈判才可能走向成功,否则,谈判必然破裂。

(3)可交易目标,即是谈判者期望实现的目标。它是顶线目标与底线目标之间的中间值。可交易目标实际上是一个弹性目标,即有一个幅度。

在具体商务谈判过程中,谈判双方的讨价还价一般发生在双方的顶线目标之间,而协议的达成必须是在双方的底线目标之间。若谈判双方的底线位置不能重合,那么谈判一般不会达成协议。如果以价格来说,底线目标为保留价格,若为卖方则为售价的最低限度,若为买方则为购价的最高限度;顶线目标则为期望价格,若为卖方为希望实现的最高限价,若为买方则为希望实现的最低价格。可交易目标是介于顶线目标与底线目标之间的目标,若为卖方希望这个价格越高越好,若为买方则希望它越低越好。这样谈判双方在谈判前必须对己方的保留价格、期望价格做到心中有数,同时还要估计对方的保留价格和期望价格,以便灵活应对。

【研读专栏】　16－4

谈判地点的选择与布置

1. 谈判地点的选择。谈判中可供选择的谈判地点无外乎有三个,即己方所在地、对方所在地和第三方所在地。我们应根据谈判项目的不同和所处地位的不同,选择对自己比较有利的谈判地点。

(1)谈判地点选择在己方所在地。若谈判地点选择己方所在地,对己方谈判者有如下优势:①谈判者在自己熟悉的环境中没有心理障碍,容易在心理上形成一种安全感和优越感;②在通讯、联络、信息等方面占据优势,谈判人员可以随时与高层领导联络,可以方便地获取各种资料,因此,能够在谈判中保持灵活的态度;③由东道主身份所带来的谈判空间环境的主动权,使谈判者在处理各种谈判事务时比较主动。

(2)谈判地点选择在对方所在地。当谈判者处于逆境或准备不足时,在对方所在地谈判可能更为主动,主要原因是退出方便。选择对方所在地作为谈判地点也是谈判者自信心强的表现。如果谈判者能够保持自信并不断发起进攻,就能取得初步的胜利。选择对方所在地进行谈判,更有利于谈判人员在高层领导规定的范围内发挥其主观能动性。

(3)谈判地点选择在第三方所在地。第三方所在地作为谈判地点的优势主要表现为其不存在偏向,双方均无东道主之优势,策略运用的条件相当。但是,使用第三方所在地为谈判地点,双方首先要为谈判地点的确定而谈判,地点确定本身比较复杂。因此,第三方所在地通常为相互关系不融洽、信任程度不高的谈判双方所选用。

2. 具体谈判场所的布置。当谈判地点选择己方所在地,布置时应注意以下几个方面的问题:

(1)谈判场所所在地交通方便,便于有关人员来往。

(2)谈判场所所在地内外环境宽敞、优雅、舒适,能使人以轻松、愉快的心情参加谈判。

(3)正式的谈判场所附近应有多种休息场所,以便谈判人员在谈判间隙时休息或举行场外会谈。

(4)选择适宜的场景布置和色彩。谈判场景的总体色调应以暗色、暖色为主。这种色调既易于双方建立信任感,同时又形成一种适宜心理氛围的距离感。

(5)妥善安排座次。其一,谈判桌的选择。常见的谈判桌有长方形和圆形两种。谈判桌形状和大小的选择通常基于:参加谈判的人数多少;谈判人员个人心理安全空间的大小及各方之间的关系等。在许多小规模谈判,特别是一对一谈判中,不一定使用谈判桌。其二,双方谈判人员的排列。人员排列可分为分开排列和交叉排列两种。分开排列,各坐一边,双方对等,有助于内部的协调;而交叉排列,各方谈判人员在表面上不分为不同阵营,有助于活跃气氛,但也可能导致谈判人员心理上的不协调感。

五、拟订谈判议程

1. 谈判议程的内涵:一个良好的议程可以阐明或隐藏原来的动机,它可以建立起一个公平的原则,也可以使情势倾向一方。它能够使谈判步上轨道,也可以使它远离正题,变成讨论其他细节的问题。安排谈判议程是掌握主动的一个机会。能够控制议程的人,往往能够明确而有系统地陈述问题,并且能够在适宜的时机作出决定。能够控制议程的人,实际上也就控制了会谈中的一言一行,或者更重要的是控制了不愿被谈及的问题。所以要记住:在谈判开始之前,拟好议程之后再进行谈判。谈判议程一般要解决这样几个问题:[11]

(1)谈判应何时举行,为期多久。这主要是时间问题,但也是影响谈判的一个重要因素。谈判时间合适会提高谈判的效率,加深进程,对谈判成果有促进作用。即在规定谈判期限时,一方面应给谈判者留有充分的时间以讨价还价,不致因为时间过紧而限制谈判;另一方面则应明确确定谈判的最后期限,并尽可能让谈判者理解由于时间延迟可能带来的企业损失。一般来说,在选择谈判时间时还应考虑己方的准备情况,谈判人员的身体、情绪状况,谈判的紧迫程度及自然气候条件等。

(2)谈判是一次完成还是分几次完成,休会时间多久。对于有些疑难问题不容易一次达成协议,应分几次进行谈判,这样可以利用休会策略使谈判双方进行休整,调理情绪,这对谈判是有帮助的。

(3)谈判在何处举行。前面已有专题研讨,不再赘述。

(4)谈判的方式是什么。谈判的方式有两种:一为**横向谈判式**,即是指将准备谈判的议题全面展开,规定每轮谈判要讨论的具体问题,然后一一讨论,如果其中一个问题没有达成协议,可以暂时放下再谈其他问题。这种谈判形式有较高的效率,而且不易出现僵局,对维持较融洽的谈判气氛有所帮助。二为**纵向谈判式**,即是指在谈判前应将要谈判的问题整理成一个系列或排成从前到后的顺序,然后依排好的顺序进行谈判。它要求每次只谈一个问题,并且直到这个问题达成协议后再谈下一个问题。这种谈判方式使每一轮谈判的问题专一,内容简化但效率较低,而且容易出现僵局,不利于维持良好的谈判气氛。

(5)模拟谈判。**模拟谈判**也可叫假设预习,这是在正式谈判前进行的"彩排"。这是在已知初步谈判方案与构想的情况下进行的实践演习,从中可以发现问题,拟订对策,修改方案,使准备工作更加成熟。模拟谈判的具体做法可以在己方谈判人员中选出一些人扮演谈判对手,让他们完全站在谈判对手的立场上与我们进行交涉、谈判。这样可以找到自己的谈判方案中的不足,也可以发现一些新情况,以便我们及时修订自己的谈判议程。当然,并不是所有的谈判都要进行模拟谈判,需视具体的谈判项目而定。

2. 拟订谈判议程应注意的问题:

(1)未经考虑详细后果之前,不要轻易接受对方所提出来的议程。

(2)要仔细考虑何者才是所要讨论的问题,以及在何时提出最佳。

（3）在具体安排时间问题之前，要给自己充分的思考时间。

（4）详细研究对方所提出来的议程，以便发现是否有什么问题被对方故意排除于议程之外，或者用来作为拟订对策的参考。

（5）千万不要显示出你的要求是可以妥协的。你可以早点表示你的决定，避免把它排入议程中。

当然，议程只是一个事前计划，并不代表一个合同。如果任何一方在谈判开始之后，对它的形式不满意，就必须有勇气要求调整和修改。

六、谈判方针与谈判风格的选择

1. 谈判方针。谈判方针归纳起来有三种类型：即谋求一致方针、皆大欢喜方针和以战取胜方针。

（1）谋求一致方针，是指在谈判中通过建立和谐气氛，谋求共同利益来实现谈判目标。

（2）皆大欢喜方针，是指在谈判中通过使双方的利益都得到满足来实现谈判目标。

（3）以战取胜方针，是指在谈判中通过牺牲双方的利益来满足自己的利益要求，通过打败谈判对手取得谈判的成功。

理想的谈判结果是达到互利、共利。在上述三种谈判方针中，倍受人们推崇和首选的是在友好、和谐气氛下"谋求一致"的谈判方针；其次主张的是在谋得己方最大利益的条件下给对方以适当满足的"皆大欢喜"的谈判方针，力主避免冲突型的"以战取胜"的方针。

2. 谈判风格。

（1）合作型。采用这种谈判风格的谈判者对待谈判的立场是维持人际关系，确保双方都能达到个人目标。

（2）妥协型。采用这种谈判风格的谈判者对待谈判的立场是：既要考虑谈判目标，又要考虑双方的关系。这种谈判风格以说服和运用技巧为特点，其追求的谈判目标是找到某种权宜性的、双方都可以接受的方案，使双方利益都能得到满足。

（3）顺从型。采用顺从型风格的谈判者对待谈判的态度是竭力维持人际关系，很少不关心谈判双方的目标，进而把退让、抚慰和避免冲突看作是维护人际关系的方法。

（4）控制型。采用这种风格的谈判者对待谈判的立场是不考虑双方的关系，而只考虑采取相应的策略和手段确保自身目标得以实现。

（5）避免型。这种谈判风格的核心是逃避，因而当遇到冲突时，采用避免型风格的谈判者会不惜一切代价避免冲突。

第二节　谈判开局策略与技巧

一、谈判开局的意义

谈判的开局阶段指的是谈判准备阶段之后,谈判双方进入面对面谈判的开始阶段。"良好的开端是成功的一半",开局的情况决定了以后谈判的进展,开局的好坏,直接关系到整个谈判的前景,所以开局是至关重要的。在谈判开局阶段,谈判双方对谈判尚无实际的感性认识,各项工作千头万绪,无论准备工作做得多么充分,都免不了遇到新情况、碰到新问题。因此,在此阶段,谈判各方的心理都比较紧张,态度比较审慎,都在调动一切感觉功能去探测对方的虚实及心理状态。所以在这个阶段一般不进行实质性谈判,而只是进行见面、介绍、寒暄,以及谈判一些非关键性的问题,开始进行初步的接触、互相熟悉,并就此次会谈的目标、计划、进度和参加人员等问题进行讨论,在尽量取得一致的基础上就本次谈判的内容分别发表陈述。这些非实质性谈判从时间上来看,它只占整个谈判过程的一个很小的部分,从内容上看,似乎与整个谈判主题无关或关系不太大,但它却很重要,因为它为整个谈判定下了一个基调。所以,合格的谈判人员应该研究谈判的开局,把握、控制谈判的局势。

二、谈判开局气氛及营造

谈判开局气氛是指出现于谈判开局阶段的气氛或情势。每一场谈判都有一定的情调与气息,这种情调与气息我们称为谈判气氛,它可以被每个谈判人员感觉到、意识到,并影响着每个谈判人员的情绪和思路。如果谈判一开始形成了良好的气氛,双方就容易沟通,便于协商,谈判者都愿意在一个良好的气氛中进行谈判。如果谈判一开始双方就怒气冲天,见面时拒绝握手,甚至拒绝坐在一张谈判桌上,则无疑会对整个谈判蒙上一层阴影。

在谈判的开局阶段,谈判人员的任务和目的是应为今后的谈判创造一个合适的气氛。实践证明,在谈判之初所形成的谈判气氛,会对谈判的全过程发生影响。而形成谈判的气氛的时间是非常短暂的,在双方一见面时的相互介绍、寒暄、交谈中,在双方接触时的姿态、动作和表情以及服饰、风度中谈判的气氛已经形成。这就是所谓"第一印象"的重要性。在谈判过程中,谈判气氛一经形成,要想改变是很不容易的,要花费一些时间和精力,所以合格的谈判人员非常注意开局时的自我表现,力求给对象留下大度、温和、富有诚意的印象,以培养起良好的谈判气氛。

1. **要塑造良好的第一印象。**形成谈判气氛的关键时间是短暂的,甚至是极为短暂的,可能只有几秒钟,最多也不超过几分钟。实际上,双方走到一起准备洽谈时,洽谈的气氛就已经形成了,而且将会延续下去,以后很难改变,因为这时热烈或冷漠、合作或猜疑、友好或防范等情绪已经出现了;行动已经表现出不是轻松便是拘谨。当然,洽谈气氛不仅受最初几秒钟内发生的事情的影响,而且还受到双方见面之前的预先接触,以及洽谈中的接触的影响。但是,开始见面形成的印象,比初见前形成的印象强烈得多,甚至会很快取代以前的印象。有时,在洽谈过程中,气氛会有所发展,甚至恶化。但是,洽谈之初建立的气氛是最关键的。

2. 营造洽谈气氛不能靠故意做作。商务谈判多数采用口头形式,而且大部分洽谈的目的是为了达成某种协议。因此,对于这种建设性的谈判,往往在洽谈之初就应具备良好的基础:即首先要表现和建立起一种合作的气氛,这一点对于整个谈判过程是至关重要的,它甚至影响着此次谈判的成败,单纯表面的做作很难奏效。我们应利用友善的形象动作来创造友好的谈判气氛,从见面形式、问候、坐姿、目光和表情,以谦和、坦诚来奠定谈判气氛的基础,创造双方感情上的相互接近。要想使谈判顺利进行,首先要融洽感情、协调思想。要建立良好的洽谈气氛,应该本着诚挚、合作、轻松而又认真的态度,并以平等互利、友好合作作为谈判的基本原则准备谈判。

3. 抓住有利时机建立良好的谈判气氛。双方还没有就坐之前,是进行开场白的好时机。在开局阶段,最重要的工作就是确立开局的目标。所谓开局的目标,是一种与谈判的终极目标紧密相连又相互区别的初级目标,即应该创造出一种怎样的谈判气氛,使谈判双方能尽快地协调一致。不要采取单刀直入,也不要首先提出棘手敏感的问题。因此,洽谈开始时的话题最好是轻松的、非业务性的,可以使双方放松神经、找到共同语言,为心理沟通做好准备。比如,双方可以随便聊聊以下内容:①会谈前各自的经历。如应邀进行的游览,曾经到过的地方,接触过的人,等等。②私人问候。表现出真正关心他人的情况,不带任何威胁的语调。③其他业务外的话题如:足球赛、冰球表演、高尔夫球等,只要不会给对方带来不快,甚至可以是早上的新闻摘要等。④彼此有过交往的,可以先叙述一下以往的共同经历和取得的成功。通过轻松的交谈,往往可以使感情趋近,逐渐使正式谈判之门慢慢打开。

【研读专栏】　16－5

谈判开局气氛的种类

　　谈判气氛可能是十分热烈、积极、友好的,双方抱着互谅互让的态度,通过共同努力而签订一个皆大欢喜的协议。谈判的气氛也可能是冷淡的、对立的、紧张的，双方抱着寸土必争，寸利不让的态度，都希望可能签订一份使自己能获得最佳利益的协议。谈判气氛反映了谈判的基调，不仅对谈判产生引导作用，也对谈判的进程及成效起不小的作用。谈判开局气氛通常可分为以下三种情形：

1. 高调气氛。**高调气氛**是指谈判情势比较热烈，谈判双方情绪积极、态度主动，愉快因素成为谈判情势主导因素的谈判开局气氛。通常在如下情况下，谈判一方应努力营造高调的谈判开局气氛：己方占有较大优势；己方希望尽早与对方达成协议。在高调气氛中，谈判对手往往只注意到对自己有利的方面，而且对谈判前景的看法也倾向于乐观，因此，高调气氛可以促进协议的达成。营造高调气氛通常有以下几种方法：

(1) 感情攻击法：指通过某一特殊事件来引发普遍存在于人们心中的感情因素，使这种感情迸发出来，从而达到营造热烈、积极气氛的目的。

(2) 称赞法：指通过称赞对方来削弱对方的心理防线，从而焕发出对方的谈判热情，调动对方的情绪，营造高调气氛。注意选择恰当的称赞目标、恰当的称赞时机和恰当的称赞方式。

(3) 幽默法：指用幽默的方式来消除谈判对手的戒备心理，使其积极参与到谈判中来，从而营造高调谈判开局气氛。注意选择恰当的时机、适当的方式，要收放有度。

(4) 问题挑逗法：指提出一些尖锐问题诱使对方与自己争论"，通过争论使对方逐渐进入谈判角色。

2. 低调气氛。**低调气氛**是指谈判气氛十分严肃低落。谈判的一方情绪消极、态度冷淡，不快因素是构成谈判情势的主导因素。通常在下面这种情况下谈判一方应努力营造低调的谈判开局气氛：己方有讨价还价砝码，但是并不占有绝对优势。低调气氛会给谈判双方都造成较大的心理压力。在这种情况下，哪一方心理承受力弱，哪一方往往妥协让步。因此，在营造低调气氛时，本方一定要做好充分的心理准备并要有较强的心理承受力。营造低调气氛通常有以下几种方法：

(1) 感情攻击法：是以情感诱发作为营造气氛的手段，使对方产生消极情感，致使一种低沉、严肃的气氛笼罩在谈判开始阶段的方法。

(2) 沉默法：是以沉默的方式来使谈判气氛降温，从而达到向对方施加心理压力目的的方法。注意要有恰当的沉默理由和把握沉默有度。

(3) 疲劳战术：是指使对方对某一问题或某几个问题反复进行陈述，从生理和心理上使对手疲劳，降低对手的热情和谈判情绪的方法。

(4) 指责法：是指对对手的某项错误或礼仪失误严加指责，使其感到内疚，从而达到营造低调开局气氛目的的方法。

3. 自然气氛。**自然气氛**是指谈判双方情绪平稳,谈判气氛既不热烈,也不消沉。自然气氛无需刻意地去营造,许多谈判都是在这种气氛中开始的。这种谈判开局气氛便于向对方进行摸底。

三、谈判开局策略及运用

谈判开局策略是指谈判者谋求谈判开局中有利地位和实现对谈判开局的控制而采取的行动方式或手段。谈判开局策略与谈判开局气氛是相互影响的。任何谈判都是在特定的气氛中开始的。因而,谈判开局策略的实施都要在特定的谈判开局气氛中进行,谈判开局气氛会影响谈判开局策略。与此同时,谈判开局策略也会反作用于谈判气氛,成为影响或改变谈判气氛的手段。所以,当对方营造了一个不利于己方的谈判开局气氛时,谈判者可以采用适当的开局策略来改变这种气氛。

1. 协商式开局策略。**协商式开局策略**是指在谈判开始时,以"协商"、"肯定"的方式,使对方对自己产生好感,创造或建立起对谈判的"一致"的感觉,从而使谈判双方在愉快友好的气氛中不断将谈判引向深入的策略。这种开局策略可以在高调气氛和自然气氛中运用,但尽量不要在低调气氛中运用。因为,在低调气氛中使用这种策略易使自己陷入被动。协商式开局策略运用得好,可以将自然气氛转变成高调气氛。

2. 保留式开局策略。**保留式开局策略**是指在谈判开局时,对谈判对手提出的关键性问题不作彻底、确切的回答,而是有所保留,从而给对手造成神秘感,以吸引对手步入谈判的策略。这种开局策略适用于低调气氛和自然气氛,而不适用于高调气氛。保留式开局策略还可将其他的谈判气氛转为低调气氛。

3. 坦诚式开局策略。**坦诚式开局策略**是指以开诚布公的方式向谈判对手陈述自己的观点或想法,从而为谈判打开局面的策略。这种开局策略可以在各种谈判气氛中应用,通常可以把低调气氛和自然气氛引向高调气氛。

4. 进攻式开局策略。进攻式开局策略是指通过语言或行为来表达己方强硬的姿态,从而获得谈判对手必要的尊重,并借以制造心理优势,使得谈判顺利地进行下去的策略。进攻式开局策略通常在发现谈判对手在刻意制造低调气氛中使用。因为这种气氛对己方的讨价还价十分不利,如果不把这种气氛扭转过来,将损害己方的切实利益。这种开局策略刻意扭转不利于己方的低调气氛,使之走向自然气氛或高调气氛。但是进攻式开局策略也可能使谈判陷入僵局。

【思考与练习】

1. 谈判前有哪些准备工作要做? 为什么?

2. 谈判前的可行性研究工作有哪些?

3. 谈判前为何要知己知彼?

4. 如何建立高效的谈判队伍和制定谈判计划?

5. 单人谈判与团队谈判各有何利弊?

6. 谈判有哪些目标? 谈判的地点应如何选择?

7. 请谈谈谈判的议程、方针与谈判风格的选择问题。

8. 谈判开局气氛有哪些?

9. 谈判开局策略有哪些?

【自测与评估】

调节会谈气氛能力的测试[12]

说明:通过下面的测定,可以了解自己调节会谈气氛的能力,请你如实回答下面的问题,往括号里填写你选择的答案,就可得到明确的回答。

题目:

1. 你与单位的同事或朋友发生冲突后结果可能是( )。

A. 彼此有些意见,但表面上都不流露

B. 一般情况下都可以化干戈为玉帛

C. 他不主动找我解释,我也不去主动找他

2. 当朋友向你诉说他(她)要报复某人时,你的劝解对他起作用吗?( )

A. 很少起作用　　　　B. 有时起作用　　　　C. 起作用

3. 假如你的亲属之间或朋友之间闹些小矛盾,你能把他们的矛盾化解吗?( )

A. 基本能够　　　　B. 我不喜欢自找麻烦　　C. 很难说

4. 你批评别人时,他(她)心服口服吗?( )

A. 不能够　　　　B. 一般能够　　　　C. 有时能够

5. 如果有人托你办一件事,而你因为某种原因不愿意办,你的解释和委婉拒绝能够使对方理解吗?( )

A. 有时能够理解

B. 对方表面上表示理解,但内心很有意见

C. 基本能够理解

6. 请你评价一下你在同辈朋友中的地位如何。( )

A. 常处于支配地位　　B. 常处于被支配地位　C. 介于两者之间

7. 假如你的亲朋好友遇到不顺心的事,情绪非常低落,而你一次劝说又没有

使他(她)精神振作起来,怎么办?(　　　)

　　A. 认为自己已经尽力了

　　B. 一次不行再来一次

　　C. 很想再去劝说,但又担心没有能力说服他

8. 你经常赞美别人吗?(　　　)

　　A. 经常赞美　　　　　　B. 有时赞美　　　　　　C. 很少赞美

9. 你经常指出别人的缺点和错误吗?(　　　)

　　A. 有时这样　　　　　　B. 很少这样　　　　　　C. 经常这样

10. 你感到孤独吗?(　　　)

　　A. 很少有这种感觉　　　B. 经常有这种感觉　　　C. 有时有这种感觉

11. 如果别人指出你的某些缺点和错误时,你时常如何反应?(　　　)

　　A. 基本能够诚心地接受

　　B. 表面上能够接受,但内心还是不舒服

　　C. 当时基本不能接受

12. 在讨论到哪里去郊游时,你提出一个建议,但一部分人与你的意见不一致,你能够说服大家支持你的建议吗?(　　　)

　　A. 可能性不大　　　　　B. 可能性很大　　　　　C. 很难说

13. 一个同事生病后,你会(　　　)。

　　A. 打个电话问候或捎个口信

　　B. 利用业余时间看望他或照顾他,希望他早日康复

　　C. 有点埋怨,因为你要做更多的工作

14. 由于有些事情需要与别人合作才能更好地完成,你能使别人认为那些事情对他也很重要吗?(　　　)

　　A. 不能　　　　　　　　B. 能　　　　　　　　　C. 有时能

15. 你知道你周围的人和发生的事吗?(　　　)

　　A. 知道很多　　　　　　B. 不知道　　　　　　　C. 知道得不多

评分标准:

计　分　表

题　目	1	2	3	4	5	6	7	8	9	10	11	12	13	14	15
A	2	1	3	1	2	3	1	3	2	3	3	1	2	1	3
B	3	2	1	3	1	2	3	2	3	1	2	3	3	3	1
C	1	3	2	2	3	2	2	2	1	2	1	2	1	2	2

分析:根据测验分数的高低,将人们调节会谈气氛的能力分为三种水平。

1. 主动调节型（36～45分）：能够主动调节会谈气氛和他人的情绪，善于减轻他人心里的烦恼和精神上的痛苦；消除他人的敌对情绪，握手言欢。这种人不但能够识别和破译他人的感受和情感，并能大致知晓他人情绪产生的根源，而且能够收放自如地调控自己的情绪与行为，去感染对方的感受与情绪。通常这种人具有较高的鼓动能力、管理能力、公关能力、劝解能力等。但这种人也必须时时提醒自己，不要给他人留下权力欲、支配欲过强，好为人师等不良印象。

2. 被动调节型（26～35分）：这种人具有调控会谈气氛、他人情绪和情感的基本能力。能够感知和破译他人外显的或内隐的情感体验，具有一定的消除别人疑惑、平息别人怒火、解决争端、化解矛盾、劝人为善的能力。有时也能巧妙地使别人按照自己的意愿行事。懂得如何将自己的情绪适时、适地投射到他人身上。若把这种类型的人与"强型"的人相比较，不同之处就是缺乏主动和耐心，不愿在复杂的人际互动中投入大量的精力。

3. 回避型（15～25分）：这种人在与别人相处的过程中，属于逆来顺受型，尽管自己的情感内在体验丰富。他能清楚地知道他人的情感变化及产生的原因，但害怕得罪人，对自己的调控能力缺乏信心，惟恐弄巧成拙。由于对他人的情感进行调控的经验不足，有时偶尔为之可能失败多于成功。这样久而久之，形成性格上的缺陷，给他人留下较为软弱的印象。

【启示与案例】

诸葛亮舌战群儒

[背景材料] 三国时，刘备三顾茅庐邀请诸葛亮出山后，刘备暂居小县新野，曹操大军来犯，后经诸葛亮火烧新野、刘玄德携民渡江、赵子龙单骑救主、张翼德大闹长坂坡、刘备败走夏口等事件。为了更好地保存实力，诸葛亮从完成三足鼎立的战略出发，去东吴说服吴主孙权联合抗曹。当时东吴主战主和分成两派，诸葛亮出使东吴，舌战群儒，智激周瑜，促使吴主下了决心与刘备联合抗曹，完成了战略使命。接着发生了中国古代史上有名的战役——"赤壁之战"。下面故事载《三国演义》第43回《诸葛亮舌战群儒 鲁子敬力排众议》。

孙权知孔明已来东吴，对鲁肃说："来日聚文武于帐下，先教见我江东英俊，然后升堂议事。"

第二天，肃乃引孔明至帐下。早见张昭、顾雍等一班文武二十余人，峨冠博带，整衣端坐。孔明逐一相见，各问姓名。施礼已毕，坐于客位。张昭等见孔明丰神飘洒，气宇轩昂，料到此人必来游说。

　　张昭先以言挑之曰："昭乃江东微末之士，久闻先生高卧隆中，自比管、乐，此语果有之乎？"孔明曰："此亮平生小可之比也。"昭曰："近闻刘豫州三顾先生于草庐之中，幸得先生，以为如鱼得水，思欲席卷荆襄。今一旦以属曹操，未审是何主见？"

　　孔明自思张昭乃孙权手下第一谋士，若不先难倒他，如何说得孙权，遂答曰："吾观取汉上之地，易如反掌，我主刘豫州躬行仁义，不忍夺同宗之基业，故力辞之。刘琮儒子，听信佞言，暗自投降，致使曹操得以猖獗。今我主屯兵江夏，别有良图，非等闲可知也。"

　　昭曰："若此，是先生言行相违也。先生自比管、乐，管仲相桓公，霸诸侯，一匡天下；乐毅扶持之燕，下齐七十余城。此二人者真济世之才也。先生在草庐之中，但笑傲风月，抱膝危坐。今既从事刘豫州，当为生灵兴利除害，剿灭乱贼。且刘豫州未得先生之前，尚且纵横寰宇，割据城池；今得先生，人皆仰望。虽三尺童蒙，亦谓彪虎生翼，将见汉室复兴，曹氏即灭矣。朝廷旧臣，山林隐士，无不拭目而待；以为拂天上之云翳，仰日月之光辉，拯民众于水火之中，措天下于衽席之上，在此时也。何先生自归豫州，曹兵一出，弃甲抛戈，望风而窜；上不能报刘表以安庶民，下不能辅孤子而据疆土；乃弃新野，走樊城，败当阳，奔夏口，无容身之地，是豫州得先生之后反不如其初也。管仲、乐毅，果如是乎？愚直之言，幸勿见怪！"

　　孔明听罢，哑然而笑曰："鹏飞万里，其志岂群鸟能识哉？例如，人染沉疴，当先用糜粥以饮之，和药以服之，待其肺腑调和，形体渐安，然后用肉食补之，猛药以治之：则病根尽去，人得全生也。若不待气脉和缓，便投以猛药厚味，欲求安保，诚为难矣。吾主刘豫州，向日军败于汝南，寄迹刘表兵不满三千。将止关、张、赵云而已；此政如病势羸已极之时也。新野山僻小县，人民稀少，粮食鲜薄，豫州不过暂借容身，岂真将坐守于此耶？夫以甲兵不完，城郭不固，军不经练，粮不继日，然而博望烧屯，白河用水，使夏侯敦、曹仁辈心惊胆裂。窃谓管仲、乐毅之用兵未必过此。至于刘琮降曹豫州实出不知；且又不忍乘乱同宗之绩业，此真大仁大义也。当阳之败，豫州见有数十万赴义之民扶老携幼相随，不忍弃之，日行十里，不思进取江陵甘于同败，此亦大仁大义也，寡不敢众，胜负乃其常事。昔高皇数败于项羽而垓下一战成功，此非韩信之良谋乎？夫信久事高皇未尝累胜。盖国家大计社稷安危，是有主谋。非比夸辩之徒，虚誉欺人，坐议立谈，无人可及；临机应变，百无一能。诚为天下笑耳！"这一篇言语说得张昭无一言答。

　　席上忽一人抗声问曰："今曹公屯兵百万，将列千员，龙骧虎视，平吞江夏，公以为何如？"孔明识之，乃虞翻也。孔明曰："曹操收袁绍蚁聚之兵劫刘表乌合之众，虽数百万不足惧也。"虞翻冷笑曰:"军败于当阳,计穷于夏口,区区求救于人,而犹言不惧,此真大言欺人也!"孔明曰:"刘豫州以数千仁义之师,安能敌百万之众?退守夏口,所以待时也。今江东兵精粮足,且有长江之险,犹欲使其主屈膝降贼,不顾天下耻笑。由此论之,刘豫州真不惧曹贼者矣!"虞翻不能对。

席间又一人问曰:"孔明欲效仪、秦之舌,游说东吴耶?"孔明识之,乃步骘也。孔明曰:"步子山以苏秦、张仪为辩士,不知苏秦、张仪亦豪杰也。苏秦佩六国相印,张仪两次相秦,皆有匡扶人国之谋,非比畏强凌弱,惧刀盛剑之人也。君等闻曹操虚发诈伪之词,便畏惧请降,敢笑苏秦、张仪乎?"步骘默然不语。

接着,孔明批驳了薛综赞颂曹操的无君无父之言,又批驳了陆绩贬低刘备"织席贩履"低微的出身,说其"公小儿之见,不足与高士共语",接着又批驳了严峻、程德等,说他们:"岂亦效书生,区区于笔砚之间,数黑论黄,舞文弄墨而已乎","儒有君子和小人之别,君子之儒,忠君爱国,守正恶邪,务使泽及当时,名留后世。若夫小人之儒,惟务雕虫,专工翰墨;青春作赋,皓首穷经;笔下虽有千言,胸中无有良策。"众人见孔明对答如流,尽皆失色。

[评析]孔明舌战群儒,成为千古笑谈。那种仪表、气质、作态、丰采,那种胸中自有百万兵的胸怀、自信,那种纵论古今、指点江山的气魄,那种有据有理有特色的讲理过程,那种既为刘备又为东吴,又为天下苍生着想的品格,那种不卑不亢、不失身份、不伤尊严的行为,都蕴含在孔明身上。他以舌战群儒为基础,最后说服了东吴,与刘备结成联盟,完成了两家的战略联合。

第十七章　谈判常用策略

【学习目标】

通过本章的学习,应对如下内容有一定的了解:

- 谈判策略的含义和意义
- 影响谈判实力的因素
- 不同谈判态势下一般的谈判策略
- 对付谈判威胁的技巧
- 谈判僵局的处理技巧
- 报价、讨价和还价的技巧

第一节　谈判实力及其对应策略

所谓**谈判策略**,是指在谈判中谈判人员为了取得预期成果而采取的一些行动和方法,是谈判实践经验的概括。商务谈判的成败关系到谈判双方的经济利益和企业的经济效益,而谈判策略运用的好坏,又直接关系到谈判的成败。研究和重视谈判策略就显得尤为重要。

在谈判中,双方的利益得失是随着双方的实力对比而变化的,策略与技巧的运用即在于加强或减少这种力量。因此,商务谈判中的较量通常是谈判双方实力的较量,而企业实力是选择和实施谈判对抗策略的基点。

企业实力不仅仅是指企业拥有的经济实力,更重要的是指企业在谈判中具有的谈判实力。而谈判实力是受到一系列主观和客观因素制约和影响的。具体包括:①谈判者在谈判中的实力要受到谈判者的谈判水平、谈判者掌握的信息量、谈判者的职位等主观因素的制约和影响。②谈判实力还要受到交易内容对各方的重要性和迫切性,经济实力、信誉、竞争状况等客观因素的制约和影响。

受上述主观和客观因素的影响,谈判双方的谈判实力对比呈现出三种态势:平等地位、被动地位和主动地位。处于不同的谈判态势下,对应的谈判策略也有所不同。

一、平等地位的谈判策略

（一）私人接触策略

私人接触策略是指通过与谈判对手的个人接触，采用各种形式增进了解、联络感情、建立友谊，从侧面促进谈判顺利进行的策略。私人接触的形式很多，比如电话联系、拜访、娱乐、宴请等，多在会外活动。

私人接触策略是一种敏感性、寓意性都较强的艺术，尤其适用于各方首席代表，我们应该慎重对待。如果搞不好，会适得其反。所以采用这一策略时，应注意以下事项：

1. 接触时要注意对方的习俗和文化修养，不要千篇一律。
2. 送礼要注意时机和场合气氛，也不能十分慷慨而丧失原则。
3. 接触中应小心谨慎，谨防失言，不要作单方面的告诉，以免泄露了己方的秘密。

（二）开放策略

开放策略是指谈判人员在谈判过程中尽量开诚布公，向对方袒露自己的真实思想和基本要求，使对方感到信任、友好、促进通力合作，达成交易的策略。重视开放策略是谈判理论的发展，近年来日渐受到许多谈判专家的重视。开放策略一般在探测阶段行将结束时使用，它往往会促使双方努力合作，使双方在诚恳、坦率的气氛中有效地完成各自的使命。当然，在谈判中也会遇到自私自利之辈，甚至见利忘义之徒。对于这样的谈判者，采取开放策略自然于己不利，而且很可能被他们利用，钻空子。

运用开放策略，值得注意的是，策略终究是策略，不管何种程度的开放，这绝不可倾倒无遗，要善于根据对手的实际表现和进展情况，适当地调节开放"幅度"。要视对方态度而定，如果对方很老练、精明、唯利是图，则不能使用这种策略。

（三）假设条件策略

假设条件策略是指在谈判过程中，提出一些假设条件机动地探测对方的底，抓住有利契机达成双方互利互惠交易的一种策略。其目的是探知对方的意向，交易方式不拘一格。

这种提出假设条件会使谈判灵活机动的方法，在谈判的摸底和倡议阶段不失为一个积极的策略，它将有助于双方为了共同的利益达成互惠的协议。当然，这个策略并非在各种情况下都适用，如果谈判已经深入，再运用这个策略只能引起分歧，有损谈判气氛，打乱谈判程序。

（四）休会策略

休会策略是谈判人员经常使用的一种基本策略。在谈判过程进行到一定阶段或遇到某些障碍时，谈判一方或双方提出休会一段时间，以便使谈判双方人员都有机会重新研究、调整对策和恢复体力。

无论哪一方提出休会,都必须进行协商。一般要一方提出并经过对方同意,提出者不能在对方同意之前擅自离开谈判桌。那样做会影响关系,甚至破裂。提出建议的一方要把握好时机,看准对方的态度变化及相应休会需要,双方就会一拍即合;另外,要清楚、委婉地说明休会的原因。

(五) 迂回进攻策略

迂回进攻策略是指谈判人员将自己的条件转换一种形式表达出来,给对手造成一种自己已经让步的错觉,从而使谈判摆脱困境,进一步向前发展的策略。

运用迂回进攻策略应注意下述问题:

1. 要求谈判者思维敏捷,能够在极短的时间内权衡各项得失利弊。

2. 要求对谈判进行预先分析,找出可能使谈判陷入僵局的"问题点"。

3. 针对每个"问题点"制定出几套备选方案。认真审查每套方案。确保己方没有利益损失。

4. 当对方同意己方提出的新方案时,要尽可能迅速地把谈判向前推进。不要长时间停留在新方案上,以免谈判对方发现己方的真实用意。

二、主动地位的谈判策略

这是指谈判者在谈判中坚持不退让的强硬立场,与对方据理力争,迫使对方接受自己条件的谈判策略。因此,这类策略的共同特点是具有较强的攻击性,通过给对方施加压力制造心理优势,维护自己得到的利益。

(一) 不开先例策略[13]

不开先例策略是指谈判过程中处于优势的一方为了坚持和实现提出的交易条件而采取的对己有用的先例来约束对方,从而使对方就范,接受己方交易条件的一种强硬手段。这是一种保护卖方利益,强化自己谈判的地位和立场的最简单有效的方法。

在谈判中,拒绝是谈判人员不愿采用,但有时又不得不用的方式,最主要的就是怎样回绝对方而又不伤面子、不伤感情。不开先例策略是谈判一方拒绝另一方要求而采取的两全其美的策略。不开先例策略的核心是运用先例来约束对方。这里的先例是指同类事物在过去的处理方式。商务谈判中采用的先例主要有三种情况:与对方过去谈判的先例、与他人过去谈判的先例、外界通行的谈判先例。先例的力量来自对方对先例的无知。"先例"之所以能够在谈判中让对方就范奏效,关键在于对方常常难以获得必要的情报和信息来确切证明己方宣称的"先例"是否属实。当对方难以了解事情的真相,对己方宣称的"先例"没有真正破译时,对方只能凭主观判断,要么相信,要么不相信,再加之一些辅助手段,对方不得不相信"先例"，从而成为"先例"的"俘虏"。

作为一个成功的商务谈判者在运用不开先例技巧中必须充分运用好各种先例，为自己的谈判成功服务。实践中，不开先例策略通常在下述各种情形中运用得比较多：谈判内容属于保密性交易活动时；交易商品属于垄断经营时；市场有利于我方而不急于达成交易时；对方提出的交易条件难以接受时。

当然，不开先例只是一种策略，应用者就不一定真的没有开过先例，也不能保证以后不开先例。所以，运用这一策略时应注意：

1. 对所提的交易条件应反复衡量，说明不开先例的事实与理由，使对方确信。

2. 对方是否能获悉情报和信息来确切证明不开先例的真实性。

（二）先苦后甜策略

先苦后甜策略也称"红白脸策略"，是一种先用苛刻的虚假条件使对方产生疑虑、压抑、无望等心态，以大幅度降低其期望值，然后在实际谈判中逐步给予优惠或让步，使对方满意地签订合同，我方从中获取较大利益的策略。这一策略的成功是建立在人们心理变化的基础之上的。

谈判实践中，在谈判初始阶段，唱白脸的人先出场，他提出较为苛刻的要求和条件，并且傲慢无礼，显得立场坚定，毫不妥协，让对手对其产生极大的反感。随着谈判的展开，当"白脸"与对方相持不下的时候，唱红脸的再出场，表现出和颜悦色，举止谦恭，显得很通情达理，愿意体谅对方的难处，经过左思右想，尽管显得面有难色，他还是从白脸的立场上一步一步地往后退，放弃了某些"过分"苛刻的条件和要求。实际上，在做了这些让步之后，所剩下的那些条件和要求，正是谈判组事先所制定的必须全力争取达到的目标，在"白脸"与"红脸"的这番先苦后甜战术的掩护下，这些目标就比较容易达到了。[14]

实践中，要使先苦后甜的策略奏效，应注意以下几个方面：

1. 起先向对方所提的要求不能过于苛刻，否则，对方会觉得缺乏诚意，以致中断谈判。

2. 扮演红脸的，应作为主谈人，一方面要善于把握谈判的条件；另一方面要把握好出场的火候。

3. 不能用于所有的谈判，一般在对手缺乏经验、对手迫切希望与己方达成协议的情况下使用。

（三）价格陷阱策略

价格陷阱策略是指商务谈判中的卖方利用传递商品价格上涨信息和人们对涨价持有不安情绪所设的诱饵，诱使买方的注意力集中于价格上面而忽略其他条款的策略。

价格陷阱策略是卖方利用商品价格的频繁变动和人们心理的不安所设的圈

套,把谈判对方(买方)的注意力吸引到价格这个问题上来,从而使其忽略对其他重要合同条款的讨价还价,而丢失了比单纯的价格优惠更重要的东西,从而影响其实际利益。而在这些方面争得让步和优惠,对于买方来说,比之单纯地避免涨价损失,可能包含更为重要的实际利益。其实质就在于利用货价上涨的时机以及人们对之普遍存在的心理,这种策略之所以能够行之有效,是因为商品价格在交易中的重要性使许多人产生了价格中心的心理定势。

价钱陷阱技巧又叫价格诱惑技巧,其运用旨在诱使对方跳入价格陷阱。为增加该策略成功的可能性,谈判者可与规定时限策略结合起来加以运用。

(四) 最后通牒策略

最后通牒策略是指谈判一方向对方提出的达成协议的时间限期,超过这一期限,提出者将退出谈判,以此给对方施加压力,使其无可拖延地做出决断,以求尽快解决问题[15]的策略。商务谈判中,实力强的一方常常会利用谈判中的有利地位采用规定最后期限的做法。因此,大多数的商务谈判,特别是那种双方争执不下的谈判,基本上都是到了谈判的最后期限或者临近这个期限才达成协议的。因为人越接近规定的期限,就越会产生急躁情绪,从而越希望尽快解决问题。人们迫于这种期限的压力,会迫不得已地改变自己原先的主张以尽快求得问题的解决,所以最后期限策略带有一定的威胁性。选用规定最后期限的策略,目的是促使对方尽快地达成协议,而不是使谈判破裂,因而,运用该策略时应注意以下几个问题:

1. 所规定的最后期限能给对方可接受的余地。

2. 所规定的最后期限必须是严肃的,提出最后期限的一方要表明执行最后期限的态度是坚决的。

3. 在运用规定最后期限的同时,可以向对方展开心理攻势,以一些小的让步作配合,给对方造成机不可失、时不再来的感觉,以此来说服对方。

(五) 声东击西策略

声东击西策略指的是谈判一方为达到某种目的和需要,故作声势地将洽谈的议题引导到某些并非重要的问题上去,以引起对方的错觉,使其作出错误的或违反事实本来面目判断的策略。在商务谈判的实践中,一般在以下几种情况下采用声东击西策略:

1. 作为一种障眼法,转移对方的视线,隐蔽我方的真实意图,延缓对方所采取的行为。

2. 说东道西,分散对方的注意力,或从中干扰、延缓对方所要采取的行动,或使对方在判断上失误,为以后若干议题的洽谈扫平道路。

3. 诱使对方在对我方无关紧要的问题上进行纠缠,使我能抽出时间对有关问题做调查研究,掌握情况,迅速制定出新的对策。

4. 有时为投其所好,故意在我方认为是次要的问题上花费较多的时间和精力。

(六)步步为营策略

步步为营策略是指谈判者在谈判过程中步步设防,使自己每一微小让步都要让对方付出相当代价的做法。在一切条件上都要坚持自己的观点,大的方面计较,小的方面也计较。自己做出了一点让步,就缠住对方不放,要求对方也做出让步,以消耗对方的锐气,坚守自己的阵地。使用该策略要做到言行一致,有理有据,使对方觉得情有可原。

采用步步为营策略的一方应该在每次让步之前,预想到它对谈判对手的可能影响及其他可能会有什么反应。在谈判进行中,对手一般不会注意让步的本身,即使是一个比较大的让步,他仍会觉得不够,而进一步提出更多的要求,并会一直如此循环下去。所以我们在让步时必须先问自己,如果你做出了这个让步,对方再有更多的要求时,你该如何应付。

三、被动地位的谈判策略

在商务谈判中,己方处于被动地位时,如果寄希望对方的恩赐可以说是徒劳的。要想登上谈判的理想之峰,总的指导思想是避其锋芒,设法改变力量对比,有效控制谈判的方向和进程,争取主动,以取得最佳谈判效果。具体来说,应熟练把握和恰当运用下列技巧:

(一)运用团队力量策略

运用团队力量策略是指谈判小组全体成员,集中一个目标或一个提案,轮番向对方进攻,为己方制造强大的声势,使谈判对手改变态度,接受己方意见的策略。运用团队力量策略应注意以下几点:

1. 谈判小组的每个成员都必须熟悉己方的谈判计划,准确了解己方可达成协议的最低要求,并尽可能地掌握有关谈判对手的各种信息。这些工作应该在谈判准备阶段就全部完成。

2. 谈判小组成员之间要配合默契,做到当小组中的某位成员进行陈述时,其他成员能够预知其下一步的用意何在。

3. 谈判小组成员之间应该形成层次分明的组织系统,各司其职、各守其责,在谈判中按照谈判负责人的意图协调行动。

4. 谈判小组成员之间要有一套完整的信息交流系统,只有有了这种信息交流,谈判小组成员之间才可能做到行动完全一致。这项工作要在谈判准备阶段做好。

（二）软化个别对手策略

软化个别对手策略是指通过软化对方的某个关键人物，使对方不能从思想上统一起来，内部产生意见分歧，从而达到缓解僵局目的的策略。

软化个别对手策略是场内手段与场外手段相结合的一种策略，运用时应注意以下几个步骤：

1. 深入了解对方谈判人员的各种背景，掌握他们之间的隶属关系，确定对方的关键人物或"薄弱环节"。然后，对这个关键人物或"薄弱环节"的生活习惯、家庭背景等多方面因素进行深入研究。

2. 通过非正式渠道与对方的关键人物进行接触，要"投其所好"，联络感情，使其产生好感。

3. 当感情工作做好后，向对方关键人物"诉苦"，把自己的各种困难摆出来，然后，提出解决办法与其商量。当对方关键人物表示认可后要对其表示感谢，并恳请其去说服其他谈判人员。

4. 回到谈判桌与对手再进行谈判，要尽量对关键人物的意见表示认可和尊重。最后，达成协议时，要尽量表现出己方似乎已作出了巨大让步，让对手感觉到他们取得了"全面胜利"。

尤其值得注意的是，第1、第2、第3步都是场外作业，需要保密。在第4步中，绝对不能提及前三步的内容，要让关键人物觉得自己很有"面子"。

（三）先斩后奏策略

先斩后奏策略也称"人质策略"，在商务谈判中是指"先成交，后谈判"的策略。通常是实力较弱的一方通过一些巧妙的办法，使交易成为事实，然后在举行的谈判中迫使对方让步。其实质是让对方先付出代价，并以这些代价为"人质"，扭转自己实力弱的局面，让对方通过衡量已付出的代价和中止成交所受损失的程度，被动接受既成交易的事实。

在商务谈判中运用先斩后奏策略，必须注意：

1. 卖方先取得对方的定金或预付货款，然后寻找理由提价。

2. 买方先取得了卖方的预交货物后，然后提出推迟付款，或以质量等堂而皇之的理由要求降价。

3. 掌握好"先斩"的机会，如果没有正当理由和相应的法律依据，将被视为缺乏商业道德，不宜采用。

（四）出其不意策略

出其不意策略是指谈判中的一方突发冷箭，制造令人惊奇的事件，给对手造成震惊并形成心理压力，以打乱对手的阵脚，从而取得谈判主动权并达到控制整个谈判议程目的的策略。

在商务谈判中,采用出其不意的策略,通常有以下具体方法:[16]

1. 提出令人惊奇的问题。例如,新的难以回答的问题、新的要求、新的条件、新包装或新产品式样、谈判地点的改变等等。

2. 做出令人惊奇的行动。例如,休会、退出谈判、情绪突然激动、愤怒、不停的打岔、态度冷漠、报复性言行、故意迟到等。

3. 提出令人惊奇的时间。例如,突然提出截止日期、谈判速度突然改变、利用星期日或节假日谈判等等。

4. 摆出令人惊奇的材料。例如,提出己方掌握的机要信息,拿出新的具有支持性的统计数字,政府的有关文件、政策、规定等。

5. 出现令人惊奇的人物。例如,谈判人员的变更、新成员的参加、著名专家或顾问的出现、高层主管领导的出现、公司经理或老板的出现等等。

6. 使用令人震惊的语言。例如,谈判中态度突然冷淡、话语突然强硬,使用一些足以使对方震动和惊奇的语言和使用警告性语言等等。

值得注意的是,出其不意策略往往会造成不信任和紧张的气氛,可能妨碍双方交流意见,甚至会使对方处于十分尴尬的境地。

(五) 以退为进策略

以退为进策略是指在谈判中,对谈判对手提出的关键性问题不作明确、彻底的回答,而是有所保留,从而给对方造成神秘感的策略。它既是一种商业谈判的策略,也是一种商业谈判的技巧,从许多商业谈判者的成功经验来看,以退为进的策略和技巧,在商业谈判中作用很大。其具体做法如下:[17]

1. 事先做好谋划,替自己留下讨价还价的余地,如果你是卖主,喊价要高些。如果你是买主,出价要低些,无论哪种情况,都不要乱要价,务必在合理的范围内。

2. 耐心等待,有时候先要隐藏住自己的要求,让对方先开口谈话,让他表明所有的要求,特别是对方主动找你谈买卖,更要先稳住。

3. 让对方在重要的问题上让步,你可以在较小的问题上先让步,不过你不要让步太快,慢点让步比较好,因为对方等得愈久,就会愈珍惜它。

4. 如果在谈判关键时候,你碰到棘手的问题时,可以表示:这件事我会考虑一下。这也是一种让步。

(六) 疲劳战术策略

疲劳战术策略是指通过各种方式人为地拖延谈判时间,干扰对方注意力,瓦解其意志,抓住有利时机,最终取得对自己有利的谈判结果的策略。这种战术的目的在于通过许多回合的拉锯战,使趾高气扬的谈判者感觉疲劳生厌,从此逐渐地磨去其锐气,等到对手精疲力竭、头昏脑涨之时我方即可反守为攻,同时使我方的谈判地位从不利和被动的局面中扭转过来。

在商务谈判中,有时会遇到一种锋芒毕露、咄咄逼人的谈判对手,他们以各种方式表现其居高临下、先声夺人的挑战姿态。对于这类谈判者,"疲劳"战术是一个十分有效的策略。采用这种疲劳战术要求我方事先对一轮接一轮马拉松式的蘑菇战有足够的思想准备。

在谈判刚开始的时候,对于对方所提的种种盛气凌人的要求采取回避、虚与周旋的方针,暗中摸清对方的情况,寻找其弱点;或者也提出令对方难以接受的强硬要求作为对抗,但态度上不要像对方那样气势汹汹。

到了蘑菇战的后期,即使我方在驾驭谈判局面上占了上风,也不能盛气凌人,而应取柔中有刚的态度,抱着以理服人的态度,摆出我方的观点,力促对方接受我方的各项条件。

实行疲劳战术要求我方事先有足够的思想准备和人力准备,而最忌讳的就是以硬碰硬,因为这很容易激起对方的对立情绪,甚至,双方一下子就谈崩了。

总之,谈判的策略很多,并不局限于上述种种,而且真正能恰当地运用谈判策略是很困难的。在谈判实践中,我们运用谈判策略应注意如下几个方面:

第一,谈判策略不是被动的客观程序,而是更具有主观能动性的,更具实践性的。

第二,谈判策略是按时序采取行动,即策略的精髓是见机行事,并非策略制定以后不能修改,它具有灵活性,只有灵活应变,才是策略的本质特征。

第三,策略的制定应尽量减少谈判过程中的不确定性,策略既具有动态性,又具有一定的稳定性。这是因为事物是在不断变化的,但任何事物的运动又都有其规律性,谈判也是如此。

【研读专栏】　17－1

谈判调动与操纵

谈判调动与操纵策略是通过制造信息优势、时间优势和权力优势而实施的。

1. 制造信息优势:就是使己方在信息占有上获取优势。在形成己方的信息优势后,可以采用以下几种常用方法来调动或操纵谈判对手:

(1)向谈判对手适时地展示己方所了解的信息以及己方的信息,对谈判对手形成一种压力,使其顺从地与己方进行合作。

(2)在了解到谈判对手有可能采取不利于己方的行动时,可以适当地向其透露一些己方所掌握的信息。让其感觉到己方对他们的行动已了如指掌,从而使其行动有所顾忌,这样可以起防患于未然的作用。

（3）在己方具有信息优势后，可以针对对方的计划制定相应的计划，并抢先于对方表达出来，使对方陷入己方的控制中。

（4）在了解对方的信息渠道后，可以从这些渠道中释放某些信息，诱使谈判对方作出符合自己意图的判断和决策。

2. 制造时间优势：就是使谈判对手从谈判期限、谈判时效上感到一种压力，从而与己方的时间主动权形成一种对比。制造时间优势，获取时间主动权应注意：

（1）由于多数谈判的让步和达成协议的时间都临近谈判的最后期限或者超过这个时限，所以，要有足够的心理准备。

（2）谈判中最好不要把己方的最后期限示予对方，并且应该认识到任何最后期限对于己方而言不过是自己为自己制造的枷锁。因此，不要盲目固守最后期限，而应该随最后期限的临近，权衡利弊，及时作出恰当选择。

（3）虽然任何谈判对手都会表现出沉着、冷静，但实际上每一个谈判者对于最后期限的限制几乎都有不自觉的反应，存在精神上的紧张和压力。迫于这种期限的无形压力，谈判者会放弃自己的最后努力，甚至会迫不得已地改变自己原先的主张，以尽快求得问题的解决，从而为自己制定了最后期限。这意味着关键不在于最后期限的有无，而在于谁善于运用最后期限，借以向对方施加压力，以达到调动或操纵谈判对手的目的。

（4）谈判中的最后期限有一种无形的力量，谈判双方都无法摆脱最后期限的压力。为了减轻最后期限对己方形成的压力，在制定谈判计划时，在谈判时间进度表上要针对各种不同情况安排几套方案，做到有备无患。

3. 制造权力优势：就是设法使你的威慑力大于对手加于己方的威慑力，从而使对方在心理上承受一种压力。谈判中营造权力优势可归纳出以下几种典型做法：

（1）制造选择权力。制造选择权力是指通过给谈判对手制造竞争者来为己方提供更多的选择余地，从而向谈判对手制造一种威慑力。制造选择权力的一个基本原则是：尽量增大己方的选择机会，掩盖住自己的竞争者，同时，减少谈判对手的选择机会，抓住其竞争对手，适时向谈判对手施加压力。

（2）运用合法权力。指借助法律、道德为自己设置一道防护屏障，从而一方面防御谈判对方的攻击，另一方面借此向谈判对方施加压力。合法权力对于谈判的任何一方都是平等的，即双方拥有平等的权力，关键就在于谁能够主动、适时地运用这一权力。

（3）依靠专业权力。专业权力是缘于谈判主体的专业知识或谈判能力而形成的一种威慑力。谈判中，双方之间的知识或能力落差可以形成一方对另一方的尊重、敬畏，甚至畏惧。要善于抓住时机，向谈判对方适时显露自己的专业技能和优势。必须以一定的专业知识为基础，形成双方之间的知识落差，这就要求谈判人员有较好的专业素质。一旦抓住对方的技术漏洞，要穷追不舍，决不轻易放过。这样，一方面可以强化己方的专业权力，另一方面可为以后的讨价还价积累筹码。

第二节　对付谈判压力的技巧

一、对付谈判威胁的技巧

（一）谈判中威胁的产生

谈判过程中，当谈判双方就所谈问题存在意见分歧时，一方就可能逼迫另一方使其按照己方意愿行事，否则就要采取行动造成一个不利于对方的结果，受到威胁的一方往往会感到一种压力。这就形成了谈判中的威胁。谈判中的威胁对谈判双方均形成压力。产生威胁的条件与因素有：

（1）权力因素。

（2）沟通渠道因素。

（3）利益损失量因素。

上述是形成谈判威胁的三个要素，缺乏其中任何一个，威胁便不能形成，威胁的压力也就相应解除。

（二）谈判中威胁的表现形式

谈判中威胁的表现形式有三种：

1. 压迫式威胁：是指威胁方在实施威胁后与不实施威胁时给自己造成的利益损失相等的一种威胁方式。压迫式威胁对于威胁方而言是一种损失最小的威胁方式。在威胁实施的过程中，威胁方始终掌握着绝对的主动，而被威胁方则要承受威胁所造成的全部压力，处于完全被动的地位。压迫式威胁通常发生在企业实力相差悬殊的谈判者之间，或谈判的其中一方有多个竞争者的时候。

2. 胁迫式威胁：是指谈判一方在实施威胁后给自己可能造成的利益损失大于不实施威胁时的损失，但小于给对方造成的利益损失。所以，它会对谈判双方都形成压力。不过区别在于威胁方所承受的压力要小一些，被威胁方所承受的压力要大一些。

3. 自残式威胁：是指如果威胁方真正实施威胁后，他自身所遭受的损失要大于或等于被威胁方所遭受的损失。这种威胁实际上就是我们常常说的"两败俱伤"。

(三) 对付谈判威胁的技巧

1. 先斩后奏。这是指当谈判一方通过分析,发现对方可能会利用某些特权来威胁己方,使己方无法作出某种行为时,则立刻采取行动,在对方的威胁发出之前将该行为完成或做到无法收手的地步,造成一种"既成事实",使对方的潜在威胁失去目标,从而无法实施威胁的做法。

2. 往上告状。这种方法是针对威胁者权力而采取的措施。在谈判中,威胁者借以实施威胁的权力通常是由其上级赋予的,因此,使上级对威胁失去兴趣或反感,威胁就会因失去威胁的权力而自动解除。这种处理技巧对于胁迫式威胁和自残式威胁十分有效。

3. 逆流而上。这是对付威胁的一种强硬方式。这种方式是基于确认己方的心理承受力强于对方这一主观判断而采取的一种强硬姿态。采用这种方法对付谈判威胁要注意以下几点:

(1) 全面分析利益得失,要肯定对方如果实施威胁后,也会使自身利益受到损失。

(2) 要做最坏的打算,事先安排好各种方案,以应付威胁实施后可能出现的各种结果。

(3) 向对方反复表明己方的强硬姿态,并可以向对方适当透露己方针对威胁所做的各种安排,以此向其证明己方准备接受一切可能出现的结果。

(4) 向对方晓以利害,陈述威胁给对方造成的压力。

4. 分散风险。这种方法是针对威胁可能造成的损失而采用的技巧,即设法将本企业可能承受的威胁损失转嫁或分散到其他企业,使对方的威胁丧失应有的效力。

5. 假装糊涂。这是针对威胁赖以形成的沟通渠道因素而实施的技巧。倘若谈判一方对发出的威胁假装糊涂,使威胁方误以为其没有意识到威胁,那么威胁方可能会认为自己发出的威胁并未给对方造成压力而撤回威胁。这种方法适用于胁迫式威胁和自残式威胁。

6. 晓以利害。这是指被威胁方在受到威胁以后,要分析威胁实施会给对方造成的损失,然后将所有这些损失逐一向对方说明。这样,一方面可以使威胁方更清楚自己威胁的利弊得失;另一方面可以增加对方的心理压力。这种技巧可以与报复威胁结合使用,通常可用来对付压迫式威胁。

二、谈判僵局的处理

(一) 谈判僵局的含义及其成因

1. 谈判僵局的含义。**谈判僵局**是指谈判过程中呈现的一种不进不退的僵持局面。具体来说是指谈判双方对所谈问题的要求差距很大,出现争议,并且双方都不肯作任何让步的僵持局面。谈判僵局通常可以分为潜在僵局和现实僵局，主要区别在于，谈判双方对谈判议题以及谈判态度对立程度不同。前者的对立情绪还未爆发，后者的对立则充分外露了。

谈判僵局对每一个谈判者来说都有两个方面的作用：一方面，谈判者可以利用制造谈判僵局为实现自己的目标服务；另一方面，谈判者可以通过有效地处理谈判僵局来促使谈判朝着对自己有利的方向发展。

2. 谈判僵局形成的原因。导致谈判形成僵局的原因很多，一般而言，谈判者在谈判过程中制造僵局主要有两种原因：

（1）改变谈判形势，提高自己在谈判中的地位。这是那些处于不利地位的谈判者利用僵局的动机。由于谈判各方实力对比的差异，弱者在整个谈判过程中处于不利地位，他们没有力量与对方抗衡，为了提高自己的谈判地位，便采用制造僵局来拖延谈判时间，以便利用时间来达到自己的目标。

（2）争取有利的谈判条件。这是那些处于平等地位的谈判者利用僵局的动机。有些谈判要求，仅在势均力敌的情况下是无法达到的。为了取得更有利的谈判条件，谈判者便谋求制造僵局的办法来提高自己的地位，使对方在僵局的压力下不断降低其期望值，从而获取更有利的谈判条件。

（二）谈判僵局的制造方法和技巧

运用制造僵局的技巧时，为避免谈判破裂，必须对有关情况有较好的把握：

（1）在制造僵局之前，应考虑自己是否有顺利地打破僵局的能力。如果无法运用自己控制僵局的措施，则不应有意识地制造僵局。

（2）在制造僵局之前，应确信能够得到企业高层领导的支持。在得不到企业高层领导支持的情况下，制造僵局是十分危险的。

（3）要确保僵局的形成不是因为对对方的人身攻击。

（4）能够从对方行为中找到某些僵局形成的原因。

（三）打破谈判僵局的技巧

1. 低潮回避法。在谈判中，有时碰到一些问题，当双方僵持不下，经过协商而毫无进展，使双方的情绪均处于低潮时，可以把它暂时搁置起来，先讨论别的问题，即换一个新的议题与对方谈判，等条件成熟后再回头来解决前面的问题。

2. 利用休息缓冲法。当谈判双方精疲力竭，对某一问题的谈判毫无进展呈现僵局，而一时又无法用其他双方都能接受的方法打破僵局时，可以采用冷处理的办法，即总结已取得的成果，建议暂时休息，以便缓和一下气氛，使双方冷静下来认真考虑对方的要求。同时，各方可借此机会养精蓄锐，进一步对市场形势进行研究，以证实自己原观点的正确性，准备以良好的心情继续谈判。一般情况下，休息的建议是会得到对方积极响应的。休息不仅有利于自己一方，对双方、对共同合作也十分有益。

3. 多案选择法。当对方坚持条件而使谈判陷入僵局时,己方可以由过去是否接受对方的条件改为让对方选择自己的条件来打破僵局,即提出多种谈判条件的组合,让对方从中选择所能接受的条件。当对方认为其中的某一条件可以接受时,已形成的僵局就自行消失。

4. 妥协退让法。根据一些谈判经验,遇到僵局最好是耐心等待对方主动提出,如果双方都不主动提出,可以用种保全面子的方式向对方示意,如果还不行,就只好让步了。即首先在某些条件上做出让步,然后要求对方让步。明智的让步是一种非常有力量的谈判技巧,应学会运用。

5. 利益协调法。当双方在同一问题上利益发生尖锐对立,并且各自理由充足,既无法说服对方,又不能接受对方的条件下,从而使谈判陷入僵局时,可采用利益协调法。即让双方从各自的目前利益和长远利益的结合上看问题,使双方都认识到,如果都只追求目前利益,可能都会失去长远利益,这对双方都是不利的。只有双方都做出让步,以协调双方的关系,才能保证双方利益都得到实现。

6. 变换谈判组成员。在现代的生活中,人们更加重视自己的面子与尊严。所以,谈判一旦出现僵局,谁都不肯先持缓和或做些让步。这时,可请出地位较高的领导者出席,表明对处理僵局问题的关心和重视,对方就有可能"不看僧面看佛面",放弃其原先较高的要求。或者及时变换谈判组成员是一个很体面的缓和式让步技巧,需要指出的是,变换谈判组成员必须是在迫不得已的条件下使用,并尽量取得对方的同意。

7. 场外调停法。当谈判双方话不投机,出现横眉冷对的场面时,僵局已无法在场内打破,只能到场外寻找打破僵局的办法。场外调停法是在场外与对方进行非正式谈判,多方面寻找解决问题的途径,在轻松的气氛中谈一些观点对立的话题,双方都会从良好的愿望出发来考虑,因而容易成功。

8. 调解和仲裁法。当谈判出现严重对峙,其他方法不能奏效时,可运用调解和仲裁。调解和仲裁都是借助第三方的工作解决僵局问题的手段。第三方的介入能够找出顾全双方面子的方法,不仅会使谈判者比较满意,也使双方的组织感到满意,第三方的新建议或观点容易被双方所接受,使他们能够一起合作以解决问题。因此,调解人和仲裁者即第三方的服务对解决严重僵局价值很大,在谈判实践中可灵活运用。需要指出的是,当发现调解人、仲裁人有偏见时,应及时提出,必要时也可对他们的行为起诉,以维护自己的利益不受损失。还应注意的是,它们是两种不同的手段,两者的主要区别在于:仲裁的结果具有法律效力,可强制谈判双方接受仲裁结果,并予以实施;而调解的结果则没有法律效力,不能强制谈判双方接受解决办法。

第三节 价 格 策 略

价格是现代商业谈判的焦点，谈判者的利益是通过价格来实现的。谈判双方在结束了非实质性交谈之后，就要将话题转入有关交易内容的正题，即开始进行报价、讨价与还价。

一、报价策略

（一）报价的基础和原则

1. 报价的基础。报价的有效性首先取决于双方价格谈判的合理范围，同时，还受市场供求状况、竞争等多方面因素的制约。因此，掌握市场行情是报价的基础。

2. 报价的原则。报价应遵循的基本原则是：通过反复比较和权衡，设法找出报价者所得利益与该报价能被接受的成功概率之间的最佳组合点。用图 17－1 表示如下：[18]

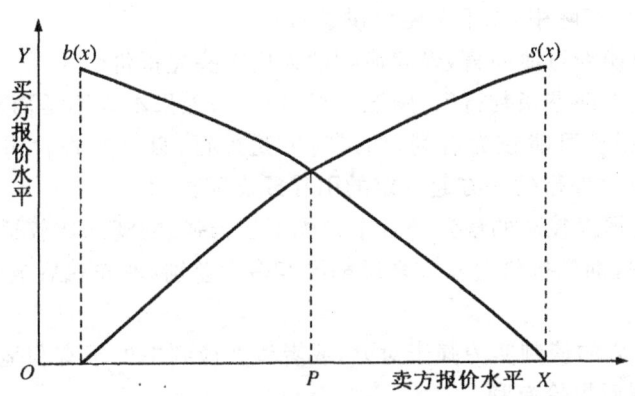

图 17－1　价格原则示意图

曲线 $s(x)$ 表示在价格谈判中卖方报价高低与所得盈余的关系，x 越大，$s(x)$ 就越大，卖方所得盈余就越多，但同时买方所能接受的可能性也就越小。

曲线 $b(x)$ 表示买方报价高低与所得盈余的关系，x 越小，$b(x)$ 就越大，买方所得盈余就越多，但同时卖方所能接受的可能性越小，两条曲线的交点所表示的报价 P，就是价格谈判中的最佳报价。

（二）报价的策略

1. 报价起点策略。只要能够找到适当的理由，作为卖方，报价起点要高，即"开最高的价"；作为买方，报价起点要低，即"出最低的价"，这就是交易谈判中的

"喊价要高,出价要低"的报价起点策略。

这种报价起点策略的作用主要表现在:

(1)"喊价要高,出价要低"的策略可以有效地改变谈判对手的预期,使其较之报价之前有所降低,从而使自己的谈判要求能得到更多的满足。

(2)卖方的高报价为对方提供了一个衡量和评价己方条件的尺度。

(3)策略性的虚报部分,为下一步双方的讨价还价提供了回旋的余地。

(4)初始报价对于谈判者最终获得的物质利益具有不可忽视的影响。

2.报价时机策略。报价的先后在一定条件下会对谈判结果产生重大的影响。一般来说,先报价要比后报价更具影响力。因为先报价等于为谈判定下了一个有利于自己的基准线,在谈判中可以或多或少地支配对方的期望值。与先行报价相比由对方首先提出交易条件,己方拖后行动也有有利之处。

当然,先报价也存有一定的缺陷:比如对方可能临时调整其报价水平,由于对方对我方交易的条件的起点有了了解,他们就可以修改原先准备好的报价,获得本来得不到的好处;或者,对方并不还价,而是不断地挑剔你的报价并逼迫你一步一步地降价,但却不泄露他们会出多高的价。

因此,在谈判实际中,以下策略可供参考:

(1)就一般谈判习惯而言,发起谈判的人应带头先报价。

(2)如果双方都是谈判行家,则谁先报价均可;如果本方不是而对方是谈判行家,则让对方先报价可能较为有利;如果对方是外行,自己先报价可能比较有利。因为这样做可以对外行的一方起一定的引导或支配作用。

(3)在冲突程度较高的谈判场合中,"先下手为强"的观念比较适用;而在合作性较大的谈判中,谁先报价对双方来说都没有多大差别,孰先孰后报价无须反复较量。

(4)如果本方的谈判实力强于对方,或者说在谈判中处于有利地位,那么先报价有利;反之,则后报价有利。

3.成功报价的原则。不管一方提出的价格多么合理,但价格本身并不能使对方产生成交欲望,对方注重的首先是所谈对象自身的使用价值。所以,谈判报价时,应先谈项目的使用价值,等对方对项目的使用价值有所了解以后,再谈项目价格问题。不论是对方先报价,还是己方先报价,谈判者均应遵从以下准则:

(1)报价前最好能为自己设定一个"最低可接纳水平"。

(2)切实弄清对方报价的含义。即在一方报价的过程中,认真听取并尽力完整、准确清楚地把握对方报价的内容。

(3)弄清对方对己方报价的反应。

(4)全面评价对方的交易条件。即使对方的报价极不合理,另一方都不应予以全面回拒。

【研读专栏】 17－2

典型报价方式

1. 日本式报价。其一般做法是,将最低价格列在价格表上,以期首先引起买主的兴趣。面对众多的竞争对手时,这是一种比较策略的报价方式,先把买主吸引过来,再慢慢的提价。

2. 西欧式报价。首先提出留有较大余地的价格,然后根据买卖双方的实力对比和该笔交易的外部竞争状况,通过给予各种优惠来逐步软化和接近买方的立场和条件,最终达到成交的目的。这种报价方法只要能稳住买方,往往会有一个不错的结果。

二、讨价策略

(一) 讨价方式

讨价的方式可以分为全面讨价和具体讨价,分别用于不同的时机与条件。

1. 全面讨价。全面讨价也称笼统讨价,是指从总体价格和条件的各个方面要求重新报价。通常用于报价分析之后的第一次要价,或者较复杂的交易的第一次要价。正式磋商阶段开始,双方一般从总体的角度去压价,笼统地提出要求,并不暴露己方所掌握的准确材料。

2. 具体讨价。具体讨价是对分项和具体的报价内容要求重新报价。它通常用于对方第一次改善价格之后,或不易采取全面讨价方式的讨价。在实际操作中,将具体的讨价内容分成几类,可以按内容分,如在购买设备的谈判中,可以分为设备部件、技术;也可以按报价的虚头大小分为大、中、小三类,目的是要体现具体,便于具体问题具体分析。

在讨价过程中,最好是全面讨价方式与具体讨价方式结合使用,采用分阶段式的讨价,即将讨价过程分为三个阶段。第一阶段讨价的方法是全面讨价,要求对方从总体上改善报价。第二阶段讨价进入具体内容,采用针对性讨价方法,找出明显不合理、虚头、含水分大的项目,要求对方改善报价。第三阶段在含水分大的项目已降下来的情形下,再采用全面讨价方法从总体上要求对方改善价格。

(二) 讨价的次数

1. 讨价次数是一个客观数。讨价次数与对方出价的评价有关,评价是讨价的前提与依据。当对方改善的步伐很主动,接近了己方的评价程度,那么改善的次数即为讨价的客观次数。

2. 讨价又是一个心理数。在实际谈判中,谈判双方就价格问题大多是保持分歧地进行,这样就产生了心理次数问题。心理次数不反映改善后的新价是否接近评价水平,而只反映谈判对方对己方的讨价作了反应,对己方所要求的条件愿意考虑。

谈判者的任务在于:如何使讨价的心理次数与客观次数趋于一致,即如何使己方的讨价奏效。一般地,对同一交易条件的讨价,一次会成功;两次,对方可以接受;而三次,对方就可能反感了。因此,在讨价过程中最好采用分阶段式的讨价,即将讨价过程分为三个阶段进行。

3. 讨价应注意的事项。

(1)若首次讨价,就能得到对方改善报价的反应;这就说明对方报来的价格中所含的虚头和水分较多,或者表明对方急于促成交易的心理。但一般来说,报价者都会固守自己的价格立场,不会轻易还价。

(2)即使报价方做出改善的反应,还要分析其让步是否具有实质性内容。只要没有实质性改善,讨价方就应继续抓住报价中的实质性内容或关键的谬误,并盯住不放。同时,依据对方的权限、成交的决心、双方实力对比及关系好坏,判定或改变讨价策略,进一步改变对方的期望。

三、还价策略

(一)还价方式及运用

1. 还价方式。在商务谈判中;从性质上说,可分为**按比价还价**和**按成本还价**两种方法。所谓**按比价还价**是指己方不了解所谈产品本身的价值,而以相近的同类产品的价格或竞争者产品的价格作参考进行还价;所谓**按成本还价**是指己方能算出所谈产品的成本,然后以此为基础再加上一定百分比的利润作为还价依据。

这两种方法在实际运用时又可以具体分为逐项还价、分类还价、总体还价三种方式。

(1)逐项还价,是对所谈标的物的每一项具体项目进行还价。

(2)分类还价,是把谈判对象划分成苦干项目,并按每个项目报价中所含水分的多少逐一还价。

(3)总体还价,即一揽子还价,是对所谈标的物进行全面还价,只还一个总价。

2. 还价方式的运用。在谈判实践中,具体采取哪种方式,应视具体情况而定。三种还价方式可以单独使用,也可以组合使用。[19]

（1）如还价方掌握材料充分，且有耐心和时间，采用逐项还价对还价方稍具优势，对报价方也充分体现了"理"字。报价方一般也不会拒绝，他可以逐项防守。

（2）如报价方掌握材料少，但双方都有成交的信心，且时间较紧，采用分组还价的方式对双方都有利。

（3）如报价方报价粗，且态度强硬，或双方相持时间长，但均有成交愿望，在报价方做出改善价格后，还价方可做总体还价。不过要还得巧，就是既要抓住对方报价无理的成分，又要考虑其改善报价的态度，做到有理有节。

总的来说，不要轻易地从总体还价，应从重新报价改善明显的部分，或差距小的部分，或金额较小的部分先作还价。单项还价，是以所报价格的最小项目还价。

（二）还价起点的确定

还价起点是买方第一次公开报出的打算成交的条件。确定还价起点有三个参照因素：①谈判者修改原报价或重新报价后，价格中所含水分的多少；②对方报价与己方的目标价格的差距；③己方准备还价的次数。

确定还价起点的总体要求是：

1. 起点要低。力求使自己的还价给对方造成压力，影响或改变对方判断。

2. 接近目标。还价的起点要低，但又不能太低，还价起点的高度必须接近对方的目标，使对方有接受的可能性。

（三）还价中应注意的问题

要想达到还价策略的目标，就必须针对对方的报价作出周密的筹划：

1. 应根据对方对己方讨价所做出的反应和自己所掌握的市场行情和商品比价资料，对报价内容进行全面的分析，从中找出突破口和报价中相对薄弱的环节，作为己方还价的筹码。

2. 根据所掌握的信息对整个交易作出通盘考虑，估量对方及己方的期望值和保留价格。制定出己方还价方案中的最高目标。

3. 根据己方的目标设计出几种不同的备选方案，以保持己方谈判立场的灵活性。

4. 在商务谈判实务中，一般还价方的第一次还价很少被对方接受，因此，还价方在确定还价起点时，还应考虑对方的反击。

【思考与练习】

1. 如何在谈判中运用策略来缓解僵局的产生？

2. 对付威胁的技巧还有哪些？言之成理即可。

3. 如何将本章所学的技巧运用在日常生活中？举例说明。

4. 谈谈你学习本章后的感受。

【自测与评估】

表达能力的测试[20]

说明：下面15道选择题将为你提供一个有效的测量。请你依据你的真实情况，把最符合或接近的选项填在题目后的括号内：

题目：

1. 当你单独与权威人物在一起的时候，你的表情是：（　　）
   A. 很自然　　　　　　B. 不自然　　　　　　C. 表面自然

2. 当你与朋友在一块儿聚会，你的言谈举止能够引起他们的共鸣吗？（　　）
   A. 很少能够　　　　　B. 常常能够　　　　　C. 有时能够

3. 如果你有事外出，正巧有朋友来找你聊天，你的表现是：（　　）
   A. 非常焦急的样子使朋友很难为情
   B. 让朋友明白你有事较为自然地结束谈话
   C. 让朋友不知道你有事继续交谈

4. 你言不由衷地赞美朋友的男（女）友时，能使他们相信吗？（　　）
   A. 能够　　　　　　　B. 不能够　　　　　　C. 有时能够

5. 如果你委托某人给你办件事，但他没有尽力，你能够使他知道你有些不满而又不伤和气吗？（　　）
   A. 经常能够　　　　　B. 一般能　　　　　　C. 有时能够

6. 如果你本不想留某亲戚或熟人在你家吃饭，但碍于情面必须留他，你能使自己真实的想法被对方识别吗？（　　）
   A. 有时能够　　　　　B. 不能够　　　　　　C. 能够

7. 你经常与你的朋友、领导、家人、同事进行较深入的交往吗？（　　）
   A. 很少　　　　　　　B. 能够　　　　　　　C. 有时能够

8. 当你与朋友开玩笑时，他们的反应是：（　　）
   A. 一般都能接受　　　B. 经常引起他人不快　C. 有时引起他人不快

9. 当你因获得成功而非常激动的时候，别人能观察到你的情绪吗？（　　）
   A. 不能　　　　　　　B. 能够　　　　　　　C. 有时能够

10. 在外旅游时，同伴知道你对某些失误特别感兴趣吗？（　　）
    A. 知道　　　　　　　B. 不知道　　　　　　C. 有时知道

11. 如果你看到路上出现惨不忍睹的车祸，事后你能用言语描述你的感受吗？
（　　）
    A. 描述不清楚　　　　B. 能描述清楚　　　　C. 基本不能描述

12. 如果自己做了错事,由于某些缘故而把责任推给他人,事后你能描述这种愧疚的心情吗?(　　)

　　A. 描述不清楚　　　　　　B. 基本不能描述　　　C. 能够清楚地描述

13. 如果乘车晚点几个小时,事后你能描述当时的焦虑心情吗?(　　)

　　A. 能够描述清楚　　　　　B. 描述不清楚　　　　C. 基本不能描述

14. 当回想起自己遭受的挫折时,你能够将当时的心情主动地描述吗?
(　　)

　　A. 描述不清楚　　　　　　B. 基本不能描述　　　C. 能够描述清楚

15. 当被不公平地对待或被他人刁难时,你能描述当时的愤怒情形吗?
(　　)

　　A. 描述不清楚　　　　　　B. 基本不能描述　　　C. 能够描述清楚

计分标准:

请根据下面的计分表,算出自己的得分。

计 分 表

项选＼题目	1	2	3	4	5	6	7	8	9	10	11	12	13	14	15
A	3	1	2	1	2	3	1	3	1	3	2	2	3	2	1
B	1	3	3	3	3	1	3	1	3	1	3	1	2	1	3
C	2	2	1	2	1	2	2	2	2	2	1	3	1	3	2

　　分析:你可以根据测验得分高低,将人们表达自己情绪的能力分为以下三种类型:

　　主动健谈型(36～45分):特点是善于描述和表达内心的感受和体验,能绘声绘色地描述或夸张自身的情感感受。这种类型的人情感表达方式灵活,有很强的情绪感染力,常给人们留下亲切的印象。然而,这种人也可能误用自己的情绪表达能力,经常作出虚假的情绪给人留下虚伪圆滑、华而不实的印象,这种情况被称为"癔症型情绪障碍"。

　　被动表现型(26～35分):特点是基本能描述自己的情感体验,但很难用语言表达清楚,经常通过身体语言下意识地表现出来。这种类型的人不善于处理复杂的人际关系,朋友少,但感情很深。这种人一般对集体活动缺乏积极参与的意识,可能会给他人留下冷漠、孤僻、高傲的感觉。

　　封闭型(15～25分):特点是对自身的内心感受比较模糊、迟钝,不能准确地描述自己的情感体验。这种类型的人找不到合适的词语表达自己的情绪也不能通过表情、姿态等身体语言准确地表达自己的情绪。精神分析理论把这种人称作"情感淡漠型"或"情感表达障碍"。在西方社会把这种人称作"电脑人",即缺乏情感,但智力正常的人。

【启示与案例】

中国电信开放的谈判

12月5日,美国最大的电信企业 AT＆T 公司与上海电信公司、上海信息投资股份有限公司签署合同,共同投资组建上海信天通信有限公司。这是电信领域第一家中外合资企业。它的成立表明中国电信领域开放进入了一个新的里程碑,同时也表明中国开始履行 WTO 多边谈判协议的承诺。

由于合资领域引人注目,这次中外谈判,成了我国尖端服务领域国际谈判的范例。谈判伊始,中外双方都有强大的律师阵容参加。中方律师团由留美法学博士、上海市锦天城律师事务所黄仲兰律师领衔,顾晓峥、毛天敏、周汀等律师参加;美方则由 AT＆T 的法律顾问及多家律师事务所的资深律师组成。谈判双方斗智斗勇。美方律师依仗的是丰富的跨国投资法律服务经验;中方律师则凭借对中美两国法律的熟悉、IT 专业知识及工作态度。

以往,大型国际合作项目谈判通常是由外方提供文本草案,但在这次谈判中,中方律师率先起草了第一版合同草案。整个谈判以中方文本草案为依据,这样就为中方争得了主动。

随着谈判的深入,AT＆T 方面谈及了具体的投资方案,即 AT＆T 公司将通过其为这一项目特意在美国特拉华州设立的全资子公司进行投资。中方虽对这一国际通行的做法表示理解,但由于电信服务是长期性的,其投资商必须有确切的资金来源、实力以及从事这一行业的资质和能力。中方真正合作方是 AT＆T。黄仲兰律师提出,该 AT＆T 子公司资金势力较为有限,将来在合同履行能力及违约责任承担上可能会有问题,进而他建议,由 AT＆T 出具书面文件对子公司的履约作出相应承诺,中方仅在一个平等的限额内承担责任。AT＆T 经慎重考虑,同意黄律师的建议,出具了一份书面承担担保义务的文件。事后,美方谈判人员说,在此之前,AT＆T 公司从未出具过相类似的文件,这是一次破例。

[讨论题]

1. 中方使用了什么策略?

2. 你觉得还有什么策略可以更有效地取得谈判的成功?

3. 如果你是 AT&A 的谈判代表,当谈判局面变的对己方不利时,会采用什么策略来扭转形势?

4. 此案例给了你什么启示?

幽 默 的 魅 力

　　幽默是一种富有魅力的语言艺术，也是人的乐观精神的一种表现，它能给人以轻松有趣的感受，可以调剂沟通的气氛，还可以给人以智慧和力量。因此古今中外不少沟通的高手常常自觉或不自觉地用它来达到各种不同的目的。

　　在我国古代，国君具有至高无上的权威，某些大臣向国君进谏，常采用幽默的方法，以便让国君乐于接受。春秋时代齐国的宰相晏婴就是这方面的高手。有一次齐景公的管鸟人烛邹一时不慎，丢失了一只鸟，景公一怒之下要杀死烛邹。满朝文武都知道这样惩处是太过分了，但是没有人敢出面劝阻。这时晏婴站了出来，向景公奏道："烛邹的罪过有三，请允许我列举他的罪过以后再杀行吗？"齐景公一听是符合自己的意思的，于是，就很高兴地说："好，请讲吧。"晏婴走到烛邹面前说："烛邹，你替我们君王管鸟而丢失了鸟，这是第一大罪状；由此导致我们国君因为一只鸟的缘故而杀人，这是第二大罪状；让各国诸侯知道以后，认为我们君王重鸟轻士，这是第三大罪状。"说完以后请景公下令行刑。这时齐景公对晏婴说："寡人受到先生的指教了。"

　　晏婴列举烛邹的三条罪状中，只有第一条是真正的过错，其余两条都是从侧面来劝齐景公的。其中第二条是说烛邹罪不当死，第三条是说在诸侯中影响不好，等于今天说的国际影响不好。说理可谓深刻。但是，如果这些看法从正面提出来，触犯"龙颜"，景公盛怒之下，不但不宜接受，说不定晏婴还会招来杀身之祸呢。晏婴掌握了景公的心理，借助于幽默的手法，顺着景公的意向去说，从责备烛邹的罪过中委婉曲折地表达自己的意见，让景公醒悟到自己的错误，自己去纠正，落个"虚心纳下"的贤君的名声。既起到了进谏的作用，又照顾了国君的面子，效果很好，在历史上留下了一段运用幽默向国君进谏的佳话。

　　在沟通中巧妙的运用幽默，可以避免不必要的冲突，起到一种缓和气氛的作用，同时也可以顾全大家的颜面，使自己在他人心中得到好感。在日常生活中，我们也可以运用幽默来解决人际关系上的问题。

　　当然，幽默绝不是一般的说说笑笑，而是有明确目的的一种工作方法。然而要想将这种方法用得恰当、巧妙，也不是一件简单的事。这除了与个人的个性有关外，还和人的高度思想修养、广博的文化知识、乐观的情怀以及机敏的反应能力等密切相关。

第十八章 跨文化谈判

【学习目标】

通过本章的学习,应对如下内容有一定的了解:

- 跨文化谈判与国内谈判的区别
- 文化差异对谈判的影响
- 美国人的谈判风格
- 英国人的谈判风格
- 法国人的谈判风格
- 德国人的谈判风格
- 俄罗斯人的谈判风格
- 日本人的谈判风格

第一节 文化差异与谈判

跨文化谈判也称涉外谈判,是指不同国家之间、涉及多个国家的法律标准和文化习俗的交易而进行的交谈与协商。来自不同国家的人具有不同的民族文化,在语言、信仰、生活习惯、价值观念、行为规范、道德标准乃至谈判的心理都有极大的差别,而这些方面都是影响谈判进行的重要因素。民族文化的差异不仅决定了人们的行为方式,而且也影响着谈判人员的价值观念。因此,每一个谈判人员,来到谈判桌时,都带着自己根深蒂固的价值观念,不论谈判形式还是谈判内容,跨文化谈判都远比国内谈判要复杂得多。一个优秀的谈判人员必须熟知各国文化的差异,熟知各国文化对谈判的影响,既尊重谈判对手的传统,而又保持自己的礼仪,并能因势利导,取得谈判的成功。

一、跨文化谈判具有国内谈判的一般共性

1. 为特定目的与特定对手的磋商。国内商务谈判和跨文化商务谈判同样都是商务活动主体为实现其特定的目的而与特定对手之间进行的磋商。

2. 谈判的基本模式是一致的。两者同样遵循从寻找谈判对象开始,到建立相应关系、提出交易条件、讨价还价、达成协议,直至履行协议结束这一基本模式。

3. 国内、国际市场经营活动的协调。国内商务活动和跨文化商务活动是经济活动主体从事或参与国际市场经营活动的两个不可分割的组成部分。

二、跨文化谈判与国内谈判的区别

在跨文化谈判中,谈判者面临着若干在国内谈判中极少会出现的问题。与国内谈判相比较,跨文化谈判作为一种跨边界的谈判活动必然有其特殊性。具体表现如下:

1. 参与者的差异。国内贸易的参与者一般为本国人,因此,语言、文化习俗较为相近,彼此之间容易了解和沟通;而在跨文化商务谈判中,谈判双方来自不同的国家或地区,拥有不同的社会文化背景,生活于不同的政治、法律、经济、文化和社会环境之中,所以谈判人员的价值观、思维方式、行为方式、语言及风俗习惯各不相同,从而使谈判更复杂,难度更大。特别是在涉外经济谈判中,谈判双方之间的经济关系是两个国家或两个地区之间的经济关系的一个组成部分,同时,也会受两国或地区的政府政策和法规的限制。

2. 地域的差异。跨文化谈判与国内谈判的根本区别源于谈判者及谈判活动与谈判协议履行的环境的文化差异。国内商业活动涉及的商品不出国境。而跨文化谈判和国际商业活动涉及的商品往往要跨越国边境。涉外经济谈判的结果会导致资产和产品的跨国转移,因而要涉及国际贸易、国际金融、国际保险、国际运输等一系列问题。这就使涉外谈判更加复杂,难度更大。

3. 适用的法律差异。国内商业活动的支付一般使用本国货币,且只受本国法律的管辖,即当事人在谈判中和国内商业活动不能也无权选择别国的法律来适用于国内交易。而国际商业活动往往涉及两个或两个以上国家的法律。在跨文化谈判中,由于磋商的是两国或两个地区的企业或个人的经济利益关系,而各国的法律政策不同,为避免冲突,应找到统一的法律依据,涉外经济谈判均以国际惯例和条约为准则。

三、文化差异对谈判的影响

文化的差异不仅形成了人们在谈判过程中的谈判行为的差异,而且还将会对未来谈判协议的履行产生重大影响。

1. 文化差异对谈判沟通过程的影响。在跨文化谈判中,谈判者跨文化沟通将导致谈判的复杂化。文化差异对谈判沟通的影响,首先表现在谈判语言沟通过程中,其次还表现在非语言沟通过程中。文化差异也导致谈判者沟通方式的差异。

2. 文化差异对时间概念和空间概念的影响。大量实践表明,在不同国家和地区,人们的时间概念有着明显的差异。在不同的文化背景中,人们的空间概念即心理安全距离也是大不相同的。

3. 文化差异对决策结构与决策权限的影响。由于不同国家的政治经济体制、法律制度和企业制度等存在着很大的差异,商务活动中的决策结构也有着很大不同。而同样是在企业拥有决策权的情况下,企业内部的决策权限分布在不同的国家和地区也会有很大差异。

4. 文化差异对法律应用的影响。基于不同的社会哲学和不同的社会发展轨迹等,不同国家的法律制度往往存在很大差异,而且不同国家法律制度得以遵照执行的程度也大不相同。

5. 文化差异对谈判认识的影响。不同文化中的人们对参与谈判的目的及所达成的合约的认识也有很大差异。

6. 文化差异对谈判风格的影响。谈判者的谈判风格带有深深的文化烙印。文化差异不仅决定着谈判者的伦理道德规范,而且影响着谈判者的思维方式和个性行为,从而使不同文化背景的谈判者的谈判风格迥异。

四、跨文化谈判成功的基本要求

综上所述,参加跨文化谈判对谈判人员的个人素质和能力要求更高,谈判前应做的准备工作更多,所搜集的信息更应该丰富,谈判过程的组织、安排更加周密、详细,总之更应该加强管理。

1. 正确对待文化差异。谈判者对文化差异必须有足够的敏感性,要尊重对方的文化习惯和风俗。谈判者不仅要善于从对方的角度看问题,而且要善于理解对方看问题的逻辑思维方式,任何一个跨文化谈判活动中的谈判人员都必须认识到,文化没有优劣,要尽量避免模式化地看待另一种文化的思维习惯。

2. 避免沟通中的障碍和误解。谈判者能够熟练运用对方语言,至少双方能够使用同一种语言进行磋商交流对避免沟通中的障碍和误解,有特别重要的意义。在非语言沟通中,谈判者要注意自己的形体语言,并要注意揣摩对方形体语言的含义,从而避免导致歧义和误解。

3. 要有更充分的准备。

(1) 要充分地分析和了解潜在的谈判对手。

(2) 研究商务活动的环境。

(3) 合理安排谈判计划。

4. 制定灵活的谈判战略和策略。在跨国文化谈判中,不同文化背景的谈判者谈判风格各异,在认识不同文化谈判风格差异的基础上,谈判者要使己方的谈判策略和战略具有一定的灵活性。

第二节　不同文化间谈判风格的比较[21]

风格是作风、气度和品格的综合表现。**谈判风格**，实际上指的是谈判人员的工作作风、气度、品格。这些受谈判人员个人的气质、心理素质的影响，也会因每个人所处的国度、地区不同、受到不同的政治、经济、文化传统的影响，而有所不同。

一、美国人的谈判风格

美国人的性格各有各的特色，连出生地的不同亦会有不同的个性。北部和南部、东部和西部，虽然位于同一个国家里，却恍若两个世界。因此，美国人的谈判风格在世界上是影响最大的。其谈判特点主要表现在以下几个方面：

1. 民族性格特征。美国人对自己的国家深感自豪，对自己的民族具有强烈的自尊感和荣誉感，这种心理在他们的贸易活动中充分表现出来。他们在谈判中，自信心和自尊感都比较强，加之他们所信奉的自我奋斗的信条，常使与他们打交道的外国谈判者感到美国人有自我优越感。美国人具有强烈的创新意识、竞争意识和进取精神。这个特征主要来源于美国早期历史上的移民寻求新的生活方式、拓展新边疆的冒险精神所给予的影响。因此，美国谈判人员进行谈判时，通常总是坦率、热情自信、追求物质实际。他们以在经济上获取利益为自己的谈判目标。美国人善于讨价还价，并能很自然地在谈判时将话题转到讨价还价上去。在同美国人谈判时，如果有疑问，或有含糊不清之处，要不客气地问清楚，以免日后造成纠纷。

2. 谈判关系的建立。美国人在经商过程中通常比较直接，不太注重谈判前个人关系的建立。个人交往和商业交往在美国人眼中是明确分开的。美国人很努力去维持和老顾客的长期关系，以求得稳定的市场占有率。

3. 沟通方式。美国文化属于低内涵文化，沟通起来比较直接。直率坦诚、真挚热情是美国谈判者的特点。对谈判，美国人认为是双方自由平等的协商，应该有"双赢"的结果，所以希望彼此尽量坦诚陈述观点和意见。美国人是精力充沛的谈判对手，在同意一件事情之前，必定先设法予以反驳，即使再冗长的争论过程，也不会使他们失去丝毫耐性。大致上，美国人喜欢逐项地解决问题。

美国人属于性格外向的民族，他们的喜怒哀乐大多通过言行举止表现出来。在谈判中，他们精力充沛、感情洋溢，不论在陈述己方观点，还是表明对对方的立场态度上，都比较直接坦率。如果对方提出的建议他们不能接受，也是毫不隐讳地直言相告。

4. 时间观念。在美国国内的企业，各个部门职责分明，分工具体。因此，谈判的信息收集、决策都比较快速、高效率。加之他们个性外向、坦率，所以，他们一般谈判的特点是开门见山，报价及提出的具体条件也比较客观，水分较少。美国人重视时间，还表现在做事要一切井然有序，有一定的计划性。对谈判，美国人有自己的明确的进度安排，精打细算地规划谈判时间的利用，希望每一阶段逐项进行，并完成相应的阶段任务。所以，美国人除了正式提案以外，还会事先预测对方可能的反应，另外拟妥一个备用方案，既节省了谈判时间，又便于原案不获通过时派上用场，作好届时予以反驳的准备。美国人认为守时是受人尊敬、赢得信用的基本条件，不喜欢事先没有安排的不速之客。与美国人打交道，早到和迟到都是不礼貌的。美国人谈判讲效率，忌讳办事拖沓。所以，我们与其打交道时应注意这些。

5. **决策程序**。美国人常常以个人决策（或少数人）为特点，自上而下地进行，**在决策中强调个人责任**。而且美国人希望在谈判结束时，做出明确的结论（交换契约书）。换句话说，他们认为一旦交换了契约书，即意味着这场谈判已告结束。美国人谈判团体的规模大小不一。有时候是由所有的部门各自派出代表，组成一个浩浩荡荡的团队，有时则是为了避免造成多驾马车的情形，而限定少数人。

6. 对合同的态度。美国是一个高度法制的国家。美国人的法律观念在商业交易中表现得十分明显，他们十分看重合同，喜欢运用法律手段保护自己的商业利益。美国人认为，交易最重要的是经济利益，为了保证自己的利益，最公正、最妥善的办法就是依靠法律、依靠合同，而其他的都是靠不住的。因此，美国人在商业谈判中对于合同问题的讨论特别详细、具体，特别重视合同违约的赔偿条款，也关心合同适用的法律，以便在合同执行过程中能顺利地解决各种问题。合同一经签订，就被他们视为日后行动的依据和制约，不会轻易变更或放弃。严格履行合同中的条款成为谈判结束后最重要的工作，一旦双方在执行合同条款中出现意外情况，就按双方事先同意的免责条款处理。

7. 其他方面。美国人特别重视商品的包装与装潢。在美国，包装对商品的销路具有重要的影响，只有新奇的包装，才能激励消费者的购买心理，扩大销售。在美国，一些日用消费品，花在包装上的费用，常常要占商品成本的 $1/4 \sim 1/3$。美国谈判人员对商品的"包装"特别感兴趣。在谈判时，卖方希望买方告诉他，买方对包装的要求，而买方则要求卖方带来质量上乘的包装。

二、英国人的谈判风格

英国同美国虽然都是讲英语国家，但在文化上却有着较明显的差异。其谈判风格主要表现在以下几个方面：

1. 民族性格特征。英国人的性格既有历史所带来的傲慢矜持，又有本民族谦和的一面。英国人有着很强的民族自豪感和排外心理。由于民族工业的发展、航海技术发达,强权加外交形成了帝国联邦,多少年来形成严格的等级观念及不同礼仪。英国人善于交往、对人和善、容易相处,谈判较灵活,对建设性意见反应积极,在商务谈判中富有"外交色彩"。也正是由于"外交色彩"往往使谈判跟不上贸易谈判的节奏。

2.谈判关系的建立。英国人建立人际关系的方式很独特,开始时往往保持一段距离,不轻易与对方建立个人关系,而后才慢慢地接近。一旦建立友谊后,他们会长期珍惜。英国谈判者十分注意礼仪,他们善于交往、待人和善、容易相处,无论谈判场内、场外,时刻注重体现个人的修养,尊重谈判业务,虽然有时会追逼对手,但态度上十分克制。他们对自己具有自信心,交易中遇到有纠纷时,不轻易道歉或认错。英国人同美国人一样,习惯于将商业关系与个人关系严格分开。

3.沟通方式。英国人的绅士风度为众人所知,有处变不惊、轻描淡写的谈话特点,英国人善于简明扼要地阐述立场,陈述观点,然后便是更多地表现沉默,平静自信而谨慎。一般不易动怒,也不易放下架子,喜欢按程式谈,谈判条件不爱大起大落。注意钻研理论,无理时宁可不谈也不硬撑。由于古老的等级传统,谈判中的程序性十分突出。听取意见态度随和,采纳意见却不痛快,解决问题时常关注等级。颇为看重与自己身份对等的谈判问题,有的老先生甚至会为对手不系领带而生气。英国人喜欢对手与自己"同级"并具"绅士的风度",对话会更容易。因此,对英国谈判者应礼仪相待,否则不够"修养与风度",两者交往、沟通会有距离。

4.时间观念。英国人崇尚守时、准时,有按日程或计划办事的习惯和传统。在商务活动中讲究效率,谈判大多进行得较紧凑、不拖沓。

5.决策程序。英国人比较看重秩序、纪律和责任,组织中的权力自上而下流动,等级性很强,决策多来自上层。

6.对合同的态度。英国人比较谨慎,故在订立合同时,总喜欢细细推敲。此时尽量不要催促其签订合同。为了避免交货争议,在与英国商人订合同时应注意索赔条款。

7.其他方面。英国人自信心很强,在讨价还价时往往固执己见,所以一般不要与他们过多地讨价还价;与英国人初次接触时,一般应保持一定的距离,不要被他们的彬彬有礼所感动,也可能他们是工于心计的谈判家。[22]

三、法国人的谈判风格

法国人的谈判特点如下:

1.民族性格特征。法国人的民族自豪感很强,这是因为法兰西民族在科学、文学、技术方面有卓越的成就。因此,在进行商业谈判时,法国人经常要求使用法语。法兰西民族天性乐观、开朗热情、幽默、极富爱国热情和浪漫情怀。在商务交往中,往往凭着信赖和人际关系去进行。法国人还喜欢穿着打扮,所以,到法国去谈生意,一定要注意自己的仪表。

2. 谈判关系的建立。法国人非常珍惜谈判中的人际关系,在没有互相成为朋友之前,一般不会与你做大笔的买卖。所以和法国人谈生意时,不要只谈生意,应利用一些时机聊聊社会新闻或文化,以创造富于情感的气氛,才能做好生意。法国人的谈判常常因政府的介入而使贸易与外交关系相连,从而使谈判复杂化。

3. 沟通方式。法国人的性格开朗,喜欢创造一种轻松友好的气氛,而后再慢慢转入正题,到最后做决定阶段,才一丝不苟地谈生意。在讨价还价中或是固执己见,或是持无所谓的态度。同时法国人善于争论,经常为争论而争论,使谈判无法继续,这时你不要紧张,这是法国人的一种癖好,只要有人小心提醒,他们还会回到谈判议题上。法国人讲究在谈判中保持和谐和幽默的气氛,但他们不喜欢过多地提个人和家庭问题以及商业秘密。因此,在与他们谈判时应注意避免谈论这些问题。

4. 时间观念。对别人要求严格,对自己比较随便是法国人时间观念的一大特点。另外,每年的8月是法国全国性假期,在这个期间几乎不可能谈生意,所以,应避免在这个时候去法国安排商务活动。

5. 决策程序。法国公司组织结构比较单纯,重视个人力量,很少集体决策。在谈判中,个人决策权限较大,由个人承担决策责任。在具体谈判中,具有横向谈判风格,即喜欢先就主要交易条件取得协议,然后谈判合同本文,最后谈判标题。谈判的重点在于拟订一些重要的原则,而不注意细节。[23]

6. 对合同的态度。法国人偏爱横向式谈判,谈判的重点在于整个交易是否可行,而不大重视细节部分。合同签订后,法国商人一般都能很好地执行,并且特别重视交货期和质量条款。但出现问题后,他们不愿在仲裁上多费时间。

7. 其他方面。法国人谈判时表现出友好、急于取得成果,无论在谈判的什么阶段,喜欢搞个"纪要"、"备忘录"或"协议书"来记载已谈过的内容或借以拉紧对手,以促成交易。对价格要求严格,条件比较苛刻。谈判风格松散中富有顽强韧性。

四、德国人的谈判风格

德国是西方经济大国,贸易额大,其思维方式对跨文化谈判影响不小。德国人被称为是欧洲最老练的商人,具有本民族的文化特征。

1. 民族性格特征。德国商人给人留下的最深刻的印象,是他们对本国产品的信心。他们在商业谈判中,常常会用本国产品作为衡量质量的标准。德国人以沉稳、自信、好强、勤奋、严谨著称,且果断、不拖泥带水、为人诚实、说一不二,在世界上享有名副其实的讲效率声誉,他们信奉的座右铭是"马上解决",他们不喜欢对方"支支吾吾",不喜欢"研究研究"、"考虑考虑"等拖拖拉拉的谈判语言。他们具有认真负责的工作态度、高效率的工作程序。

2. 谈判关系的建立。德国人比较重视长期合作,所以忌讳投机生意。他们对发展个人关系和商业关系都很严肃,不大重视在建立商务往来之前先融洽个人关系,对商业事务他们极其小心谨慎,对人际关系也正规刻板,并且希望对方也如此。但一旦建立商务关系且赢得他们信任后,便能有希望长期保持。德国人对个人关系的界定很严肃,他们不喜欢称兄道弟,而应以"先生"相称,也不要直呼其名。穿戴要严谨,不能随随便便。德国人还不喜欢与声誉不好的公司打交道。所以,有的人认为德国人比较保守,这可能是一个重要的影响因素。

3. 沟通方式。德国人思维系统性、条理性强,谈判果断,谈判目标明确,直接就切入正题。德国人的准备工作做得十分周密,在谈判之前,他们不仅要研究购买产品的问题,而且还包括研究销售产品的公司,公司所处的环境,公司的信誉、资金状况、管理状况、生产能力等。而且谈判风格强硬,一般不会向对方让步。尽管德国人在谈判之前作过系统的、充分的准备工作,但他们仍然比较缺乏灵活性,在谈判过程中不轻易公开作出重大让步。尤其在报价阶段,他们一旦出价,就不愿意作出让步,使得讨价还价很难进行。

4. 时间观念。德国人时间观念强,非常守时,厌恶且鄙视不准时的行为,谈判中德国人非常讲究效率。与德国人谈判时切忌迟到,否则德国人会对你不信任,甚至于厌恶。

5. 决策程序。在商务谈判中,德国人强调个人才能。决策大多自上而下作出,不习惯分权或集体负责。德国人具有系统的谈判思维,善于明确表达思想,准备的方案清晰易懂,充分表现出思维的系统性和条理性。例如,当双方列出讨论的问题单时,德国谈判者不仅要求列出所有问题,同时在排序上还应体现各种问题的内在逻辑关系,否则会被视为性质混乱、逻辑不明、不便于讨论。再如,每场讨论议题应明确,如果讨论了一上午,仍不涉及论题,德国人一定会抱怨组织无效率,意思不明确。[24]

6. 对合同的态度。德国人重合同、守信用。德国商人在签订合同前,往往要仔细研究合同的所有细节,并经过确认,感到满意之后,才会签订合同。一般合同订立后他们就绝对会履行,如果对方对于交货期、付款期等要求宽延、变更,德国人一概不予理会,且合约中往往附有严厉的违约处罚条款。德国人的讨价还价与其说是为了争取更多的利益,不如说是工作认真、一丝不苟。他们严守合同,认真研究和推敲合同中的每一句话和各项具体规定,履约率很高,在世界贸易中有着十分良好的信誉。[25]

7. 其他方面。德国人纪律性很强,而且标准很高,要求高质量。德国是世界上经济实力最强的国家之一,他们的工业发达、生产效率高、产品质量堪称世界一流。这主要是由于企业的技术标准十分精确具体。因此他们对于出售或购买的产品质量要求都很高。与德国人谈生意,一定要使他们相信你公司的产品可以满足德国人要求的标准。在某种程度上,德国人对谈判者表现的评价,取决于能否令人信服地说明你将信守诺言。

五、俄罗斯人的谈判风格

由于从统一的中央集权的前苏联中分解出来,俄罗斯社会生活发生了极大变化,人们的社会地位、自我价值观念也发生了显著的变化,思维方式自然也随之而变。另外,原有计划体制对人们思维模式的影响依旧存在。俄罗斯人的谈判特点如下:

1. 民族性格特征。俄罗斯人热情好客、豪爽大方、待人谦恭,但近几年的社会变革使得俄罗斯人较为忧虑、自信心不足、缺乏信任和进取心。日常生活中俄罗斯人热衷于社交活动,固守传统,缺乏灵活性。在涉外谈判中,一些俄罗斯人仍然带有明显的计划体制的烙印。在进行正式谈判时,他们喜欢按计划办事,如果对方的让步与他们原定的具体目标相吻合,容易达成协议;如果有差距,要他们让步则特别困难。甚至他们明知自己的要求不符合客观标准,也不妥协让步。

2. 谈判关系的建立。俄罗斯商人与人谈生意前一般要经熟人引见,并且只有在双方建立信任和友谊后才可能得到生意机会,他们的商务关系是建立在个人关系的基础之上的。

3. 沟通方式。俄罗斯人的一般形象有时是僵硬笨拙的,其实他们性格豪爽大方,喜欢非公开的交往和私人关系居前的沟通方式。俄罗斯人十分固执,通常情况下都不愿接受对方的初始报价。俄罗斯人还善用谈判技巧,擅长用各种"离间"手段,促使对手之间竞相压价,自己从中得利。如果他们想要引进某个项目,首先要对外招标,引来数家竞争者,随后不慌不忙地进行选择。并采取各种手段,让争取合同的对手之间竞相压价、相互残杀,最后坐收渔翁之利。[26]

4. 时间观念。俄罗斯人虽奉行准时的原则,而且办事事先要预约,但其谈判效率特别低,有时为了获得更好的交易条件,还会故意使用拖延的技巧。一些俄罗斯人缺乏灵活性,还因为他们的计划制定与审批要经过许多部门、许多环节。这必然要延长决策与反馈的时间,这种传统体制也僵化了人的头脑。尽管现在体制有了较大的变革,但还没有形成正常的经营秩序和健全的管理体制。

5. 决策程序。俄罗斯人推崇集体成员的一致决策和决策过程的等级化。俄罗斯谈判者的权力通常有限,也非常谨慎。俄罗斯的谈判阵容庞大,他们遇事要汇报请示,遇到重大责任问题时,决策更是一拖再拖,所以与俄罗斯人谈判要有耐心。

6. 对合同的态度。俄罗斯人对合同较重视。在订立合同时,他们会对各条款仔细推敲,尤其对技术细节十分重视,并且会按照字面意义严格执行。一旦达成协议,他们也很少接受谈判对手变更合同条款的要求。

7. 其他方面。俄罗斯人注重技术细节,特别重视谈判项目中的技术内容。诸如引进的技术要具有先进性和实用性;引进的项目,其技术内容要包罗万象,如详细的车间设计图纸、零件清单、设备装配图纸、原材料证明书、化学药品和各种试剂、各种产品的技术说明、维修指南等等。

六、日本人的谈判风格

日本是个岛国,资源缺乏,人口密集,活动的市场有限,外向型发展经济是其国策。日本人是东方民族经商的代表,其谈判风格具有典型的东方特色,具体表现如下:

1. 民族性格特征。日本人受我国文化影响深刻,"孔子学说"是其精神支柱之一,形成了其民族的特性:进取心强、态度认真、等级观念强、自信且非常爱面子、彬彬有礼、很少直接拒绝或反驳别人,喜欢通过迂回曲折的方式陈述自己的观点。不轻易信任他人,注意做人的工作,考虑交易的长远影响,而不过分争眼前利益,善于开拓新的交易市场。[27]日本人刻苦耐劳的作风也是欧美各地谈判人士少有的。谈判中的变化,日本人可以日以继夜的精神迅速形成文字,使对方能充分理解,为其成功创造机会。

2. 谈判关系的建立。日本的生活充满竞争,所以特别强调秩序和维护人际关系。在谈判中日本人很注重和谐的人际关系。与日本人谈判最重要的一点是信任,还要注意对等原则。日本人较多地依靠对感情和心情的解释,他们重视人胜于重视公司的形象。如果论证的整个思想带有一种企图使别人接受自己的看法,这与日本的国情是格格不入的。[28]

3. 沟通方式。日本人受中国儒家思想影响很深,特别在商业圈之中,有许多日本商人对儒家文化颇有研究,谈判前如能与他们探讨中日文化的渊源和儒家学说,能博得日本商人的尊敬。日本人喜欢采用委婉、间接的交谈风格,喜欢私下商量。他们通常用间接方式来询问和回答有关问题。日本商人在谈判过程中喜欢私人接触,这是初步认识对方的最好方法,而且最好在开始接触时通过适当的人作介绍,这样,交易就容易成功。日本人在谈判时不大坦率,常给人含糊不清、甚至是使人误会的回答。[29]

日本人搞人际关系可谓"专家",要提防日本人的"吃吃喝喝"、"小恩小惠"的麻痹手段。上至达官下至业务人员,日本谈判人员可以利用不同层次的人出场与谈判对手不同层次的人交际,从而探晰情报,分析交易的成败、研究对策、施加影响、争取支持。[30]

4. 时间观念。由于竞争激烈因而日本商人时间观念强,生活节奏快,办起事来计划性强,谈判前准备工作细致而周到。但日本人的决策过程较为缓慢,决策时间长,并且总喜欢使用拖延战术来迫使对方渐渐失去耐心而在交易条件上作出较多让步,因此,在等候谈判时应有充分的耐心,日本人忌讳急躁和没有耐心,他们认为这是软弱、不成熟的表现。当日本人接到你的洽谈要求后,总是要做全面、细致的调查,做好方案计划,然后才与你见面,所以这时耐心是很重要的。

5. 决策程序。日本人的一般特性,是具有团体倾向,有强烈的团体生存和成功的愿望。体现在谈判中就是集体决策,集体负责。日本人的决策是采用自下而上的流程,决策过程和决策时间往往很长。日本人在向你提出一项新建议之前,必须与公司的其他部门和成员商量决定,这个过程十分繁琐。如果谈判在某一点上陷入了僵局,需要做出集体决定时,那将会是相当费时的。

6. 对合同的态度。日本人认为相互之间的信任在业务往来中最重要,而细节无遗的书面合同则显得不必要。但近年来由于国际社会及日本的商业环境都在不断变化,某些日本公司开始要求签订严谨的书面协议。日本人在承诺之前习惯对合同作详细审查,并在他们之间取得一致意见。这一过程比较长。但他们一旦作出决定,就能很快地执行。

7. 其他方面。"打折扣吃小亏,抬高价占大便宜",也是日本人谈判典型特征之一。为了讨好买方心理,日本出口商善于利用"折扣"吸引对方。而为了使用这个策略,早已抬了高价,留足了余地。因此,谈判人员绝不可仅以"折扣率"为判定标准,应坚持"看货论价"。不会看,应请行家协助,或善于比价。不好比价时,则应分析成本。不可草率行事,以为一定下某个"折扣率"便可一劳永逸。[31]跟老的客户谈判更要小心。

【思考与练习】

试从民族性格特征、谈判关系的建立、沟通方式、时间观念、决策程序、对合同的态度等方面,比较美国人、英国人、法国人、德国人、俄罗斯人和日本人的谈判风格。

【自测与评估】

跨文化谈判你熟悉多少[32]

一、填空题

1. 跨文化谈判与国内谈判的根本区别源于谈判者及谈判活动与谈判协议履

行的环境的_____。

2. 在法国,在正常情况下人们相互之间的心理安全距离较_____。而一般美国人的心理安全距离较法国人_____。

3. 因为文化差异,可把谈判风格分为两种类型:_____和_____。

4. 美国商人习惯于_____决策,日本商人习惯于_____决策。

5. 美国文化属于_____内涵文化,沟通起来比较直接。

6. 直率坦诚,真挚热情是_____国谈判者的特点。

7. _____有"契约之民"的雅称,合同在他们眼中是非常严肃的。

8. 与日本人建立谈判关系要注意_____原则,这在等级森严的日本对于促成谈判成功是十分有益的。

9. 日本人的_____是世界闻名的,体现在谈判中就是集体决策、集体负责。

10. _____擅长用各种"离间"手段,促使对手之间竞相压价,自己从中得利。

二、单项选择题

1. 喜欢诉诸法律解决矛盾纠纷,运用法律手段保护自己的商业利益的是( )。

A. 日本人　　　　B. 美国人　　　　C. 法国人　　　　D. 中国人

2. 在谈判中,习惯于集体制定决策的是( )。

A. 日本人　　　　B. 美国人　　　　C. 法国人　　　　D. 德国人

3. 习惯于将商务关系建立在个人关系基础之上的是( )。

A. 美国人　　　　B. 英国人　　　　C. 德国人　　　　D. 俄罗斯人

4. 交货道德低,几乎所有商品都会延迟交货的是( )。

A. 英国商人　　　B. 美国商人　　　C. 法国商人　　　D. 俄罗斯商人

5. 擅长用各种"离间"手段,促使对手之间竞相压价,自己从中获利的是( )。

A. 英国人　　　　B. 德国人　　　　C. 俄罗斯人　　　D. 日本人

6. 在下列选项中,最不守时的是( )。

A. 美国人　　　　B. 俄罗斯人　　　C. 德国人　　　　D. 英国人

三、多项选择题

1. 跨文化谈判中,文化差异将影响( )。

A. 谈判沟通过程　　　　　　　　B. 时间概念和空间概念

C. 谈判的基本模式　　　　　　　D. 决策结构与决策权限

E. 谈判认识和谈判风格

2. 关于美国人的谈判特点,叙述正确的是( )。

A. 美国人追求物质的实际且自我中心欲强

B. 个人交往和商业交往在美国人眼中是明确分开的

C. 美国文化属于高内涵文化,沟通起来比较直接

D. 美国人常以个人决策为特点,自下而上进行

E. 美国人时间观念很强

3. 关于英国人的谈判特点,叙述正确的是(　　)。

A. 英国人有很强的排外心理

B. 英国人和美国人不同,重视在建立商务往来之前先融洽个人关系

C. 英国人崇尚守时、准时

D. 英国人喜欢谈论政治和宗教

E. 英国人等级观念重,决策多来自上层

4. 关于法国人的谈判特点,叙述正确的是(　　)。

A. 对别人要求严格,对自己比较随便是法国人时间观的一大特点

B. 重视个人力量,很少集体决策

C. 法国人习惯于将商业关系与个人关系严格分开

D. 法国人偏向于纵向式谈判,十分重视细节部分

E. 在商务交往中,法国人往往凭着信赖和人际关系进行

5. 关于德国人的谈判特点,叙述正确的是(　　)。

A. 德国人很重视在建立商务往来之前先融洽个人关系

B. 德国人谈判时喜欢漫无边际地闲谈,决策总是一拖再拖

C. 德国人时间观念很强,非常守时

D. 在商务谈判中,德国人强调个人才能

E. 德国人严守合同信用,有"契约之民"的雅称

6. 关于俄罗斯人的谈判特点,叙述正确的是(　　)。

A. 俄罗斯人推崇集体成员的一致决策和决策过程的等级化

B. 俄罗斯人的谈判队伍阵容庞大

C. 俄罗斯人对合同较重视,尤其对技术细节十分重视

D. 俄罗斯人的形象僵硬而笨拙,不善用谈判技巧

E. 俄罗斯人时间观念强,办事效率高

7. 关于日本人的谈判特点,叙述正确的是(　　)。

A. 与日本人谈判最重要的一点是信任

B. 日本人的决策过程较为缓慢,决策时间比较长

C. 日本人的决策采用的是自上而下的流程

D. 日本人喜欢通过迂回曲折的方式陈述自己的观点

E. 日本人时间观念强,生活节奏快

8. 倾向于个人决策的是（　　　）。

A. 美国人　　　　　B. 俄罗斯人　　　　C. 英国人　　　　D. 法国人

E. 德国人

四、判断题

1. 在高内涵文化的国家，人们的表达通常较为委婉、间接。（　　　）

2. 在法国，正常情况下人们相互之间的心理安全距离较长。（　　　）

3. 跨文化商务谈判与国内商务谈判并不存在本质的区别。（　　　）

4. 与拥有相当决策权限的人谈判是谈判的重要准则之一。（　　　）

[参考答案]

一、填空题

1. 文化差异

2. 短　　长

3. 东方型谈判风格　　西方型谈判风格

4. 个人　　集体

5. 低

6. 美

7. 德国人

8. 对等

9. 团队精神

10. 俄罗斯人

二、单项选择题

1. B　2. A　3. D　4. A　5. C　6. B

三、多项选择题

1. ABDE　2. ABE　3. ACE　4. ABE　5. CDE　6. ABC　7. ABE

8. ACDE

四、判断题

1. √　2. ×　3. √　4. √

【启示与案例】

在异国招标会上[32]

在外国的会场前面，一排高台桌旁，一溜儿坐着 A 国建筑机构的官员、专家，简直就是一个考场。

　　A国方面负责主谈的官员———一位气度不凡的高级工程师，用他那老练而又在行的目光将两位中国人盯了许久，问到："你们谁是主谈？"

　　崔光星站起来："我，中国建筑承包公司总经理。"随即指着刘总说："这位是我的副手，刘总工程师。"

　　会场上顿时一片骚动，招标席上的官员和专家们也在互相换着眼色。因为通常情况下，各公司的主谈都是由总工程师担任，这是一个对业务水平要求很高的场合，如同学生应考，只有学业极好的人才能答出满分。而中国的所谓经理，人家认为实际上就是共产党安排在这个位子上做管理的官员。对于中国的工程师，许多外商都不以为然，何况一个官员！

　　但，崔光星是自信的。投标开始，项目是数百套高级住宅，一块肥肉。

　　A国方面的主谈人在开场白中说道，"世界上都以为以色列人会做生意，但如果我们同以色列人谈成平局，就算是我们输了！"一个下马威。言简意明，是说给在座各位听的。

　　崔光星没慌，静心听着每个承包商的报价。承包商们好像要有意在中国人面前显示一下，如斗鸡似的，报价逐次压低。三环公司的代表不时地向崔光星瞟过来一眼，那意思就是说：怎么不吭声呀？怕了？这时，崔光星站起，不慌不忙地报出了比三环公司还要低一些的价。所有承包商震惊了，当三环公司的代表反应过来这是真的时，几个人私语了一阵，又大声投标，报价压到了零点。这些承包商们，到这里是来赚钱的，没有可图的买卖绝不会干。

　　"好吧，那就让给他们。"让崔光星算准了，三环公司见他不上圈套，忙推卸道："啊，我们想起来了，崔先生新来，需要有点事干，这套项目的投标就依崔先生的吧，我们收回刚才的报价。"中建承包公司中标了。

　　招标席上的A国主谈人兴奋却又迷惑不解地望着崔光星："请问崔先生，按您的报价，只能得到极少的利润，这么低，您为什么要干？"

　　"我们到这里来，当然不希望赔钱，但也不是为了赚钱。贵国和中国同属发展中国家，需要互相帮助，能有一点利润，对我们来说就够了。如果通过合作进一步加深了两国人民的互助理解和友谊，那这笔利润是无法用金钱来代替的。"崔光星答道。

　　A国的官员和专家感动了，纷纷向他点头致意。随后，是一连串的技术问题：你们的施工方案？材料来源？质量数据？完工期限？以致一个单元使用多少千克水泥……崔光星一一作答、迅速、准确、有数有据。招标席上的官员和专家无不惊愕，一个接一个地走到崔光星跟前，同他握手、拥抱。对方的主谈人说："没想到中国有崔先生这样的人才，了不起！"

　　这次招标会上面对对手投来的惊诧、讥讽、敌意等眼光，崔先生没有被这些所压倒，而是一直充满自信，面对凶猛的对手，丝毫不动摇变色。在对手的极力压迫下，崔先生并非想着赚钱，而是想各国互相帮助，表现出我国的水平和素质，即使是对手把价压到零，也无所畏惧，并战胜了对手的战术，取得胜利。崔先生在之前已经做了充分准备，在获得胜利后，说出了完整的计划，令所有人瞠目赞叹。这一次确确实实是中国第一次派人参加异国他乡的Ａ国建筑机构招标会。他的表现令所有中国人都获得荣誉！崔先生的表现很值得我们借鉴。

第五篇　注　释

1　张隆华编著：《商业谈判技巧》，华文出版社 1997 年版，p.1。

2　MBA 核心课程编译组编译：《谈判与沟通》，九州出版社 2002 年版，p.240。

3　同上书，p.242～243。

4　邓水兰主编：《现代商务谈判艺术》，江西科技出版社 1998 年版，p.29。

5　汤秀莲主编：《国际商务谈判》，南开大学出版社 2003 年版，p.164。

6　何元茂等主编：《商务谈判技巧》，陕西旅游出版社 1997 年版，p.15。

7　同上书，p.16。

8　苏永青编著：《最新谈判竞争术》，农村读物出版社 1990 年版，p.43。

9　李振忠等编译：《对外谈判技巧》，对外贸易教育出版社 1987 年版，p.36～37。

10　苏永青编著：《最新谈判竞争述》，农村读物出版社 1990 年版，p.48～49。

11　参见张隆华编著：《商业谈判技巧》，华文出版社 1997 年版，p.117。

12　根据李谦编著：《现代沟通学》，经济科学出版社 2002 年版，p.377～379 改写。

13　何元茂等主编：《商务谈判技巧》，陕西旅游出版社 1997 年版，p.212。

14　李振忠等编译：《对外谈判技巧》，对外贸易教育出版社 1987 年版，p.72～73。

15　张隆华编著：《商业谈判技巧》，华文出版社 1997 年版，p.215。

16　汤秀莲主编：《国际商务谈判》，南开大学出版社 2003 年版，p.231。

17　参见张隆华编著：《商业谈判技巧》，华文出版社 1997 年版，p.100。

18　杨胜友等主编：《谈判与推销技巧》，中国发展出版社 2002 年版，p.78～79。

19　汤秀莲主编：《国际商务谈判》，南开大学出版社 2003 年版，p.231。

20　根据李谦编著：《现代沟通学》，经济科学出版社 2002 年版，p.252～255 改写。

21　根据杨胜友等主编：《谈判与推销技巧》，中国发展出版社 2002 年版，p.104～109 改写。

22　张隆华编著：《商业谈判技巧》，华文出版社 1997 年版，p.165。

23　李振忠等编译：《对外谈判技巧》，对外贸易教育出版社 1987 年版，p.89。

24　何元茂等主编：《商务谈判技巧》，陕西旅游出版社 1997 年版，p.264 页。

25　同上书，p.265。

26　同上书，p.268。

27　王志文编著：《民营企业国际贸易谈判技巧》，内蒙古人民出版社 2002 年版，p.23。

28　苏永青编著：《最新谈判竞争术》，农村读物出版社 1990 年版，p.195。

29　李振忠等编译：《对外谈判技巧》，对外贸易教育出版社 1987 年版，p.92。

30　王志文编著：《民营企业国际贸易谈判技巧》，内蒙古人民出版社 2002 年版，p.23～24。

31　杨胜友等主编：《谈判与推销技巧》，中国发展出版社 2002 年版，p.97～102。

32　王志文编著：《民营企业国际贸易谈判技巧》，内蒙古人民出版社 2002 年版，p.23。

参 考 文 献

1. 陈光军：情商奇才与智商天才——比尔·克林顿与比尔·盖茨给领导者的启示，《成功》2000年第 1 期。

2.《辞海》，上海辞书出版社 1980 年版。

3. 邓水兰主编：《现代商务谈判艺术》，江西科技出版社 1998 年版。

4. 凡禹主编：《沟通技能的训练》，北京工业大学出版社 2002 年版。

5. 凡禹主编：《人际交往的艺术》，北京工业大学出版社 2002 年版。

6. 冯德连、管州编著：《谈判就这几招》，河南人民出版社 2000 年版。

7. 甘华鸣、李湘华著：《沟通》，中国国际广播出版社 2001 年版。

8. 何明敏编著：《双赢谈判》，机械工业出版社 2003 年版。

9. 何元茂等主编：《商务谈判技巧》，陕西旅游出版社 1997 年版。

10. 贾启艾编著：《人际沟通》，东南大学出版社 2000 年版。

11. 剑云、晓平编译：《两性沟通——献给爱情十字路口的男女》，中国城市经济社会出版社 1990年版。

12. 李谦编著：《现代沟通学》，经济科学出版社 2002 年版。

13. 李振忠等编译：《对外谈判技巧》，对外贸易教育出版社 1987 年版。

14. 罗锐韧、曾繁正主编：《管理沟通》，红旗出版社 1997 年版。

15. 马金奇等编著：《人际沟通技巧》，气象出版社 1999 年版。

16. MBA 核心课程编译组编译：《谈判与沟通》，九州出版社 2002 年版。

17. ［美］罗杰·道森：《有效谈判秘诀》，华夏出版社 2001 年版。

18. ［美］墨菲（Murphy, H. A.）等著：《高效商务沟通》（英文第 7 版），机械工业出版社 1998 年影印版。

19. ［美］约翰·葛瑞（J. Gray）著，萧志哲译：《火星男人与金星女人共枕》，经济日报出版社 1998年版。

20. ［美］斯蒂芬·P·罗宾斯著《管理学》，中国人民大学出版社 1997 年版。

21. 潘芳、张红静主编：《夫妻如何沟通》山东科学技术出版社 2000 年版。

22. 苏永青编著：《最新谈判竞争术》，农村读物出版社 1990 年版。

23. 孙彤编著：《组织行为学》，中国物资出版社 1986 年版。

24. 孙彤主编：《组织行为学学习指南》，中国物资出版社出版 1992 年版。

25. 谭力文等编著：《管理学》，武汉大学出版社 2000 年版。

26. 汤秀莲主编：《国际商务谈判》，南开大学出版社 2003 年版。

27. 唐政栋：情商（EQ）测量，人民网 2003 年 6 月 19 日。

28. 田野主编：《拿破仑·希尔——成功学全书》，经济日报出版社 1997 年版。

29. 王磊编著：《管理沟通》，石油工业出版社 2001 年版。

30. 王小龙编著:《明明白白你的心——与老年人沟通》,中国纺织出版社 2001 年版。

31. 王志文编著:《民营企业国际贸易谈判技巧》,内蒙古人民出版社 2002 年版。

32. 吴照云等编著:《管理学》,经济管理出版社 2000 年版。

33. 杨胜友、辛欣、楼稚明、纪玉娟主编:《谈判与推销技巧》,中国发展出版社 2002 年版。

34. 张隆华编著:《商业谈判技巧》,华文出版社 1997 年版。

35. 周向军著:《人际关系学》,云南人民出版社 2002 年版。